이야기치료의 지도

Maps of Narrative Practice

by Michael White

이야기치료의 지도

Michael White 저

이선혜 · 정슬기 · 허남순 공역

학지사

자신에게는 허락되지 않았던 기회를

자녀들에게 주기 위해,

끝없는 사랑과 관용, 그리고 끈기로 자녀들을 북돋워 주신

어머니 조앤에게 이 책을 바칩니다.

역자 서문

이야기치료의 대가 마이클 화이트와 이야기치료를 만난 것은 우리에게 있어 매우 행운이며, 이는 우리 삶을 풍부하게 만든 가장 큰 사건으로 꼽을 수 있다. 우리는 이야기치료를 알기 전 다양한 상담접근과 기술을 배우면서 내담자의 문제를 해결해 주어야 한다는 강박관념으로 항상 어깨가 무거웠다. 우리는 전문가로서 내담자를 괴롭히는 문제의 실체를 정확하게 파악하고 명쾌한 길을 제시해 주어야 한다고 생각하곤 했다. 그러던 중 워크숍의 천국인 미국에서도 만나기 어려운 마이클 화이트를 2001년에 한림대 초청으로 한국에서 직접 만나게 되면서 이야기치료의 세계로 들어갈 수 있었다.

이야기치료는 상담자에게 쉼터이자 위안이었다. 이야기치료를 통해 우리는 내담자 인생의 전문가는 다름 아닌 내담자라는 사실을 더욱 생생하게 인식하게 되었다. 내담자의 이야기를 들으면서 상담자 역시 매번 새로운 여정을 시작하고 그 과정을 통해 내담자와 함께 성장한다는 것은 가슴 벅찬 발견이었다. 때문에 그가 2008년 가을로 예정되었던 한국 방문을 몇 달 앞두고 갑작스럽게 세상을 떠난 것은 우리에게 매우 가슴 아픈 일이 아닐 수 없다.

이 책을 번역하는 작업은 역자들이 마이클 화이트와 그가 남긴 유산을 더욱 생생하게 기억하고 기리는 일종의 애도 과정이었다. 이 책은 일종의 삶이자 일에 대한 마이클 화이트 자신의 고백이었고, 이 책을 통해 우리는 우리가 경험한 화이트를 새롭게 다시 만나는 소중한 기회를 가졌다. 우리가 만난 마이클은 겸손하면서도 사람과 새로운 경험에 대해 애정과 호기심이 가득한 사람이었다. 수많은 사람을 대상으로 자문을 해 온 마이클이지만 한 사람 한 사람의 이야기는 매번 그를 다른 지점으로 데려다 주며, 그는 그런 경험을 매우 소중하게 생각한다는 것을 알 수 있었다.

이 책에 담긴 그의 경험은 이 책을 번역하는 내내 우리를 매번 조금씩 다른 곳으로 데려다 주었고, 만약 마이클이 우리와의 약속대로 다시 한국에 올 수 있었더라면 틀림없이 그와 이런 이야기를 나누었을 것이다. 이제 그는 세상에 없지만 한국에서 그의 책이 번역, 출간된다는 소식을 듣고 '한국어판 서문'을 보내 준 셰릴 화이트, 그리고 다른 언어로 번역된 그의 책을 모두 수집, 소장하고 지인에게 자랑스럽게 소개한다는 그의 어머니에게 우리의 이런 이야기를 들려드리고 싶다.

마이클의 친구이자 이야기치료를 함께 연구해 온 엡스턴이 지적했듯이 화이트는 언어를 자유자재로 구사하는 재주를 가진 사람이다. 그가 사용한 많은 용어는 낯설기도 하지만 풍부한 의미를 내포하고 있다. 여러 번의 심사숙고 끝에 다양한 용어와 은유를 지금의 방식으로 번역했다. 지금의 번역이 지금 우리로서는 최선이지만, 앞으로 한국 정서에 더 잘 와 닿는 방식으로 번역하려는 노력이 많은 이들에 의해 계속 이루어지길 바란다.

마지막으로 이 번역서의 독자로서 탈고 전까지 여러 차례 원고를 읽으며, 도움을 준 중앙대학교 대학원의 고정은, 김수민, 김영란, 김실안, 박지혜, 차유희, 신희범에게 고마운 마음을 전한다. 또한 이 책의 출간을 맡아주시고 역자들이 번역의 완성도를 높일 수 있도록 오랜 기간 기다려 주신 학지사 김진환 사장님과 이 책에 담긴 아름다운 내용이 번역문으로 잘 표현되도록 윤문과 교열에 열과 성을 다해 주신 김경민 과장님께 감사드린다.

2010년 7월

역자들

추천사

이 책의 발간에 즈음하여

아마 여러분 가운데 많은 이들이 마이클이 뉴욕의 노튼 출판사와 계약을 맺고 이 원고를 준비하고 있었다는 사실을 잘 알고 있었으리라 짐작한다. 그러면서도 해외 워크숍, 그와 관련된 여행 일정, 본거지인 애들레이드에서의 임상 활동과 훈련 프로그램의 강도 등을 고려해 볼 때 여러분은 나와 마찬가지로 아무리 뜻이 있다 해도 어떻게 그것이 가능한지 의아했을 것이다. 아무리 궁금해도 그에게 차마 "저서 집필은 어떻게 되어 가나요?"라고 물을 수는 없었을 것이다. 그보다 더 무례한 일은 아마 없을 것이다.

나는 마이클이 세계적인 출판사에서 저서를 발행하기를 정말로 오랫동안 학수고대해 왔다. 왜냐하면 1990년에 노튼 출판사에서 『이야기 방법을 통한 치료적 결과(Narrative Means to Therapeutic Ends)』가 발간된 이래 나의 마음이 계속 편치 않았기 때문이다. 이야기치료의 저작과 출판이 주로 '작은 세계'에서 이루어진 관계로 그 책 이후 그가 쓴 글들이 바깥세상에서 인용되는 것을 본 적이 거의 없었다. 바깥 '세상'에는 마치 마이클이 『이야기 방법을 통한 치료적 결과』 이후 완전히 침묵하고 있는 것처럼 보였다. 그러나 그것은 사실과는 전혀 다르다. 마이클은 그 책 이후로도 단독 혹은 공동으로 출판물을 정기적으로 냈다. 그의 저서는 멀리 호주 애들레이드의 내실 있는 덜리치 출판사를 통해 1992, 1995, 1997, 2000, 2004, 2006년에 발간된 바 있다.

모든 것이 다 덜리치센터 출판부의 셰릴 화이트, 데이비드 덴보로, 제인 헤일스의 독립성 덕분이다. 덜리치센터 출판부는 지금까지도 그래 왔지만 앞으로도 계속 이야기치료와 지역사회 활동의 '목소리'로 남을 것이다. 돌이켜 보면 이 모든 것이 1980년대 초반인가 중반에 덜리치센터의 금요일 오후 '토론모임'을 광고한 『동향(Coming Events)』이란 소식지에서 비롯되었다. 만일 독립 출판사가 아니었더라면 아마 이야기치료는 그렇게 독자적으로, 또 그런 특정한 주제에 대해 그토록 목소리를 높이지는 못했을 것이다.

그럼에도 '세상'의 대부분은 그동안 마이클이 새로운 생각을 전혀 하지 않은 것으로 여겼다. 마이클을 아는 사람이라면 그럴 리는 만무하다는 걸 알 것이다. 미셸 푸코는 '내 연구물 하나하나가 모두 내 자서전의 일부다'라고 했다. 만일 그 말이 마이클에게도 해당된다면 그의 학술 활동의 너무도 많은 부분이 기록에서 상실된 셈이다. 나의 생각에 우리 가운데 많은 이가 전도하는 심정으로 주위 동료에게 마이클의 '독자적' 출판물을 끈질기게 권했던 것으로 알고 있다. 그러나 이제 우리는 그 노력이 부질없었음을 인정하지 않을 수 없다.

물론 다른 이유도 있지만 특히 그런 이유 때문에 나는 원고가 출판사로 넘어갔고 곧 책이 나올 거라는 말을 전해 들었을 때 기대가 무척 컸다. 도대체 얼마나 더 기다려야 하나? 책이 출판되려면 아직 멀었는데 미리 예약 주문을 해 놓고는 이 책의 존재를 까맣게 잊고 있었다. 그러던 어느 날 이른 아침에 마침내 그 우편물이 도착했고, 온종일 퇴근 후 책장 넘길 생각만을 하면서 매우 들떠 있었다. 저녁 8시쯤부터는 거의 꽂히다시피 이 책을 읽었다. 얼마나 재미가 있었던지! 밤이 되니 애인인 앤이 처음엔 "몇 시예요?" 하며 슬쩍 말을 걸었다. 그러다 잠시 후 "불 언제 끌 건데요?" 하더니 결국에는 "제발 불 좀 꺼 줘요! 잠을 못 자겠어요!"라고 소리쳤다. 나는 그녀의 고통에 무심한 채 계속하여 책장을 한 장 한 장 넘기고 있었던 것이다.

결국 난 마이클의 책이라서 도저히 내려놓을 수가 없다고 했다. 그러자 앤은 두말없이 돌아눕고는 깊은 잠에 빠져들었다.

그렇다고 해서 내가 숨은 보물찾기를 한 건 아니었다. 그것은 마치 마이클의 삶과 일이라는 친목 여행에 초대를 받은 듯한 느낌이었다. 거기서 영어라는 언어를 부러질 정도로 구부리는 듯한 마이클만의 독특한 목소리와 멋스러운 단어를 들을 수 있었다. 그가 고안한 표현이나 신조어는 아직 옥스퍼드 영어사전에는 없지만 언젠가는 반드시 실리게 될 것이다. 그중 내 마음에 가장 드는 것은 '식견을 갖게 된(knowledged)'이라는 단어다. 나의 생각에는 우리가 사고의 환기를 목적으로 이와 같은 '화이트주의'를 어느 정도는 받아들이지 않았나 한다. 우리가 마이클 이론의 색다름과 미묘함 모두에 쉽게 다가갈 수 있는 이유는 바로 마이클의 시적인 언어 표현에 있다고 본다.

나는 이 책『이야기치료의 지도(Map of Narrative Practice)』의 핵심이 내담자와의 대화 부분에 있다고 생각한다. 그 대화를 읽었을 때 마치 마이클이 만났던 내담자의 향기가 곧바로 전해지는 듯했다. 또 그들이 어떻게 마이클과 함께 상담에 풍미를 더했는지도. 이런 느낌 때문에 난 우리가 하는 이 일이 우리 삶을 얼마나 풍요롭게 하는지 깨닫게 되었다. 이 일은 마이클의 표현대로 '이쪽에서도 가고 저쪽에서도 오는 쌍방도로'와 같다.

마이클은 실천가와 학자로서의 자질을 모두 겸비한 흔치 않은 사람이지만 그 자신은 항상 실천을 우선시했다. 마이클의 그러한 점은 이 책 전체가 실천가이자 학자로서의 자신의 삶을 해설하는 방식을 취하고 있는 것에서 그대로 엿볼 수 있다. 그의 겸손한 성품은 자신의 실천방식과 배경적 이론을 음미하거나 그것을 따르고자 하는 이들이 최대한 쉽게 접근하도록 배려한 데서 쉽게 찾아볼 수 있다.

그래서 마이클은 겸손한 나머지 자신의 천재성과 마술적 기교 부분을 살짝 빠뜨렸을 수 있다. 마이클의 상담에 더러 참여한 적이 있는 사람이라면 누구나 그런 점을 목격한 경험이 있을 것이다. 이 책의 출간을 기념하는 오늘 같은 자리에서 그 부분을 그냥 지나칠 수는 없다.

난 마이클의 상담 테이프를 보면서 대화가 눈 깜짝할 사이에 절망에서 희망으로 마치 다리를 건너가듯 진행되는 걸 보고 순간 내가 뭘 놓친 건 아닌지 의아해한 적이 있었다. 혹시 여러분도 그런 경험이 있는가? 동전의 앞면이 한순간 뒷면이 되었기에 여러분도 나처럼 마이클이 뭔가 마술을 부린 게 틀림없다고 확신한 적이 있는가?

이 책에서 마이클은 우리, 독자, 그리고 그의 실천적 학문성을 위해 그것을 다 내보였다. 개인적으로는 그 점이 바로 이 책의 의미라고 생각한다. 마이클은 자기가 어떤 길로 가는지, 그리고 왜 그리로 가는지 밝히기 위해 이 책에 '지도'란 표현을 사용하고 있다. 그러면서도 얼마든지 다른 쪽으로 갈 수도 있다는 점을 알려 주고 있다. 혹은 여러분이 선택할 수도 있다고 말한다. 이 책은 사용설명서 같은 것이 아니다. 이 책은 예술가가 자신의 예술세계와 기교를 가장 다가가기 쉽게 보여 준 것이다. 또한 그는 자신의 기교에 토대해 궁극적으로는 독자가 자기 나름의 창의적 예술성을 발휘할 수 있을 거라 약속하고 있다.

나의 생각에 이 책의 참 의미는 마이클이 학문적 이론과 실천적 현실 사이를 우아하게 왕래할 수 있도록 한 데 있다고 본다. 마이클을 알게 된 지 올해로 27년이 되었는데, 나는 가족치료 분야에서 한쪽 극단과 다른 한쪽 극단 사이를 방해받지 않고 이렇듯 자유롭게 오갈 수 있는 사람을 이제까지 본 적이 없다. 많은 이들은 그 사이에 존재하는 수많은 관문을 통과할 때마다 무거운 통행세를 내곤 한다. 학자가 수많은 관문을 지나 실천 현장에 도달할 무렵에는 그의 이론과 실천 사이에 어떤 관계가 있는지 알기 어려운 경우가 종종 발생한다. 때로는 겉으로 보기에만 그럴듯한 경우도 있다.

그의 앞에는 과속 방지용 장애물 몇 개만 존재할 뿐, 마이클은 아무런 방해도 받지 않고 한 차원에서 다른 차원으로 이동한다. 나에게는 그 점이 늘 놀라웠고 남다른 열정과 학문성의 결합의 징표로 생각되었다. 그의 열정과 학문성은 이 책을 통해 그 이음새를 찾아볼 수 없을 정도로 촘촘히 짜였다. 이러한 성과는 실제로 흔히 이루어 낼 수 없는 것이다.

나는 독서할 때 한 글자도 빠뜨리지 않고 읽는 사람이다. 마이클이 이 책을 어머니께 바친 것은 참으로 마이클다운 일이 아닐 수 없다. 그분은 마이클에게는 어머니이며 내게는 화이트 부인이시다. 그분은 누가 뭐래도 내 평생 만나 본 사람 중 가장 친절한 분이다. 그분의 삶은 마이클의 책 하나하나에 모두 들어 있다. 푸코의 표현대로라면 마이클의 자서전 하나하나에라고 해야 할 것이다. 머리 강이 남호주를 굽이굽이 흘러 애들레이드에 이르러 바다를 만나듯, 그의 어머니도 이 책 속에 유유히 흐르고 계시다.

1981년 마이클의 고향 애들레이드에서 제2회 호주가족치료학회가 개최되었을 때, 마이클과 그의 동료들은 거기서 열리는 워크숍 가운데 한 세션에서 발표를 하게 되었고 난 그들의 소개를 맡게 되었다. 그런데 놀라움에 온몸이 마비되다시피 했던 기억이 난다. 사실 그때 난 석사과정 2년을 거치면서 이미 당시 존재했던 가족치료에 관한 책이란 책은 모두 읽은 상태였다. 당시 가족치료는 새로운 분야였기 때문에 읽을 것이 그리 많지 않아 나로서는 다행스러운 일이었는데, 그때 새로운 가족치료 '학파'의 출현을 목격하고 있다는 깊은 인상을 받았던 기억이 난다. 무엇에 홀렸는지, 난 마이클의 발표가 끝나자마자 오늘 새로운 가족치료 학파가 탄생했으며 우리 모두가 그 증인이라는 거부할 수 없는 나의 결론을 참석자 앞에서 선언한 것이다.

그로부터 몇 년 뒤 난 다른 학회에 참석했다. 그 학회가 언제 있었는지 정확히 기억이 나지는 않으나, 당시 난 그 의미를 분명히 깨닫고 있었다. 이 모든 것이 다 그렇게 시작된 것이다. 1980년대에는 강의나 학회 참석차 호주를 방문하게 되면 며칠을 더 묵으면서 플러튼 거리에 있는 덜리치센터에서 마이클을 만났다. 믿거나 말거나 우리는 하루에 열 사례씩 며칠 동안 개인, 부부, 가족을 만나면서 시간을 보냈다. 나머지 시간에는 면접 노트를 바꿔 보기도 했다. 그리고 항상 서로에게 같은 질문을 반복해서 물었다. "요즘 뭔가 다른 식으로 하는 게 있나요?" 거기에 마이클은 자기 궁금증을 풀기 위해 다른 질문도 추가했다. "당신 보기에 내가 요즘 뭘 좀 다른 식으로 하는 것 같아요?" 그런 경우는 차이가 워낙 금방 눈에 띄었기 때문에 답을 찾기가 좋았다. "뭔가 정말 다른데요!"라고 대답했을 때, 그는 "어떤 점이 다른데요?"라고 물었다. "그러니까, 질문만 하고 있잖아요." 이 사실에 대해 마이클은 나만큼 놀라워하지 않았고, 내가 생각해도 뻔한 내 관찰에 다소 실망하는 눈치였다. "그렇기는 해요."라고 그는 말했다. "대체 어떻게 그렇게 하는 거예요?" 이에 그는 특유의 겸손한 태도로, "글쎄요, 뭔가 말을 하고 싶을 때마다 그걸 질문으로 바꿔 말하는 거예요!"라고 했다. 여기 있는 많은 이들처럼 나 또한 그 점에 대해 그의 충고를 십분 받아들였고, 그것이 나의 임상 활동을 영원히 바꾸어 놓았다는 걸 나 스스로 잘 알고 있다.

여기서 난 〈신념을 말하다(Speaking of Faith)〉라는 미국 공영라디오 방송 프로그램에서 크리스타 티펫(Krista Tippett)과 저명한 중세 히브리어 통역가 아비바 존버그(Avivah Zornberg) 사이에 진행된 인터뷰 내용 가운데 일부를 인용하고자 한다.

"나에게 문제가 되는 것은 아무 질문이 없을 때입니다. 내가 보기에 유대 전통에는 모든 것이 문제로 인해, 즉 질문 때문에 움직인다는 의식이 존재하고 있는 것 같습니다. 질문이야말로… 아무리 고약한 질문이라도 질문이 없는 것보다는 나은데, 그 이유는 바로 질문이야말로 현상 유지를 위한 소리 없는 공모의 한계에 정면으로 도전하는 것이기 때문입니다. 질문을 가리켜 바라는 것의 표상이라 말할 수 있을 것입니다. 질문이 존재하는 곳에는 움직임의 가능성이 존재합니다. 또 해방이나 자유라는 주제를 생각해 보면 질문하는 행위야말로 그 동기이자 동력이란 생각이 듭니다." 이에

"그렇다면 질문은 갈망의 씨앗이라고 할 수 있겠군요."라고 티펫이 말하자, 존버그는 기다렸다는 듯 "네, 질문은 갈망이지요!"라고 대답했다.

27년이 지난 지금 나는 일찍이 애들레이드 학회에서도 그랬듯이 『이야기치료의 지도』에 관해 무언가 결론을 내리지 않고는 견딜 수 없을 것 같은 심정이다. 그것은 바로 이야기치료가 가장 우아하고 인정을 받고 감동을 주는 모델로 성장했다는 사실이다. 바라건대, 이 책이 멀리까지 널리 읽힘으로써 뜨거운 논쟁이 일어나고 행간의 의미가 파악되고 이야기치료의 '공동체' 밖에서도 인용되었으면 한다. 나는 이 책이 지금까지보다 훨씬 널리 그리고 깊이 이야기치료 '공동체' 밖에서 인정받을 만한 가치가 있다고 확신한다. 『이야기치료의 지도』가 그 목적을 달성할 수 있으리라는 데 내 희망을 걸어 본다.

2007년 6월

노르웨이 '이야기치료와 지역사회활동' 국제회의에서

가족치료센터장 데이비드 엡스턴

한국어판 서문

이 서문의 작성을 요청해 주신 데 대해 더없는 영광으로 생각하며 깊은 감사를 드린다. 나의 남편 마이클은 한국에서 몇 차례 워크숍을 실시한 바 있으며 한국 방문은 그에게 무척 의미 있는 일이었다. 그는 항상 한국 친구들의 융숭한 대접에 대해 이야기하곤 했다. 한국에 대해 배우고, 워크숍 참여자들과 만나고, 맛있는 음식을 먹어 보고, 한국 치료자들과 함께 여러 아이디어를 나누었던 일을 즐겁게 생각했다. 그래서 나는 한국의 치료자들이 이제 마이클의 마지막 저서를 접할 수 있게 된 데 대해 무척 기쁘게 생각한다.

마이클의 저서는 오래전부터 여러 나라 언어로 번역되어 왔고, 그는 이 점에 대해 항상 기쁘게 생각했다. 새 번역서 뭉치가 덜리치센터에 배달될 때마다 그는 매번 조촐한 축하연을 베풀었다. 그런 다음 그중 한 권을 실버타운에 계신 어머니께 가지고 가면 어머니는 아들의 번역서를 전부 모아 놓은 당신의 책꽂이에 그 책을 꽂으신다. 마이클의 어머니는 다른 나라 말로 된 그 책들을 읽으실 수 없지만 그 책들을 꽂아 놓고는 늘 자랑스러워하셨다. 그 책들은 항상 어머니와 방문자 사이에 대화의 물꼬를 터 주었다.

마이클의 어머니는 마이클에게 매우 중요한 분이시고, 그 때문에 그는 이 책 『이야기치료의 지도』를 어머니께 바친 것이다. 내가 이 글을 쓰는 오늘은 바로 마이클 어머니의 91회 생신이다. 오늘 어머니를 만나게 되면 나는 새로 번역된 한국어판에 대해 말씀드릴 것이고, 그러면 어머니는 자랑스러워하며 미소를 지으실 것이다. 어머니로서는 작년 59세의 일기로 안타

깝게 세상을 떠난 당신 아들에 대한 아름다운 회고의 기회가 될 것이다.

이 책에는 마이클이 생전에 이루었던 성과가 분명하면서도 간결하고 훌륭하게 정리되어 있다. 마이클은 헌신적인 치료자이자 철학도로서 다른 이들과의 생각의 교류를 기쁨으로 여겼던 사람이다. 이 책은 그가 앞서 집필한 다른 책들과 마찬가지로 여기 호주의 여름 휴가기간 동안 쓰인 것이다. 마이클에게는 매년 1월이 글을 쓰는 달이다. 그는 집 안에 있는 자신의 서재에 들어앉아 창문을 뚫고 들어오는 여름 햇살을 받으며 원고를 집필하곤 했다. 마이클이 평화롭고 고요한 상태에서 글을 쓴 것은 최근에 들어와서다. 페니 화이트가 어렸을 때는 페니의 친구들이 집으로 몰려와 글 쓰는 마이클에게 서로 달라붙으려고 했고, 마이클은 이런 아이들을 무릎에 앉히거나 손을 잡아 주며 끊임없이 이야기를 주고받으면서 글쓰기를 계속하곤 했다. 참으로 놀랄 만한 일이다. 그 시기에는 모두가 즐거워했다. 마이클과 마찬가지로, 아이들도 마이클의 집필기간이 어서 오기를 고대했던 것 같다.

이 서문을 쓰면서 나 자신이 독자들에게 어떤 희망을 걸고 있다는 사실을 깨닫게 되었다. 모쪼록 마이클이 제시한 생각이나 방법에 머무르지 말고, 마이클처럼 가족과 함께 일하는 데서 기쁨과 재미를 느끼는 방법을 찾게 되기를 바란다.

2010년 5월

덜리치센터에서

셰릴 화이트

감사의 글

이 책의 집필을 의뢰하면서 노튼 출판사는 이야기치료에 관한 개론서여야 하며 이야기치료에 친숙한 독자에게도 유익한 것이어야 한다는 점을 강조했다. 출판사의 이러한 제안에 끌려 난 긍정적 답변을 보냈고, 그로부터 3년이 지난 지금 드디어 이 책이 완성되었다! 책이 완성되기까지 아낌없는 지원을 보내 준 이들에게 감사의 말을 전하고자 한다.

우선 가장 감사하고 싶은 사람은 셰릴 화이트다. 셰릴은 내가 이 책을 집필하기 훨씬 전부터 이 책의 존재를 믿어 온 사람일 뿐만 아니라 이 책을 집필하는 내내 나를 격려해 준 사람이다. 다음으로 이 책이 진행되는 동안 줄곧 관심을 가지고 지켜봐 주고 열정적으로 초고를 검토하고 조언해 준 데이비드 덴보로에게 감사하고 싶다. 셰릴과 데이비드의 정성이 아니었다면 이 책은 존재하지 않았을 것이다.

당시 노튼 출판사 편집인으로서 이 책의 집필을 제안한 장본인인 수전 먼로와 나의 초고에 지지와 승인을 보내 준 데버러 맬머드에게도 감사한다. 집필 제안에 대한 수전의 확신과 그에 대한 데버러의 승인은 나의 노력을 확인시켜 주고 지탱해 주는 것이었다.

또한 원고 정리에 노력을 기울인 케이시 러블에게도 감사한다. 케이시가 나의 원고에 보여 준 절대적 관심에 사의를 표하며, 이 책이 이렇듯 향상된 것은 모두 책 구성에 관한 그녀의 사려 깊은 제안 덕분이었음을 밝힌다.

마이클 화이트

차 례

그림 차례

서 언

이 책은 이야기치료의 지도에 관한 책이다. 왜 하필이면 지도인가? 개인적으로 난 항상 다른 세계에 매력을 느껴 왔다. 서민 지역의 서민 가정에서 자라났기 때문에 다른 세계를 접하는 데 한계가 있었지만 항상 그런 세계에 대한 강한 호기심을 갖고 있었다. 어렸을 때는 지도가 그런 세계를 꿈꾸도록 해 주었고 상상 속에서 날 그곳으로 데려다 주었다.

그 무렵, 열 살 생일 선물로 자전거를 받았다. 그 이후로 그 자전거만큼 내게 의미 있는 선물은 단 한 번도 없었다(그리고 오늘날까지도 자전거 없이는 못 산다). 이제는 다른 세계를 방문할 수 있는 수단이 생긴 것이다. 남동생, 친구, 애견 프린스와 함께 지도를 보며 궁금했지만 구경조차 할 수 없었던 이웃 동네를 하루 종일 자전거로 누비곤 했다. 라디오나 광고판이며 우연히 손에 넣은 몇 권의 잡지 등을 통해 알게 된 1950년대 '아메리칸 드림' 같은 중산층 세계로 자전거를 타고 난생 처음 들어갔을 때 느꼈던 경이

로움은 아직도 기억에 남아 있다.

주어진 세계를 가장 많이 벗어났다고 볼 수 있는 경험은 열세 살 되던 해에 일어났다. 아버지가 '좋은' 차를 샀기 때문에 우리는 짐을 꾸려 평생 꿈꾸던 휴가를 떠났다. 해안 길을 따라 남호주 남부에서 출발하여 동쪽에 위치한 이웃 주 빅토리아로, 그리고 거기서 멜버른까지 계속 이어지는 캠핑 여행을 떠난 것이다. 이 여행에서 난 전혀 준비가 되지 않은 상태에서 광대한 세계를 경험하게 되었다. 상상하지도 못했던 지리적 풍경과 생명의 영토를 접하게 되었다. 이는 오늘날까지도 가슴속에 생생한 여행으로 남아 있다. 매일 밤 나는 등유램프 아래서 뚫어져라 지도를 쳐다보았다. 그러한 행동은 다가올 모험에 대한 기대를 고조시키고 휴가 내내 나를 예리하게 각성시키는 데 크게 기여했다. 매일 아침 출발하면서 가능한 목적지를 몇 개 선정했을 뿐, 우리가 여행 목표를 구체적으로 세웠던 기억은 없다. 또한 그 목적지로 가는 길도 미리 정하지 않았다. 최대의 관심사는 가장 전망이 좋은 길을 찾는 것이었다.

이와 같은 이웃 동네로의 원정과 남쪽 해안을 따라 애들레이드부터 멜버른까지 갔던 잊지 못할 여행은 나의 먼 과거에 존재하고 있다. 그러나 업무차 여행하는 중에 지도를 보거나 가끔 세스나와 파이퍼 경비행기로의 대륙 횡단을 계획하기 위해 지도에 머리를 들이대는 일은 여전히 즐겁기만 하다. 내 평생에 걸친 지도에 대한 열정은 지도를 다양한 걱정, 딜레마, 문제로 내게 자문을 구하는 사람들과의 작업에도 적용 가능한 은유로 바라보도록 해 주었다. 내담자와 내가 상담실에서 마주 앉는 순간, 우리는 정확하지 않은 목적지를 향해 미리 정해지지 않은 경로를 따라 함께 여행을 떠나는 것이다. 미지의 목적지로 가는 도중 얼마간은 아마도 대단히 전망이 좋은 길로 가게 될 것이다. 추측컨대, 목적지에 가까워짐에 따라 우리는 다른 경험의 세계로 발을 내딛게 될 것이다.

확실히 여행 중에 하게 될 모험은 이미 알려진 것을 확인하는 것이 아니라 자신의 삶에 관해 알 수 있는 것을 탐험하는 데 그 의의가 있다. 이러한 점은 여러 방법으로 확인이 가능하다. 예를 들어, 치료적 대화를 나눌 때 사람들이 자신의 삶의 목적을 수정하거나 갑자기 자신에게 중요하게 느껴진 목표를 수용하면서 대화를 시작할 때는 예측할 수 없었던 변화를 보이게 마련이다. 내담자는 대화를 시작할 때 상담에 대한 기대를 제시하며 독립적인 자세를 보이지만, 대화가 진행됨에 따라 그런 자세를 버리고 자기 삶의 행위에서 열린 마음으로 파트너십의 윤리를 포용하겠다는 목적의식을 갖게 된다. 부부의 경우 처음에는 서로 간의 차이를 좁히려는 욕구를 나타내지만, 치료적 대화가 진행되는 과정에서는 그 욕구가 서로 간의 차이를 인정하고 축하하는 목표로 대치되기도 한다.

내가 이 책을 통해 개괄하게 될 지도는 다른 지도와 마찬가지로 우리 여행의 지침서로 참고하기 위해 구성된 것이다. 여기서 여행이란 물론 삶의 문제와 어려움으로 나의 자문을 구하러 오는 사람과의 여행을 말한다. 이들 지도는 다른 지도와 마찬가지로 목적지와 경로가 구체적으로 정해지지 않은 상황에서 우리가 목적지까지의 경로를 찾도록 하는 데 도움을 줄 수 있다. 내가 이 책에서 제시하는 지도는 다른 지도와 마찬가지로 가고 싶은 목적지로 연결되는 길이, 또 그릴 수 있고 익숙해질 수 있는 길이 다양하게 존재한다는 사실을 인식하는 데 도움을 준다. 이 지도는 일차적으로는 나의 치료적 과정을 좀 더 투명하게 보고 싶어 하는 이들의 요청에 의해 수년간에 걸쳐 개발된 것이다. 여기서 강조하고 싶은 점은 이야기치료를 어떻게 이해하든 이 책에 나오는 지도는 이야기치료의 '진짜' 혹은 '정확한' 지침서가 아니라는 점이다.

나는 내담자와의 대화를 통제할 목적으로 지도를 사용하지는 않으며, 이 점을 강조하는 것이 이 지도의 저자로서 내게는 매우 중요한 일이다. 치료적 대화는 순서가 있는 것이 아니며, 난 내담자가 어떤 표현을 하기도 전에 미리 그에 대한 내 반응을 결정하는 일을 하지 않는다. 그러나 이 책에 제시된 것과 같은 지도는 내담자 삶에서 간과되고 있는 측면에 대한 탐색 기회를 열어 주는 방향으로 나의 반응을 형성하는 데 도움을 준다. 그렇게 되면 내담자는 이전 같으면 상상도 못했을 방식으로 자신의 삶의 문제와 어려움을 다룰 수 있는 가능성을 발견하게 된다.

이 책에 제시된 것과 같은 지도는 내담자로 하여금 자신의 생애사건을 새롭게 이해하도록 하고, 자기 삶에서 포기했던 측면에 대해 호기심을 갖도록 하며, 자기 정체성 가운데 간과되었던 부분에 매료되도록 하고, 때로 자신의 문제에 대한 자기 반응에 스스로 놀라움을 금치 못하도록 하는 방향으로 치료적 질문의 모양새를 만들어 준다. 내가 보기에 이런 지도는 치료자의 일과 삶에 관한 이야기를 풍부히 발전시킴으로써 치료자에게 활력을 주는 방향으로 치료적 질문을 만드는 데 기여한다. 적어도 내 경우에는 그랬다.

강의 중에 때로 치료적 대화에 지도가 왜 필요하냐는 질문을 받곤 한다. 그에 대한 내 대답은 '전혀 필요하지 않다'다. 그러나 치료적 대화를 진행시키는 과정에서는 우리 모두 뭔가 지침을 갖고 대화를 하게 마련이다. 물론 지침이 너무도 당연시되는 과정에서 그에 대한 비판이 불가능해지는 경우도 종종 있다. 이런 상황은 내담자의 삶에 초래될 결과와 무관하게 아무런 의문 없이 친숙한 것만을 재생산하도록 우리를 옭아매기 때문에 위험하다. 이렇게 볼 때, 모든 치료자가 다 '지도'나 '여행'의 은유를 받아들이지는 않을 것이며 치료적 대화를 설명하는 데 사용될 수 있는 은유는 수없이 많다는 사실을 인식하게 된다. 이 책에 설명된 실천방식을 여기서 사용된 은유가 아닌 대안적 은유로 설명할 수 있다면 그런 노력에 대해 얼마든지 환영하는 바다.

덧붙여 이 책에 설명된 지도에 익숙지 않은 치료자가 그것을 사용하려 하는 경우 처음에는 어색하거나 부자연스럽거나 억지스러운 느낌이 들 수 있다. 이런 점은 미리 감안해야 한다. 새로운 영역의 치료적 대화로 들어설 때 그 영역에 친숙해지고 그 영역의 탐색에 요구되는 기술에 능숙해지기까지는 상당 기간이 소요될 수 있기 때문이다. 그 답은 연습에 연습을 거듭하는 것뿐이다.

흥미로운 사실은 즉각적 반응을 용이하게 하는 것은 바로 맹렬한 연습이라는 것이다. 가장 빨리 떠오르는 표현은 가장 연습을 많이 한 표현이다. 치료적 맥락에서의 멋진 즉흥 대화는 즉흥곡을 능란하게 연주하는 음악가의 경우와 마찬가지로 치료적 기술의 발전에 철저한 관심을 기울이는 데서 비롯된다. 치료자로서의 우리 기술을 심화 · 발전시킬 수 여지는 얼마든지 존재한다.

난 나 자신의 실천을 끝없는 수련과정으로 보기 때문에 내가 치료적 대화를 효과적으로 만드는 데 기여했다는 사실에 대해 전적으로 만족할 일은 절대 없을 것이다. 대화를 처음부터 완전히 다시 할 수 있는 기회가 주어진다 해도 어떤 부분은 절대로 바꾸지 않겠다고 자신 있게 말할 수 있었던 적은 이제까지 단 한 번도 없었다. 그러한 점을 인정하는 행위는 치료적 대화에 대한 내 역할을 부정적으로 판단하고 평가절하한다거나 치료적 대화를 통해 내가 경험했던 즐거움을 외면하려는 것이 아니다. 대신 치료자로서 내가 하는 일에 대해 반영적 관점을 유지하고자 하는 것이다.

지도를 손에 들고 미지의 세계로 여행을 떠날 때 내 마음은 항상 기대와 설렘으로 가득하다. 그러한 기쁨과 아울러 치료적 대화의 여행을 통해 내가 반복적으로 경험했던 황홀한 느낌이 이 책에 잘 전달되었기를 바란다. 또한 이 책의 지도가 독자 여러분의 치료적 실천에 대한 탐험과정에 유용하게 쓰이기를 바란다.

제**1**장

외재화: 문제와 사람을 분리하는 대화

- 제프리 이야기
- 외재화 대화의 기원
- 외재화 대화의 이론적 토대
- 치료자의 자세
- 외재화 대화의 은유
- 총체화하기
- 외재화 대화의 대안적 활용
- 입장말하기(I): 외재화 대화의 지도
- 결 론

제1장

외재화: 문제와 사람을 분리하는 대화

상담을 받으려는 사람들은 대부분 삶의 문제가 자기 자신이나 타인의 본질을 반영하는 것이라고 생각한다. 혹은 자기 인간관계의 본질을 반영하는 것이라고 생각한다. 사람들은 이런 생각에 기초해 문제를 해결하고자 하는데, 이런 노력은 오히려 문제를 악화시키고 자신이나 타인 혹은 관계가 문제라는 생각을 더욱 강화시킨다. 간단히 말해, 자신이 갖고 있는 문제는 자기 자신 혹은 타인에게 내재되어 있는 것이므로 자신이나 타인 자체가 문제라고 믿게 되며, 그로 인해 문제 속으로 더욱 깊이 빠져들게 된다.

외재화 대화(externalizing conversation)는 삶의 문제를 인간에게 내재하는 것으로 보려는 접근에 해독제 역할을 할 수 있으며, 이는 문제를 대상화하는 방법을 통해 가능하다. 외재화는 사람을 대상화하는 전통적 인식에 반기를 드는, 사람이 아닌 문제를 대상화하려는 접근이다. 외재화는 내담자로 하여금 자신의 정체성을 문제로부터 분리시키는 경험을 하게 해 준다. 즉, 사람이 문제가 아니라 문제가 문제인 것이다. 외재화 대화의 과정을 통해 내담자는 자신의 호소 문제가 더 이상 자신의 본질을 반영하는 것이 아님을 알게 되는데, 그때서야 비로소 성공적 문제 해결을 위한 대안이 가시화된다.

제프리 이야기

한 부부와 상담을 마치고 아래층으로 내려가는데 대기실에서 왁자지껄한 소리가 들렸다. 대기실 직원의 달래는 소리도 중간 중간 들렸다. 그러나 소리가 곧 멈췄기에 나는 뭔지 몰라도 이제는 다 해결되었다고 생각했다. 조금 전 상담을 마친 부부는 다음번 상담을 예약했고, 나는 다음 일정을 확인했다. 다음 약속은 제프리 가족과의 첫 만남이었다. 하지만 제프리 가족이 기다리고 있어야 할 대기실은 텅 비어 있었다.

그때 우리 센터 바깥쪽에서 무슨 소리가 들렸고, 이를 확인하러 밖으로 나가려는 순간 어떤 여자가 거의 부딪힐 뻔하며 급히 뛰어들어 왔다. 그녀는 "어머나, 죄송해요, 죄송해요." 하며 "혹시 마이클 화이트 선생님이세요?"라고 물었다. 내가 그렇다고 하자, 그녀는 급한 목소리로 아들 제프리가 대기실에 놓여 있던 흔들목마를 가지고 밖으로 나갔다고 설명했다. 센터 앞길을 계속 따라가면 경마장이 있다는 것을 어떻게 알았는지, 제프리는 흔들목마를 가지고 경마장에 간다고 했다는 것이다. 어머니와 아버지에 사무직원까지 지금은 경마장에 갈 때가 아니라며 제프리를 적극 만류했고 결국 몸싸움까지 할 뻔했지만, 다행히도 지금은 진정이 되어서 곧 모두 들어올 것이라고 했다.

얼마 지나지 않아 우리는 모두 상담실에 모였다. 부모는 의자에 앉고 제프리는 흔들목마 위에 앉았다. 흔들목마는 군데군데 부러져 마치 다리가 몇 개 더 생긴 듯했고 눈이 나빠졌는지 여기저기 부딪친 흔적이 역력했다. 나는 조금 의아했지만 의구심을 접고 나를 찾아온 목적을 물었다. 이 질문에 아버지는 갑자기 자리에서 일어나 내 쪽으로 몸을 날렸다. 처음에는 날 향해 몸을 날렸지만 목마처럼 눈이 잘 보이지 않아 명중시키지 못한 것이라고 생각했다. 하지만 곧 내 뒤에 있는 화이트보드가 내 쪽으로 쓰러지는 것을 막기 위해 그랬다는 것을 알게 되었다. 조금 긴장되는 순간이긴 했지만 고맙다는 인사를 했다. 모두가 다시 차분해지고 분위기가 정돈되었을 때, 난 다시 그들의 방문에 대해 물었다.

아버지: 벌써 알아차리셨을 거라고 생각했어요.

치료자: 눈이 잘 안 보여서 그러신 게 아니란 걸요?

아버지: 네?

치료자: 이럴 게 아니라 아버님의 설명을 좀 더 듣는 게 나을 것 같네요.

아버지: 네, 이미 짐작하셨겠지만 요즘 저희는 제프리 때문에 정말 힘이 들어요. ADHD(주의력결핍 과잉행동장애)를 가지고 있거든요. 소아과 의사 두 분과 교육심리학자 한 분이 모두 이 진단에 동의했어요.

어머니: 거의 제프리가 태어나면서부터 지금까지 계속 그것 때문에 씨름하고 있었는데 최근에 와서야 그게 뭔지를 알게 된 거예요. 이제야 ADHD에 대해 배우고 있어요.

치료자: 그럼 진단을 받은 게 최근 일인가요?

어머니: 올해 초, 그러니까 한 8, 9개월 되었지요. 하지만 오랫동안 의심은 해 왔어요.

치료자: 진단명을 알게 되니 어떠세요?

어머니: 안심이 된다고 할까요. 그렇죠, 여보?

아버지: 네, 적어도 뭔지는 알게 되어서 오히려 위안이 돼요.

치료자: 그렇군요. 그럼 제게는 어떤 일로 오셨지요?

아버지: 제프리가 먹고 있는 약에 대해 좀 염려스러운 부분이 있어서 얼마 전에 다른 소아과 의사를 찾아갔는데, 그분이 선생님을 만나 보라고 권하셨어요. 선생님이 제프리 같은 아이들을 많이 만나 보셔서 도움이 될 거라고요.

치료자: 그렇군요. 약에 대해서는 어떤 걱정이 있으세요?

어머니: 물론 제프리가 약을 먹으면 우리나 주변 사람이 모두 편해지는 건 사실인데요. 약을 먹고 나면 아이의 성격이 좀 달라져요. 그게 조금 염려스러워서요. 그렇죠, 여보?

아버지: 그래요. 뭔가 놓치는 느낌이 들어서 약 먹이는 문제를 다시 고민

중이에요. 그리고 모든 방법을 다 시도해 본 게 아니라는 생각도 들어서요.

치료자: 제프리는 자기가 ADHD를 갖고 있다는 걸 알고 있나요?

어머니: 네, 우리가 알고 있는 건 다 설명해 줬어요. 자기 일이니까 자기가 알아야 한다고 생각했거든요.

치료자: 모든 방법을 다 시도해 보지는 않았다고 하셨는데요?

아버지: 이제까지 여러 가지를 해 봤어요. '행동주의 요법'도 해 봤고요. 그래도 뭔가 다른 게 있었으면 하는 희망을 갖고 선생님께 왔어요.

어머니: 어쩌면 제프리와 잘 통하실 수 있겠다 하는 생각도 들었고요.

치료자: 네, 알겠습니다.

제프리는 이제 내 의자 밑으로 들어가 등으로 의자 밑바닥을 툭툭 치며 로데오 말 흉내를 내고 있었다. 혹시 제프리가 등을 다칠까 염려가 되었지만 나의 우스꽝스러운 모습도 걱정이 되었다. 그래서 잠시 대화를 멈추고 제프리에게 로데오 말보다는 낙타가 되어 보면 어떻겠냐고 제안했다. 그러면서 ADHD를 갖고 있는 게 사실이냐고 물었다. 제프리는 질문에는 대답하지 않았지만 낙타놀이에는 관심이 있는 듯했다. 그때 아버지가 "선생님, 이제 어떻게 하지요?"라고 물었다.

치료자: (다시 부모를 바라보며) 지금으로서는 어떻게 해야 할지 잘 모르겠네요.

아버지: 어떤 얘기를 하면 좀 도움이 될까요? 더 아시고 싶은 게 있나요? 이제 앞으로 어떻게 해야 할지 생각해야 되는데 선생님이 제프리 같은 아이들을 많이 만나 보셨다고 해서요.

치료자: 그럼 우선 제프리가 어떤 종류의 ADHD를 가지고 있는지 알면 도움이 될 것 같습니다.

어머니: 어떤 종류요? 여러 종류가 있다는 말씀이신가요?

치료자: 네, 여러 종류가 있어요. 제프리가 어떤 종류를 갖고 있는지 알기 전까지는 특별히 할 수 있는 게 많지 않아요. 엉뚱한 곳에서 해결책을 찾으려 할 수도 있거든요.

어머니: (남편을 바라보며 화난 표정으로) 그 사람들은 그런 얘기 안 해 줬잖아요! 종류가 여러 가지란 이야기는 아무도 안 했어요!

아버지: 글쎄, 선생님이 얘기해 주실 수 있지 않을까?

치료자: 진단을 하는 건 제 전문 분야가 아닌데요.

아버지: 하지만 이런 아이들을 많이 보셨으니까 뭐라도….

치료자: ADHD라는 진단을 받은 아이들을 많이 본 건 사실이에요. 그렇지만 제가 그 아이들을 만나기는 했어도 진단을 하지는 않았습니다.

아버지: 정말이요? (아내를 보며) 그럼 이제 어떻게 하지?

치료자: 하지만 어떤 종류의 ADHD가 두 분을 힘들게 하는지 알아낼 수 있는 방법은 있을 것 같습니다.

어머니: (희망적인 표정으로) 그러세요? 말씀해 주세요.

치료자: (방금 크레용 박스를 뒤집은 제프리를 향해) 제프리, 너는 어떤 종류의 ADHD를 갖고 있니?

(제프리는 잘 모르겠다는 듯 어깨를 으쓱했다.)

치료자: 그럼 이렇게 물어보자. 네 ADHD는 어떤 색깔이니?

제프리: (순간적으로 혼란스러운 듯 아버지, 어머니를 바라보다 둘 다 모른다는 손짓을 하자 다시 나를 바라보며) 몰라요.

치료자: 그렇지! 그럴 줄 알았어! 왜 제프리의 ADHD가 여기저기 맘대로 돌아다니면서 모든 걸 다 뒤죽박죽으로 만들어 놓는지 이제야 알았어. 자기 ADHD가 어떻게 생겼는지도 모르는데 그걸 어떻게 말려! 제프리, 네가 ADHD를 못 말리는 게 무리도 아니지.

제프리는 어리둥절한 표정을 짓고, 부모는 서로를 바라보며 도대체 제대로 찾아온 것인지 의심스럽다는 듯한 표정을 주고받는다. 그런 다음 어머니는 '할 수 없지. 이왕 온 거니 일단 두고 보는 수밖에'라고 생각하는 듯 어깨를 으쓱인다.

치료자: 그러고 보니 뭔가 생각나는 게 있네요. 왠지 익숙한 느낌이에요. 맞다! 제프리가 어떤 종류의 ADHD를 갖고 있는지 알 것 같아요. 이전에 본 적이 있어요.

아버지: 역시 그러시군요. 다행이에요. 어떤 거죠?

(제프리도 궁금해하는 표정이다.)

치료자: 제프리, 너 동생 있지 않니?

(제프리가 고개를 끄덕인다.)

치료자: 동생 이름이 뭐지?

제프리: 크리스천이오.

치료자: 그렇구나. 내가 아직 크리스천을 못 만나 봤구나. 그런데 네게 동생이 있는 것처럼 네 ADHD에게도 동생이 있는 것 같아. 선생님이 그 동생을 만난 적이 있거든. 누군지 알고 싶니?

제프리: 네, 네, 말해 주세요.

치료자: 너 쌍둥이가 뭔지 아니?

제프리: 그럼요.

치료자: 그래? 네 ADHD도 쌍둥이 동생이 있는데 선생님이 그 동생을 만난 적이 있어. 사실은 몇 주 전에 이 방에서 만났어. 그 쌍둥이 동생이 하는 짓도 네 ADHD가 하는 짓이랑 똑같았어. 말썽 부리는 것도 똑같고, 여기저기 부딪히고, 화이트보드도 넘어뜨리고, 말 흉내도 내고, 이것저것 죄다 넘어뜨리고. 그래서 선생님이 네 ADHD를 알아봤지. 이전에 만난 적이 있으니까.

제프리는 이제 재미있어하는 표정이 역력하다. 어머니와 아버지는 미소를 지으며 안심하는 듯한 표정으로 고개를 끄덕인다.

치료자: 혹시 네 ADHD의 쌍둥이 동생이 어떻게 생겼는지 보고 싶니?

(말문이 막힌 제프리는 고개만 끄덕인다.)

치료자: 좋아. 내가 너랑 비슷한 이름을 가진 아이를 만났거든? 그 아이 이름은 제리였어. 제리도 ADHD라는 걸 갖고 있었는데, 그 ADHD라는 녀석이 여러 사람을 괴롭히고 모든 걸 다 망가뜨려 놓았단다. 제리도 자기 ADHD가 어떻게 생겼는지 몰라서 ADHD가 하자는 대로 그냥 따라갈 수밖에 없었어. 그런데 하루는 밤중에 제리가 ADHD 모습을 알아내기로 했어. 어떻게 했는지 알아?

제프리: 어떻게 했어요?

치료자: 정말 기발한 생각을 해낸 거야. 하루는 자다가 한밤중에 일어나서 이 ADHD라는 녀석이 어떻게 생겼는지 자세히 본 거지. 제리의 ADHD는 다리를 책상 위에 딱 올려놓고는 담배를 피면서 늘어져 있더란다. 머릿속으로는 제리를 어떻게 골탕 먹일까 궁리하면서 제리가 일어나길 기다리고 있었지. 어쨌든 제리는 그 녀석이 다시 자기 몸속으로 뛰어들기 전에 얼른 그 모습을 머릿속에 확실히 담아 두었어. 그러고 나서 바로 다음 날 아침에 그걸 그림으로 그렸어. 선생님 보여 준다고 한 장 그려 준 게 있는데 잠깐 기다려 봐, 내가 가지고 올게.

제프리: (눈을 커다랗게 뜨고) 빨리 보여 주세요, 빨리요!

어머니: 기다려, 기다려. 선생님이 가져오셔야 볼 수 있지.

치료자: (사무실로 건너가서 제리가 멋지게 그려 놓은 큰 ADHD 그림을 가지고 들어온다.) 이것 좀 봐!

(제프리가 그림을 받아든다.)

치료자: 조심해! 아주 조심해야 돼. 꽉 잡아. 이 ADHD가 뛰쳐나오면 무슨 일이 벌어질지 아무도 몰라. 만일 네 ADHD랑 이 녀석 둘이 맘이 맞아서 같이 도망치면 이 건물 전체, 아니 이 동네 전체에 어떤 일이 벌어질지 아무도 장담 못 해.

아버지: 우리 모두 도망가야 할 걸?

어머니: 그러니까 꽉 잡아, 제프리. 내가 도와줄게.

(제프리는 두 손으로 그림을 단단히 잡고 두 눈을 휘둥그렇게 뜬 채 그림을 살펴본다.)

치료자: 그런데 제프리, 난 사실 이게 네 ADHD랑 쌍둥이 형제인지 확실치가 않아. 확실해야 뭔가를 할 수 있는데 말이야.

어머니: 그걸 어떻게 알 수 있죠?

제프리: (열정적으로) 맞아요, 맞아요. 그걸 어떻게 알아낼 수 있어요?

치료자: 글쎄, 난 너나 부모님에게 물어보려고 했는데?

제프리 부모는 어떻게 하면 그 둘이 쌍둥이라는 걸 알아낼 수 있을지 적극적으로 궁리하기 시작했다. 제프리는 부모가 내놓은 제안에 모두 반대했다. 그러나 나는 그중 몇 가지에 대해 솔깃한 생각이 들었고, 다른 가족을 만날 때라도 도움이 될 것 같아 동의를 구한 후 메모해 두었다. 그때 갑자기 제프리가 어떤 이견을 내놓았다.

제프리: 알았다, 알았어!

치료자: 뭘?

제프리: 밤중에 AHD가 몸 밖에 나와 있을 때 일어나서 그걸 확실히 봐 두는 거예요. 그렇게 할게요. (이 시점에서 난 제프리가 항상 ADHD 중 D를 빼고 말한다는 사실을 알게 되었다. 제프리는 AHD를 가진 것이지 ADHD를 가진 게 아니었다.)

어머니: 정말 좋은 생각이야! 잘 기억해 뒀다가 아침에 일어나서 그린 다음에 선생님께 보여 드리자.

아버지: 그래, 정말 좋은 생각인 걸. 언제 할래?

제프리: 오늘 밤에 할래요. 갑자기 일어나서 AHD 모습을 잘 봐 둘 거야. AHD가 아무리 빨라도 내 속도는 못 당할 걸?

치료자: 참 좋은 생각인 것 같구나.

아버지: 우리가 어떻게 도와줄 수 있을까요? 오늘 밤 잠자기 전에 잊지 말라고 말해 줄까요?

치료자: 아무 말도 안 하시는 게 좋을 것 같습니다. 절대로 얘기하지 마세요. AHD가 혹시 그런 말을 듣고 선수 치면 곤란하니까요. 제프리의 계획을 절대로 알려 주지 마세요. AHD 녀석들은 꽤 교활하거든요. 그렇지, 제프리?

제프리: 그럼요!

아버지: 그렇다면 오히려 안심이네요. 정말 우리가 아무것도 안 하고….

치료자: 이렇게 하시면 어떨까요? 아침에 식사하면서 제프리에게 "했니?" 하고 물어보고, 만일 제프리가 그렇다고 답하면 함께 축하해 주시고 나서 제프리가 AHD를 그릴 수 있게 도와주세요. 만약에 제프리가 "하다니요? 뭘요?" 하고 되물으면 그냥 "아무것도 아니야."라고 말하세요. 제프리가 했다고 할 때까지 아침마다 그렇게만 대화를 나누세요.

아버지: 그거야 쉽죠.

치료자: 그게 생각처럼 그렇게 쉬운 일은 아닐 거예요. 두 분이 서로 호흡을 잘 맞추셔야 되니까요. 오늘 가시기 전에 연습을 좀 하셔도 좋습니다.

(어머니와 아버지 모두 웃는다.)

우리는 3주 후에 다시 만났는데 이제는 상황이 완전히 딴판이 되었다. 대기실이 너무 조용해서 나는 이 가족이 아직 도착하지 않았다고 생각했다. 하지만 그렇지 않았다. 제프리 가족은 모두 다 와서 기다리고 있었고, 아주 기대에 찬 표정을 하고 있었다. 제프리는 뒤에 무언가 바스락거리는 것을 숨기고 있었다. 우리는 함께 면담실로 향했고, 제프리는 약간 뒤처져 따라왔다. 부모와 난 제프리가 들어오기 전에 자리를 잡고 앉았다. 나는 문 쪽을 바라보고 앉아 있었는데 갑자기 엄청나게 흉칙한 AHD가 들어오는 게 아닌가!

치료자: (깜짝 놀라 의자에서 튕겨 일어나며) 아니 이게 뭐야! 도와주세요, 모두 도와주세요. 내 방에 AHD가 들어왔어요!

어머니: 어머나! 제프리! 도와줘!

제프리: (얼굴에 함박미소를 머금고 자신의 그림 뒤에서 갑자기 나타나며) 속았죠?

치료자: 휴우, 정말 다행이다. 제프리 너였구나. 정말 놀랐어. 그런데 그거 꽉 잡고 있어. 놓치면 안 된다.

제프리: 걱정 마세요. 저만 믿으세요.

우리는 함께 제프리의 AHD를 제리의 ADHD와 비교하며 살펴보았다. 우리 모두 제프리의 AHD가 제리의 ADHD와 매우 닮았다는 데 동의했다. 하지만 제프리의 AHD는 제리의 ADHD와는 약간 달라서 오히려 닌자 거북이와 닮아 다루기가 훨씬 어려운 종류였다. 제프리는 아주 들떠 있었고 자기의 교활한 AHD가 어떤 말썽을 부리려고 했는지, 그리고 자기가 어떻게 그걸 막았는지에 대해 신나게 말했다. 이를 기회로 나는 AHD가 어떤 짓을 하는지 질문했다.

치료자: 이제 AHD의 정체를 알아냈으니 그게 무슨 짓을 했는지 생각해 보자. 어디서부터 얘기를 시작할까?

어머니: 글쎄, 어디서부터 시작해야 될까요. 너무 할 말이 많아서요. 이 AHD는 너무 여러 가지 면에서 우리 생활을 망쳤거든요.

아버지: 일단 AHD는 제프리의 학교생활을 많이 방해했어요. 여러 번이나 제프리를 혼나게 만들었지요. 제프리, AHD가 학교에서 말썽 많이 부렸지?

제프리: (AHD의 다른 모습을 그리는 데 열중하면서) 그럼요.

아버지: 선생님들한테도 골칫덩어리였지, 그렇지?

제프리: 그럼요.

어머니: 또 친구들하고 놀 때도 방해를 하면서 친구들과 싸우게 만들기도 했잖아, 안 그래?

제프리: 그럼요.

치료자: 친구들과 놀 때는 어떻게 방해했니?

제프리: 자꾸 혼자 다른 곳에 가게 만들어요.

치료자: 엄마와 아빠한테는 어때? 부모님이랑 너 사이에 끼어들어서 말썽을 일으키기도 했니?

제프리: 네.

치료자: 어떤 말썽?

제프리: 골치 아프게 했어요, 그렇죠?

어머니: 그럼, 그랬지. 정말 지치게 만들고.

치료자: 아빠한테는?

제프리: 어, 그러니까… 짜증나게 만들었어요. 그렇죠, 아빠?

아버지: 맞아, 나도 짜증 내는 나 자신이 싫어지고.

치료자: 그러니까 AHD는 제프리하고 선생님 사이에, 제프리하고 친구들 사이에, 그리고 제프리하고 부모님 사이에 끼어들어서 사이

를 나쁘게 만들고 있네요. 그런 걸 보면 AHD는 어떤 녀석인 것 같아요? AHD는 어떤 특징이 있죠?

아버지: 비열한 것 같아요.

치료자: 제프리, 아빠 말씀에 대해 어떻게 생각해?

제프리: 맞아, 비열해요. 그리고 나빠요.

치료자: 또 조금 전에는 AHD가 말썽을 많이 부린다고 했는데 어떤 말썽인지 선생님한테 설명해 줄래?

이어지는 대화에서 제프리는 AHD가 어떤 전략과 술수를 사용하는지에 대해 설명했고, 그로 인해 어떤 결과가 나타나는지에 대해 좀 더 구체적으로 설명했다. 이는 AHD가 제프리의 인생에 대해 어떤 저의를 갖고 있는지 알아볼 수 있는 토대가 되었다. 그러고 나서는 AHD가 초래한 결과와 AHD가 갖고 있는 저의에 대해 제프리와 그의 부모가 어떤 생각을 하고 있는지에 관한 이야기를 나누었다.

치료자: 이제 AHD가 어떤 행동을 했는지 잘 알 것 같아요. 제프리와 부모님 사이에, 제프리와 친구들 사이에, 그리고 제프리와 선생님 사이에 끼어들어 일을 망치고, 제프리의 배를 살살 아프게 만들기도 했군요. 그리고 부모님도 속상하게 만들었고요. 또 AHD가 앞으로 제프리의 인생을 어떻게 만들려고 하는지에 대해서도 알 것 같아요. AHD는 제프리를 다른 사람하고 멀어지게 하고 자기만의 친구로 삼으려 하는군요.

아버지: AHD가 우리한테 어떤 행동을 하는지에 대해 이렇게 자세히 생각해 본 건 이번이 처음이에요. 제프리, AHD에게 무슨 꿍꿍이가 있는지 처음으로 알게 된 것 같지?

제프리: 정말 그래요.

치료자: 이런 꿍꿍이에 대해 다들 어떻게 생각하세요? 그러니까 AHD가 이렇게 하는 게 괜찮으세요?

어머니: 전혀 안 괜찮죠. 정말 기분 나빠요.

아버지: 저도요. AHD로부터 우리 가족을 지켜야 될 것 같아요. 그렇지, 제프리?

제프리: 네. 우리 가족을 다시 찾아야 돼요.

치료자: AHD가 제프리를 상대로 꾸미고 있는 계획은 어쩌지요? 제프리를 자기만의 친구로 삼으려는 계획이요. 제프리, 그 계획이 괜찮다고 생각하니?

제프리: 절대 아니죠.

어머니: 그 계획대로 따라가면 제프리의 인생이 비참해질 게 뻔한데 그렇게 살 수는 없지, 안 그래?

제프리: 절대로 그럴 수 없죠.

치료자: 그렇다면 여기서 AHD의 행동을 괜찮다고 생각하는 사람은 아무도 없는 거죠?

제프리: 한 명 있어요.

치료자: 누구?

제프리: AHD요! (이 말에 모두 웃는다.)

치료자: 좋아요. 그럼 AHD를 제외하고는 그동안 AHD가 저질렀던 일을 괜찮다고 생각하거나 AHD가 계획하는 일에 동의하는 사람이 아무도 없는 거지요?

어머니: 없어요.

제프리: 절대로 없어요.

치료자: 자, 그럼 그건 모두 동의했어요. 그럼 이제 그동안 AHD가 저질렀던 일이 왜 문제가 되는 건지 저에게 설명해 주셨으면 해요. AHD가 갖고 있는 계획이 왜 문제가 되는지에 대해서도요.

계속되는 대화를 통해 나는 제프리와 그의 부모가 서로 좀 더 가까워지고 싶지만 AHD가 방해를 한다는 것, 제프리와 친구들, 제프리와 선생님의 관계를 AHD가 어렵게 만들었다는 것, 그리고 앞으로 제프리가 하고 싶은 일은 무엇이고 그것이 AHD가 꾸미는 일과는 어떻게 다른지에 대해 알게 되었다. 대화 중에 부모는 앞으로 제프리가 실제로 무엇을 하고 싶어 하는지에 대해 듣는 것은 이번이 처음이라고 했다.

두 번째 상담이 끝날 무렵, 우리는 제프리와 그의 부모가 AHD의 활동을 저지하기 위해 무엇을 할 수 있을지에 대해 이야기했다. AHD의 영향에 대한 가족의 불만을 어떻게 처리할지에 관한 가족의 대처의지가 이야기의 주된 내용이 되었다. 제프리는 일곱 가지 제안을 내놓았는데, 거기에는 AHD를 원위치로 보내겠다는 의지가 잘 담겨 있었다. 제프리는 AHD가 자신에게 각별한 존재이긴 하지만 자신의 삶을 좌지우지하도록 놔두지는 않겠다는 의지를 분명히 밝혔다.

세 번째 만남에서 나는 제프리가 스스로 내놓았던 제안 중 두 가지 정도를 성공적으로 수행했다는 이야기를 들었다. 나는 그 두 가지 행동에 대해 가족과 좀 더 구체적으로 이야기했고, 그 과정에서 제프리가 AHD를 상대로 어떤 지식과 기술을 사용했는지를 모두가 좀 더 자세히 알 수 있었다. 제프리는 자신이 이런 지식과 기술을 개발했다는 사실과 자신의 계획을 실행에 옮기기 위해 그것을 사용했다는 사실에 대해 명백한 자부심을 드러냈다. 그의 부모도 이 계획이 잘 수행될 수 있도록 적절한 환경을 만들어 주면서 아들을 도왔다. 한편 그의 부모는 부부관계와 제프리와의 관계를 원하는 방향으로 이끌어 가기 위해 몇 가지 제안을 했고, 그중 일부를 성공적으로 수행했다.

그 후 3개월 동안 나는 이 가족을 여섯 차례 정도 더 만났는데, 제프리와 부모는 AHD의 행동을 점점 줄여 나가기 위한 방법을 몇 가지 더 개발해 냈다. 그들은 또한 자신이 소중하게 생각하는 것을 지키기 위한 방법을 생각하고 실행에 옮기는 것에도 익숙해져 갔다. 부모는 제프리의 선생님을 만나 AHD에 대한 새로운 접근에 관해 설명했고, 선생님은 학교 차원에서 그것을 잘 수행할 수 있는 환경을 조성하는 데 중요한 역할을 담당했다.

추후 상담에서 이 가족은 모든 것이 다 계획대로 진행되고 있다고 말했다. 때때로 AHD가 말썽을 피우기도 하지만, 그런 위기 상황에서 부모가 도움을 주려 하면 제프리는 전보다 훨씬 더 긍정적으로 반응했다. 아울러 자기 행동의 결과를 스스로 예측하는 부분에서도 많은 발전을 보였다. 학교 선생님도 제프리가 전에 비해 학교 친구들과 더 잘 어울리고 학업에 집중하는 정도가 나아지는 등 학교생활에서도 긍정적 변화를 보이고 있다고 평가했다는 것이다.

외재화 대화의 기원

내가 외재화 대화에 관해 글을 쓰기 시작한 지가 벌써 20년이 되었다 (White, 1984). 이 책의 집필을 시작하기 전부터 꽤 오랜 기간 동안 많은 가족을 상담하면서, 과연 외재화 대화가 그들에게 적절한 것인지 늘 궁금했다. 내게 의뢰된 아동은 다양한 문제를 갖고 있었고, 그들의 문제는 대부분 만성적이고 다루기 어렵다고 여겨지는 것들이었다. 나는 그들을 상담하면서 외재화 대화의 가능성을 탐색하는 작업에 완전히 빠져들었고, 아동과 가족의 반응 또한 내게 고무적이고 보람 있는 것이었다. 이 같은 탐색 작업을 글로 옮기는 과정에 있어 그 첫 번째 주제로 유분증(encopresis: 대변을 속옷에 묻히는 것)을 다루고자 한다. 왜냐하면 유분증은 어떤 상황에서든 실패감, 수치, 절망, 패배감을 불러일으키게 마련이고 반드시 상당 수준의 갈등, 좌절, 소진을 유발하기 때문이다. 난 가족이 자신들의 문제를 다루고자 협력적으로 노력해 가는 과정에서 외재화 대화가 서로 차단된 가족 구성원

사이에 하나의 장(場)이 되어 서로 단결하도록 하는 잠재력을 갖고 있다는 점을 강조하고 싶었다. 또 외재화 대화가 상호작용을 통해 그러한 문제를 정의하고 해결하는 과정을 발전시킬 수 있는 잠재력을 갖고 있다는 점도 알리고 싶었다. 나아가 다루기 힘들고 만성적일 뿐더러 불쾌하고 심각한 것으로 취급되는 문제에 대해 어떻게 하면 발랄하고 유쾌하며 재미있는 방식으로 접근할 수 있을지 설명해 보고 싶었다.

나는 유분증에 관한 내 글이 전문가 사이에서 그렇게 높은 관심을 불러일으킬 줄은 전혀 예상치 못했다. 그러한 반응에 자극을 받아 난 다른 문제와 관련하여 혹은 다른 맥락에서 외재화 대화를 한층 더 탐색해 들어가게 되었고, 그러한 탐색을 글로 옮기는 일에 더욱 몰두하게 되었다. 최근 들어 다른 많은 치료자도 아동, 청년, 성인을 대상으로 한 개인치료, 부부치료, 가족치료, 집단치료 상황에서 외재화 대화의 가능성을 탐색하기 시작했다. 이에 따라 많은 치료자가 그 혁신적 기술에 관한 설명을 제시하게 되었고, 이러한 움직임은 외재화 대화의 문헌이 싹트는 계기를 마련하였다.

이 장의 주된 목표는 다음과 같다. 첫째, 외재화 대화의 개발에 토대가 된 이론 몇 가지를 개괄적으로 소개한다. 둘째, 외재화 대화에서의 치료자의 자세를 논의한다. 셋째, 삶의 문제를 해결하고자 하는 노력을 지지해 줄 수 있는 은유(metaphor)에는 어떤 것이 있는지 검토한다. 넷째, 네 가지 단계의 질문으로 구성된 외재화 대화의 지도에 관해 설명한다.

외재화 대화의 이론적 토대

앞에서도 언급했지만, 상담을 받으러 오는 사람은 삶의 문제가 인간의 본질 혹은 정체성을 반영하는 것이라고 믿는다. 이런 믿음을 기초로 한 문제 해결 노력은 결과적으로 문제를 악화시키는 경향이 있고, 나아가 문제는 인간의 천성이나 성격의 '본질'을 그대로 보여 주는 거울이라는 믿음, 즉 문제는 인간에게 내재되어 있다는 믿음을 더욱 강화시키게 된다.

그러나 여기엔 모순이 있다. 애초에 그런 문제는 인간 문제를 내재해 있는 것으로 보는 관행과 그 같은 관점을 기초로 형성된 행위 속에서 발생되고 발전된 것이기 때문이다. 삶을 이같이 내재화된 방식으로 이해하는 접근은 상당 부분 문화적인 현상이기 때문에, 치료자에게 자문을 구하는 문제의 상당 부분은 문화적인 속성을 지닌다. 미셸 푸코(Michel Foucault, 1965, 1973)를 포함한 사상사 분야의 많은 학자가 이와 같은 문화 현상에 대해 역사적 추적을 시도한 바 있다. 이런 현상이 전개되는 방식을 이해하는 데 있어 푸코가 어떤 기여를 했는지에 관해서는 내가 이미 다른 곳에서 상세히 설명한 바 있다. 따라서 여기서는 다음과 같은 정리를 통해 그의 작업에 관한 논의를 대신하고자 한다.

푸코는 인간 삶과 정체성에 관한 내재적 이해방식의 기원을 찾아 17세기 중반 서구문화로 거슬러 올라갔다. 그의 주장에 따르면 내재적 이해방식은 부분적으로 다음과 같은 과정에서 비롯된 결과다.

- 노숙자, 빈곤자, 정신질환자, 신체질환자에게 손상된 정체성을 부여함으로써 그들을 일반인으로부터 분리하는 '분할 행위(dividing practices)'
- 인간 몸에 있는 장애에 대해 그 부위를 찾아내고 범주화함으로써 인간의 몸을 대상화하는 행위(objectification)
- 인간 행위와 사고를 전문 분야에서 구성된 인간 삶의 규범에 비추어 평가하도록 하는, 사회통제의 기제로서의 '정상성 판단(normalizing judgement)'

인간의 정체성은 분할 행위, 과학적 분류, 정상성 판단의 기제가 발달하는 과정에서 대상화되었다. 인간의 정체성을 대상화하는 과정에서 많은 삶의 문제가 인간 정체성의 '본질'을 대표하는 것이 되어 버렸다. 그 예로 전문가 사이에서 개인을 가리켜 '비정상적' 혹은 '역기능적'이라고 부르는 것은 특이한 일이 아니라는 점을 들 수 있다. 또 사람이 '무능'하거나 '모자라는' 것은 타고난 것이라는 견해가 문화적으로 특이한 것이 아니라는 점을 생각해 볼 수 있다.

외재화 대화는 사람이 문제가 되는 식의 대화가 아니라 문제가 인간 정체성을 대상화하는 것에 역행하고자 하는 대화다. 외재화 대화는 문제를 대상화함으로써 인간을 대상화하는 문화적 관행에 반기를 드는 작업이다.

문제가 사람으로부터 분리되어 존재할 때, 그리고 사람이 자신의 정체성에 대한 제한적 '진실'과 자기 삶에 대한 부정적 '확신'에 얽매이지 않을 때, 문제 해결을 위한 새로운 선택의 여지가 생긴다. 자신의 정체성을 문제의 정체성과 분리한다고 해서 문제 해결에 대한 책임까지 없어지는 것은 아니다. 분리하는 것은 오히려 책임감을 더 갖게 만든다. 만일 사람을 문제로 본다면 자기 파괴적 행동 이외에 더 할 수 있는 것은 없다. 그러나 사람과 문제의 관계가 외재화 대화에서처럼 좀 더 분명히 정의된다면 관계 수정의 가능성은 여러 가지로 많아진다.

부정적 결론을 씻어 내기

내담자는 문제가 초래한 결과 때문에 자신의 정체성에 대해 부정적인 방향으로 결론을 내리고 있으나, 외재화 대화는 내담자에게 그러한 결론을 씻어 낼 수 있는 기회를 준다. 사라와의 상담을 예로 들어 보자. 사라는 자해와 우울 경험을 가진 여성으로, 자신을 '혐오스러운' 존재라고 굳게 믿고 그 생각에 따라 자신을 혐오했던 사람이다. '자기혐오'는 사라의 경험 가운데 두드러지게 나타나는 특징이다. 우리는 곧 자기혐오가 사라 자신의 정체성에 대해 어떤 결론에 이르도록 했는지('난 가치 없고 쓸모없고 고작 이 정도다.'), 사라에게 자신의 몸을 어떻게 하라고 설득했는지('내 몸을 거부하고 혼내 주어야 한다.'), 사라의 대인관계에 대해 어떤 설득을 했는지('다른 사람과의 관계를 일체 끊고 혼자 지내야 한다.') 등을 질문하기 시작했다.

이러한 대화는 자기혐오의 특징에 대해 더 자세히 알 수 있도록 하는 계기가 되었다. 나는 사라에게 자기혐오가 그녀의 삶에 대해 어떤 태도를 갖고 있는지, 자기혐오의 행위 가운데 어떤 면을 보면 그걸 알 수 있겠는지, 또 자기혐오가 실제로 목소리를 낸다면 어떤 식으로 말하겠는지 설명해 달라고 했다. 자기혐오에 대한 이 같은 묘사 작업은 사라의 인생에서 그러한 태도와 목소리가 남긴 메아리를 역추적하는 작업의 토대가 되었다. 이러한 과정을 통해 사라는 평생 처음으로 자신의 자기혐오 경험을 어린 시절 자신에게 군림했던 사람들의 태도나 목소리와 연결시킬 수 있었다. 외재화 대화는 혐오와 관련된 그러한 결론을 씻어 내리는 작업을 촉진할 뿐만 아니라 이야기 다시쓰기 대화가 전개될 수 있는 공간을 만들어 낸다(2장 참조). 이야기 다시쓰기 대화의 발달은 사라의 인생에서 그토록 오랫동안 유지되었던 자해와 우울 경험의 급격한 감소와 관련이 있다.

이 같은 씻어 내기 과정에서 치료자는 흔히 자문을 요하는 그 문제가 어떤 '정치적 목적'을 품고 있는지 그 내력을 들추게 된다. 그것은 바로 내담자의 정체성에 대해 부정적인 결론을 빚어낸, 이제까지 내담자를 종속시켜 왔던 권력관계의 내력이다. 이와 같은 씻어 내기 작업은 그런 부정적 결론으로부터 '진실성'을 제거하고 그 결론에 의문을 제기한다. 결과적으로 자신의 인생이 더 이상 그런 부정적 결론에 매여 있지 않다는 사실을 깨닫는 순간, 내담자는 자기 삶의 다른 영역을 탐색하는 입장으로 옮아가게 된다. 이 같은 탐색 작업을 통해 내담자는 십중팔구 자기 정체성에 대해 좀 더 긍정적인 결론에 도달하게 된다. 자기 삶에 대한 부정적 결론을 씻어 내는 혹은 해체하는 이와 같은 작업은 외재화 대화에서 매우 도움이 되는 부분이다.

치료자의 자세

외재화 대화에 사용되는 질문의 형식은 보도성 취재에 비유될 수 있다. 보도성 취재의 주된 목적은 권력이나 특권 남용과 관련된 부정부패를 폭로하는 것이다. 취재기자가 정치적 중립을 지킬 필요는 없으나, 그렇다고 해서 그들의 조사 행위가 문제를 해결하거나 개혁을 일으키거나 권력 또는 특권 남용 주체에 대한 직접 투쟁으로 이어지는 것은 아니다. 또 취재기자가 자신이 취재하는 주제에 '흠뻑' 빠져드는 경우는 별로 없다. 그들의 행위는 오히려 '차분한' 양상을 띠게 마련이다.

치료자가 던지는 취재 질문에 반응하는 데 있어 내담자 또한 취재기자와 동일한 입장을 취한다. 이러한 방식을 통해 내담자는 문제의 특성, 문제의 계획과 활동, 그러한 계획과 활동의 저의에 대한 폭로거리를 만드는 데 기여한다. 이때 치료자는 문제를 해결 또는 교정하거나 그에 직접 대항하는 데 초점을 두도록 내담자를 부추기는 일은 하지 않는다.

예를 들어, 정신분열병으로 진단받은 만성 환자가 치료자를 찾아왔다고 하자. 첫 만남에서는 주로 내담자에게서 가장 큰 걱정거리가 무엇인지에 대한 자세한 설명을 이끌어 낸다. 걱정거리에 대한 이야기에서는 '정신분열병'과 같은 용어가 사용되는 경우는 거의 없고 대개는 무언가 내담자에게 압박이 되는 일상의 경험이 중심이 된다. 그 같은 걱정거리는 삶의 문제일 수도 있고, 패배감이나 부족감일 수도 있으며, 경우에 따라서는 '적대적 목소리'(환청)의 잔혹 행위일 수도 있다. 한 예로 내가 만났던 해럴드라는 내담자는 자신의 가장 큰 걱정거리가 다름 아닌 자신을 좌지우지하는 적대적 목소리의 횡포라고 했다. 우리는 그 목소리에 대해 대화를 나누었는데, 우리의 외재화 대화는 목소리와의 본격적 만남을 권하는 성격의 것은 아니었다. 어느 모로 보나 우리 대화는 목소리에 직면한다거나, 목소리를 길들인다거나, 목소리와 힘겨루기를 하라고 해럴드를 부추기는 성질의 것은 아니었다. 그보다는 목소리가 어떤 식으로 말하는지, 목소리가 우위를 점하기 위해 어떤 술수를 사용했는지, 목소리가 내담자의 동기에 권위를 행사하기 위해 어떤 전략을 동원했는지 파악하고, 이 모든 것을 통해 드러난 목소리의 저의와 목적이 무엇인지를 정리하는 과정에서 목소리의 존재를 구체적으로 묘사하는 작업이었다.

이 같은 문제 폭로과정의 여러 측면은 결과적으로 내담자가 지각하는 목소리의 영향력을 감소시키는 데 기여할 수 있다. 예를 들어, 목소리의 술수와 전략에 대해 설명해 나가는 작업은 목소리의 힘을 감소시키는 효과를 갖는다. 또한 지극히 편향된 속성을 띠는 목소리의 의견이나 입장이 확연히 드러나면서 그러한 의견이나 입장은 더 이상 '진실'로서의 지위를 고집할 수 없게 된다. 이 같은 폭로 작업은 적대적 목소리의 저의와 대조를 이루는, 내담자가 갖고 있는 자기 삶의 목적과 가치도 파악할 수 있도록 해준다.

이 단계에 이르면 내담자가 갖고 있는 목적이나 가치가 더욱 잘 알려지게 되고, 그와 같은 목적이나 가치가 어떻게 발전해 왔는지 가시화되며, 그런 것과 맥을 같이하는 행보를 생각해 보고 실행을 계획할 수 있는 여지가 생기게 된다. 뿐만 아니라 이와 같은 진전은 내담자가 그런 목적이나 가치를 지지할 만한 목소리나 혹은 비편향적이어서 '보이지 않는 친구'가 되어줄 수 있는 목소리를 파악해 내는 기회를 만들어 주기도 한다. 이제까지의 경험으로 볼 때, 환청과의 관계를 성공적으로 바꾸게 되면 십중팔구 삶의 질이 향상되고 재발의 위험도 줄일 수 있다. 해럴드의 경우도 마찬가지였다. 그는 자기와 정신분열병 목소리 사이의 관계를 바꾼 것이 자기 삶의 전환점이 되었다고 보았다.

여기서 문제와의 만남은 '차분'해야 한다는 점을 강조한다 해서 그것이 곧 치료적 대화가 비정서적이라거나 문제에 대한 경험 또는 걱정거리로부터 내담자를 떼 놓기 위한 것이라는 의미는 절대 아니다. 내 경험에 따르면 외재화 대화는 오히려 이전에는 표현의 기회가 없었던 다양한 삶의 경험을 표현할 수 있도록 내담자를 도와주곤 한다.

외재화 대화의 초기 단계에서는 대화가 '차분'하게 진행되는 가운데 내담자가 문제의 '활동무대'를 초월하는 기회를 갖게 된다. 다시 말해, 문제가 활동하는 영역이 아닌 곳에서 문제에 대해 이야기하게 되는 것이다. 그러는 가운데 내담자는 대개 자신이 갖고 있는, 문제에 취약하다는 느낌이 줄어드는 경험을 하게 되고 자신의 상황에 대해 스트레스를 덜 느끼기 시작한다. 이러한 결과는 치료적 대화가 오히려 문제를 압박할 여지가 있는 상황에서 특히 의미가 있다. 예를 들어, 정신분열병의 경우 스트레스와 재발 사이에 상관관계가 존재한다는 사실은 이미 널리 알려져 있다. 따라서 정신분열병의 목소리와 '본격적'으로 대화하라고 권유하게 되면, 다시 말해 목소리와의 직면을 권장하게 되면 정신분열병으로 진단을 받은 적이 있는 내담자는 재발에 더 취약한 상태가 될 것이다.

이렇듯 취재 형태로 진행되는 외재화 대화는 어느 시점에 이르러 다른 방식으로 전환되면서 취재 형태를 대치하거나 그것을 유지한 상태에서 계속된다. 좀 더 구체적으로 말하면, 내담자는 문제에 초점을 둔 시각에 기초해 자기 정체성을 정의하는 행위로부터 어느 정도 분리되는 경험을 하게 되면, 그리고 문제가 품고 있는 목적이나 가치와 대조를 이루는 다른 목적이나 가치를 소리 높여 말할 수 있게 되면 다음 단계의 입장을 취할 수 있게 된다. 이 두 번째 입장은 내담자가 문제의 영향을 감소시키는 데 있어, 그리고 자신에게 중요한 것이 무엇인지를 밝혀내고 또 그것을 추구함에 있어 주도적이 되는 입장을 말한다.

이 두 번째 입장과 그에 따른 행동은 상당 부분 문제의 영향을 특징짓는 데 사용되었던 은유에 의해 그 모양새가 결정된다. 만약 내담자가 문제의 영향을 억압적이라고 설명했다면 내담자 입장은 대항이나 대치의 성격이 될 것이고, 따라서 내담자는 자기 삶을 문제로부터 '해방시키는' 행위를 취하게 될 것이다. 내담자가 문제의 영향을 불의로 보았다면 내담자 입장은 도덕적 성격을 띠게 될 것이고, 그에 따라 취하게 될 행동 또한 불의를 시정하는 성격의 것이 될 것이다. 그리고 내담자가 문제의 영향을 무지로 정의했다면 내담자의 행위는 인간 삶에 있어 최선이란 어떤 것인지에 관해 문제를 교육시키는 성격을 갖게 될 것이다.

내담자가 문제의 영향을 설명하기 위해 동원하는 은유는 매우 다양함에도 가족치료 문헌을 보면 치료적 은유는 문제를 '굴복'시키거나 '정복'할 목적으로 문제와 '겨루고' '싸우도록' 내담자를 종용하는 은유가 주를 이룬다는 전제가 깔려 있다. 외재화 대화를 비판하는 이들은 외재화 대화에서 대립적 성격의 은유가 일상적으로 동원되며 그것이 바로 외재화 대화가 의도하는 점이라는 인식을 갖고 있다. 그들의 주장에 따르면 그와 같은 은유는 인간 삶과 정체성에 관한 가부장적 담론을 재생산하고, 관계에 초점을 둔 인간 삶에 대한 이해방식에 유해하며, 인간 정체성을 극도로 개인적이고 자율적인 것으로 설명하는 행위를 촉진시킨다. 뿐만 아니라 인간 행위에 관한 양자택일의 이원론적 이해를 조장하며, 내담자 경험에 대한 맥락적 이해를 간과하도록 한다. 이러한 비판은 내가 제안한 외재화 대화를 오해한 데서 비롯된 것이기는 하나 그럼에도 고민해 볼 가치가 있는 것이다. 치료자로서 우리는 우리의 생각과 말과 행동의 결과에 대해 책임을 져야 한다. 치료자로서 우리는 어떤 과정을 통해 인간 삶이나 정체성에 대해 자신도 모르는 사이에 인간 행위의 다양성을 무시하는 전제를 재생산해 내게 되는지, 또 어떤 과정을 통해 자기가 속한 문화에서 발생하는 여러 가지 권력관계에 대해 그토록 쉽게 결론지어 버리는지에 대해 고민해야 할 특별한 책임이 있다. 치료적 대화에 사용되는 은유에 대해 우리가 끊임없이 의문을 던지는 것은 바로 이 같은 특별한 책임을 수행하고자 하는 행위 가운데 하나라고 하겠다.

'겨루기'나 '싸우기' 같은 은유를 동원하거나 우선시하는 행위는 위에서 논의한 이유 외에도 다음과 같은 이유 때문에 위험하다. 만약 외재화 대화에서 사용된 은유가 문제를 '굴복'시키고 '정복'하는 것만이 성공하는 것이란 암시를 준다면, 나중에 내담자가 그 문제를 다시 겪게 될 때 문제의 재등장을 개인적 실패에 상응하는 것으로 인식할 수 있다. 이런 결과는 문제와의 관계를 바꾸려 했던 내담자의 시도에 찬물을 끼얹는 것이다. 외재화 대화에서 선택되는 은유는 이렇듯 중요한 역할을 한다. 그러므로 이제부터는 이 주제에 대해 좀 더 상세히 탐색해 보도록 하자.

외재화 대화의 은유

은유라는 것은 매우 중요한 것이다. 외재화 대화를 전개하는 과정에 사용되는 모든 은유는 삶과 정체성에 대한 구체적 이해를 가능케 하는 특정한 담론을 토대로 하고 있다. 그런 담론은 내담자의 행위에 영향을 미치고 또 내담자의 삶을 빚어 낸다. 그동안 일각에서 외재화 대화는 문제를 '굴복'시키거나 '정복'할 목적으로 내담자로 하여금 늘 문제와 '겨루거나' '싸우라'고 종용한다는 식의 비판을 해 왔다. 이에 대한 입장을 밝히고자 난 최근 이 주제에 대해 지난 20년간 나 자신이 썼던 글을 모두 검토했다. 그 과정에서 내가 '겨루기'나 '싸우기' 은유를 제시했던 글은 단 한 편에 불과하다는 사실을 발견했다. 이 두 가지 은유는 내가 외재화 대화에 관해 최초로 발행했던 글에 실렸던 것이고, 거기에는 완전히 다른 식의 작업을 요하는 다른 은유도 나란히 제시되었다. 이 같은 검토를 통해 문제와의 관계를 수정하기 위해 자신이 취했던 행동을 정의하는 과정에서 내담자가 다양한 은유를 동원했음을 알 수 있었는데, 그러한 은유에 각각의 유래를 명시하여 목록화해 보면 다음과 같다.

- 문제를 버리고 떠나기(주체의식 개념을 적용하여)
- 문제가 발하는 빛을 잠시 가려 보기(천문학적 개념을 적용하여)
- 문제 쫓는 주문을 외우기(마술 개념을 적용하여)
- 문제에 대항해 동맹 파업에 들어가기(시민운동 개념을 적용하여)
- 문제에 점차 순응하지 않기(환경순응 개념을 적용하여)
- 나 자신을 문제로부터 분리해 보기(분리와 개별화 개념을 적용하여)
- 문제의 요구사항을 묵살하기(저항 개념을 적용하여)
- 문제의 힘을 약화시키기(임파워먼트 개념을 적용하여)
- 문제의 영향력에 이의를 제기하기(항의 개념을 적용하여)
- 문제를 대상으로 교육을 실시하기(교수 개념을 적용하여)
- 문제로부터 탈출하거나 문제로부터 내 삶을 해방시키기(해방 개념을 적용하여)
- 문제로부터 내 삶의 영토를 회수하거나 반환을 요구하기(지리적 개념을 적용하여)
- 문제의 저변을 침식해 들어가기(지질학적 개념을 적용하여)
- 문제의 영향력을 감소시키기(주체의식 개념을 적용하여)
- 문제가 내 동조를 구할 때 그 초대를 거절하기(시민사회 개념을 적용하여)
- 문제라는 행성을 떠나 버리기(여행 개념을 적용하여)
- 문제를 시정하고자 하는 행동에 참여하기(정의 개념을 적용하여)
- 문제가 드리워 놓은 그림자에서 벗어나기(빛 개념을 적용하여)
- 문제가 내세우는 그 자신의 정체성을 인정하지 않기(객관적 판단 개념을 적용하여)

- 내 삶에 대한 문제의 장악력을 감소시키기(신경생리학적 개념을 적용하여)
- 문제로부터 내 삶을 회수하기(상업적 거래 개념을 적용하여)
- 내 삶을 갖고 노는 문제의 손아귀에서 내 삶을 빼내기(꼭두각시나 인형극 개념을 적용하여)
- 문제에 봉사하는 직책 사임하기(고용 개념을 적용하여)
- 문제로부터 내 삶을 구출하기(해상구조 개념을 적용하여)
- 문제를 떨치고 복귀에 착수하기(스포츠 세계 개념을 적용하여)
- 문제로부터 내 삶을 훔치기(절도 개념을 적용하여)
- 문제를 길들이기(훈련 개념을 적용하여)
- 문제에 마구를 채워 버리기(승마 세계의 개념을 적용하여)

이와 같이 은유가 매우 다양한 까닭은 바로 대다수 은유가 내담자가 고안해 낸 것이기 때문이다. 그렇지만 그중 가장 포괄적인 것을 선택하기 위해 치료적 대화에서 나 자신이 기본적으로 상당한 역할을 수행하는 것 또한 사실이다. 내 경험에 비추어 볼 때, 사람들이 문제와의 관계를 수정하기 위해 취하는 혹은 취했던 행동을 설명하면서 단 하나의 은유만을 사용하는 경우는 거의 없다. 그러나 내담자가 치료적 맥락에 갖고 들어오는 은유를 전부 다 수용하기란 거의 불가능하기 때문에 불가피하게 그중 일부를 더 즐겨 사용하게 된다. 많은 은유 가운데 일부를 선택할 때는 어떤 것이 가장 살아남을 가능성이 높은가, 그리고 이 장에서 논의했듯이 어떤 것이 더 윤리적인가를 고려하여 선택하게 된다. 예를 들어, 자신의 유분증을 해소하려는 아동이 있다고 하자. 그 아이가 '말썽꾸러기 때려 주기'란 은유(경쟁 은유)를 사용하면서 '말썽꾸러기한테 내 인생을 되찾아올' 생각(반환 은유)을 하고 있다고 가정해 보자. 그런 상황에서 아동으로 하여금 자신의 계획을 제시하도록 할 때, 난 대개 반환 은유에 우선순위를 둔다. 그 이유는 바로 반환 은유는 유분증 해소의 과업을 대결적 성격의 과업으로 만들지 않기 때문이다. 이번에는 두려움을 해소하고자 하는 다른 아동의 예를 들어보자. 그 아이가 두려움을 '굴복시키고' 또 '교육시키겠다'는 식의 말을 했다면, 나는 그런 상황에서 두려움을 굴복시키기 위해 아이가 어떤 행위를 했는지보다는 두려움을 교육시키기 위해 아이가 개발한 프로그램에 관해 치료적 질문을 던지는 데 초점을 둘 가능성이 더 크다. 이러한 선택은 치료적 대화에서 전쟁이나 경쟁 은유를 일상적으로 재생산하는 데 따르는 결과에 대한 나의 우려에 기인하는 것이다.

AHD와 식구 사이의 관계를 수정하는 문제에 관해 제프리 가족과 대화를 나누면서 대화의 초점이 그들이 가족으로서 주도적으로 할 수 있는 일이 무엇인지로 옮아갔을 때, 그 과정에서 몇 가지 은유가 사용되었다. 그중 하나가 AHD를 '죽여 버리는 것'이었다. 그러나 난 '죽여 버리기' 대신 그 때 제시된 다른 은유인 '되찾기'에 초점을 맞추었고, 나의 이러한 선택은 그들이 어떤 행보를 할 수 있을지에 대해 가족 스스로 심도 있는 제안을 발전시키고 또 그런 행보가 어떤 결과를 가져오게 될지를 반영하는 과정으로 이어지게 되었다. 이러한 맥락 속에서 제프리는 자기가 의도하는 바가 무엇인지 분명히 깨닫게 되었다. 즉, AHD가 자기 삶의 지배자로서가 아니라 자기가 원하는 특별한 친구로서 제자리를 찾을 수 있도록 해 주는 것이었다.

간혹 상담 초기에 내담자가 취할 수 있는 행위에 대한 은유가 단 하나밖에 없을 때, 혹은 그 은유를 과도하게 사용하는 것이 비윤리적일 수 있다고 판단될 때, 대개는 일시적으로만 그 은유의 사용에 참여한다. 대화가 진행되면 다른 은유가 수면 위로 떠오르게 마련이다. 내 경우 치료적 대화를 진행하는 과정에서 여러 은유 가운데 특정한 것에 우선순위를 두는 작업이 불가능했거나 그런 전략이 효과가 없었던 기억은 별로 없다.

전체화하기

치료자는 문제를 전체화(totalizing)[1]하지 않도록, 다시 말해 문제를 부정적인 것으로만 규정하지 않도록 경계해야 한다. 이렇듯 문제를 전체화하는 행위는 서구문화에 만연해 있는 이원론적, 양자택일 사고방식에 기인하는 것으로서, 그 같은 사고 관행과 그 위험에 대한 의식을 갖기 위해서는 치료자에게 각별한 노력이 요구된다. 전체화는 내담자 문제의 맥락을 제대로 이해하지 못하게 만들고 내담자가 가치를 두는 것이나 내담자 삶에서 지속될 필요가 있는 것들을 부정하도록 할 가능성이 있다. 따라서 그러한 경계 의식은 치료자에게 매우 중요하다. 다음에 제시하는 두 편의 치료적 대화는 치료자가 문제를 전체화하지 않는 것이 얼마나 중요한지를 잘 보여 주고 있다.

지니는 지적, 신체적 어려움을 가진 아들을 홀로 키우는 어머니다. 그녀는 자신의 오랜 희망이 비현실적인 것이었음을 깨닫게 되자 엄청난 좌절과 실망으로 무력한 상태가 되어 내게 자문을 구하러 왔다. 그동안 지니에게는 이제 그런 희망을 버리는 데 도움이 되고 또 그러한 상실을 애도하는 데 도움이 되는 치료를 받아 보라는 지속적인 권유가 있었다. 그러나 그녀는 나와 외재화 대화를 나누는 가운데 희망의 부정적 결과는 물론 긍정적 결과를 자신이 어떤 식으로 각각 경험했는지 충분히 표현할 수 있는 기회를 가졌다. 무엇보다 희망은 그동안 아들의 어려움을 일부 경감시키려는 자신의 노력을 지탱해 주었고, 만일 그런 희망이 없었더라면 아들은 아마 그 어려움에 모두 직면해야만 했을 것이라고 했다. 하지만 동시에 희망은 일꾼으로서 지니가 감당해야 할 혹독한 주인과도 같은 존재였다. 외재화 대화

1) 역주: 전체화(totalizing)란 현상의 다중적 특성을 무시한 채 그것을 특정 방향이나 속성으로 규정하려는 행위를 말함.

가 진행되면서, 그녀는 그런 희망을 어떤 목적에 계속 적용하고 싶은지에 대해 새롭고 구체적인 생각을 발전시키기 시작했다. 그중에는 그런 희망 가운데 일부를 방향 전환하여 그동안 자기 삶에서 등한시된 측면을 개발하는 데 도움이 되도록 하겠다는 계획도 포함되었다.

후속 상담을 통해 우리는 외재화 대화가 지니에게 희망과의 관계를 수정할 수 있는 기회를 가져다주었다는 사실을 확인하게 되었다. 이와 같은 수정 활동을 통해 그녀의 희망은 그 공을 인정받았으며 더 이상은 단일한 목적에 매달릴 필요가 없게 되었다. 지니는 자신이 높이 평가하는 여러 가지 목적에 희망을 적절히 배분하는 일을 더 잘 감시할 수 있게 되었고, 좌절과 낙담 앞에서 더 이상 나약하지 않게 되었다. 만일 치료적 맥락에서 그 희망이 그녀가 극복해야 할 장애물로 전체화되었더라면 그런 성과는 아마 불가능했을는지도 모른다.

다른 예로 마틴의 경우를 들어 보자. 여덟 살짜리 남자 아이 마틴과 그의 부모는 마틴이 겁이 많다는 이유로 내게 자문을 구하러 왔다. 겁은 네 살 이후로 마틴의 삶에서 늘 존재해 왔고, 시간이 지나면서 점점 더 마틴의 삶을 장악하게 되었다. 그 영향에는 두통과 복통을 포함한 부정적 신체 현상, 사회생활에서의 근본적 불안감, 불면증, 그리고 마음을 빼앗는 온갖 걱정이 포함된다. 이 문제를 근본적으로 해결하고자 노력하는 과정에서 마틴의 부모는 안 해 본 일 없이 다 해 보았다. 그러나 모든 수고가 다 부질없는 것이었고, 이제 부모는 자기 아들이 그저 겁 많은 소년에 불과하다는 결론을 내리기에 이르렀다.

우리는 곧바로 외재화 대화로 돌입했고, 마틴은 난생 처음 자신의 걱정거리를 드러내 놓고 설명할 수 있었다. 나는 걱정거리 하나하나에 이름을 붙여 보라고 했고, 마치 눈으로 보듯 각각을 하나씩 생생히 설명해 보라고 했다. 또 걱정거리의 활동과 계획을 폭로하는 이야기를 만들어 보라고 했고, 그러한 활동과 계획으로 인해 어떤 결과가 초래되었는지 설명해 보라고 했다. 나아가 이 모든 것에 비추어 볼 때 결론적으로 걱정거리가 어떤 목적을 갖고 마틴의 삶에 들어와 있는 것 같은지 이야기해 보라고 촉구했다. 이런 과정을 통해 외재화 대화는 보이지 않는 것을 보이게 만들었고, 마틴의 삶 전체를 차지했던 문제는 이제 형체를 갖추게 되었다. 모두가 걱정거리의 본질에 점점 더 익숙해짐에 따라, 나는 과연 그런 걱정을 부추기는 힘은 어떤 것인지 질문할 수 있게 되었다. 이제 마틴은 걱정거리를 풍부하게 묘사하면서 별다른 어려움 없이 그것을 자기 삶과 연결 지을 수 있게 되었다. 마틴과의 대화를 통해 그런 걱정 뒤에는 2004년 쓰나미, 아프리카의 에이즈 확산, 이라크와 아프간 전쟁, 중동 자살폭탄의 테러 등 세계적인 사건들이 강력히 버티고 있음을 알게 되었다. 대체 어떻게 해서 그가 그런 사건에 대해 그토록 많은 정보를 갖게 되었을까? 마틴은 부모도 모르는 사이에 TV를 통해 정기적으로 세계 뉴스를 시청하고 있었던 것이다.

이제 마틴은 그런 걱정을 정당한 것으로 보는 부모와 함께 자기가 대화를 나누고 있다는 사실을 깨닫게 되었다. 그런 걱정은 더 이상 비합리적인 것이 아니었다. 마틴은 이제 자신의 걱정거리에 합류하는 느낌을 갖게 되었을 뿐만 아니라 자신이 인생에서 가치 있게 생각하는 것에 대해 다른 사람으로부터 존중받는 경험을 하게 되었으며, 그 과정에서 부모가 자기에게 자부심을 갖고 있다는 것을 느꼈다. 부모의 눈에 그는 더 이상 단순히 겁 많은 소년이 아니었으며, 그와 함께 걱정거리를 나누고 그것에 대해 함께 계획을 세우는 부모의 모습은 마틴에게 더할 나위 없는 안도감을 주었다. 곧 그러한 걱정거리에 따른 부정적 신체 현상은 물론 불면증과 불안감도 대거 해소되었다. 비록 세계적 사건에 대한 마틴의 걱정은 계속되었으나, 더 이상 그것이 일상생활을 지속하기 불가능할 정도로 그의 마음을 빼앗지는 않게 되었다. 만일 그런 걱정이 치료적 맥락에서 모두 부정적인 것으로만 해석되었더라면 그의 걱정을 이런 식으로 다루어 볼 수 있는 기회가 결코 주어지지 않았을 것이다.

내가 비록 대결의 의미를 띠거나 문제를 전체화하는 은유를 사용하는 치료방식에 의문을 제기하기는 했으나, 그런 은유나 전체화적 설명이 결코 치료적으로 유용한 은유가 될 수 없다는 의미는 아니다. 내게 자문을 구하러 오는 사람들 가운데는 생존하기 위해 싸운다는 생각을 강하게 갖고 있는 사람들이 있다. 적어도 치료 초반에는 싸우기 또는 겨루기 은유를 사용하는 것이나 문제를 전체화하는 행위가 문제에 대한 그들의 경험과 가장 잘 맞아떨어진다. 그들은 흔히 다양한 유형의 학대와 착취의 대상이었던 사람들이고, 따라서 나는 싸우려는 마음가짐을 키웠던 것과 그런 자세에서 나온 행위야말로 그들의 생존에 결정적인 역할을 했을 것이라는 사실을 항상 염두에 두고 있다.

이런 상황에서 난 그러한 마음가짐의 중요성을 인정하고, 생존에 요구되는 행동의 성격을 그렇게 보았던 그들의 이해방식에 존중을 표하며, 그런 은유와 맥을 같이하는 행동으로서 어떤 다른 행동을 할 수 있겠는지를 탐색하는 과정에 합류한다. 그러나 내 쪽에서 싸우기 은유를 소개하거나 문제를 부정적인 것 일색으로 몰아가는 전체화 행위를 주도하지는 않는다. 내담자가 싸우기 은유 하나에만 매달릴 때는 문제와의 관계를 수정하기 위한 과거 행위 혹은 미래 계획을 설명할 때 혹시 내담자가 다른 은유를 사용하는지에 촉각을 곤두세운다. 만약 다른 은유가 나오게 되면 점차 '싸우기' 이외의 다른 것에 초점을 둘 수 있는 가능성이 열린다. 그러나 싸우기 은유에 전적으로 초점을 맞추게 되면 앞서 언급한 위험이 초래되고, 내담자가 점점 더 자신의 취약함을 경험하면서 장기적으로는 피로감이 쌓이고 행동 주체로서의 의식이 감소된 느낌이 드는 것은 물론, 결코 빠져나올 수 없는 '철통요새' 같은 인생관 속에 갇히는 데 일조하는 격이 된다.

외재화 대화의 대안적 활용

이 장의 주요 내용은 내담자의 문제를 외재화시키는 작업에 관한 것이다. 하지만 외재화 대화는 더 나아가 한 사람의 '힘 또는 강점'이나 '자원'을 다시 생각해 보고 개발하는 데도 사용될 수 있다. 한 예로 나는 최근 자녀가 있는 가족을 대상으로 하는 상담에 대해 글을 쓰면서 이중 외재화(double externalization)의 예를 포함시켰다(White, 2006). 제리의 가족은 제리의 식이 문제로 나를 찾아왔다. 나는 우선 이 식이 문제를 '버릇없는 작은 공포증'이라고 외재화시키는 것을 도와주었다. 그런 다음에는 그동안 공포증의 방해로 하지 못했던 것을 할 수 있게 해 주는 '힘'을 외재화했다. 이런 힘을 우리는 '호랑이 같은 힘'이라고 불렀는데, 이는 외재화 대화의 맥락에서 형성된 것이다. 만일 우리가 그 힘을 단순히 제리에게 내재되어 있는 특성으로 간주했다면 '호랑이 같은 힘'이라는 개념은 만들어 내지 못했을 것이다. 제리의 가족은 힘의 외재화를 통해 '버릇없는 작은 공포증'으로부터 제리를 해방시키기 위한 기틀을 마련할 수 있었다.

입장말하기(I): 외재화 대화의 지도

지금으로부터 약 10여 년 전, 나는 외재화 대화를 설명하는 지도를 만들어 달라는 요청을 받았다. 나는 외재화 대화에 사용되는 구체적 질문을 분류할 목적으로 이런 대화가 담긴 상담 테이프 여러 개를 자세히 검토했다. 이러한 과정을 거쳐 '입장말하기(statement of position)' 지도를 개발한 다음 그것을 워크숍 자료집에 포함시키는 한편 강의를 통해 소개하기 시작했다. 이 지도는 외재화 대화를 크게 네 가지의 질문 범주 혹은 단계로 설명하고 있다. (이 지도의 예는 이 장 끝에 수록되어 있다.)

그 후 나는 강연이나 교육을 통해 '입장말하기' 지도를 소개해 왔고, 강의에 참여한 많은 사람으로부터 후에 자신이 외재화 대화를 실제로 적용하는 데 그것이 큰 도움이 되었다는 평을 듣게 되었다. 외재화 질문의 네 단계를 도식화하는 방식은 외재화 과정을 자세히 풀어내는 데 도움이 된다. 즉, 외재화 과정을 더욱 분명히 볼 수 있을 뿐만 아니라 이를 치료자 나름대로 적용시키고 더욱 발전시켜 나가는 데도 유용하다.

이 책에 제시한 다른 지도들과 마찬가지로, 입장말하기 지도는 치료적 질문의 길잡이가 되어 준다. 특히 삶이 문제로 가득 차 있다고 생각하는 사람 또는 자기 자신이나 대인관계에 대해 부정적으로 단정 짓는 사람들에게는 더욱 필요하다. 하지만 이 지도가 외재화 대화의 모든 면을 다 보여 주는 것은 아니며 이야기치료에 반드시 필요한 것도 아니다.

나는 이 지도가 아동을 포함해서 내담자가 소중하게 생각하는 것에 대해 스스로 이야기할 수 있는 상황과 맥락을 제공하기 때문에 이 네 단계 질문을 '입장말하기' 지도라고 부른다. 이런 대화를 통해 내담자는 자신의 문제가 삶에서 어떤 위치를 점하고 있는지 알아내고, 자신이 염려하는 것의 근거를 더욱 강력히 피력할 수 있게 된다. 이러한 경험은 어떤 문제나 어려움에 봉착했을 때 타인이 이미 정해 놓은 입장을 받아들이곤 하는 우리에게 매우 새로운 경험이다.

이 대화를 입장말하기라 부르는 또 다른 이유는 그 질문들을 통해 치료자의 입장도 명확해지기 때문이다. 치료자는 어떤 문제나 곤경에 처한 내담자를 상담할 때 그 입장의 주인공이 아니기 때문에 탈중심적(decentered)인 입장에 있다. 하지만 동시에 치료자는 영향력 있는(influential) 입장에 있는데, 이는 내담자가 치료자의 질문을 통해 문제에 대한 자신의 입장을 정리하고 왜 그런 입장을 취하게 되었는지 알게 되기 때문이다.

탈중심적이지만 영향력 있는 역할을 담당하는 것은 결코 쉬운 일이 아니다. 우리가 만나는 사람들은 대부분 심한 좌절과 무기력에 빠져 있고, 더 이상 아무것도 할 수 없다고 생각하며, 자기를 억누르는 걱정으로부터 당장 조금이라도 벗어나고 싶어 하기 때문이다. 이러한 상황에서는 치료자가 내담자 문제에 대해 특정한 입장을 취하면서 '전문적 지식'과 다양한 개입 방법을 제시하는 일방적인 행동을 하기 쉽다. 구체적으로 내담자의 문제를 정의하고 문제로 인한 결과를 설명하며 그 결과에 대해 내담자를 대신하여 입장을 정리한 후, 치료자 판단에 근거하여 내담자가 삶에서 지켜내야 할 것은 무엇이며 그런 생각의 근거는 어디서 비롯되는지를 제시한다. "이것(치료자가 정의한 문제)이 당신 삶에 이런 것(치료자가 추측한 결과)을 야기하는군요. 이는 참으로 ~(치료자의 입장)하므로 이 문제에 대해 뭔가 조치를 취해야겠네요. 왜냐하면 ~(치료자의 인생관에 입각한 이유)이니까요." 치료자가 내담자 문제에 대해 이런 식으로 주 저자의 역할을 수행하게 되면 내담자와의 협력은 더 이상 기대할 수 없다. 그리하여 치료자는 부담과 소진에 직면할 수밖에 없고 내담자는 무력감에 빠지게 된다.

1단계: 경험에 가깝게 문제 정의하기

첫 단계에서 치료자는 내담자가 문제에 대한 정의를 내릴 수 있게 도와준다. 이때 내담자는 자신이 경험하는 곤경이나 문제에 대해 풍부하게 기술한다. 이 과정을 통해 내담자는 자신의 경험과 동떨어진(experience-distant) 방식에서 자신의 경험에 가깝게(expeirence-near) 자기 나름의 방식으로 문제를 정의할 수 있게 된다.

경험에 가깝게 설명을 한다는 의미는 내담자가 사용한 언어를 그대로 사용하여 내담자가 속한 가족이나 지역사회의 문화, 그리고 내담자가 살아온 경험을 통해 만들어진 삶에 대한 생각을 기초로 내담자 문제를 설명하는 것을 말한다. 여기서 자기 나름이라는 말을 사용한 이유는 사람들이 문제를 받아들이고 이해하는 방식은 저마다 다르며 같은 사람이라도 시점에 따라 다르다는 점을 인정하려는 것이다. 모든 문제나 곤경은 서로 동일하지 않으며 현재의 어떤 문제나 곤경도 과거의 그것과 동일하지 않다. 제프리 가족을 만나면서 나는 다양한 방법(그림으로 표현하는 것 등)을 통해 그들의 경험에 가까운, 그들 나름의 ADHD에 대한 정의를 만들어 가고자 노력했다. 그 과정에서 이 문제만이 가지고 있는 독특한 형상이 명백히 드러났는데, 심지어 쌍둥이 형제인 제리의 ADHD와 구별이 될 정도로 차이가 있었다. 제프리의 ADHD는 다른 ADHD와는 매우 달랐으며, 제프리는 자신의 경험에서 나온 자신의 언어로 그것을 설명했다.

이러한 풍부한 설명은 많은 경우 문제를 의인화하는 과정을 통해 이루어지며, 특히 아동과의 만남에서는 더욱 그러하다. 일곱 살인 스펜서는 부모와 함께 나를 찾아왔는데, '유분증' 문제로 왔다고 했다. 이 문제를 놓고 오랫동안 백방으로 노력했으나 효과가 없었다고 했다. 부모는 스펜서가 어떤 문제해결 방법에도 협조의 기미를 보이지 않아 좌절감을 느끼고 있었다. 하는 행동으로 미루어 보아, 스펜서는 자기 자신이 문제이고 이 문제는 어떤 방법으로도 해결되지 않을 것이라고 포기한 듯했다. 유분증이 뭔지 아냐는 질문에 스펜서는 알고 있다고 대답했지만, 옷에 대변을 보는 행동을 뜻하는 이 용어는 그의 경험과 동떨어진 의미임이 명백했다. 나는 스펜서 가족이 이 문제를 그들의 경험에 가깝고 그들 나름의 방식으로 이해할 수 있도록 하기 위해 다음과 같이 질문을 시작했다.

치료자: 그렇군요. 그런데 유분증의 지배(reign)[2)]하에 사는 게 어떠세요?

어머니: (동음이의 표현에 미소 지으며) 가끔씩 억수같이 쏟아져요. 참 지저분하지요.

2) 역주: reign은 지배라는 뜻을 가지고 있지만 비를 뜻하는 rain과 동음으로, 여기서는 익살스럽게 표현한 것이다.

아버지: (역시 재미있어하며) 가끔씩 우리 무릎까지 와요. 미끄럽기도 하지요. 그래서 여기저기서 미끄러지지요. 이 정도면 설명을 잘 드리는 거지?

어머니: 그럼요, 상황이 통제가 안 돼서 아무것도 할 수 없을 때가 많아요. 그렇지, 스펜서?

스펜서: (긴장이 조금 풀린 듯) 네.

치료자: 그럼 허락도 없이 함부로 가족들을 짓밟고 다니는 이 유분증을 어떻게 생각해야 할까요? 이렇게 여기저기서 미끄러지게 하고 아무것도 못하게 만드는 유분증을 뭐라고 부를 수 있을까요?

어머니: 글쎄요, 말썽부리는 유분증이라고나 할까요?

아버지: 그 말이 맞네요.

치료자: 스펜서, 너는 어때?

스펜서: 네, 저도 그렇게 생각해요.

치료자: 어떻게?

스펜서: 말썽 씨(Mr. Mischief)요.

치료자: 그래! 말썽 씨로구나. 정체를 알게 돼서 참 잘 됐구나.

스펜서: 저도 그래요.

나는 계속해서 스펜서 가족이 말썽 씨에 대해 어떤 경험을 했는지 질문했고, 이를 통해 스펜서 가족은 문제의 성격을 더욱 풍부하게 묘사할 수 있었다. 한 예로 말썽 씨가 어떻게 가족의 삶을 망가뜨리고 어떤 전략과 술수를 사용하는지에 대해 이야기했고, 말썽 씨가 스펜서 가족에 대해 어떤 목표와 계획을 가지고 있는지도 알아낼 수 있었다. 이 문제를 스펜서의 경험에 가까운 그 나름의 방식으로 정의하면 할수록 스펜서는 더 생동감이 넘쳤고 문제에 대한 많은 지식을 자랑스럽게 늘어놓았다. 스펜서는 유분증에 대처하는 방법은 몰랐지만 말썽 씨의 책략을 수포로 돌릴 수 있는 방법을 여러 가지 알고 있었다. 그리고 말썽 씨에게 빼앗겼던 자신의 인생을 되찾기 위해 부모님의 도움을 받아 그러한 방법을 사용하기 시작했다.

이 이야기에서 유분증이라는 '전문' 용어는 스펜서의 삶에 더 가까운 말썽 씨로 대체되었다. 그렇다고 해서 전문적 진단을 내담자 경험에 가까운 용어로 모두 바꾸자고 제안하는 것은 아니다. 하지만 풍부한 묘사는 많은 것을 내담자 경험에 가까운 내담자 나름의 것으로 만들 수 있다고 본다. 예를 들어, 제프리 가족과 나눈 외재화 대화에서 ADHD라는 전문용어는 더욱 풍부한 의미를 가지도록 묘사되었다.

내담자는 문제의 성격과 속성을 풍부히 묘사하는 과정에서 문제에 대해 갖고 있는 자신의 고유한 지식과 기술이 문제 해결에 매우 유용하다는 점을 인식하게 된다. 또한 자신이 문제 해결에 유용한 특별한 기술을 갖고 있으며 그것을 더욱 발전시킬 수 있다는 점도 깨닫게 된다.

2단계: 문제의 결과 탐색하기

외재화 대화의 두 번째 단계는 호소하는 문제가 내담자 삶에 어떤 영향을 미치는지에 대한 질문이다. 내담자 삶에는 다음과 같은 영역이 포함된다.

- 가정, 직장, 학교, 또래 집단
- 자기 자신과의 관계, 가족관계, 친구관계
- 정체성(내담자가 추구하는 목적, 소망, 꿈, 열망, 가치 등)
- 미래 계획과 가능성

두 번째 단계의 질문이 이 모든 영역을 다 포괄하지는 않는다 하더라도 호소 문제의 주된 영향이 무엇인지는 이해할 수 있어야 한다. 예컨대, 제프리 이야기에서는 AHD의 행동이 가족이나 교사나 친구와의 관계에 미치는 영향에 초점을 두었다. 또한 AHD가 어머니의 건강과 아버지의 기분에 미치는 영향에도 초점을 두었다. 오랜 우울증과 자해 문제를 경험한 사라와의 대화에서는 '자기혐오증'이 하는 행동이 사라와 그녀 몸 및 다른 사람과의 관계에 미치는 영향에 초점을 두고 이야기했다.

문제로 인한 결과나 영향을 생각해 보는 것은 외재화 작업을 더 탄탄하게 해 주며, 이 과정을 통해 내담자가 그간 익숙해 있던 내재화 대화에서 점점 벗어나고 있음을 보게 된다. 예컨대, 처음 만났을 때 사라는 자신이 '가치 없고' '쓸모없는' 사람이며 '고작 이 정도밖에 안 되는' 사람이라고 생각했다. 또한 그녀는 자신의 이런 생각을 돌이키려 하는 사람들은 많지만 모두가 자신을 제대로 이해하지 못하는 성의 없는 사람들이라고 했다. 이런 생각은 대인관계에서 스스로를 고립시키는 결과를 낳았으며, 치료자 역시 자신을 설득하려는 무리 가운데 하나일 뿐이라고 했다. 나는 사라의 상투적인 기대에 부응하지 않았다. 하지만 내가 질문하는 과정에서 사라는 자기혐오가 자신을 '가치 없고' '쓸모없고' '고작 이 정도밖에 안 되는' 사람으로 생각하도록 조종한다는 것을 인정했다. 이런 생각은 사라가 내면적으로 갖고 있는 생각 속에, 다른 이들과 나눈 내재화 대화 속에 깊숙이 자리 잡고 있었다. 그러나 이것이 외재화 대화로 표현되면서 사라의 정체성은 그 정체성의 일부를 이루고 있던 부정적 결론과 분리되기 시작했다. 그녀가 그러한 부정적 결론이 마치 자신의 참 모습인 듯 이야기할 때, 나는 그런 입장에 도전하지 않았다. 대신 나와의 외재화 대화는 사라의 참 모습으로부터 부정적 결론을 분리시키고 그러한 결론을 풀어 나갈 수 있는 기회를 열어 주었다.

3단계: 문제의 영향력 평가하기

세 번째 단계에서 치료자는 호소 문제의 활동방식과 활동 내용을 평가하고 호소 문제가 내담자의 삶에 미치는 주요한 영향을 평가하도록 지원한다. 이런 평가는 대부분 다음과 같은 질문을 통해 이루어진다. 말씀하신 문제가 이런 행동을 해도 괜찮으세요? 일이 이렇게 전개되는 데 대해 어떻게 생각하세요? 이런 결과에 대해 어떤 입장이세요? 지금 이런 상황에서 당신은 어떤 입장이지요? 상황이 이런 식으로 전개되는 것이 좋은가요, 나쁜가요, 아니면 이도 저도 아닌가요? 만일 이것이 당신의 운명이라면 어떤 생각이 드시겠어요?

이런 질문 또는 이와 유사한 질문은 내담자로 하여금 잠깐 걸음을 멈추고 자기 삶에 일어난 특정한 사건에 대해 반추해 볼 수 있게 한다. 이러한 반추 경험은 많은 이에게 새로운 경험이다. 왜냐하면 그런 평가가 대부분 타인에 의해 이루어져 왔기 때문이다. 예컨대, 내가 만났던 많은 젊은이들이 문제가 자신에게 어떤 영향을 미치는지를 평가하는 데 있어서 자기 목소리를 제대로 내지 못하고 살아온 것을 보았다. 대신 그 평가는 부모, 교사, 치료자, 사회복지사, 경찰 등에 의해 이루어졌던 것이다.

내담자가 자기 입장을 이야기하는 것은 아주 생소한 일이기에 질문에 앞서 문제의 주된 영향에 대해 나누었던 대화(2단계)를 간략히 요약해 주는 것이 좋다. 나는 이런 요약을 종종 사설(editorial)이라 부르는데, 이는 내담자가 평가 질문에 답할 때 참고하도록 하기 위한 것이다. 예를 들면, 버지니아(16세)와 대화를 나누며 그간 꼬인 문제들을 몇 가지 평가하는 과정에서, 나는 버지니아가 자기 삶에서 일종의 행인 역할을 해 왔음을 알 수 있었다. 이에 나는 버지니아의 입장을 탐색하면서 그 문제가 버지니아에게 어떤 영향을 미쳤는지를 간략히 요약해 주었다.

치료자: 버지니아, 부모님이 그동안 있었던 일 때문에 걱정이 많으셔서 네 행동 하나하나에 모두 신경을 쓰시는 것 같구나. 이렇게 네 생활에 신경 쓰신다는 건 너를 아주 가까이서 지켜보고 계신다

는 거고. 그래서 네 입장에서는 오히려 마음의 문을 닫게 된다고 했지?

버지니아: 네, 바로 그거예요.

치료자: 그래, 그렇다면 그런 게 너한테는 어떠니?

버지니아: 저한테 어떠냐고요?

치료자: 그래, 어떤 마음이 들어? 부모님이 그렇게 신경 쓰시는 데 대해 넌 어떤 입장이니?

버지니아: 맘에 안 들어요. 항상 감시당하는 기분이에요. 기분도 나쁘고 도움도 안 돼요. 정말 너무 답답해요.

치료자: 싫다고? 감시가 싫어?

버지니아: 싫어요, 도움이 안 돼요. 오히려 좌절감이 들어요.

치료자: 네 경험이 어떤지 좀 더 말해 줄래? 이 불편함과 좌절감을 또 어떤 말로 표현할 수 있겠니?

버지니아: 글쎄요, 그러니까 이런 거죠.

버지니아가 불편함과 좌절감에 대해 좀 더 풍부하게 설명한 다음, 나는 딸의 생활에 대해 일일이 신경 쓰는 점에 대해 버지니아의 부모와 이야기했다. 지금까지 이 가족은 자신들이 힘들어하는 문제에 대해 각자 어떤 생각을 갖고 있는지 이야기할 기회가 없었다. 그래서 이 질문은 문제가 미치는 영향에 대한 각자의 경험을 주고받는 기회가 되었다.

제프리 가족과의 대화에서도 나는 평가 질문에 앞서 사설을 띄웠다. "이제 AHD가 어떤 행동을 했는지 잘 알 것 같아요. 제프리와 부모님 사이에, 제프리와 친구들 사이에, 그리고 제프리와 선생님 사이에 끼어들어 일을 망쳤고, 제프리의 배를 살살 아프게 만들기도 했군요. 그리고 부모님을 많이 속상하게 만들었고요. 또 AHD가 앞으로 제프리의 인생을 어떻게 망치려고 하는지도 알 것 같아요. AHD는 제프리를 다른 사람으로부터 고립시켜 자기만의 친구로 만들려고 하는군요." 이 사설을 토대로 하여 가족은 AHD의 행동에 대해 각자 어떤 경험을 했는지, 또 그 결과에 대해 각자 어떤 입장인지 얘기할 수 있게 되었다.

여기서 주의할 점은 내담자가 문제의 영향에 대한 입장을 다방면으로 탐색할 수 있도록 해 주어야 한다는 것이다. 치료자는 종종 내담자가 문제를 모두 부정적으로 평가할 것이라고 지레 짐작한다. 그렇기에 충분히 탐색하기 전에 미리 결론을 짓고 이를 기반으로 하여 다음 단계로 넘어간다. 하지만 문제가 미치는 영향에 대한 사람들의 입장은 많은 경우 복잡하고 복합적이다. 한 예로 사라의 인생에서 자기혐오가 미친 주된 영향은 자해로 나타났는데, 나는 이에 대해 임의로 판단하지 않는 것이 중요하다는 것을 인식하고 있었다.

치료자: 사라, 조금 다른 식으로 질문해도 괜찮을까요? 자기혐오가 사라에게 무엇을 요구하는지에 대해 얘기했는데, 그게 사라한테는 어떤지 묻고 싶어요.

사 라: 네, 괜찮아요. 물어보세요.

치료자: 좋아요, 그럼 칼로 긋는 것에 대해서 물어도 될까요?

사 라: 그럼요, 비밀도 아닌걸요.

치료자: 자기혐오가 사라의 몸에 대해 무엇을 요구하는지 얘기하면서 칼로 여기저기 그으라고 한다고 했죠? 그 점에 대해서 좀 더 알고 싶은데요, 몸을 단련시키는 방법 중 하나라고 했지요. 그게 사라한테는 어때요?

사 라: 글쎄요, 어떻게 답을 해야 할지 모르겠는데요. 그냥 하는 거지요. 칼로 긋는 건 말 그대로 긋는 거예요.

치료자: 그럼 사라는 그게 괜찮아요?

사 라: 선생님은 예상치 않았던 질문을 하시네요.

치료자: 왜요?

사 라: 왜냐하면 사람들은 대부분 그런 행동을 멈추게 하는 쪽으로 얘기하거든요.

치료자: 저에게 그건 별로 중요하지 않아요.

사 라: 다행이에요! 왜냐하면 사실 피가 흐르는 것을 보면 그때 유일하게 편안해지거든요. 아마 유일하게 뭔가를 느끼는 때인 것 같아요.

치료자: 그럼 아무렇지도 않다는 건가요?

사 라: 네? 아니요, 그건 아니죠.

치료자: 칼로 긋는 것을 막으려 하지는 않을 거예요. 그런데 만일 태어날 때 다른 아기들에게는 다른 운명이 주어지고 사라에게는 칼로 긋는 것이 운명으로 주어졌다면 그것에 대해서 아무런 이의 없어요?

사 라: 그렇게 말하지는 않았어요.

치료자: 미안해요.

사 라: 만일 다시 태어난다면 긋는 행동에 대해 좀 의문이 생길 것 같아요.

치료자: 그래요, 나는 사라가 그 행동에 대해 어떤 입장을 가지고 있는지 알고 싶었어요. 그럼 전반적으로 칼로 긋는 것에 대해 동의하는 입장이고, 그게 편안함을 가져다주기도 하지만 어느 정도의 이의는 있다고 이해해도 되나요?

사 라: 네, 그 말이 맞겠네요.

내담자의 입장은 문제의 영향에 대해서는 물론 그 평가에 대해서도 매우 복합적 양상을 띤다. 가령 문제의 영향 가운데 어떤 부분에 대해서는 긍정적으로 생각하면서 동시에 다른 부분에 대해서는 그렇지 않을 수도 있다.

4단계: 평가의 근거 제시하기

네 번째 단계는 내담자의 평가에 대해 '왜'라는 질문을 던지는 것이다. 이 탐색과정에서는 다음과 같은 질문이 활용될 수 있다. 왜 괜찮으세요? 왜 괜찮지 않으세요? 이런 상황이 된 데 대해 왜 그런 생각이 드세요? 어떻게 해서 그런 입장을 갖게 되셨어요?

하지만 다른 방법으로 탐색을 시작해도 좋다. 종종 '왜'라는 질문에 대해 내담자가 뭔가 대답을 했을 때 그 답을 뒷받침해 줄 수 있는 이야기를 해 달라고 부탁하는 것이 더 적합할 때가 있다. 당신의 경험 가운데 어떻게 해서 그런 입장을 가지게 되었는지 잘 보여 줄 수 있는 이야기가 있을까요? 아버지가 알고 계신 일 중에 이 상황이 그렇게 화가 나는 이유를 잘 설명해 줄 수 있는 일이나 경험에는 어떤 것이 있을까요? 제프리 가족과의 대화에서 나는 다음과 같은 방식으로 '왜' 질문을 사용했다. "그럼 이제 그동안 AHD가 했던 행동이 왜 문제가 되는 건지 저에게 설명을 좀 해 주셨으면 해요. AHD가 갖고 있는 계획이 왜 문제가 되는지에 대해서도요." 평가 질문의 경우와 마찬가지로, 여기서도 사설을 먼저 제시하면 평가 근거에 대해 질문하는 데 도움이 된다.

이유나 근거를 묻는 '왜(why)' 질문은 상담이나 심리치료 분야에서 평판이 그다지 좋지 못하다. 1970년대 초기에 참석했던 한 워크숍에서 강사는 '왜'라는 질문은 절대로 하지 말아야 하며 '어떻게(how)'와 '무슨(what)'이라는 질문만 할 것을 강조했다. 나는 이를 받아들이기 힘들었다. 강사들에게 "왜 그렇게 차별해야 하지요?"라고 질문하자, 그들은 기가 막힌다는 표정으로 답을 대신했다. 이런 편견의 원인은 부분적으로 문화 일반에 통용되는 '왜' 질문의 사용방식에서 찾아볼 수 있다. '왜'라는 질문은 종종 도덕적 심문의 형태로 사용되어 왔으며, 이는 질문당하는 사람의 지위를 깎아내리는 역할을 한다. 왜 그렇게 했니? 너는 왜 항상 그렇게 문제니? 왜 그런 행동을 했니?

하지만 내가 추구하는 '왜'라는 질문은 이러한 도덕적 판단을 내포하지 않는다. 나의 '왜' 질문은 삶에서 중요한 것(삶에서 지향하는 바, 즉 의도, 열망, 목표, 추구, 결심 등)이 무엇인지에 주목하게 하고 그것을 이해할 수 있게 해 주며 자신의 삶의 기술을 깨닫게 해 준다. 또한 '왜'라는 질문은 내담자가 값지게 얻은 것과 깨달은 것에 대해 자기 나름의 구체적인 목소리를 갖고 또 이를 더욱 개발할 수 있도록 하는 심오하고 중요한 역할을 담당한다. 나는 오랫동안 '왜' 질문을 던져 왔고, 이런 질문은 아동을 만날 때도 마찬가지였다. 나의 '왜' 질문에 대한 사람들의 반응은 그것의 사용을 한층 더 강화시켜 주었다.

'왜'라는 질문의 또 다른 이점은 이 질문을 통해 내담자가 자기 자신에 대해 갖고 있던 문제 중심적 정의를 좀 더 긍정적인 정체성으로 대체할 수 있다는 것이다. 사라와의 대화에서 자기혐오가 자해(칼로 긋기)를 지시하는 점에 대해 어떤 입장인지 평가해 보라고 했을 때, 그녀는 만일 이생에서도 같은 운명이 주어진다면 자신은 그에 의문을 품게 될 것이라고 대답했다.

치료자: 의문을 품게 될 거라는 사라의 말이 마음에 남네요. 어떤 의문인지 알고 싶어요. 그리고 자해하는 운명을 타고났다는 데 대해 왜 의문을 제기할지에 대해서도 알고 싶어요.

사　라: 왜 제가 의문을 갖게 될 것인지에 대해서요?

치료자: 네.

사　라: 이런 질문을 하시다니 믿기지가 않네요.

치료자: 왜요?

사　라: 다른 사람은 모두 왜 칼로 긋는지를 알고 싶어 하는데, 선생님은 제가 왜 칼로 긋는 운명에 대해 의문을 가질지를 궁금해하시잖아요!

치료자: 네, 그게 궁금해요.

사　라: 당연한 거 아닌가요? 누구보다 잘 아시잖아요? 칼로 긋는 행동에 대해 뭔가를 해 주는 게 선생님의 역할 아닌가요?

치료자: 저는 제 인생은 잘 알지만 사라의 인생은 잘 몰라요. 저라면 어떤 의문을 가질지 알지만 사라가 어떤 의문을 가질지는 모르지요. 그러니까 자해에 대해 어떤 의문을 갖는다는 거죠?

사　라: 아무리 그래도 삶에서 뭔가 조금은 좋은 걸 가질 권리가 있잖아요!

치료자: 조금은 좋은 걸 가질 권리라! 그러니까 작은 거라도 뭔가 조금은 좋은 걸 가질 수 있지 않을까 하는 의문이 든다는 거지요?

사　라: 제가 이런 말을 한다는 게 좀 놀랍긴 하지만 대충 그런 것 같아요.

치료자: 이건 정말 중요한 말이에요. '뭔가 조금은 좋은 걸 가질 권리가 있다'는 표현 말이에요. 이런 생각이 어디서 나오는 건지 궁금해서 그러는데, 그에 대해 질문을 좀 해도 될까요? 이런 생각을 하게 된 배경에 대해서요.

사　라: 네, 괜찮아요.

치료자: 좋아요. 사라는 어떻게 해서 삶에서 뭔가 조금은 좋은 걸 가질 권리가 있다는 생각을 하게 되었지요? 어떻게 그런 생각을 하게 되었는지 제게 잘 보여 줄 수 있는 이야기가 있을까요?

이에 대해 사라는 자기 정체성에 관한 부정적 결론, 즉 자기혐오와 관련된 부정적 정체성('쓸모없고' '가치 없고' '고작 이 정도밖에 안 되는' 사람)과 완전히 상반되는 자기 모습에 관해 이야기했다. 그때 난 그 모순을 따로 지적하지 않았는데 그녀가 갖고 있던 부정적 결론에 반박할 의도가 없었기 때문이었다. 어떤 면에서 이런 부정적 생각은 이미 외재화 대화 초기 단계에서 이루어진 노출과정을 통해 밝혀졌다고 볼 수 있다. 삶에서 뭔가 조금은 좋은 것을 가질 권리가 있다는 생각을 드러내 말하고 있는 이 시점에서, 나는 이 생각을 사라의 과거 삶이나 대인관계 속에서 조명할 수 있도록 하는 대화를 개시했다. 이 대화는 2장에서 설명하는 다시쓰기 지도(re-authoring map)에 따라 진행되었다. 다시쓰기 대화는 무엇보다 사라가 자신의 삶의 목표와 가치를 이해하는 계기를 만들어 주었다.

외재화 대화는 이런 방식을 통해 풍부한 이야기 형성으로 가는 길을 열어 준다. 사라와의 대화에서처럼, 내담자가 지향하는 삶(삶이란 능동적으로 의도적으로 참여하고 포용하는 구체적 의도에 의해 만들어지는 것임)이나 가치에 대한 이해는 외재화 대화 속에서 그 모습을 드러낸다. 그리고 그러한 이해는 다시쓰기 대화로 들어가는 훌륭한 창구가 된다. 외재화 대화의 이러한 특징은 버지니아 가족과의 대화에도 잘 나타나 있다.

치료자: 버지니아, 부모님의 감시가 싫다고 했지. 도움도 안 되고 오히려 좌절감만 느끼게 한다고.

버지니아: 네.

치료자: 왜 싫은지에 대해 좀 더 얘기해 줄래?

버지니아: 왜 싫으냐고요? 싫기만 한 게 아니라 필요 없어요!

치료자: 왜 필요하지 않아?

버지니아: 제 인생은 제가 알아서 할 수 있다고요.

치료자: 넌 항상 그랬니?

버지니아: 항상 그런 건 당연히 아니죠! 어린아이였을 때는 그렇지 않았으니까.

치료자: 그렇구나. 어렸을 때는 못했는데 지금은 알아서 할 수 있는 일이 뭐니?

버지니아: 일단 저 스스로를 안전하게 지키는 거요.

치료자: 그렇구나. 네 얘기에서 두 가지를 알 수 있을 것 같아. 첫째는 인생에서 네가 소중하게 생각하는 부분이 있다는 것이고, 둘째는 너

스스로 안전을 지키기 위한 방법을 터득했다는 것 같구나. 맞니?

버지니아: 맞아요, 바로 그거예요.

치료자: 그럼 이런 생각을 내가 더 잘 이해할 수 있게 몇 가지 질문을 더 해도 괜찮겠니?

버지니아: 그럼요, 하세요.

나와 대화하는 과정에서 버지니아는 현재 자기가 삶에서 무엇을 소중하게 생각하는지, 그리고 자신의 안전을 지키기 위해 어떤 방법을 개발했는지 설명했다. 부모는 이 이야기를 들으며 놀라기도 하고 안심하기도 했다. 삶에서 소중하게 생각하는 것과 자기 안전을 지키기 위해 개발한 기술에 대해 버지니아와 나눈 이야기는 다시쓰기 대화로 들어가는 관문이 되었고, 다시쓰기 대화를 통해 더욱 풍부한 상태로 발전되었다. 다시쓰기 대화과정에서 버지니아가 했던 자신의 삶에 대한 이야기는 그녀의 부모가 중요하게 생각하는 이야기와도 연결되었다. 이는 버지니아가 자신의 삶을 돌보고 안전을 추구하는 행동을 더욱 구체화하고 다듬을 수 있는 기틀을 마련해 주었고, 딸에 대한 부모의 지속적인 몰입을 완화시킬 수 있는 돌파구를 마련해 주었다.

'왜'라는 질문의 부활을 주장함에 있어, 나는 내담자가 그에 즉각 반응하리라곤 생각지 않는다. 인간의 지향하는 바에 대한 이해는 자기 삶에 대한 부정적 결론에 도전한다. 그런데 그것은 내담자의 정체성을 재정의하는 데, 그리고 내담자의 자기 이야기를 풍부히 발전시키는 데 매우 중요함에도 현대 서구문화에서 유행하는 인간 내면에 대한 이해에 그 자리를 빼앗겼다. 만일 인간의 행위가 타고난 성품의 발현이나 왜곡에서 비롯되는 것이라 전제하는 경우, 내담자 행동이 대체 무엇을 소중히 여기기에 나오는 행동인가를 생각해 보도록 권유하게 될 여지는 거의 없다. 따라서 '왜'라는 질문은 매우 낯선 질문이며, 그 때문에 '몰라요'라는 대답으로 되돌아오는 경우가 많다. 이런 경우에 치료자는 내담자가 대답할 수 있도록 지지해 주고 도와주게 된다.

이런 지지는 여러 가지 방식으로 이루어질 수 있다. 이미 언급했듯이, '왜'라는 질문을 하기에 앞서 우선 호소 문제가 내담자의 삶에 미치는 주된 영향과 그에 대한 내담자의 평가를 중심으로 사실적 설명을 하는 것이 도움이 된다. '몰라요'라는 대답에 대처하는 또 다른 방법은 문제의 영향과 그에 대한 내담자 평가에 대해 좀 더 자세히 얘기해 볼 것을 권하는 방법이다. 이는 '왜'라는 질문에 대해 반추할 수 있는 토대를 좀 더 굳건히 하는 것이다.

또 다른 방법은 유사한 '왜' 질문을 받은 다른 내담자의 대답을 예로 들어 주는 것이다. "몇 주 전 비슷한 문제로 아주 괴로워하는 분을 만났어요. 왜 그렇게 괴로우냐고 물었더니 ~라고 대답했지요. 혹시 지금 당신의 생각과 비슷한 부분이 있나요, 아니면 전혀 다른가요?" 이렇게 다른 사람의 예를 들어주면 내담자가 자기 나름의 입장을 정리하고 자기 입장의 근거가 되는 '왜'에 대한 답을 생각해 보는 데 도움이 된다.

아동의 경우 '왜'라는 질문에 '몰라요'라고 한다면 알아맞히기 게임을 하는 것이 때로 도움이 된다. 아동이 왜 그 일에 대해 걱정하는지를 부모나 형제에게 추측해 보라고 권유한다. 이때 치료자도 거들 수 있다. 그런 다음 그들이 한 이야기 중에 자신의 생각과 비슷한 것이 있었는지 아동에게 물어보고, 만일 있다면 자신의 말로 답할 수 있도록 도와준다. 만일 자신의 생각과 비슷한 답이 없다고 하면 그것을 어떻게 알 수 있느냐고 물어본다. 이런 방식으로 아동이 '왜'에 대한 자신의 답을 생각해 보도록 도와준다.

'입장말하기 지도'는 외재화 대화를 시각화시키는 근거가 된다. 내가 처음 외재화 대화를 시도했을 무렵에는 나보다 다른 치료자들이 더 이 지도를 유용하게 사용했다. 이 지도는 외재화 대화의 기술을 익히는 데 적합한 도구가 될 수 있으므로 그것을 이용하여 외재화 대화를 그림으로 그려 보

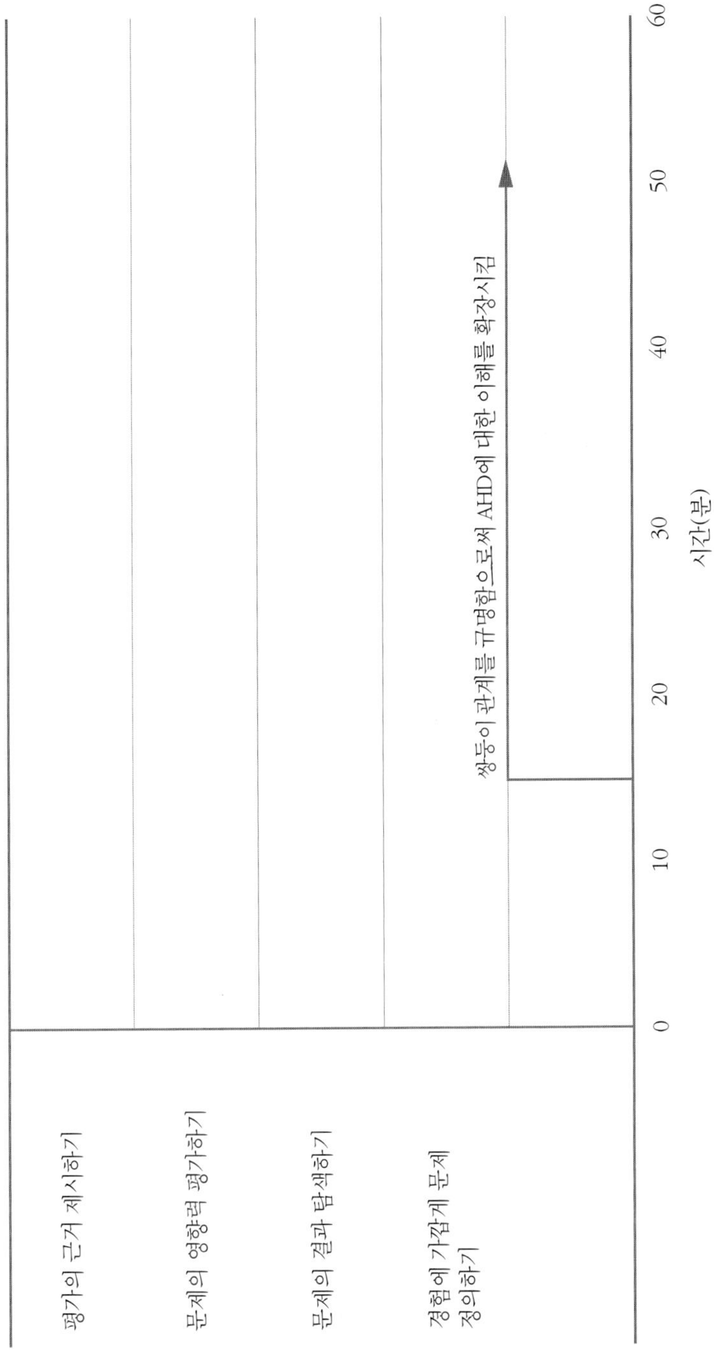

[그림 1-1] 외재화 대화(제프리 이야기, 1회기)

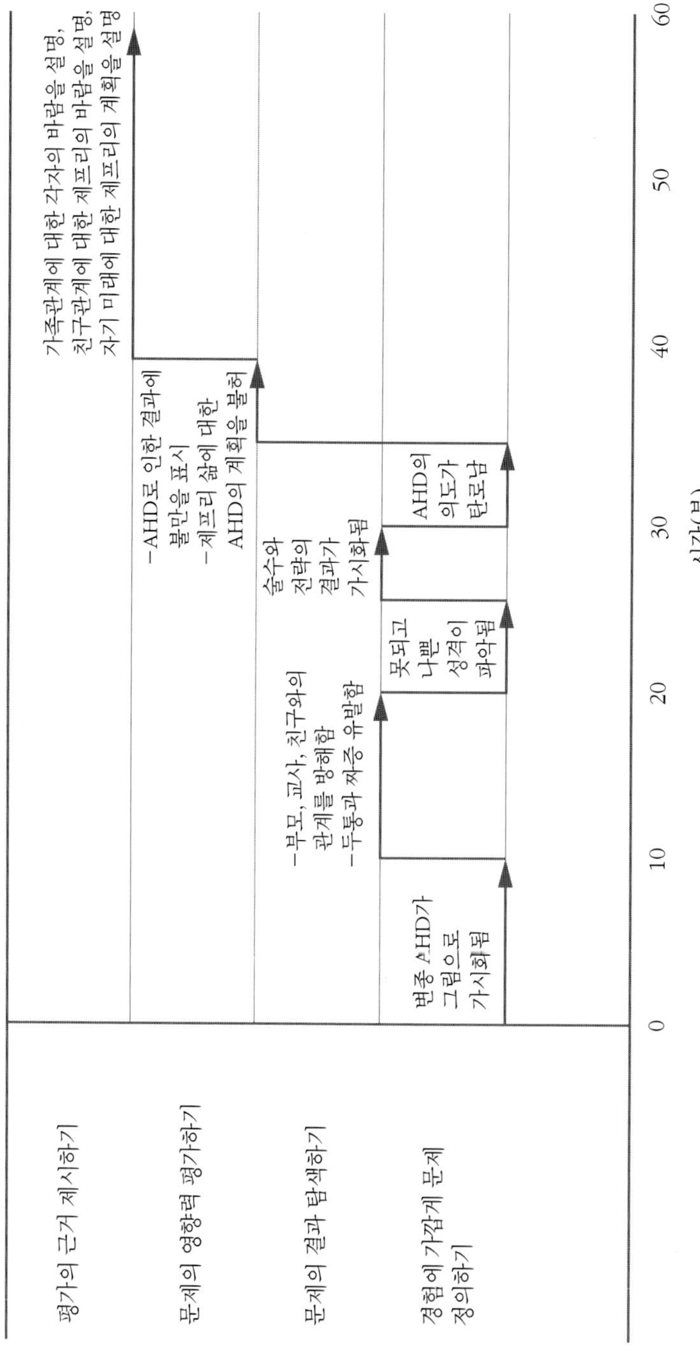

[그림 1-2] 외재화 대화(제프리 이야기, 2회기)

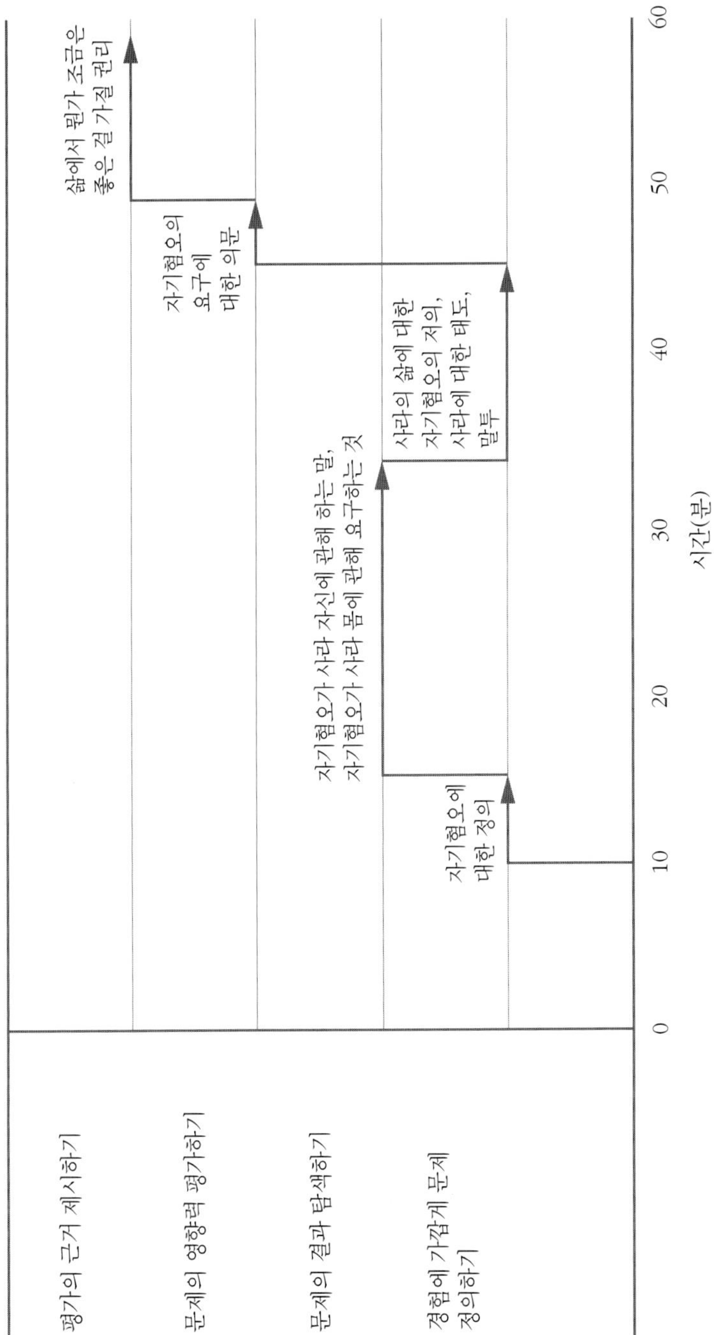

[그림 1-3] 외재화 대화(사라 이야기)

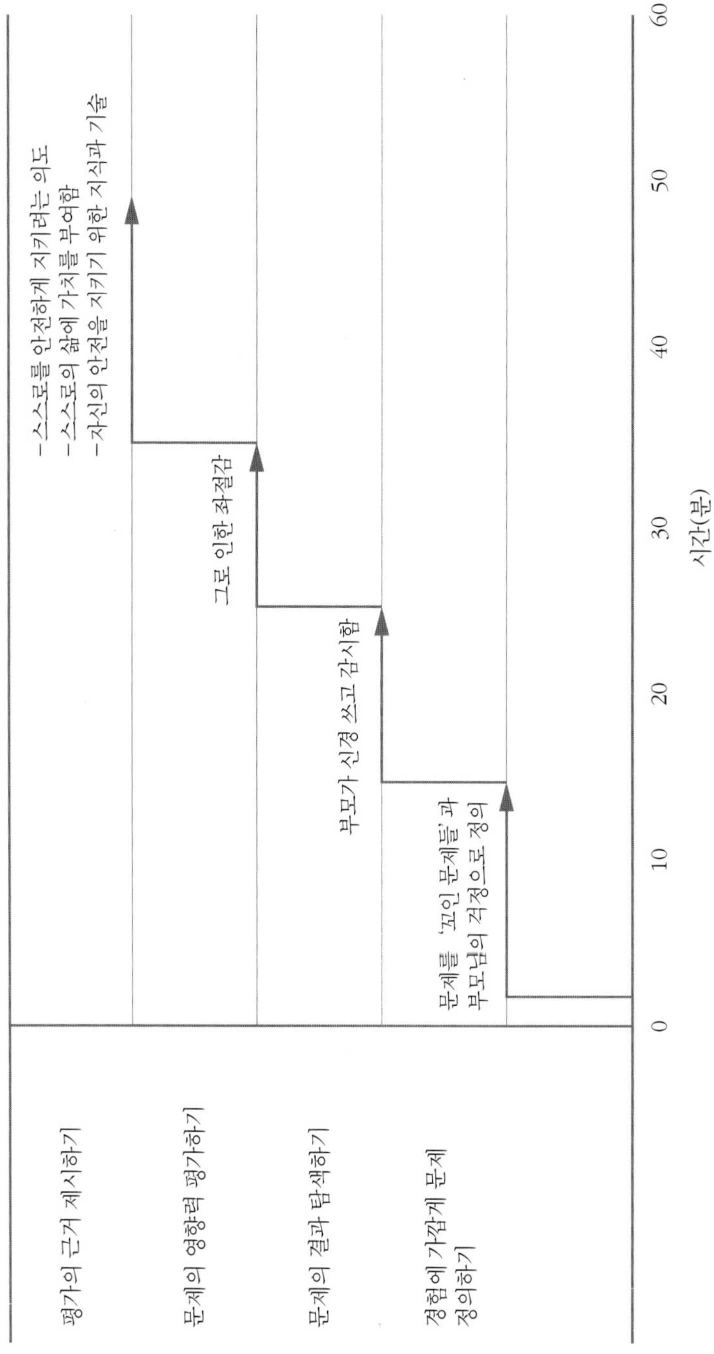

[그림 1–4] 외재화 대화(버지니아 이야기)

길 권한다. [그림 1-1]과 [그림 1-2]는 제프리 가족의 첫 두 회기 대화를 보여 준다. 그리고 [그림 1-3]은 사라의 1회기를 보여 주고, [그림 1-4]는 버지니아 가족의 1회기를 보여 준다.

이 지도에는 우리가 나누었던 대화의 진행 상황이 직선적으로 나타나 있지만 실제 상황에서 대화가 완전히 직선적으로 진행되는 경우는 매우 드물다. 또 어떤 단계에서 나눈 이야기를 재탐색하고 명료화시키는 과정에서 다른 단계의 응답 내용이 수정되고 보충되기도 한다. 예를 들어, 스펜서 가족과의 대화에서 우리는 유분증을 가리키기 위해 스펜서의 경험에 가까운 그 나름의 이름을 붙여 주었다. 그런 다음 그 문제가 가족생활과 가족관계에 미치는 영향에 대해 간략히 탐색한 후 그것에 기초해 다시 그 '말썽 씨'가 스펜서의 삶과 미래에 대해 갖고 있는 의도를 파악해 봄으로써 문제의 성격을 좀 더 명확히 알 수 있었다. 치료적 대화는 이렇게 단계와 단계 사이를 오가는 방식으로 전개된다.

결 론

이 장에서는 외재화 대화에 관한 개괄적 설명을 제시했다. 외재화 대화에 관한 자세한 설명은 거의 책 한 권의 분량이기 때문에, 여기서는 실제 면담을 예로 들어 대부분의 개념을 설명함으로써 외재화 대화를 통해 이룰 수 있는 여러 가지 가능성을 생생히 묘사하고자 했다.

외재화 대화는 종종 인간을 행동과 생각이 독립되어 있는 개체로 이해하려는 경향과 동일시되기도 했다. 따라서 이 장의 이야기와 설명이 외재화 대화에 대한 그 같은 오해를 불식시켰기를 바란다. 외재화 대화는 내담자로 하여금 자신과 문제와의 관계를 재정의할 수 있게 할 뿐 아니라, 정체성 발달에 대해 자신이 갖고 있는 의견과 문제가 갖고 있는 의견을 각각 분리해서 인식하는 작업을 가능하게 해 준다. 이러한 재정의는 인간의 정체성을 관계 속에서 이해할 수 있게 도와준다.

상담과정에서 반드시 외재화 대화를 활용해야 하는 것은 아니다. 호소문제가 내담자의 정체성을 직접적으로 결정하지 않는 경우에는 풍부한 이야기 형성을 바로 시작할 수 있다. 하지만 나는 외재화 대화를 유용한 도구로서 항상 염두에 두고 있으며, 앞으로도 계속해서 발전시켜 나가려고 한다.

나에게 외재화 대화는 마치 의리 있는 친구와 같다. 외재화 대화는 오랜 세월 동안 내가 절망적 상황에 빠진 사람들을 상담할 때 그들이 앞으로 나아가도록 하는 방법을 찾게 해 주었다. 그러한 절망적 상황에서 외재화 대화는 내담자로 하여금 자신의 정체성을 재정의하고 삶을 새롭게 경험하고 삶의 가치를 추구할 수 있도록 하는 여러 가지 가능성을 열어 주었다.

제2장

다시쓰기: 자기 이야기를 다시 쓰는 대화

- 라이엄 이야기
- 다시쓰기 대화의 구조
- 라이엄 모자의 다시쓰기 대화: 지도로 그려 보기
- 정체성 질문의 목적과 기대효과
- 지향상태와 내면상태
- 정체성의 영역: 마음의 서류함
- 이야기 심층 연구
- 결 론

내담자는 상담하러 오면 자기 자신에 대한 이야기를 한다. 자신의 문제가 언제 어떻게 생겼고, 자신이 현재 어떤 처지에 있으며, 어떤 딜레마 상황 때문에 상담에 올 수밖에 없었고, 어떤 경위에서 도움을 구하기로 결정했는지 설명한다. 이 과정에서 내담자는 자기 삶에서 일어났던 여러 가지 사건을 순서대로 나열하는데, 그렇게 만들어진 이야기는 특정한 주제나 줄거리에 따라 시간에 걸쳐 전개되는 특징이 있다. 이야기 속에 흔히 포함되는 주제로는 상실, 실패, 무능, 희망 없음, 덧없음 등을 들 수 있다. 또한 내담자는 그 속에 등장하는 인물이나 주인공에 대해 이야기하고, 치료자와 함께 그들의 동기, 의도, 성격에 대해 대화를 나누게 마련이다. 다시쓰기 대화(re-authoring conversation)는 내담자로 하여금 계속해서 자기 삶의 이야기를 발전시키고 이야기하도록 하기 위한 것으로, 이야기의 지배적 줄거리에서 '빗겨 나가' 현재는 간과되고 있으나 잠재적으로 중요한 어떤 사건이나 경험을 자기 이야기 속에 포함시키도록 돕는다. 이런 사건이나 경험은 '독특한 결과(unique outcomes)' 혹은 '예외 상황(exceptions)'이라고 볼 수 있다.

다시쓰기 대화는 바로 이와 같은 독특한 결과나 예외 상황에서 출발한다. 그런 의미에서 독특한 결과나 예외 상황은 내담자 삶에 관한 대안적 이야기로 들어가는 관문이라 할 수 있다. 하지만 다시쓰기 대화를 시작하는 시점에서 내담자 이야기의 대안적 줄거리는 빈약하기 그지없다. 따라서 치료자는 내담자로 하여금 자기 경험을 이야기 중심에 두는 데 도움이 되고, 마음의 지평을 확장시키고 상상력을 발휘하는 데 도움이 되며, 의미부여 기술을 활용하는 데 도움이 되는 다양한 질문을 던짐으로써 대안적 줄거리의 발전을 촉진시키게 된다. 내담자는 자기 삶이나 대인관계에 있어 이제까지 간과되었던 측면에 대해 궁금해하고 또 그에 매료되기 시작한다. 내담자의 대안적 이야기는 치료적 대화가 진행됨에 따라 더욱 풍부한 이야기로 발전하게 되고, 내담자의 과거 경험에 뿌리를 둔 근거 있는 이야기로 자리 잡게 된다. 아울러 그것은 내담자 삶에 존재하는 문제, 역경, 딜레마를 해결하기 위한 새로운 시도의 근간이 된다.

라이엄 이야기

어머니는 아들 라이엄(16세) 때문에 몹시 걱정을 하다가 상담 약속을 잡기 위해 내게 전화를 걸었다. 아들 걱정은 이미 몇 년 전부터 시작된 것이지만 지난 몇 달 동안 생긴 일들 때문에 더욱 심해졌다. 라이엄은 네 달 전에 학교를 중퇴한 상태다. 그는 철회가 심해져 방 밖으로 나오는 일이 거의 없게 되었으며, 이제는 침울하고 대화가 잘 되지 않는 상태가 되었다. 내게 전화하기 바로 전날, 어머니는 우연히 아들의 일기를 보게 되었다. 처음에는 볼까 말까 망설였으나 아들에 대한 깊은 걱정으로 인해 이 고민은 자연스럽게 해결되었다. 최근 일기 가운데 몇 편을 들여다보던 중, 어머니는 최악의 걱정이 현실로 나타났음을 확신하게 되었다. 아들의 일기는 온통 자살 이야기로 뒤덮여 있었다. 실제로 거기에는 라이엄이 이미 두 번이나 자살 시도와 비슷한 행동을 했다는 것이 암시되어 있었다. 또한 아들이 자신에 대해 엉망이고 망가졌다고 생각한다는 것, 그리고 사회적으로나 정서적으로 마비되었다고 느낀다는 것을 알게 되었다.

어머니는 주치의의 권유에 따라 필사적인 심정으로 내게 전화를 걸게 된 것이다. 어머니는 아들의 인생에 대해 희망을 잃고 있다고 했다. 아이 아버지는 매우 폭력적인 사람이어서 2년 전 아들과 함께 도망쳐 나왔으며,

당시는 그렇게 하면 아들의 상태가 나아질 거라 기대했다. 아버지는 모자에게 주기적으로 폭력을 행사했으며, 두 사람을 통제하거나 도피 수단을 차단하는 데 매우 능했다. 어머니는 아들과 함께 그 상황에서 빠져나오려고 여러 차례 시도했으나 아버지가 위협적 행동을 하거나 보복하겠다고 협박하는 등으로 항상 그런 노력을 꺾어 버리기 일쑤였다. 그 같은 아버지의 협박은 무엇보다 아들의 삶에 큰 상처를 남겼다.

어머니는 자신과 아들이 겪었던 악몽에 대해 자세히 설명해 주었고, 그동안 아들이 겪었던 고초에 자신이 안이하게 대처해 왔다며 죄책감을 털어놓았다. 또한 폭력적인 남편으로부터 탈출하면서 희망과 기대가 솟아오르는 것을 경험했다고 이야기했다. 그러나 실망스럽게도 아들의 생활은 어머니가 기대했던 것만큼 좋아지지 않았다. 아들이 삶에 별다른 흥미를 느끼지 못하는 상황은 계속되고 있었다. 그는 점점 더 고립되어 가고 있었으며 점점 더 자신에게는 미래가 없다고 확신하게 되었다. 이제는 삶에서 어떤 가능성도 기대할 수 없다고 생각하는 상태에 이르렀다.

나는 아들 라이엄을 만나기 위해 다른 상담 일정을 조정하겠다고 하고는 아들을 어떻게 상담에 데려올 생각인지 물었다. 어머니 생각에 아들은 한마디 상의도 없이 어머니가 먼저 움직였다는 것을 알게 되면 화를 낼 것이고, 게다가 어머니가 자신의 일기장을 읽었다는 사실을 알게 되면 더욱더 화를 낼 것이었다. 그래서 아들을 상담에 데려오는 일은 결코 쉬운 일이 아닐 것이라고 했다. 아들이 화가 나면 어떤 결과가 발생할 거라고 생각하는지 물었을 때, 어머니는 아들이 며칠 동안은 자기 방에서 나오지 않을 것이고, 설령 나온다 해도 며칠 동안은 거의 입을 열지 않을 것이라고 예상했다. 어머니는 아들과 상의하지 않은 채 상담 약속을 잡게 되면 그가 상담에 대해 부정적 생각을 갖게 될 수 있으며, 그가 상담에 동의할 가능성이 낮아질 거라며 걱정했다. 그러면서도 상의한다 해도 아들이 분명 상담을 거부할 것이라고 확신했다.

어머니는 아들이 상담에 응하도록 하기 위해 자신이 어떻게 하면 좋겠는지 물었다. 난 '엄마가 상담하러 가는데 엄마하고 같이 가 달라'고 아들에게 부탁해 보라고 했다. (실제로 어머니는 "요즘 너 사는 게 너무 걱정이 돼서 도대체 아무것도 손에 잡히지를 않는다."라고 아들에게 솔직하게 이야기할 수 있었다. 직장에서 업무에 집중하는 것도, 모임에 가서 어울리는 것도, 다른 사람과 정서적 교감을 나누는 것도 거의 불가능한 상황임을 아들에게 전달했다. 또한 걱정 때문에 잠도 안 오고 식욕도 떨어지는 등 현재 어머니 자신이 위기에 처해 있으며 도움이 절실히 필요한 상태라고 설명했다.)

어머니는 자신이 그렇게 부탁하면 아들에게서 상담에 동행하겠다는 동의를 받아 낼 수 있을 것이라고 생각했다. 치료자와의 전화 통화가 끝날 무렵, 어머니는 아들에게 일기장을 보았다는 말을 하기로 마음을 굳혔고, 너무 걱정이 되어 그렇게 할 수밖에 없었다는 설명을 하겠다고 했다. 그렇게 실토하면 한바탕 난리가 나겠지만 감당해 낼 수 있을 것이라고 하면서 4~5일 후로 상담 약속을 잡아 달라고 요청했다.

그로부터 5일 후에 나는 이 모자를 만났다. 라이엄은 자신이 상담에 온 것은 어머니 때문이지 자신 때문이 아니라는 점을 분명히 밝혔다. 당분간은 어머니를 '모셔다 드리기 위해 함께 오는 것'으로 한다는 데 동의했으며, 상담의 가치에 대해서는 판단을 유보하기로 했다. 그렇지만 그는 자신의 삶이 무의미하다는 것, 노력할 가치가 없다는 것, 자신이 엉망이라는 것, 자신에게 미래가 없다는 것 등에 대해서는 확신을 갖고 이야기했다.

라이엄: 우리가 어떤 일을 당했는지 엄마가 선생님께 말씀드렸지요? 저보다 엄마가 더 힘들었어요.

치료자: 너보다 엄마가 더 힘들었다고? 어떤 점에서 그런 거지?

라이엄: 아빠가 절 힘들게 하긴 했지만 그것 때문에 엄마는 더 힘이 들었어요.

치료자: 그때 엄마가 힘드실 것 같아서 걱정했니?

라이엄: 어땠을 것 같으세요?

치료자: 사람들이 어떤 때는 폭력에 대해서 좀 무디거든. 그것 때문에 자기나 다른 사람의 삶이 망가져도 그걸 잘 모르지.

라이엄: 제가 모르고 있었던 건 아니거든요? 아빠가 엄마한테 어떻게 하는지 당연히 걱정했어요. 아빠는 너무 심했어요.

치료자: 네 걱정을 더 많이 했는지, 아니면 엄마 걱정을 더 많이 했는지 한번 이야기해 볼까?

라이엄: 당연히 엄마지요.

치료자: 어머니, 라이엄이 하는 말 듣고 놀라셨어요?

어머니: 어떤 말이요?

치료자: 라이엄이 내내 자기보다 엄마 걱정을 더 하고 있었던 것 말이에요.

어머니: 아니, 별로요. 전혀 놀랍지 않아요.

치료자: [그림 2-1] 라이엄이 자기 자신보다 엄마 걱정을 더 하고 있었는데요. 라이엄한테 무엇이 중요해서, 무엇이 그렇게 소중해서 엄마를 걱정했다고 생각하세요?

어머니: 글쎄요. 우리 관계가 좋았을 때도 있었고 나빴을 때도 있었던 것 같아요. 근데 요즘 라이엄이 자기 생활에서 더 이상 절 원하는 것 같지 않아요. 그래도 제가 아이한테 소중한 사람이라는 건 늘 알고 있어요.

치료자: 그걸 어떻게 아셨지요?

어머니: 엄마라면 누구나 자기 아들에 대해 그런 것쯤은 알고 있어요. 엄마라서 아는 거예요.

치료자: [그림 2-2] 라이엄이 무얼 소중히 했는지, 무얼 중요하게 생각했는지 우리가 잘 알 수 있을 만한 이야기가 혹시 있을까요? 또 어머니가 그걸 어떻게 아셨는지 말씀해 주실 만한 이야기가 혹시

있을까요?

어머니: 할 수 있는 이야기는 굉장히 많은 것 같은데 어디서부터 시작해야 될지 모르겠네요.

치료자: 어디서부터 시작해도 관계없습니다. 라이엄이 했던 일 중에서 라이엄이 엄마 생각을 얼마나 많이 하는지 보여 줄 수 있는 이야기라면 어떤 것도 괜찮습니다.

어머니: 알겠어요. 그러면 라이엄이 한 열 살 정도 되었을 때 일어났던 일부터 먼저 말씀드릴게요. 일요일 아침이었는데요. 똑똑히 기억이 나요. 애 아빠가 무슨 일 때문에 날 때리고 있었어요. 전 라이엄에게 그런 상황을 보이지 않으려고 항상 애를 썼는데, 그래도 매번 그렇게 할 수는 없었어요. 어쨌든 갑자기 유리창 깨지는 소리가 들렸어요. 그 때문에 애 아빠는 행동을 멈췄고, 거실에 들어가 보니 누군가 밖에서 돌멩이를 던졌던 거예요. 카펫 위에는 깨진 유리 조각이 잔뜩 있었어요. 창밖을 봤더니, 그때 누가 도망가고 있었는지 아시겠어요? 라이엄이더라고요. 애 아빠가 쫓아가서는 엄청나게 매질을 해댔어요. 말리려고 했지만 도저히 어쩔 수가 없는 그런 상황이었어요. 그땐 정말 가슴이 찢어지는 것 같았어요.

치료자: 아빠가 엄마를 때리고 있을 때 라이엄이 아빠 주의를 딴 데로 돌렸군요.

어머니: 네, 아빠 주의를 딴 데로 돌린 거예요. 그런 짓을 하면 아빠가 혁대로 때릴 거란 걸 알면서도 그런 거지요.

치료자: 라이엄, 넌 그때 일 생각나니?

라이엄: 전혀 안 나요.

치료자: [그림 2-3] 어머니, 그때 라이엄이 한 일이 어떤 일이었다고 생각하시나요? 그때 그 행동을 뭐라고 하면 좋을까요?

어머니: 잘 모르겠어요, 별로 그런 식으로 생각해 보지 않아서요. 오히려 기억에서 지워 버리려 했던 것 같아요. 아이 아빠가 라이엄에게 한 짓 때문에, 또 제가 그때 아무것도 할 수 없었기 때문에요. 끔찍했어요. 선생님이 물어보시지 않았더라면 저도 얘기 안 했을 거예요.

치료자: 라이엄의 그런 행동이 아까 라이엄이 말한, 삶이 무의미하다는 생각에 어울리는 행동인가요? 그러니까 인생을 되는 대로 사는 그런 모습인가요?

어머니: 아니요, 아니지요. 당연히 아니지요. 라이엄의 행동은 절대 그런 게 아니지요.

치료자: 그래요? 그러면 어떤 거지요? 창문에 돌멩이를 던졌던 행동은 어떤 행동이라고 할 수 있지요? 그걸 뭐라고 부르면 좋을까요?

어머니: 글쎄요, 아까도 말씀드렸지만 그런 걸 별로 생각해 본 적이 없어요. 그래도 생각해 보라고 하시면 '항의'한 거라고 할 수 있을 것 같네요. 내가 당하니까 라이엄이 막 항의를 한 거예요.

치료자: 그러니까 라이엄의 그 행동에 '항의'란 말이 잘 어울린다는 말씀이시네요.

어머니: 네, 그래요. 그에 잘 맞는 말이네요.

치료자: 라이엄, 너도 네가 한 일을 이렇게 부르는 게 좋은 것 같니?

라이엄: 아니, 별로요.

치료자: [그림 2-4] 어머니, 어머니는 라이엄이 아홉 살밖에 안 되었을 때 엄마가 당하는 걸 보고 항의하는 걸 목격하셨잖아요. 그런 일을 한 걸 보면 라이엄이 어떤 아이란 걸 알 수 있나요? 그런 행동을 보면서 라이엄이 중요하게 여기는 게 뭐란 생각이 드세요?

어머니: 그 일이 있고 나서 라이엄이 어리기는 하지만 정말 용감한 아이란 생각을 하게 되었어요. 용기가 아주 많다고 생각했지요. 이제와

생각해 보니, 라이엄이 그런 일을 했다는 게 더 놀랍게 느껴져요.

치료자: 라이엄이 용감한 아이란 생각을 하게 되었다고 하셨는데, 라이엄이 중요하게 생각했던 것 혹은 가치 있게 생각했던 것이 무엇이었기에 그런 행동을 했다고 생각하세요?

어머니: 글쎄요, 공정해야 한다는 게 아이에게 중요했다는 생각이 드네요. 사실 생각해 보면 별로 놀랍지 않아요. 왜냐하면 이 애는 공정하지 못한 걸 너무나 많이 봐 왔거든요.

치료자: 어머니 말씀은 용기와 공정함이란 것이지요? 라이엄, 지금 하는 얘기가 네 얘기 같이 들리니?

라이엄: 아니요, 용기에 대해서는 전혀 아니에요. 공정한 것에 대한 얘기도 별로 제 얘기 같지 않고요.

치료자: 알겠다. 너하고 별 관계가 없는 것같이 들리는 모양이구나. 그렇다면 어머니가 어떻게 해서 네가 용기 있는 사람이고 또 공정한 걸 중요하게 생각하는 사람이라는 결론을 내리시게 되었는지 혹시 이해가 가니?

라이엄: 네, 이해는 가요. 엄마가 저에 대해 어떻게 그런 생각을 하시게 되었는지는 알겠어요.

치료자: 어머니는 돌 던지고 도망가는 애가 라이엄이라는 걸 알고 놀라셨어요? 공정하다는 것에 대해 나름대로 무슨 생각이 있어서 그런 행동을 한 것 같은데, 그런 점에 대해 혹시 좀 놀라셨나요?

어머니: 아니요, 전혀 놀라지 않았어요. 라이엄에게 그런 점이 있다는 걸 알고 있었으니까요.

치료자: 어떻게 그걸 아셨지요?

어머니: 마찬가지로 엄마라면 자식에 대해 알고 있는 뭐 그런 것인 것 같아요.

치료자: [그림 2-5] 어렸을 때의 일 가운데 라이엄이 공정한 걸 중요하게

생각한다고 확신하게 된 계기가 있었나요? 라이엄이 그런 걸 중요하게 생각한다는 어머니 생각에 잘 들어맞는 그런 얘기가 있을까요?

어머니: 무슨 말씀인지 알겠어요. 가만있자, 네, 그런 게 있네요. 아마 그런 얘기가 많을 것 같아요. 초등학교 1학년 2학기니까 라이엄이 여덟 살 정도 되었을 때였을 거예요. 방과 후 집에 올 때 종일 굶은 아이처럼 돼서 돌아오기 시작했던 때가 있었어요. 너무나 배가 고팠던 거예요. 찬장과 냉장고 속에 있는 걸 샅샅이 뒤져서 다 꺼내 먹곤 했어요. 그래서 전 점심 도시락을 보통 때보다 훨씬 많이 싸주곤 했지요. 근 두 주일 동안을 그러다가 나중에는 아예 음식을 트럭 채로 싣고 가다시피 하는 거예요. 그래서 전 선생님께 그 일을 상의했어요. 선생님은 그때까지 그 사실을 전혀 모르고 계셨지만 앞으로는 좀 지켜보겠다고 하셨죠. 나중에 선생님이 뭐라고 하신지 아세요? 라이엄, 너 기억하지? 전에도 너한테 이 얘기했잖아.

라이엄: 그런 얘기 들은 기억이 없는데요.

어머니: 선생님이 그러시는데, 라이엄이 점심시간에 다른 애들 세 명하고 같이 앉아서 점심을 먹는대요. 그런데 그중 두 애는 엄마가 없어서 항상 슬프게 지내는 애들이고, 다른 하나는 놀림도 많이 받고 울기도 잘 하는 애였어요. 그런데 라이엄이 어떻게 했는지 아세요? 그 애들 마음을 달래 주려고 자기 음식을 그 애들과 나눠 먹고 있었던 거예요.

라이엄: 난 기억이 안 나는데.

치료자: 라이엄이 그랬다는 이야기를 듣고 어머니로서 어떠셨어요?

어머니: 무엇보다 너무나 대견했어요. 집에서 가슴 아픈 일이 많았는데도 아들이 그 애들을 위해 그런 일을 할 수 있었다는 게 참 대견해요.

치료자: 어머니, 제가 부탁 하나 드릴게요. 오늘 상담 끝나고 집에 돌아가

시는 길에 라이엄을 위해 그 일을 좀 더 자세히 설명해 주세요. 학교 식당이 어땠는지 설명해 주신다거나, 그 애들이 어떤 애들이었는지 어머니가 알고 계신 걸 말해 주신다거나, 선생님이 어떻게 생긴 분이셨는지 이야기해 주세요. 라이엄이 그 일을 기억하는 데 도움이 되는 거라면 어떤 거라도 됩니다.

어머니: 알겠습니다, 그렇게 할게요.

치료자: [그림 2-6] 그런데 어머니는 라이엄의 그런 행동이 어떤 행동이었다고 보세요? 어머니께서는 라이엄이 마비되었다고 느끼는 것 같다고 하셨는데요. 라이엄이 한 일은 마비되었다든가 엉망이라든가 하는 것과는 전혀 관계가 없는 것같이 들리는데요.

어머니: 그렇지요, 라이엄이 한 일은 그런 것하고는 전혀 관계가 없지요. 뭔가 좋은 말이 없을까 생각 중이에요. 뭐가 좋을까…. 어쩌면 구해 준다는 말이 좋을지도 몰라요. 라이엄이 한 일은 그 애들을 구해 주는 것이었다고 해도 될 것 같네요.

치료자: 그 애들을 구해 주는 것이었다는 말이지요? 라이엄, 넌 이 말이 너하고 무슨 관계가 있는 것 같니?

라이엄: 그렇다면 그런 거겠지요, 뭐.

치료자: 혹시 넌 그 일을 뭔가 다른 식으로 말하고 싶니?

라이엄: 아니요, 구해주기란 말 괜찮아요.

치료자: [그림 2-7] 어머니, 제가 라이엄이 창문에 돌 던진 일에 대한 이야기에서 그런 행동으로 봐서 라이엄이 어떤 아이라고 할 수 있겠는지 여쭈어 봤고, 어머니께서는 그 행동이 라이엄이 얼마나 용기 있는 아이이고 공정한 걸 얼마나 중요하게 생각하는 아이인지 알게 해 주었다고 하셨잖아요. 그러면 어머니 마음속에 아이에 대한 어떤 이미지가 있을 텐데, 여덟 살 때 학교에서 있었던 일을 다시 생각해 볼 때 다른 애들을 구해 주는 행동이 그 이미지

를 만드는 데 어떤 역할을 했을까요?

어머니: 글쎄요, 라이엄이 한 일은 비록 나이는 어리지만 이 애가 불의라는 게 뭔지에 대한 나름의 어떤 입장을 갖고 있었다는 걸 분명히 보여 줬다고 생각해요.

치료자: 불의에 대해 어떤 입장이었는지 말이지요? 그 일을 통해 라이엄에 대해 알게 된 점이 또 있을까요?

어머니: 어떤 걸 말씀하시는 거지요?

치료자: 라이엄이 중요하게 생각했을 것 같은 거라든가 아이에게 삶이란 게 어떤 것이었는지에 관한 거라면 아무것이라도 괜찮습니다.

어머니: 라이엄이 나름대로 삶이란 이래야 한다는 생각을 갖고 있을 텐데, 아마 그런 것에 관해 이야기할 수 있을 것 같아요. 어릴 때 꿈 같은 거라고 해야 할까요? 네, 바로 그거예요. 이 아이가 그 꿈을 잃지 않기 위해 얼마나 애썼는지에 대해서 말이에요.

치료자: 라이엄, 선생님이 너한테 계속 같은 질문을 하게 되는구나. 엄마가 방금 말씀하신 정의라든가 어릴 때 꿈이라든가 하는 것들이 너랑 관계가 있는 것 같니?

라이엄: 뭐, 관계가 있다면 있는 거겠지요. 대충 비슷한 것 같아요.

치료자: 선생님이 좀 확실하게 알고 싶은데. 그러니까 정의라든가, 삶이란 이래야 한다는 너 나름의 생각이라든가, 어릴 때 꿈이라든가 하는 게 모두 너랑 조금이라도 관계가 있다는 말이니?

라이엄: 아마 그럴 거예요.

치료자: 아마라니, 그것뿐이야?

라이엄: 그런 건 아니고요. 정리가 되는 것 같아요.

치료자: 선생님이 알고 싶은 게 있어. 엄마가 너 어렸을 때 있었던 일에 대해 이야기해 주셨고, 그 얘기를 통해 너라는 사람에 대해 어떤 점을 알게 되었는지도 얘기해 주셨어. 그런데 넌 그 이야기를 어

떻게 너 자신이랑 연결시킬 수 있었니?

라이엄: 무슨 말씀이세요?

치료자: [그림 2-8] 다시 질문하면, 그 이야기가 네 이야기 같은지 어떻게 알 수 있지? 그러니까 요새 있었던 일 중에 방금 너 자신에 대해 알게 된 점을 잘 보여 줄 수 있는 이야기가 혹시 있을까? 공정함이나 정의에 대해 네가 갖고 있는 생각이라든가, 네가 무엇을 중요시하는지에 대해 어머니가 말씀해 주신 것이라든가, 어릴 때 꿈 같은 걸 잘 보여 줄 수 있는 일 말이야.

어머니: 네가 사촌동생 버네사에게 어떻게 했는지, 뭐 그런 건 어떨까?

라이엄: 아, 그런 거면 되겠네요.

치료자: 그게 뭐지?

라이엄: 아빠한테 도망쳐 나오기 직전에 우리가 그동안 어떤 일을 겪었는지 제가 그 애한테 얘기했어요. 그 애도 우리랑 거의 비슷한 상황일 거라고 생각했거든요. 버네사 아빠는 우리 아빠랑 형제고 꽤 우락부락한 스타일이라 그 애도 힘들 거라고 생각했어요. 간단히 말하면, 그 애가 자기가 당한 나쁜 일을 몇 가지 얘기해 주었는데 정말 말도 안 되는 끔찍한 일이었어요. 다른 사람한테는 단 한 번도 그 얘기를 한 적이 없었대요.

치료자: 그래서 어떻게 되었는데?

어머니: 라이엄이 그 애를 그렇게 챙겨 준 지 한 8개월 정도 지나서 아동학대 조사관이 그 일에 관여하게 되었어요. 모두 라이엄 덕에 그렇게 된 거지요.

치료자: [그림 2-9] 어머니께서는 네가 사촌동생을 '챙겨 주었다'고 하셨어. 이 말이 네가 한 일하고 잘 맞는 것 같니 혹은 더 잘 맞는 말이 있니?

어머니: 없어요, 그게 좋아요. '챙겨 주었다'고 하는 게 맞아요.

치료자: [그림 2-10] 이제 선생님은 너의 구해 주는 행동, 항의하는 행동, 그리고 챙겨 주는 행동에 대해서 알게 되었는데, 이런 행동을 모두 한꺼번에 놓고 생각해 본다면 그게 결국 뭘 의미하는 걸까?

라이엄: 무슨 말씀이세요?

치료자: 만약에 그런 행동들이 네 인생관이나 소신을 보여 주는 거라면, 아니면 네가 선택한 길이라고 한다면, 네가 갖고 있는 소신이나 길을 한마디로 뭐라고 할 수 있을까?

라이엄: 글쎄요, 아마도… 그러니까… 사람이 우선이라는 생각, 뭐 그런 걸 말씀하시는 건가요? 어려운 일을 당했을 때 사람을 구하는 것 뭐 그런 거요.

치료자: 그래, 그래, 사람이 우선이라는 생각이란 말이지?

라이엄: 아니면 차라리… 아니요, 그거면 됐어요.

치료자: [그림 2-11] 그러니까 사람이 우선이란 말이 좋다는 거지? 좋아, 그 말이 참 여러 가지를 의미하는 것 같구나. 어머니, 혹시 라이엄이 바라는 것이 뭔지에 대해 제가 어떤 인상을 받았는지 짐작이 가세요?

어머니: 글쎄요. 라이엄이 무엇이 옳은 일이고 그른 일인지 잘 아는 아이라는 인상을 선생님께 드린 것 같네요. 어쩌면 인생에서 정말 가치 있는 게 뭔지 잘 아는 아이라는 걸 보여 드린 것 같기도 하고요.

치료자: 맞아요, 그게 제가 받은 인상하고 비슷한 것 같네요. 그런 것 같지 않니, 라이엄?

라이엄: 모르겠어요. 좀 쉽지가 않은 게… 엄마가 제 꿈이랑 뭐 그런 거 말씀하신 것 듣고 그러시는 거지요? 엄마가 하신 얘기들, 그 얘기들 있잖아요.

치료자: 인생이란 그런 것이어야 한다는 네 꿈 말이지?

라이엄: 네.

치료자: 그 모든 것에도 불구하고 어떻게 네가 그 꿈을 잃지 않았는가 하는 것 말이지?

라이엄: 네, 그런 거 같아요.

치료자: [그림 2-12] 꿈을 잃지 않은 점도 내가 갖고 있는 네 이미지랑 비슷하구나. 선생님이 하나 물어보고 싶은 게 있어. 너에 대해 우리가 알게 된 것들 말이야. 네가 중요하게 생각하는 게 뭔지, 그렇게 어려운 가운데서도 네가 꼭 붙들고 있었던 게 뭔지, 인생이란 것에 대해 네가 어떤 꿈을 갖고 있는지, 또 어떻게 해서 그런 것이 결국에는 사람이 우선이라는 생각으로 정리되는지 말이야. 네가 앞으로 계속 이런 인생의 노하우를 갖고 살아 나간다면, 이런 지식의 도움을 받는다면 앞으로 어떤 일을 할 수 있게 될까? 이런 지식을 기초로 혹시 어떤 시도를 해 본다면 어떤 일을 할 수 있을까?

라이엄: 휴, 대답하기 어려운 질문이네요.

치료자: 좀 그렇지? 그래도 급할 것 없으니 우린 한번 천천히 생각해 보자.

어머니: 예전에 친하게 지내던 대니얼이라는 애한테 연락해 볼 수 있을 것 같은데. 그 아이 오랫동안 못 봤잖아. 그 아이도 꽤 힘들게 지내지 않았니?

라이엄: 네, 걔도 일이 많았어요.

치료자: 엄마가 그 애한테 연락해 보면 어떠냐고 하시는데 네 생각은 어떠니?

라이엄: 좋은 것 같아요. 전화 걸어서 그동안 어떻게 지냈는지 서로 얘기할 수 있겠지요.

치료자: [그림 2-13] 만약 네가 그렇게 한다고 가정하면 그건 어떤 종류의 행동이라고 말할 수 있을까? 구해주기라고 해야 할까, 항의하기라고 해야 할까, 챙겨주기라고 해야 할까? 아니면 좀 더 나은

것이 있을까?

라이엄: 잘 모르겠어요. 챙겨주기라고 하는 게 나을 것 같아요.

어머니: 네, 그건 챙겨주기가 맞는 거 같아요. 제가 알기에 대니얼이라는 애는 아직도 꽤 힘들게 지내는 것 같아요.

치료자: [그림 2-14] 어머니, 만약에 라이엄이 대니얼에게 연락을 한다면 무슨 생각에서 그런 행동을 하리라고 보세요?

어머니: 그건 자기가 갖고 있는 희망에 조금 더 다가서려는 마음이 아닐까요? 희망을 다시 갖는 거요.

치료자: 라이엄이 다시 희망을 갖는 걸 보시게 된다면 어머니는 어떠시겠어요?

어머니: 최고지요, 정말 최고지요.

치료자: 라이엄, 넌?

라이엄: 엄마 말이 맞아요. 다시 희망을 갖게 되는 거, 바로 그거예요.

치료자: 그렇구나, 그건 바로 다시 희망을 갖게 되는 거로구나. 선생님이 몇 가지 질문을 하고 싶어. 오늘 네 인생에서 사람을 우선시하기 위해 네가 한 일을 이것저것 함께 돌아보는 과정에서 네가 너 자신에 대해 뭘 배웠는지 묻고 싶구나. 그에 비추어 볼 때 너 자신의 미래에 대해 어떤 계획을 세울 수 있을까?

라이엄: 글쎄요, 아마도요.

라이엄은 대니얼에게 연락을 취했다. 그것은 그의 인생과 정체성에 관한 결론에 걸맞는 수많은 행보 가운데 첫 행보였고, 그런 결론은 나와 라이엄 모자 사이에 오간 대화 속에서 만들어지고 다듬어진 것이었다. 라이엄은 점점 더 많이 이런 대화에 참여하게 되었고, 4회 상담에서 그는 그토록 오랫동안 자신을 괴롭혀 온 우울증이 '가짜 우울증'이었음을 깨달았다고 선언했다. 그 말은 그동안 '거짓으로' 우울증을 앓았다거나 더 이상 우울증과 씨름하지 않게 되었다는 의미가 아니었다. 자기 인생이 엉망이 아니라는 사실을 깨닫게 되면서 오히려 그런 인식에 도달하게 된 것이었다. "인생이 엉망이 아닌데 어떻게 진짜 우울증을 앓고 있다고 할 수 있지요?" 라이엄은 말을 이어가다가 결국 "가짜 우울증도 꽤 심할 수가 있어요. 하지만 적어도 자신이 회복될 거라는 걸 알고 있고, 그걸 알면 결과는 달라지지요." 라고 말했다.

우리의 만남이 이어지면서 라이엄의 인생 이야기에 줄거리가 만들어지고 거기에 수많은 다른 차원이 존재하게 되었다. 그 차원 가운데 하나로, 라이엄은 자기 인생이 당숙의 인생 이야기와 연결되어 있고 그 둘 사이에는 공통된 주제, 목적, 가치가 있다는 사실을 경험하게 되었다. 당숙은 바로 라이엄의 어머니 페니가 친정에서 학대를 당하고 있었을 때 어머니를 구하는 데 결정적인 역할을 했던 사람이다.

8회와 9회(종결) 상담에서는 지난 몇 달 동안 라이엄이 주도적으로 해 온 많은 일을 검토해 보았다. 그런데 그의 행동이 항상 환영을 받는 것은 아니었다. 한 예로 라이엄이 다른 이들을 챙겨 주려 했을 때 그들로부터 거부를 당하기도 했다. 그런 거부에 어떻게 대응했는지, 그런 거부를 당하고도 낙담하지 않고 계속 주도적으로 무언가 할 수 있었던 이유는 무엇인지 물어보았을 때, 라이엄은 거부당하는 데는 이골이 나서 다시 거부를 당한다 해도 별로 새로울 것이 없다고 내납했다. 뿐만 아니라 "정상적인 가정에서 자라서 거부당할 일이 없었던 아이들하고 비교할 때, 저는 거부를 당해도 잘 대처할 수 있는 능력이 있나 봐요."라고 대답했다.

내가 그 자신의 미래를 생각할 때 그런 것이 어떤 의미가 있는지 질문했더니, 라이엄은 앞으로 거부를 당한다 해도 그것이 자기 인생에 장애물로 작용할 가능성은 다른 사람에 비해 낮다는 결론을 내렸다. 그런 결론은 새로운 깨달음, 즉 자신은 그간의 고초로 인해 장애를 갖게 된 것이 아니라 오히려 특별한 능력을 얻게 되었다는 깨달음을 의미한다. 그러한 깨달음은 그에게 특히 의미가 있는 것이었다. 우리는 라이엄이 상당 기간 동안 학대 상황에 처해 있었다는 사실에 대해 계속 분노를 느끼겠지만, 그의 특별한 능력에 관한 이러한 결론에 대해서는 모두 축하를 해 주었다.

다시쓰기 대화의 구조

이 장은 내가 '다시쓰기 지도'라 부르는 이야기치료의 한 과정이자 지침에 관한 것이다. 다시쓰기 지도는 지난 수년간 내 임상 경험에서 대들보 역할을 해 왔다. 이 지도를 처음 개발할 때 난 제롬 브루너(Jerome Bruner, 1986)의 내러티브 은유에 대한 연구, 특히 문학 텍스트 분석에서 많은 아이디어를 얻었다. 브루너는 그 분석에서 사람들이 일상생활에서 흔히 수행하는 의미창출 활동에 대해 이해하고자 했다.

내게 있어 치료적 활동은 문학적 창작 활동과 평행한 것으로 이해되기 때문에 난 그의 분석에 매력을 느끼게 되었다. "멋진 이야기에는… 강력한 장애물이나 곤경이 있고… 거기에 가변성이 충분히 전제되어 있어서 독자에 의해 다시 쓰일 수 있는, 그리고 다시 쓰여서 독자의 상상이 발휘될 수 있는 여지가 있는 것이어야"(Bruner, 1986, p. 35) 하는 것처럼, 효과적 치료는 강력한 장애물에 관한 삶의 이야기를 인간의 가능성에 관해 호기심과 상상을 불러일으키는 방식으로 다시 쓰고 또 그 과정에 내담자를 참여시키는 것이라고 생각했다.

브루너는 이야기 줄거리를 구성하는 데 독자가 참여하는 행위를 설명하면서 '여행'이란 은유와 '지도 작성'이란 비유를 들었는데, 이 두 가지는 내게 강한 인상을 남겼다. 그것은 분명 치료적 활동에 적합한 듯했다. 브루너(1986)는 독자와 텍스트의 만남에 대해 다음과 같이 관찰했다.

…독자와 텍스트가 자신들만의 텍스트를 구성하기 시작하면 마치 지도 없이 여행을 떠나는, 그러나 단서가 될 만한 지도를 한 뭉치 갖고 있는, 그리고 지도 제작에 대해 많이 알고 있는 존재와도 같다. 새로운 대륙에 대한 첫인상은 이미 마친 여행에 기초하고 있다. 새로운 여행은 그 초기 모습이 아무리 과거의 여행과 비슷하다 할지라도 머지않아 나름대로의 모습을 갖게 된다(p. 36).

이와 마찬가지로 사람들이 처음 치료적 대화에 들어와 자신의 인생 이야기를 재구성하는 것은 마치 익숙한 곳을 떠나 지도도 없이 새로운 행선지로 여행을 떠나는 것과도 같다. 하지만 이 재구성이 제 속도를 내게 되면 여행자가 이미 그 여행과 관련된 지도를 근거로 여행하고 있다는 사실, 그리고 그들이 지도 제작에 대해 많은 걸 알고 있다는 사실이 곧 분명해진다. 치료적 대화가 진행되는 동안, '새로운 여행'은 '그 첫 모습이 아무리 과거와 닮았다 해도 곧 나름의 모습을 갖추게 된다.'

문학 텍스트의 경우, 내러티브를 통해 도달하게 되는 결론은 "객관적 세계에 존재하는 확실성에 관한 것이 아니라 인간의 경험을 이해 가능한 어떤 것으로 만들어 내는 다양한 관점에 관한 것이다"(Bruner, 1986, p. 37). 이와 같이 어떤 경험을 이해할 수 있는 기회를 독자에게 많이 주는 것은 위대한 작가의 선물과도 같다고 브루너는 말한다. 다시 말해, "위대한 작가가 독자에게 주는 선물은 다름 아닌 독자를 자기보다 더 위대한 작가로 만드는 것이다"(Bruner, 1986, p. 5). 이와 유사하게 치료적 맥락에서 인생 이야기는 '인간의 경험을 이해 가능한 어떤 것으로 만들어 낼 수 있는, 여러 가지 관점'이 존재할 수 있는 공간을 열어 준다. 그리고 노련한 치료는 내담자가 자기의 인생 이야기를 구성하는 데 온전히 참여하고 또 그 이야기의 저자로서 더욱 강력한 목소리를 낼 수 있도록 하는 데 도움을 준다.

텍스트, 텍스트와의 극적 만남

> 문학적 특성을 지닌 이야기는 분명 현실 세계에서 일어나는 사건에 관한 것이다. 그러나 그것은 그 세계를 새로이 낯선 것으로 만들고 진부함으로부터 탈피시키며 공백으로 가득 채우면서 실제 텍스트를 읽고 난 독자들에게 바르테스(Barthes)의 의미에서의 작가, 즉 가상현실 텍스트의 작가가 되기를 종용한다는 특징을 갖고 있다. 바라는 바대로 실제 텍스트를 써야 하는 사람은 결국 독자 자신이다(Bruner, 1986, p. 24).

잘 짜인 소설은 독자를 강렬히 사로잡는다. 그 이유는 이런 소설을 쓰는 작가는 독자가 텍스트를 읽으면서 텍스트와 극적 만남을 할 수 있도록 여러 가지 선택의 여지를 주기 때문이다. 작가의 이런 행동은 독자가 이야기 줄거리를 발전시키고 또 그 드라마대로 살도록 독자에게 수많은 유혹의 손길을 뻗치는 역할을 한다. 예를 들어, 잘 짜인 소설에는 독자가 채워 넣어야만 하는 공백이 많이 있다. 좋은 작가는 모든 것을 일일이 다 말하지 않는다. 특정 사건들이 모여 순서대로 배열되고, 시간이 흐르면서 그것이 이야기의 플롯이 되고, 그 플롯은 이야기 저변에 깔린 주제와 조화를 이루게 된다. 작가는 둘에 둘을 더해 넷을 만들 듯 이 과정에 참여하라고 독자에게 요청한다. 이렇게 볼 때, 프랭크 커모드(Frank Kermode, 1981)가 수제(sjuzet: 이야기의 줄거리를 이루는 일련의 사건)와 파불라(fabula: 시간을 초월한 저변의 주제)라고 불렀던 것을 발전시키고 조율하는 과제는 결국 독자의 몫인 셈이다.

그렇지만 문학 텍스트를 읽는 과정에서 한층 더 발전되고 조율되는 것은 수제와 파불라뿐만이 아니다. 브루너는 문학이론가 그리마스와 코르테스(Griemas & Courtes, 1976)의 생각에 토대해 이야기가 '행동 영역(landscape of action)'과 '의식 영역(landscape of consciousness)'이라는 두 가지의 다른 영역으로 이루어져 있다고 보았다. 행동 영역은 이야기의 '재료'이자 줄거리와 이야기 저변의 주제를 이루는 일련의 사건이라 할 수 있다. 의식 영역은 "그 행동과 관련이 있는 이들이 알거나 생각하거나 느끼는 것 혹은 알거나 생각하거나 느끼지 못하는 것"(Bruner, 1986, p. 14)으로 이루어져 있다. 의식 영역에는 이야기 주인공의 의식이 깃들어 있다. 그리고 그 상당 부분이 행동 영역에 존재하는 다양한 사건에 대한 반추, 다시 말해 주인공이 그런 사건에 붙인 의미, 그런 사건 이면에 존재하는 주인공의 의도나 지향이나 목적, 그런 사건을 기초로 주인공이 다른 주인공들의 성격이나 정체성에 관해 내린 결론 등으로 이루어져 있다. 행동 영역에서 이야기의 줄거리를 구상할 때 그것이 이야기 저변에 깔린 불변의 주제와 조화를 이루어야 하는 것과 마찬가지로, 의식 영역의 내용도 그 주제와 조화를 이루어야 한다.

> 파불라, 즉 이야기 저변에 깔린 불변의 주제는 어떠한 경우에도 최소한 세 가지 성분을 내포하고 있는 듯하다. 파불라는 상황 때문이든, '등장인물의 성격' 때문이든, 혹은 이 두 가지 사이의 상호작용 때문이든 뭔가 틀어진 의도로 인해 결과적으로 등장인물이 처하게 된 곤경을 담고 있다…. 이야기의 통일성은 등장인물, 곤경, 의식의 세 가지가 어떤 방식으로 시작, 전개, '종결감'을 가진 하나의 구조를 이루어 내는가에 달려 있다(Bruner, 1986, p. 21).

행동 영역과 마찬가지로 의식 영역에도 독자에 의해 채워져야 할 공백이 있다. 의식 영역이 부분적으로는 작가가 생각하는 주인공의 의식을 통해, 때로는 작가가 생각하는 작가 자신의 의식을 통해 만들어지지만, 텍스트의 통일성을 높이고 텍스트를 두텁고 풍부하게(thick and rich) 전개하는 데 있어 독자의 기여는 매우 중요하다.

독자는 의식 영역으로 들어갈 때 주인공의 행동을 갖가지 의도와 목적에 귀인하고 주인공의 성격과 정체성에 대해 모종의 결론을 내린다. 의식 영역은 주인공과 작가의 의식을 표현하는 것일 뿐만 아니라 독자의 의식에 의해서도 상당 부분 채워지는 것이기에 의식 영역이란 용어가 매우 적합하다.

좋은 작가는 행동 영역과 의식 영역에 존재하는 공백으로 독자의 시선을 집중시키고, 독자가 그 공백을 자신의 상상과 체험으로 채우도록 하기 위해 갖가지 수단을 동원한다. 예를 들어, 그런 목적을 달성하기 위해 작가가 즐겨 사용하는 방법으로는 독자의 선입견을 자극하는 방법이 있다. 또한 작가는 그런 공백을 배열하는 데 신경을 쓴다. 예를 들어, 좋은 작가는 적정량의 단서 제공에 만전을 기하고 독자의 호기심과 재미를 불러일으키도록 텍스트의 구조를 전환한다. 좋은 작가는 독자가 공백을 메우려 노력하는 과정에서 의미창출 자원을 소진할 정도로 공백이 크지는 않게 하면서도 독자가 흥미를 잃을 정도로 공백이 작지는 않게 그 크기를 조절한다. 이 같은 방법은 독자에게 텍스트와 극적 만남을 가질 수 있는 토대를 만들어 주는, 다시 말해 여러 가지 면에서 실제 텍스트를 훨씬 능가하는 가상 텍스트를 전개시켜 보도록 하는 '좋은 훈련'이라 할 수 있다. 문학 텍스트의 이 같은 특징을 설명하기 위해 브루너는 불확정성(indeterminancy)이란 용어를 사용한 아이저(Iser, 1978)를 다음과 같이 인용했다.

> …불확정성은 텍스트가 독자로 하여금 작품의 의도를 만들어 내고 또 그것을 이해하는 작업에 모두 참여하도록 만든다는 의미에서의 텍스트와 독자 사이의 의사소통을 유발시키는 요소다(p. 61).

브루너(1986)는 불확정성의 기능에 대한 아이저의 생각을 정리하면서 다음과 같은 의견을 제시했다.

> 텍스트가 다양하게 구현될 수 있는 까닭은 바로 '텍스트의 상대적 불확정성' 때문이다. 그런 의미에서 '문학 텍스트는 의미 자체를 만들어 내는 것이 아니라 의미 실행의 물꼬를 터 준다.'(p. 24)

텍스트와 삶

난 평소 내러티브라는 은유와 인간의 의미창출 활동에 관심을 갖고 있었기 때문에 위에서 설명한, 이야기 구조 속에 존재하는 이중 영역의 개념에 매력을 느끼게 되었다. 내러티브 은유에 대한 내 관심은 다음 두 가지 전제에 기초하고 있다. 첫째, 인간은 자신의 생애 경험에 의미를 부여하기 위해 그 경험을 자신이 이해할 수 있는 틀 안으로 갖고 들어온다. 둘째, 일상에서 일어나는 의미창출 활동의 주된 틀은 다름 아닌 내러티브 구조다. 이 같은 전제는 인간의 정체성이 자신의 삶의 이야기와 타인의 삶의 이야기가 교차하며 구성되는 것이라는 가정과 관계가 있다. 행동 영역과 의식 영역이라는 개념은 의미 창출에 참여하는 인간의 행위를 내러티브라는 틀 속에서 이해하는 과정에 구체성을 더해 준다.

이중 영역이란 개념은 문학이론에서 빌려온 것이지만 인생은 텍스트에 불과하다란 그것의 주장은 내 생각과 거리가 멀다. 그렇지만 나도 다른 많은 사람처럼 문학 텍스트의 구조와 일상에서의 의미창출 구조 사이에 유사한 패턴이 존재한다고 본다. 행동 영역과 의식 영역은 삶에서 인간이 수행하는 의미창출 활동을 이해하고, 개인의 내러티브가 만들어지는 과정을 이해하며, 일상에서 개인의 정체성이 수립되는 과정을 이해하는 데 적절한 개념인 것 같다. 나아가 이 두 영역의 개념은 치료적 목적에 특히 적합한데, 내가 보기에 그 이유는 치료적 목적이 기본적으로 개인 내러티브의 재개발과 개인 정체성의 재구성에 관한 것이기 때문이다.

치료적 함의

문학 텍스트의 구조와 치료적 활동의 구조 사이에 존재하는 유사성에 대해 조금 더 생각해 보자. 작가는 줄거리에 존재하는 공백으로 독자의 관심을 끌어들이면서, 독자로 하여금 마음의 지평을 넓히고 상상력을 동원하며 자신의 체험에 입각해 그 공백을 메우도록 종용한다. 그 결과로 이야기가 풍부하게 발전한다. 내담자의 이야기를 풍부히 전개시키는 데 우선순위를 두는 치료자도 마찬가지다. 치료자는 내담자 인생의 줄거리, 대개는 '부수적(subordinate)' 줄거리라 볼 수 있는 줄거리 속의 공백으로 내담자의 관심을 끌어들이면서, 마음의 지평을 넓히고 상상력을 동원하여 내담자 자신의 체험에 바탕해 그 공백을 채우도록 종용한다. 마치 좋은 작가가 그렇듯, 이야기를 풍부히 발전시키는 데 초점을 두는 치료자도 그 공백을 잘 배열하는 데 심혈을 기울인다. 그 공백에 거푸집을 만들어 놓고(scaffolding), 그 거푸집이 그걸 채우려는 사람들의 의미창출 자원을 모두 소모해 버릴 정도로 크지는 않되 너무 보잘것없어 흥미를 떨어뜨리지는 않을 정도가 되도록 그 크기를 조절한다. 그렇게 한다면 사람들은 치료적 대화를 통해 좋은 훈련의 기회를 경험하며 자신의 삶에서 간과되고 있는 많은 사건과 극적 만남을 갖게 된다.

행동 영역과 의식 영역이라는 개념은 나의 치료적 접근에서 더없이 중요한 것이다. 이 두 가지 개념은 내게 치료적 대화를 정교하게 만들고 한층 더 진전시킴으로써 이야기를 풍부히 발전시키도록 하는 토대가 되었으며, 그 같은 치료적 대화의 모양새를 만들고 그것을 시각적으로 표현할 수 있도록 하는 지침이 되었다. 그런 식의 치료적 대화는 내담자 삶에 존재하는 대안적 줄거리를 풍부히 발전시키게 마련인데, 대안적 줄거리의 흔적은 내담자의 이야기나 표현 속에서 얼마든지 찾아볼 수 있다. 치료적 대화를 통해 그 흔적이 발굴되고 또 두터워지는 가운데, 내담자의 삶은 점점 더 복합적인 성격을 띤 이야기가 되어 감을 알 수 있다. 이제부터는 그런 대화가 어떻게 진행되는지 좀 더 구체적으로 설명하고, 치료적 대화가 모양새를 갖추어 나가는 데 있어 행동 영역과 의식 영역이 얼마나 중요한 개념인지 살펴보자.

행동 영역과 의식 영역 개념이 치료적 활동과 어떤 관계가 있는지 설명하기 위해 난 의식(consciousness)이란 용어 대신 정체성(identity)이란 용어를 사용한다. 그렇게 하는 이유는 바로 내가 과거에 의식이란 용어를 나름대로 사용하는 과정에서 혼란이 초래되었는데 이를 정리하기 위해서다. 어떤 곳에서는 의식이란 표현을 불의에 대한 각성의 의미로 사용했고, 다른 곳에서는 의사결정에 관여하는 심리 메커니즘의 의미로 사용했다. 또 다른 곳에서는 소위 '무의식'에서 오는 행동에 대비되는 개념으로서 삶에서의 의식적 행동을 의미할 때 사용하기도 했다. 이 같은 혼란 때문에 이 장에서는 '의식 영역'이란 용어 대신 '정체성 영역'이란 용어를 사용하고자 한다. 물론 정체성이란 용어가 문학 텍스트 분석에 적용된다면, 또 치료적 맥락에서 이야기의 풍부한 전개를 이해하는 데 적용될 수 있다고 한다면, 그것에 내포된 의미가 의식이란 용어에 내포된 의미의 일부에 불과하다는 점에 대해서는 나 자신도 인정한다.

그 같은 혼란을 불식시키는 작업과 별개로, 정체성 영역이란 용어를 사용하는 것은 그것이 치료적 노력에 끼치는 중요성을 부각시킨다는 점에서, 즉 삶의 이야기를 재협상하는 것은 곧 개인의 정체성을 재협상하는 것과도 같다는 근본적 사실을 부각시킨다는 점에서 의미가 있다. 이런 사실에 대한 인식은 치료적 활동이 삶의 모양새를 변형시키는 측면이 있다는 점을 인정한다든가, 치료의 이름으로 이루어지는 언행에 대해 치료자로서 책임의식을 갖는 등의 진문가 윤리에 대해 치료자 입장에서 깊이 생각해 보도록 하는 자극제가 된다.

문학 텍스트의 구조와 치료적 활동의 구조 사이에 존재하는 유사성을 논의함에 있어, 나는 문학 텍스트의 저자가 행하는 활동이 치료자가 행하는 역할과 똑같다는 주장을 하려는 것은 아니다. 문학 텍스트의 저자는 줄거리의 기본적 모양새를 만들어 놓고 독자에게 그 줄거리로 들어오라 손짓하는 사람이다. 반면에 치료자는 치료적 대화에서 전개되는 줄거리를 실제로 만들어 내는 사람은 아니다. 치료자는 존재 가능한 많은 삶의 이야기에 접하게 될 것이나(그렇게 함으로써 사람들의 관심을 지배적 줄거리 밖에 존재하는 의미 있는 사건에 집중시킬 수 있게 된다), 문학 텍스트의 저자와 달리 내담자 이야기의 주 저자는 아니다. 치료자는 내담자가 자기 삶에 존재하는 사건을 선별하여 그에 의미를 부여하고, 그러한 사건과 자기 삶의 주요 주제 사이에 존재하는 관계를 해석하고, 그 해석을 통해 나타난 삶의 목적에 가치를 부여하며, 그것이 자신의 정체성과 주변 사람의 정체성에 의미하는 바가 무엇인지에 관해 결론을 내리는 과정에서 내담자 목소리에 우선순위를 둔다. 문학 텍스트의 저자는 줄거리 전개에 있어 핵심적 존재가 되는 반면, 치료자는 중심으로부터 멀리 떨어져 있다.

요약하면, 다시쓰기 대화의 개념을 기초로 하는 치료적 대화에서 행동 영역과 정체성 영역은 지금은 간과되고 있으나 의미가 있는 수많은 삶의 사건에 내담자가 스스로 의미를 부여하고 그것들을 이야기 줄거리로 엮어낼 수 있도록 하는 여건을 만들어 준다. 이 두 개념은 또한 내담자가 자신의 삶에 대해 새로운 결론을 내리도록 지원해 주는데, 그 결론 가운데 많은 부분은 지배적 줄거리와 관련이 있거나 내담자 삶을 제한해 온, 결핍에 초점을 둔 결론과 완전히 모순되는 특징을 지닌다.

라이엄 모자의 다시쓰기 대화: 지도로 그려 보기

다음은 내가 라이엄 모자와 나누었던 대화를 다시 살펴본 것으로, 행동 영역과 정체성 영역이라는 개념이 갖는 치료적 의미를 실제적으로 설명한 것이다. 이를 위해 다시쓰기 지도 위에 치료적 대화를 표시하는 방법을 고안했는데, 다시쓰기 지도는 시간대를 표시한 두 개의 평행선으로 이루어져 있으며 각각은 행동 영역과 정체성(의식) 영역을 의미한다.

[그림 2-1] 다시쓰기 대화(라이엄 이야기)

치료자: [그림 2-1] 라이엄이 자기 자신보다 엄마 걱정을 더 하고 있었는데요. 라이엄한테 무엇이 중요해서, 무엇이 그렇게 소중해서 엄마를 걱정했다고 생각하세요?

지배적 주제와 다소 모순이 되는 표현은 대안적 이야기를 개발하기 위한 단서가 될 수 있다. 라이엄이 자신에 대해 설명하는 이야기 가운데 가장 지배적으로 나타난 주제는 존재에 대한 체념과 덧없음이었다. 그럼에도 여기서 라이엄은 자기 어머니에 대해 몹시 걱정하는 마음을 내비쳤다. 이런 모순에 대한 나의 첫 반응은 그 같은 걱정을 더 많이 표현하도록 촉진하는 질문을 던지는 것이었다. 그러고 나서 라이엄의 걱정에 대해 어머니는 어떤 생각인지, 또 어머니의 그러한 생각에 비추어 볼 때 라이엄이 중요시하는 게 뭐라고 보는지 질문했다. 이것이 바로 정체성 영역의 질문이다.

[그림 2-2] 다시쓰기 대화(라이엄 이야기)

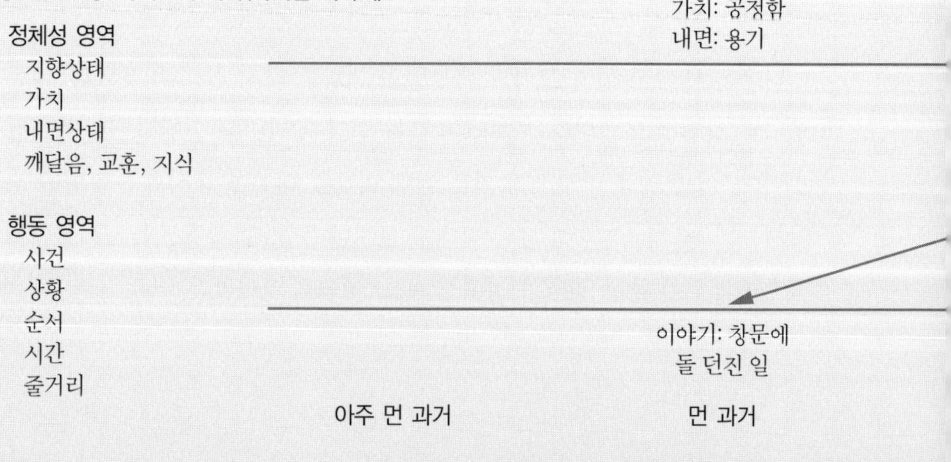

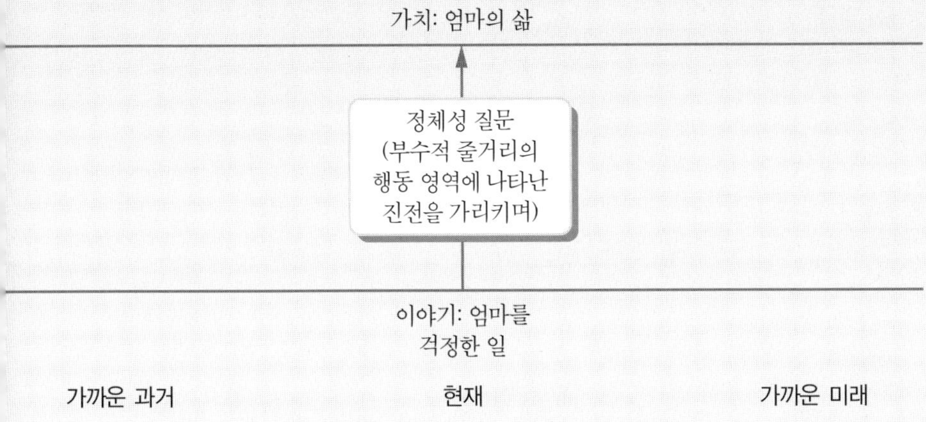

치료자: [그림 2-2] 라이엄이 무얼 소중히 했는지, 무얼 중요하게 생각했는지 우리가 잘 알 수 있을 만한 이야기가 혹시 있을까요? 또 어머니가 그걸 어떻게 아셨는지 말씀해 주실 만한 이야기가 혹시 있을까요?

이에 어머니는 단호한 태도로 라이엄이 걱정하는 마음을 표현하는 것은 바로 엄마의 인생에 가치를 많이 두기 때문이라고, 즉 그가 엄마를 소중히 생각하기 때문이라고 말했다. 라이엄이 무엇에 가치를 두는지에 대한 그와 같은 설명은 정체성에 관한 결론이라고 볼 수 있다. 그러한 반응에 대해 난 어머니에게 라이엄의 행동 가운데 그 같은 결론의 근거가 될 수 있는 것이 있다면 이야기해 달라고 했다. 이것이 바로 행동 영역에 해당하는 질문이다. 이 질문은 과거 라이엄에게 일어난 일 가운데 그가 무엇에 가치를 두는지에 관한 위와 같은 결론을 뒷받침해 줄 수 있는 구체적 사건을 이야기하도록 만든다.

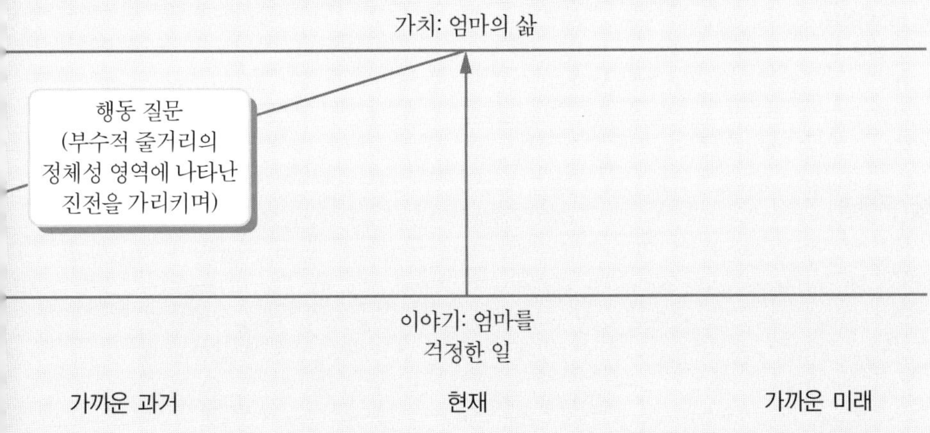

[그림 2-3] 다시쓰기 대화(라이언 이야기)

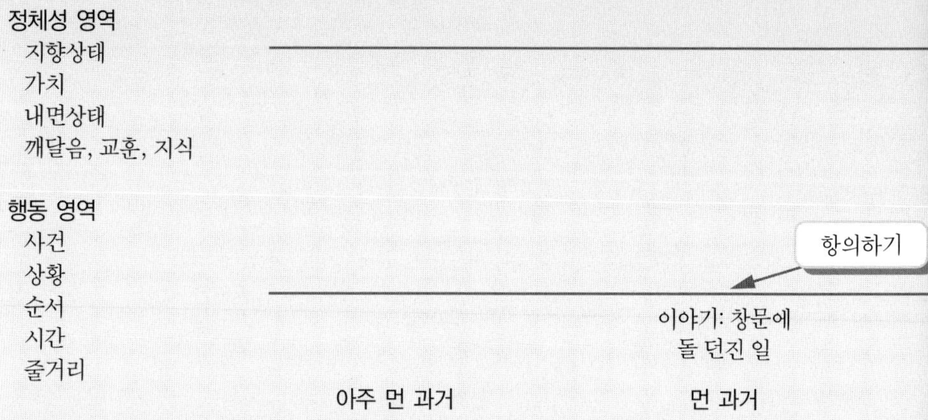

치료자: [그림 2-3] 어머니, 그때 라이엄이 한 일이 어떤 일이었다고 생각하시나요? 그때 그 행동을 뭐라고 하면 좋을까요?

라이엄이 창문에 돌을 던져 아버지의 주의를 딴 데로 돌렸다는 이야기를 듣고, 난 그런 행동에 이름이나 제목을 붙인다면 뭐라고 하겠는지 어머니에게 물었다. 이 사건은 어머니 기억 속에 있었으나 그것이 어떤 성격의 것인지는 아직 규정되지 못한 상태였다. 이 질문은 그 행동을 '항의'라고 부르는 데 필요한 맥락을 만들기 위한 일련의 질문 가운데 첫 번째 질문이었다. 그것은 어머니와 라이엄의 과거에서는 간과되었으나 실제로는 의미가 있는 사건을 묘사해 내기 위한, 행동 영역에 해당하는 질문이다.

[그림 2-4] 디시쓰기 대화(라이언 이야기)

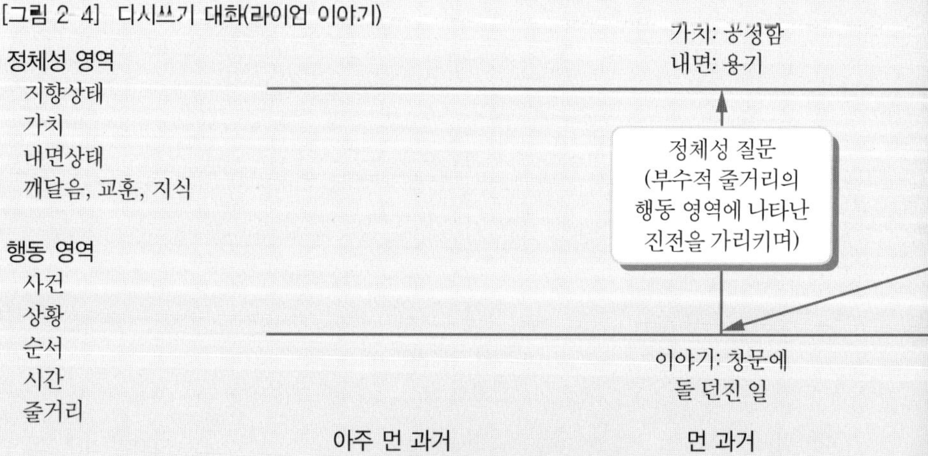

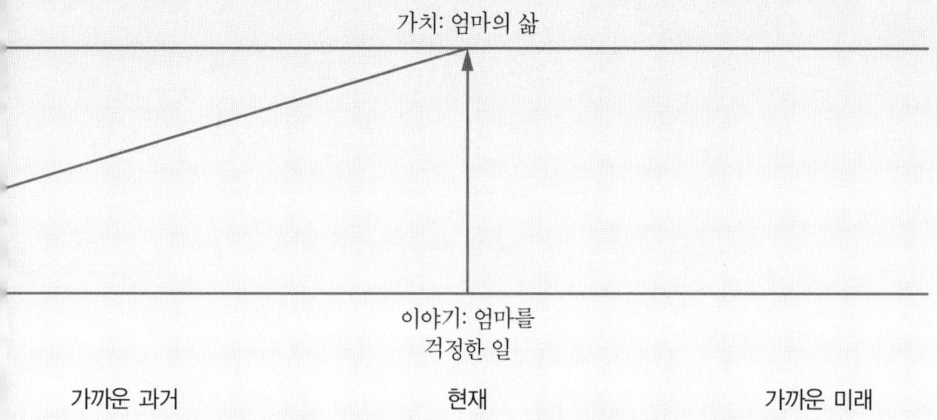

치료자: [그림 2-4] 어머니, 어머니는 라이엄이 아홉 살밖에 안 되었을 때 엄마가 당하는 걸 보고 항의하는 모습을 목격하셨잖아요. 그런 일을 한 걸 보면 라이엄이 어떤 아이란 걸 알 수 있나요? 그런 행동을 보면서 라이엄이 중요하게 여기는 게 뭐란 생각이 드세요?

라이엄의 돌팔매질 사건은 7년이 지나서야 비로소 '항의'로 규정된다. 그 이름을 붙이게 된 건 어머니의 덕이었고, 라이엄은 어머니가 자신의 행동에 붙였던 그 의미에 친근감을 느끼지 못했다. 돌을 던진 걸 보면 라이엄이 어떤 사람이라는 걸 알 수 있는지, 또 그가 무얼 중시한다는 걸 알 수 있는지 묻는 질문은 정체성 질문 가운데 하나다. 그것은 라이엄이 용기 있는 사람이란 사실을 보여 주고 그가 공정함을 중시하는 사람이란 결론을 공식적으로 말하는 계기가 되었다.

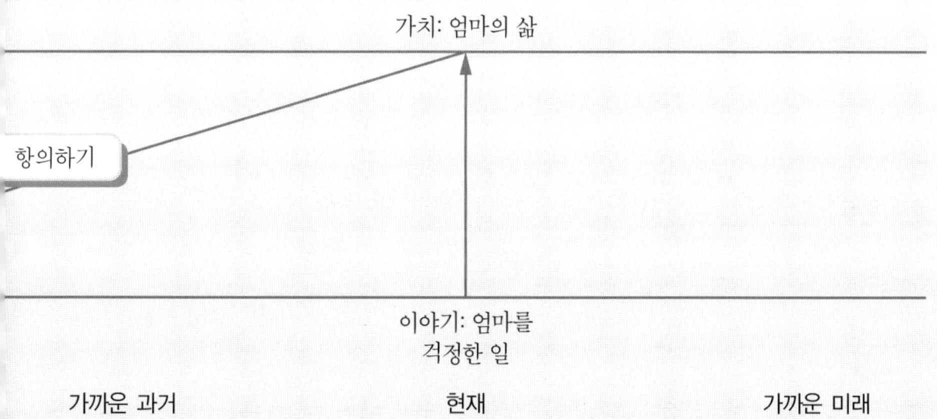

[그림 2-5] 다시쓰기 대화(라이엄 이야기)

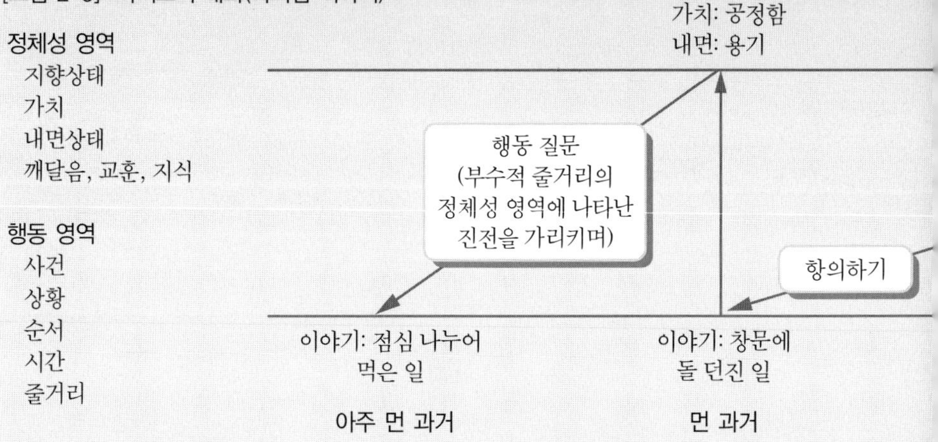

치료자: [그림 2-5] 어렸을 때의 일 가운데 라이엄이 공정한 걸 중요하게 생각한다고 확신하게 된 계기가 있었나요? 라이엄이 그런 걸 중요하게 생각한다는 어머니 생각에 잘 들어맞는 그런 얘기가 있을까요?

라이엄은 이제 자기의 인생 이야기에서 부수적 줄거리를 확장시켜 나가는 데 더 몰두하게 된다. 이런 움직임은 그가 자신의 용기나 공정함을 중시하는 마음과 관련하여 어머니가 어떻게 그런 결론에 이르게 되었는지 이해하고 싶어 하는 것을 보면 알 수 있다. 어린 시절에 일어났던 사건에 관한 이 질문은 그가 용기 있는 사람이고 공정함에 가치를 두는 사람이라는 어머니의 인식을 뒷받침해 주는 행동 영역의 질문이다. 이는 어머니 기억 속에서 초등학교 점심시간 이야기를 되살려내는 계기가 되었다.

[그림 2-6] 다시쓰기 대화(라이엄 이야기)

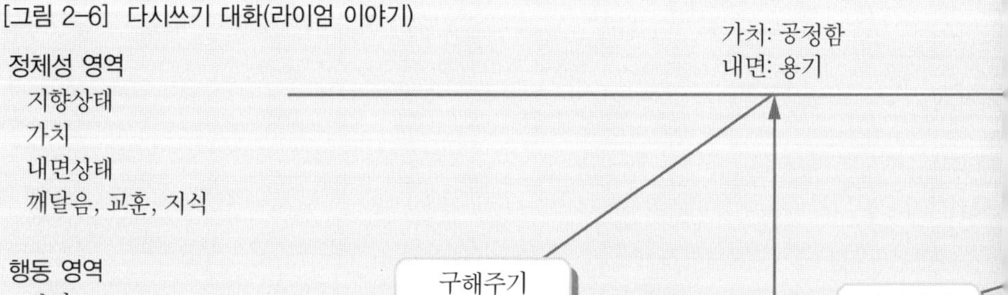

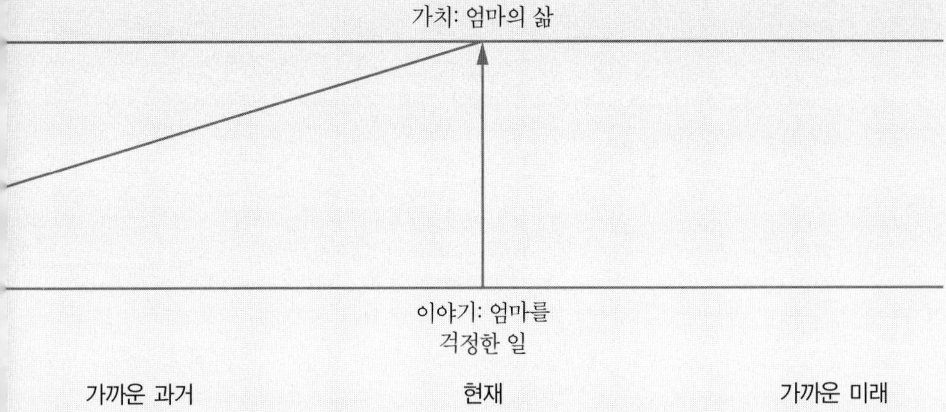

치료자: [그림 2-6] 그런데 어머니는 라이엄의 그런 행동이 어떤 행동이었다고 보세요? 어머니께서는 라이엄이 마비되었다고 느끼는 것 같다고 하셨는데요. 라이엄이 한 일은 마비되었다든가 엉망이라든가 하는 것과는 전혀 관계가 없는 것같이 들리는데요.

이 질문은 행동 영역에 속하는 질문이다. 그 답변으로 어머니는 다른 아이들을 지지하는 라이엄의 행동을 가리켜 '구해주기'라 정의했다. 라이엄은 이제 전보다 더 적극적으로 부수적 줄거리를 확장시키는 데 참여하게 되었고, 여덟 살 때의 행동을 그렇게 부르게 된 데 대해 이번에는 더 즉각적으로 친근감을 느끼게 되었다.

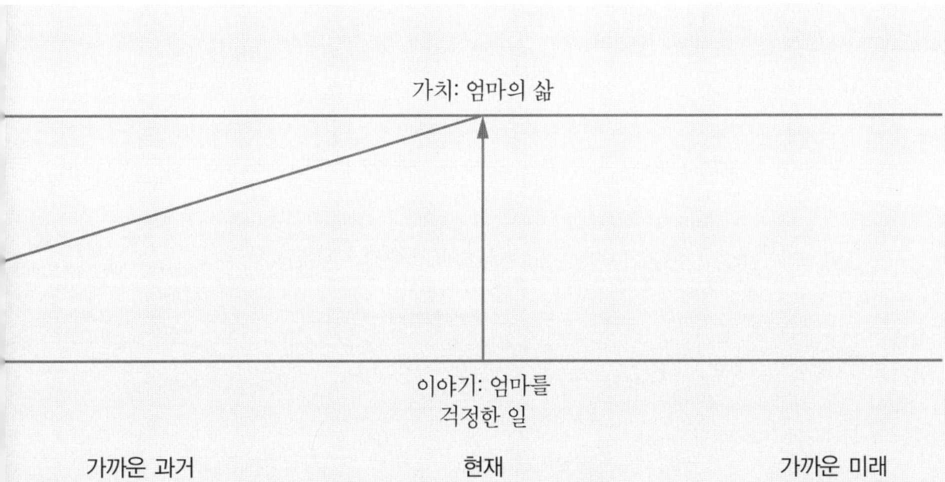

[그림 2-7] 다시쓰기 대화(라이엄 이야기)

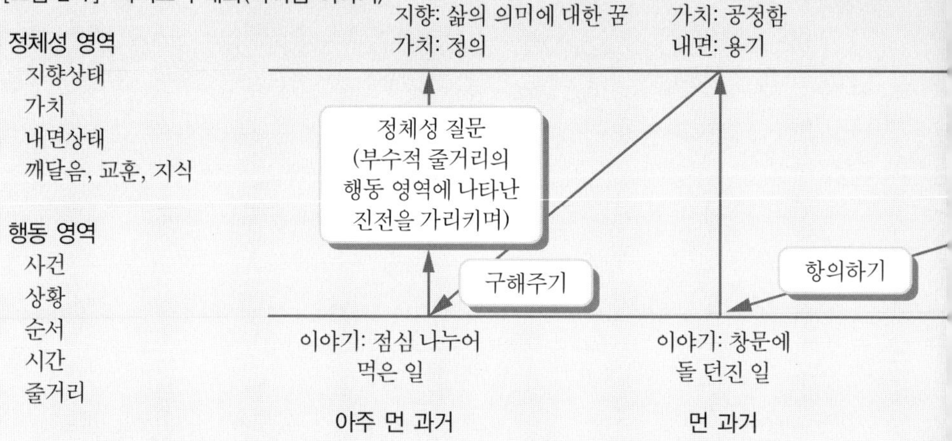

치료자: [그림 2-7] 어머니, 제가 라이엄이 창문에 돌 던진 일에 대한 이야기에서 그런 행동으로 봐서 라이엄이 어떤 아이라고 할 수 있겠는지 여쭈어 봤고, 어머니께서는 그 행동이 라이엄이 얼마나 용기 있는 아이이고 공정한 걸 얼마나 중요하게 생각하는 아이인지 알게 해 주었다고 하셨잖아요. 그러면 어머니 마음속에 아이에 대한 어떤 이미지가 있을 텐데, 여덟 살 때 학교에서 있었던 일을 다시 생각해 볼 때 다른 애들을 구해 주는 행동이 그 이미지를 만드는 데 어떤 역할을 했을까요?

여덟 살짜리의 행동에 이름을 붙이는 작업을 토대로, 그 이름이 어머니의 마음속에 아들에 대한 이미지를 만들어 내는 데 어떤 역할을 했는지 질문했다. 이 질문은 정체성 영역의 질문이다. 그것은 라이엄이 정의에 대해 어떤 입장을 갖고 있는지, 그리고 인생이란 것에 대해 어떤 꿈을 갖고 있는지에 관한 결론을 이끌어 냈다. 이런 결론은 새롭게 떠오르는 줄거리와 일치하는 것이었을 뿐만 아니라 그 줄거리를 두텁고 풍부하게 만들고 있었다. 이 시점에서 라이엄은 그런 결론을 자신과 관계 있는 것으로 느낀다고 했으며 나아가 그것을 실제로 증명해 보이기까지 했다.

[그림 2-8] 다시쓰기 대화(라이엄 이야기)

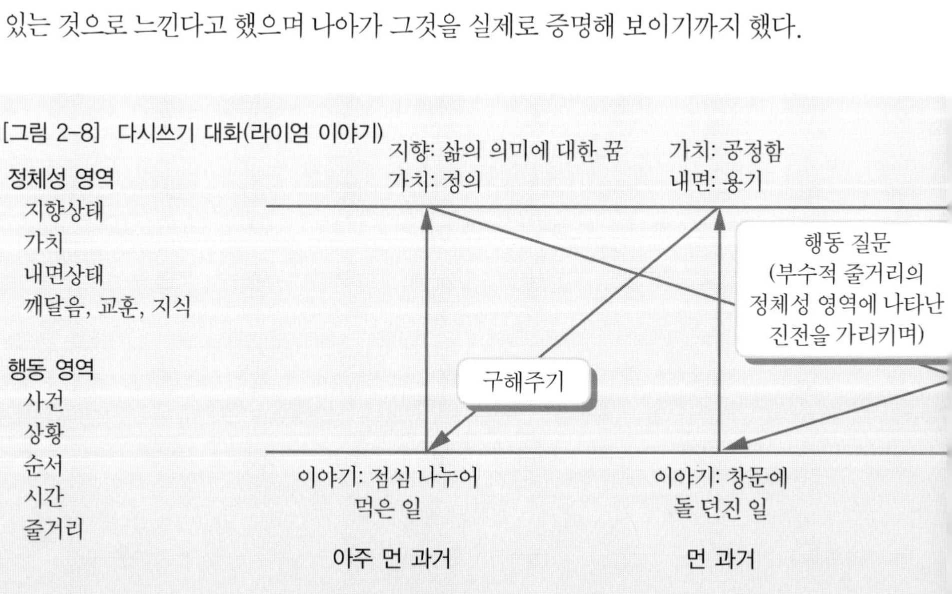

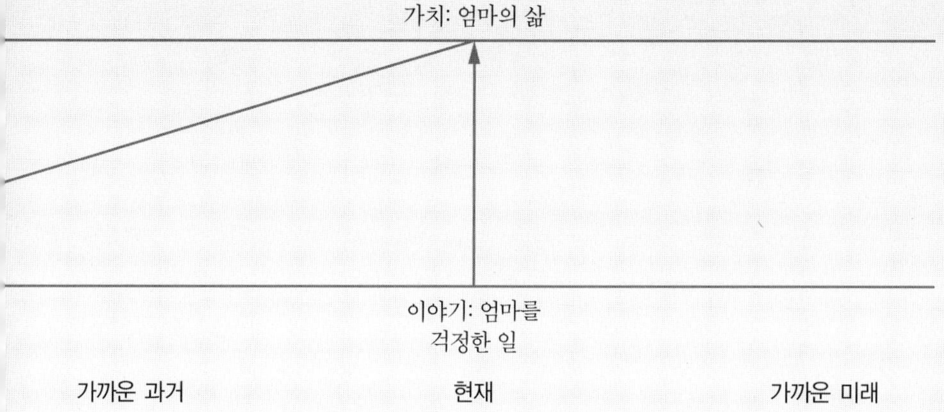

치료자: [그림 2-8] 다시 질문하면, 그 이야기가 네 이야기 같은지 어떻게 알 수 있지? 그러니까 요새 있었던 일 중에 방금 너 자신에 대해 알게 된 점을 잘 보여 줄 수 있는 이야기가 혹시 있을까? 공정함이나 정의에 대해 네가 갖고 있는 생각이라든가, 네가 무엇을 중요시하는지에 대해 어머니가 말씀해 주신 것이라든가, 어릴 때 꿈 같은 걸 잘 보여 줄 수 있는 일 말이야.

면접이 시작될 무렵에는 아무런 생각이 없었으나, 라이엄은 시간이 흐르면서 정체성에 관한 긍정적 결론의 근거를 점점 더 많이 제공하게 되었다. 그러한 가운데 나는 부수적 줄거리를 더욱 발전시키는 작업에 있어 라이엄을 직접 상대할 수 있을 정도로 때가 무르익었음을 직감했다. 이 질문은 라이엄에게 한 것인데, 이에 자극을 받아 라이엄은 좀 더 최근에 있었던 일 가운데 그가 정의에 대해 어떤 입장을 갖고 있는지 잘 보여 줄 수 있는 예를 생각해 내게 되었다. 이 질문은 아버지의 학대 사실에 대해 자기 사촌에게 털어놓았던 일을 기억하게 만드는 행동 영역의 질문이다. 자신의 경험을 자진하여 먼저 털어놓은 라이엄의 행동은 그가 사촌을 얼마나 염려하고 있는지 잘 보여 주는 것이다.

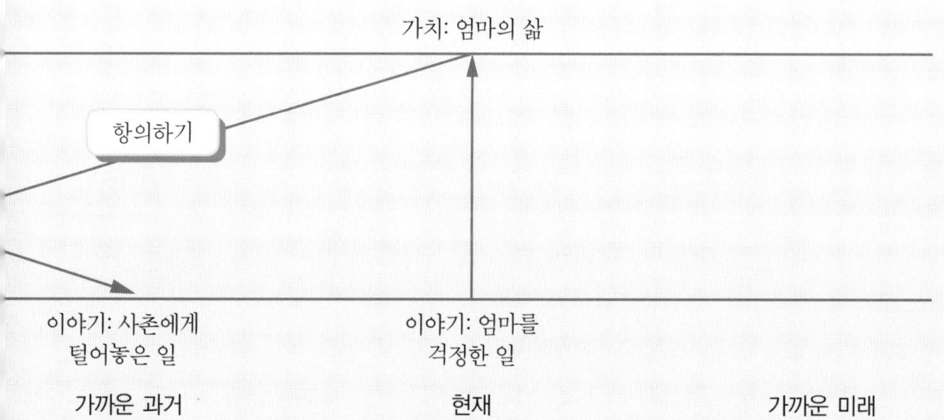

[그림 2-9] 다시쓰기 대화(라이언 이야기)

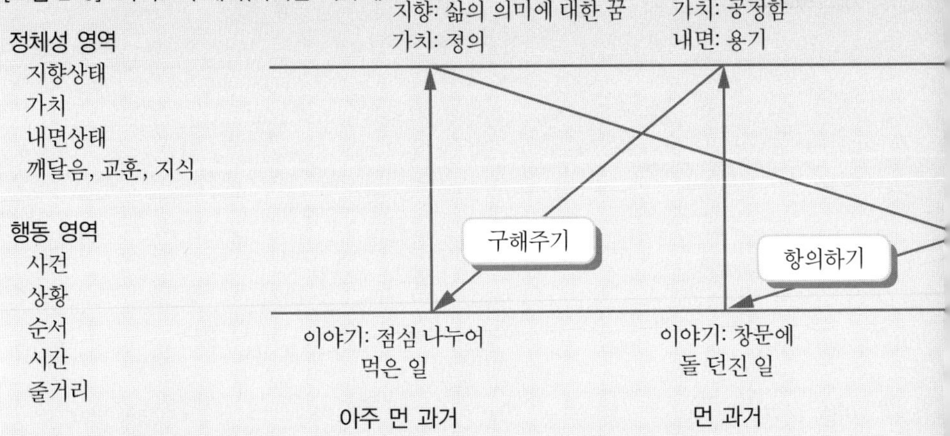

치료자: [그림 2-9] 어머니께서는 네가 사촌동생을 '챙겨 주었다'고 하셨어. 이 말이 네가 한 일하고 잘 맞는 것 같니 혹은 더 잘 맞는 말이 있니?

라이언이 사촌동생에게 자신의 학대 사실을 털어놓았던 일을 하나하나 소상히 이야기할 때 어머니는 라이언을 거들어 주었고, 그 과정에서 어머니는 라이언의 행동이 '챙겨 주는 것'이라고 했다. 이 질문은 정체성 질문으로서 자기 행동에 이름 붙이는 과정에 라이언 자신이 참여하게끔 하였다.

[그림 2-10] 다시쓰기 대화(라이언 이야기)

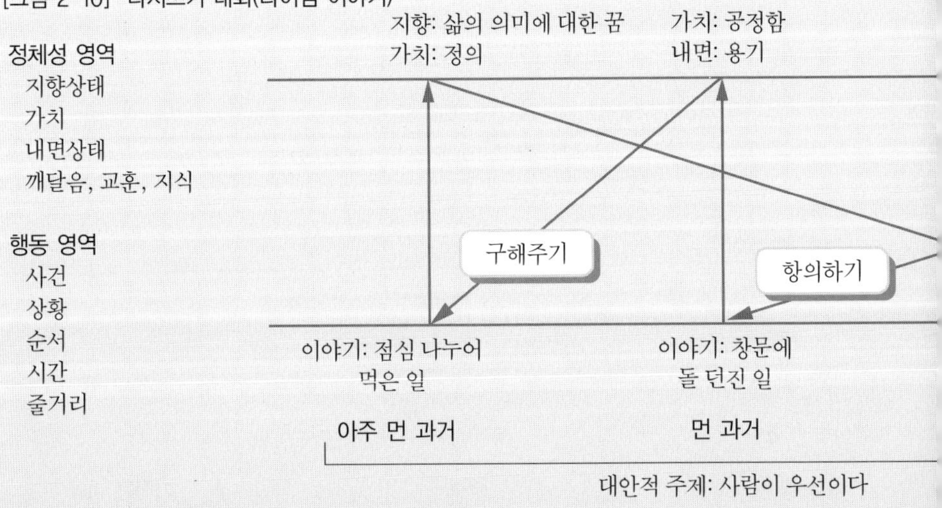

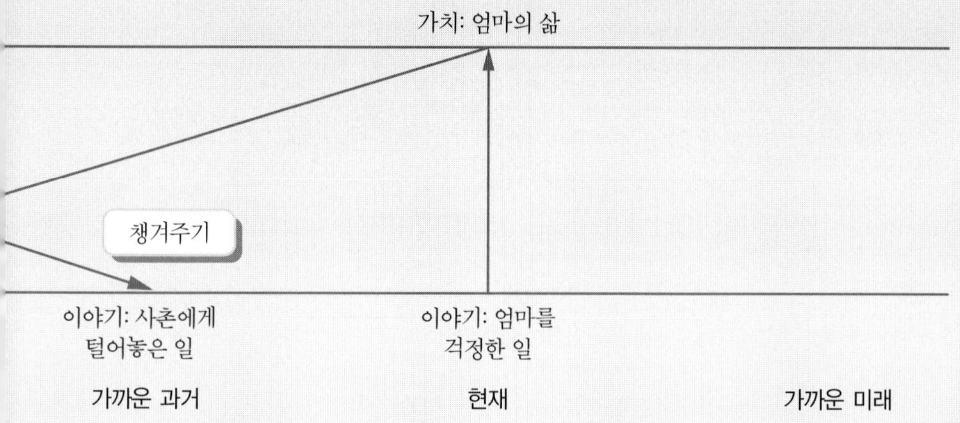

치료자: [그림 2-10] 이제 선생님은 너의 구해 주는 행동, 항의하는 행동, 그리고 챙겨 주는 행동에 대해서 알게 되었는데, 이런 행동을 모두 한꺼번에 놓고 생각해 본다면 그게 결국 뭘 의미하는 걸까?

우리 대화가 여기까지 오는 동안 라이엄 모자는 라이엄이 했던 여러 가지 일에 대해 이야기했는데, 그 이야기들은 모두 그의 정체성에 관한 긍정적 결론과 맥을 같이하는 것들이었다. 이 질문은 라이엄 모자로 하여금 그런 이야기들을 특정한 주제에 연결시키고 그 주제에 제목을 붙이도록 하는 행동 질문이다. 라이엄이 꺼냈던 '사람이 우선이다'란 주제는 대안적 주제에 해당하는 것으로, '마비된 삶'이라는 지배적 줄거리의 주제와는 사뭇 대조된다.

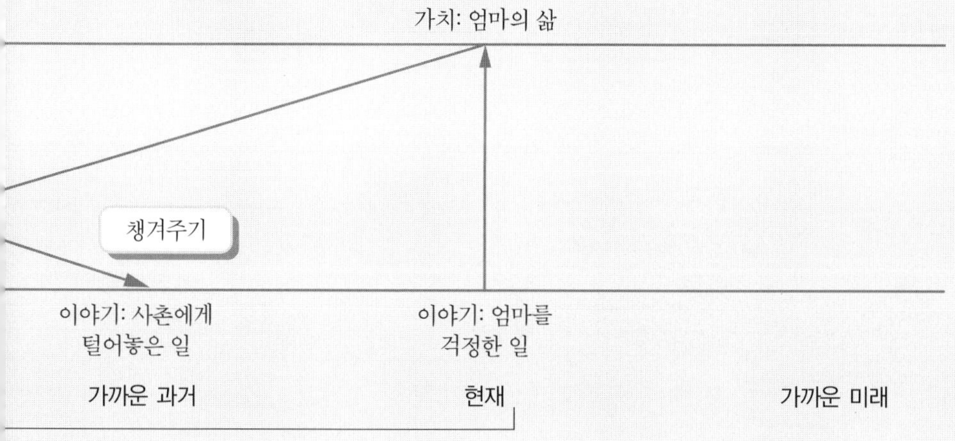

[그림 2-11] 다시쓰기 대화(라이엄 이야기)

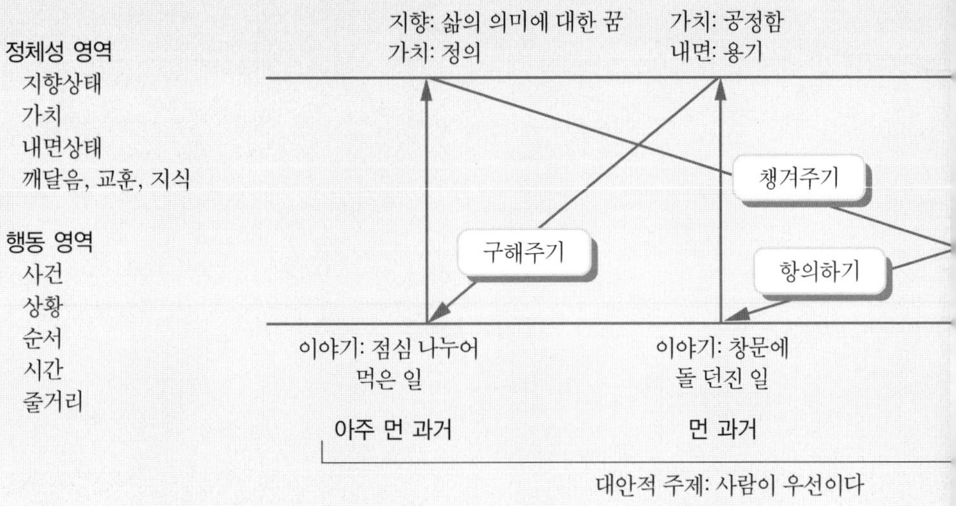

치료자: [그림 2-11] 그러니까 사람이 우선이란 말이 좋다는 거지? 좋아, 그 말이 참 여러 가지를 의미하는 것 같구나. 어머니, 혹시 라이엄이 바라는 것이 뭔지에 대해 제가 어떤 인상을 받았는지 짐작이 가세요?

이 질문은 앞서 나온 대안적 주제에 대해 좀 더 반영해 보도록 라이엄 모자를 촉구하기 위한 정체성 질문인데, 부수적 줄거리의 확장과정에서 드러난 것과 유사한 정체성을 더 많이 만들어 내기 위해서였다. 이 질문에 대한 응답을 통해 우리는 삶에서 무엇이 용납되고 무엇이 용납될 수 없는지 라이엄이 잘 알고 있었으며 또 그것에 대해 강한 신념을 갖고 있었다는 사실을 확인할 수 있었다. 이 작업은 인생이란 어떤 것이어야 하는가에 관한 그의 꿈, 즉 그의 인생관을 좀 더 분명히 정의할 수 있는 계기가 되었다.

[그림 2-12] 다시쓰기 대화(라이엄 이야기)

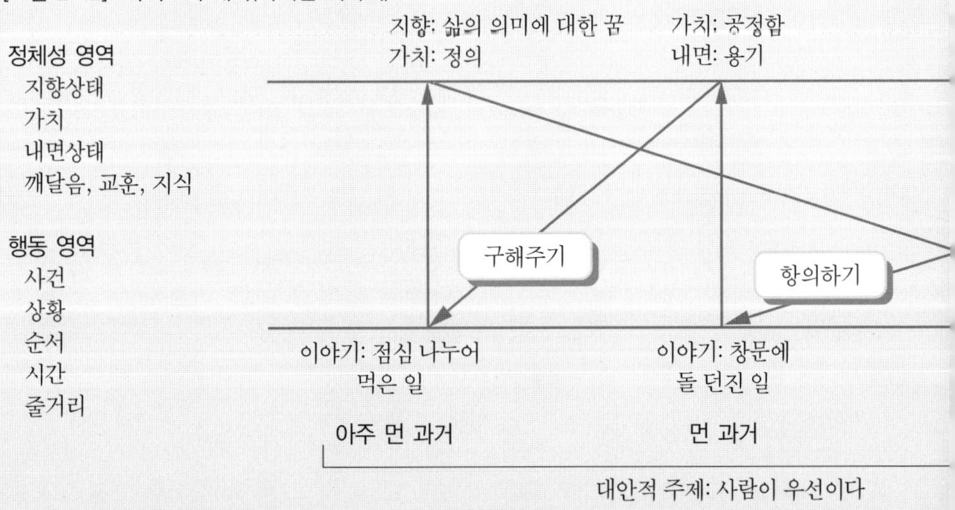

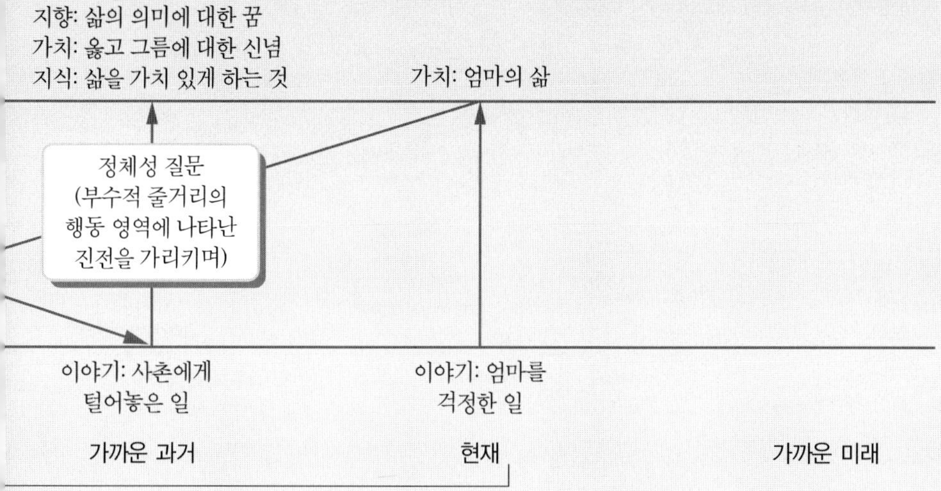

치료자: [그림 2-12] 꿈을 잃지 않은 점도 내가 갖고 있는 네 이미지랑 비슷하구나. 선생님이 하나 물어보고 싶은 게 있어. 너에 대해 우리가 알게 된 것들 말이야. 네가 중요하게 생각하는 게 뭔지, 그렇게 어려운 가운데서도 네가 꼭 붙들고 있었던 게 뭔지, 인생이란 것에 대해 네가 어떤 꿈을 갖고 있는지, 또 어떻게 해서 그런 것이 결국에는 사람이 우선이라는 생각으로 정리되는지 말이야. 네가 앞으로 계속 이런 인생의 노하우를 갖고 살아 나간다면, 이런 지식의 도움을 받는다면 앞으로 어떤 일을 할 수 있게 될까? 이런 지식을 기초로 혹시 어떤 시도를 해 본다면 어떤 일을 할 수 있을까?

이 질문을 통해 난 그동안 우리가 제목을 붙였던 정체성 결론들을 요약해서 말해 주었고, 라이엄이 앞으로 할 수 있는 일 가운데 그런 결론에 걸맞은 행위에는 어떤 것이 있을지 한번 상상해 보도록 라이엄 모자에게 일종의 초대장을 던졌다. 이 질문은 부수적 줄거리를 가까운 장래로 연장시켜 보도록 자극하는 행동 영역의 질문이다. 이에 어머니는 라이엄에게 지난 1년 반 동안 왕래가 없었던 옛 친구 대니얼에게 연락해 보라고 제안했고, 라이엄은 그 제안을 받아들였다.

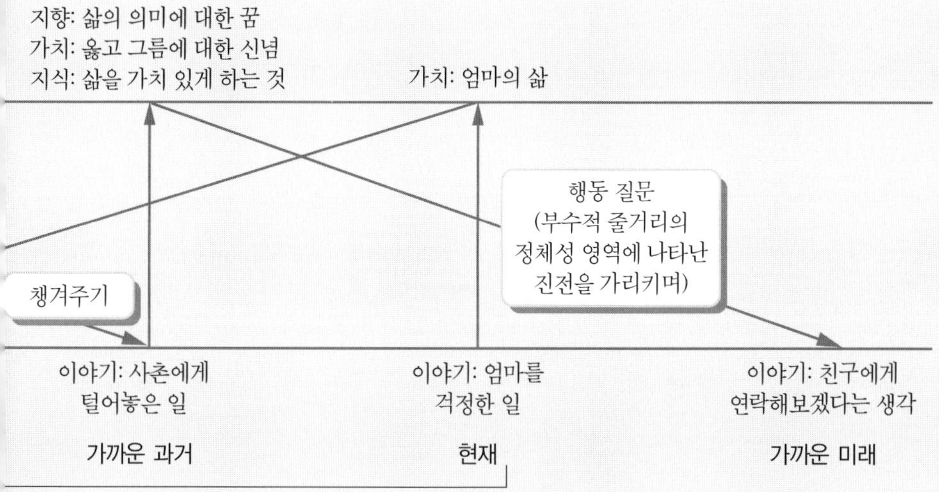

[그림 2-13] 다시쓰기 대화(라이엄 이야기)

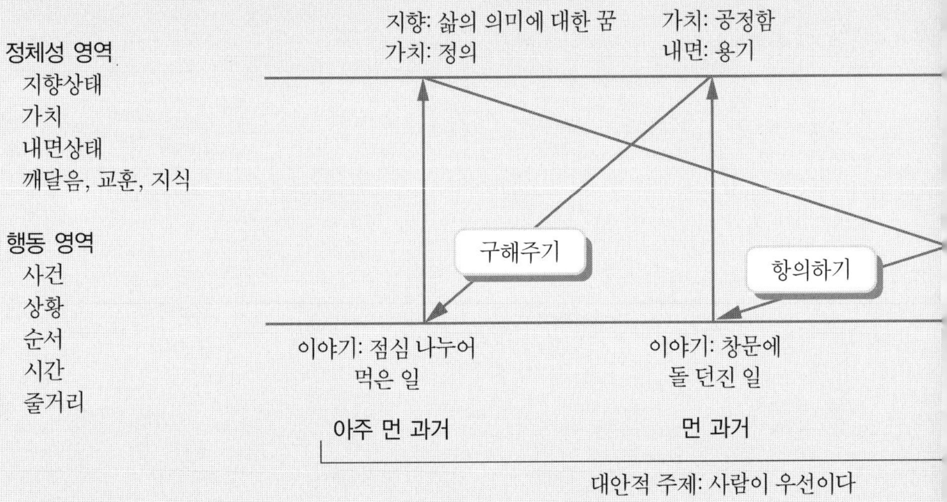

치료자: [그림 2-13] 만약 네가 그렇게 한다고 가정하면 그건 어떤 종류의 행동이라고 말할 수 있을까? 구해주기라고 해야 할까, 항의하기라고 해야 할까, 챙겨주기라고 해야 할까? 아니면 좀 더 나은 것이 있을까?

이 질문은 어머니가 제안하고 그가 받아들인 행보에 이름을 붙여 보라고 주문하는 행동 질문이다. 그 행보는 챙겨주기와 차별화되는 한 걸음 더 나아간 행보였다.

[그림 2-14] 다시쓰기 대화(라이엄 이야기)

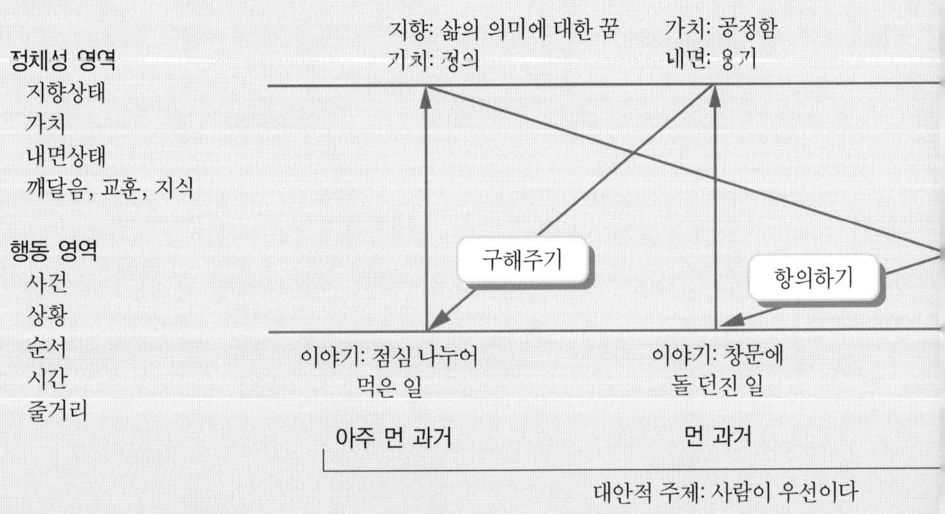

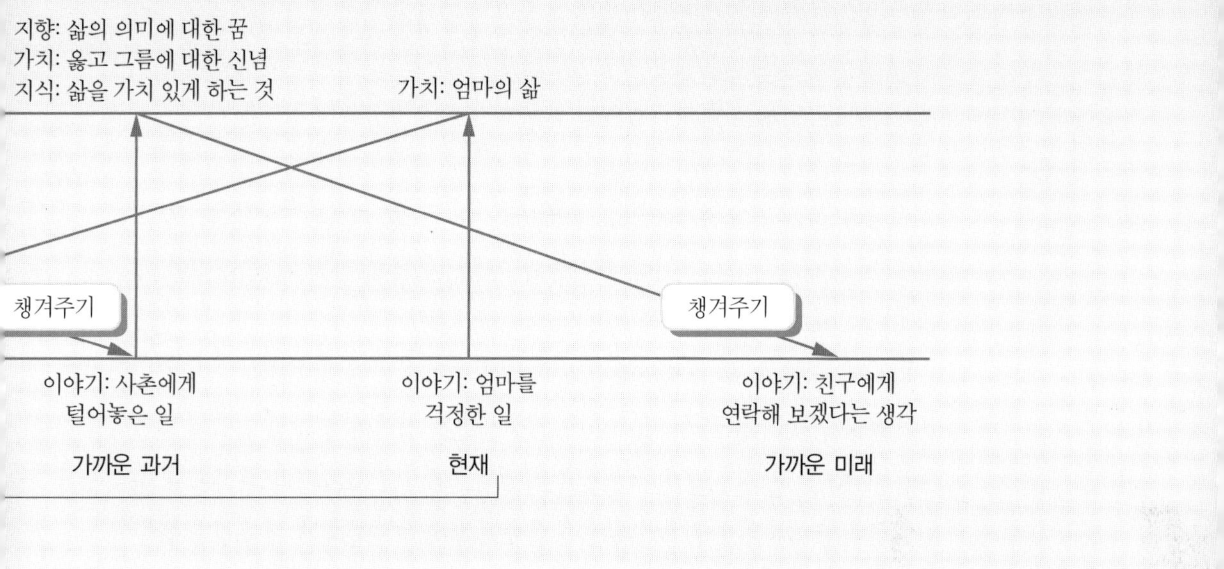

치료자: [그림 2-14] 어머니, 만약에 라이엄이 대니얼에게 연락을 한다면 무슨 생각에서 그런 행동을 하리라고 보세요?

이 질문은 앞서 제안된 챙겨 주는 행보에 대한 반영을 요청하는 정체성 질문이다. 이 질문으로 인해 어머니는 부수적 줄거리를 떠받치고 있는 긍정적인 정체성 결론과 유사한 종류의 결론을 더 많이 만들어 내는 과정에 참여하게 되었다.

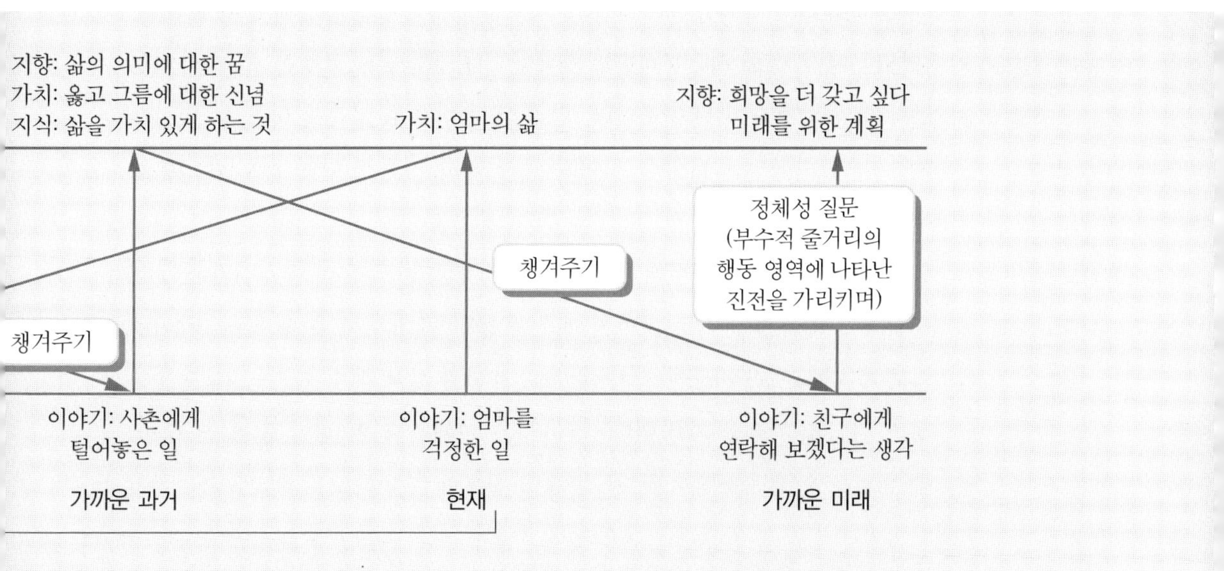

이상과 같은 지그재그 모양의 움직임은 다시쓰기 대화의 특징이다. 부수적 줄거리는 이런 식의 대화가 진행되면서 내담자의 과거 속에 뿌리를 내리고 풍부해진다.

라이엄 이야기에는 다른 다시쓰기 대화에서는 발견되지 않는 규칙성이 존재한다. 일반적으로 다시쓰기 대화에서 행동 영역과 정체성 영역에 관한 질문이 항상 교대로 일어나는 것은 아니다. 라이엄 모자와의 대화에서 이야기를 풍부히 발전시키기 위한 방법에는 여러 가지 다른 가능성도 많이 있었고, 정체성 질문 대신 행동 질문을 연달아 더 했어도 좋을 뻔했던 경우가 여러 군데 있었다. 예를 들어, 돌 던진 행동의 근거를 설명해 줄 수 있는 선행사건에 대해 좀 더 질문할 수도 있었을 것이다. 만약 그랬다면 아마 다른 과정을 통해 학교 도시락 이야기에 도달했을 것이다. 정체성 질문으로 들어가기에 앞서 학교 도시락, 돌 던진 일, 사촌 챙겨 준 일이 구체적으로 어떻게 연결되는지, 예를 들어 각각이 어떻게 연결되고 어떻게 그다음 사건으로 발전되는지를 질문할 수도 있었을 것이다. 이렇듯 이야기를 풍부히 발전시킬 수 있는 여러 가지 다른 가능성에 대해 생각해 보는 행위는 내가 선택했던 질문이 올바른 질문이 아니라 대화 당시 내게 떠올랐던 질문 중 가장 그럴듯한 것이었다는 사실을 잘 보여 주는 것이다. 내가 했던 질문 가운데 어떤 것도 사전에 미리 계획한 것은 없었다. 그것은 모두 라이엄 모자의 대답에 대한 반응이었다. 만약 내가 라이엄 모자를 다른 날 면접했다면 아마도 상황은 달랐을 것이고 우리 대화는 분명 다른 길로 들어섰을 것이다.

그러나 어떤 길을 택한다 해도 다시쓰기 지도는 부수적 줄거리가 풍부히 발전되어 목적지에 이를 때까지 매우 유용한 안내자가 될 수 있다. 라이엄의 경우 다시쓰기 지도는 그가 앞으로 자신의 삶을 헤쳐 나가는 데 도움이 되는 디딤돌 지식을 제공했다. 라이엄은 이제 자신이 취할 수 있는 행동, 즉 새로운 인생 주제와 새로운 정체성 결론에 부합하고 그의 가치와 일치하는 행동에 대해 생각하는 입장이 되었다.

이상의 논의에서 내가 부수적 줄거리라는 용어를 계속 사용했음에도 몇 차례에 걸친 대화가 진행되는 동안 이 같은 부수적 위치에 명백한 급반전이 일어났다. 부수적 줄거리가 치료 초기에 제시되었던 지배적 이야기를 뒤덮기 시작한 것이다.

정체성 질문의 목적과 기대효과

라이엄 모자와의 치료적 대화를 통해 부수적 줄거리가 발전되면서 그 줄거리를 지탱해 주는 행동 영역과 정체성 영역이 더욱 풍부하게 그려졌다. 행동 측면에서 그런 진전은 특정한 사건을 그들이 중시하는 주제에 따라 시간 순으로 전개되게 배열하는 과정을 통해 이루어졌다. 정체성 측면에서는 라이엄 모자로 하여금 그와 같은 사건의 목격자가 되어 그 사건들을 반영해 보고 그 과정에서 나온 라이엄의 삶과 정체성에 관한 이해를 부각시키는 작업에 통합하도록 하는 과정을 통해 그러한 진전이 이루어졌다. 내가 던진 정체성 질문들은 이런 과정을 통해 라이엄 모자에게 고도의 정신적 작업을 수행하도록 만들었다. 정체성 질문은 무엇보다도 다음과 같은 점을 가능케 한다.

- 반영 작업을 통해 주관성(그 사건에 대한 라이엄 모자의 생각), 태도(그 사건에 대한 라이엄 모자의 느낌), 지식(그 사건에 대한 반영의 결과로 라이엄 모자가 알게 된 점), 현상(그 사건이 보여 주는 라이엄 모자의 삶의 모습), 예견(미래에 대한 라이엄 모자의 추측)[1]이 표현되도록 한다.

1) 이들 용어는 문학 텍스트의 줄거리에 나타나는 특정한 행동상의 변환을 설명하고 있다. 그와 같

- 지향하는 바(목적, 목표, 계획, 열망, 희망 등)에 관한 이해, 가치(신념, 원칙, 확신, 믿음 등)에 관한 이해를 도출시킨다.
- 도출된 지향점이나 가치에 어떻게 이르게 되었는지 그 과정을 설명해 준다. (어머니는 물론 나중에는 라이엄조차 자신의 행동 속에 나타난 자신의 의도에 감동을 표현했고, 그 속에 담겨 있는 가치를 보고 흥분을 감추지 못했다.)

정체성 질문의 또 다른 특징은 주관적 입장(Todorov, 1977)을 존중한다는 점이다. 주관적 입장(subjective stance)을 존중하는 질문은 '마치, 아마도, 어쩌면, 혹시, 가능하다면' 등과 같은 용어로 특징지을 수 있다. 예를 들면 다음과 같다. "이런 점에 비추어 볼 때 혹시 어떤 결론을 내릴 수 있을까요?" "이 사건을 이해하는 방식에는 어떤 것이 존재할까요?" "이런 점으로 미루어 볼 때 자신이 중시하는 것이 무엇인 것 같다는 생각이 드나요?" 라이엄 모자와의 대화에서 주관적 입장은 대화 초기에 그들이 보여 주었던, 그들 삶의 이야기 전반을 뒤덮고 있었던 확실성과 불가피성을 밀어내고 대신 그 자리를 차지하게 되었다. 라이엄 모자의 마음속에 자리 잡고 있던 삶에 대한 기존의 해석방식을 약화시키는 데 중요한 역할을 한 것은 바로 위의 질문들 속에서 강조되고 있는 주관적 입장이다.

정체성 질문으로 인해 유발되는 여러 반응 가운데 풍부한 이야기 전개와 특히 관계가 있는 것은 지향과 가치에 관한 이해다. 이제부터는 이런 모든

은 행동은 의식 영역에서 발생한다. 토도로프(Todorov, 1977)에 따르면 그 변환은 주인공의 정신적 활동상태를 설명하는 것이다. 브루너(1986, p. 30)의 표현을 빌리자면, "내러티브에서 행동과 의식에 대한 설명이 함께 어우러지도록 하는 연결망을 두텁게 만든다." 치료적 맥락에서 볼 때, 특정한 사건에 대한 내담자의 생각(주관성), 특정한 사건에 대한 내담자의 느낌(태도), 그 사건에 대한 반추를 통해 알게 된 점(지식), 그 사건이 내담자 삶에 대해 보여 주는 바(현상)와 그 사건이 내담자의 미래에 대해 보이는 바(예견)는 정체성 영역을 발달시키고 부수적 줄거리를 풍부히 하는 데 고무적 역할을 한다.

것을 가리켜 브루너 식으로 '지향상태(intentional state)'라 부를 것이고, 이를 '내면상태(internal state)'와 비교해 볼 것이다.

지향상태와 내면상태

라이엄 모자와의 대화에서 내가 던졌던 정체성 질문은 처음에는 라이엄의 행동에 대해 내면상태에 관한 이해를 유발시켰다. 그의 내면상태에 대한 이해는 '용기' '강점' '욕구'에 관한 결론을 포함하고 있었다. 그의 행동을 이런 식으로 이해하는 경우 라이엄의 행동은 '자기' 핵심으로부터 방출된 것, 그의 정체성을 이루는 특정 요소나 본질이 밖으로 드러난 것으로 간주될 수 있다.

그러나 계속된 나의 질문은 지향상태에 관한 이해를 유발시켰다. 라이엄의 행동은 점차 목적, 가치, 신념, 열망, 희망, 목표, 헌신으로 빚어진 것으로 이해되기 시작했다. 그의 행동을 이런 식으로 이해한 것은 본질적 자기에 관한 어떤 개념도 전제하지 않는 것이었다. 대신 그가 자기 인생에서 의지를 갖고 적극적으로 끌어안고자 하는 것이 무엇인지를 설명해 주는 것이었다. 이렇듯 지향상태를 이해하는 데 초점을 두는 이해방식은 그의 행동을 정체성 본질의 표현으로 보는 것이 아니라 삶을 더 넓게 바라보는 입장과 관계가 있다. 라이엄 모자와의 대화를 통해 나온 지향상태에 관한 이해는 그들이 각별히 중시하는 삶의 특정 주제와 조화를 이루었다. 이렇게 볼 때, 풍부한 이야기 발전에 특히 의미가 있는 것은 지향상태에 대한 이해와 사람들이 중시하는 가치에 대한 이해라고 할 수 있다.

내면상태에 초점을 둔 이해방식

내면상태에 초점을 둔 이해방식에서는 인간 행위를 정체성 중심부에서

'발견되는' 자기(self)의 특정 요소나 본질이 표면화된 것으로 간주한다. 예를 들어, 인간의 표현은 무의식적 동기, 본능, 욕구, 욕망, 욕동, 기질, 성격 특성, 심리적 자산(강점, 자원 등) 등이 겉으로 드러난 것으로 해석될 수 있다. 그런 요소나 본질은 정도의 차이는 있으되 인간이라면 누구에게나 다 있는 것이고, 삶이란 그런 요소나 본질의 직접적 표현 혹은 왜곡에서 비롯되는 것이다. 이와 같은 왜곡을 가리켜 흔히 '역기능' 또는 '이상'이라 부른다.

내면 이해의 방식은 흔히 자기의 요소나 본질이 어떤 과정을 거쳐 밖으로 표현되는가를 설명하는 심리내적 과정(intrapsychic process)에 관한 이론과 관련이 있다. 20세기 초에 등장한 내면상태와 심리내적 기제에 관한 그런 발상은 '무의식'이라는 개념을 낳기에 이르렀다. 이 같은 성과는 지난 한두 세기에 걸쳐 발달한 '근대적 성격'의 상호 연결된 수많은 아이디어의 결집을 의미하는 것이다. 거기에는 다음과 같은 것이 포함된다.

- 인간 실존의 토대이자 인간 표현(행위)의 근원으로서의 인간 '본성'이 존재한다고 보는 인본주의적 사고가 발달하게 되었다.
- 인간 정체성의 중심부에 위치하는 본질로서의 '자기' 개념이 발달하게 되었다. 이런 식의 자기 개념은 세계 문화사적으로 볼 때 상대적으로 낯선 개념인데도 그간 대단히 성공적인 위치를 차지해 온 개념이다. 그것은 현대 서구사회에서 사실로서 자리 잡고 있다.
- 인간 행위에 대한 도덕적 판단이 17세기 이후 점차 '정상성 판단(normalizing judgement)'으로 대치되는 하나의 새로운 사회통제 체제가 발달하게 되었다.[2)]

2) 사고방식의 역사를 연구한 미셸 푸코는 지난 수 세기에 걸쳐 이루어진 '근대적 권력'의 등장에 대

인간 행위에 관한 내면상태 이해방식은 지난 한 세기 동안 서구문화 곳곳에 스며들었고, 오늘날에 와서는 전문심리학과 대중심리학에서 당연시되는 위치를 확보하기에 이르렀다. 이제 자기에 관한 그 같은 요소나 본질은 인간 삶에 영구히 존재하는 것이며 인간 발달과정이나 문제해결 맥락에서 발견되고 드러나는 것으로 믿기게 되었다.

지향상태에 초점을 둔 이해방식

내면상태에 초점을 둔 이해방식과 달리, 지향상태에 초점을 둔 이해방식은 '행동 주체로서의 의식(personal agency)'이란 특징적 개념을 포함하고 있다. 이 개념은 인간을 개인적으로 혹은 타인과 함께 삶의 의미와 곤경을 적극 중재하고 협상하는 존재로 본다. 뿐만 아니라 인간을 자기 삶에 일어나는, 자신이 선호하는 여러 가지 발전적 사건 가운데 많은 부분을 만들어내는 존재로 본다. 다시 말해, 인간은 삶에서 자신이 중시하는 무언가를 추구함에 있어 자신이 지향하는 바에 따라 살아나가는 존재다. 아울러 인간은 자신이 추구하는 목표를 달성하고자 노력하는 과정에서 자신의 실존을 적극적으로 형상화하는 작업에 임하게 된다.

브루너(1990)에 따르면 의도와 목적이라는 개념이 갖고 있는 중요성, 가치, 신념, 헌신이라는 개념이 갖고 있는 무게, 그리고 인간의 능동성에 대한 강조는 수 세기 전통의 민속심리학에서 찾아볼 수 있는 인간의 마음에

해 다음과 같이 설명한다. 그에 따르면 정상성 판단은 현대 서구문화에서 사회통제의 주된 체제로 자리 잡고 있다. 이 같은 사회통제 체제는 인간 삶과 정체성에 관한 특정한 규범을 재생산하기 위한 노력의 일환으로 사람들로 하여금 자기 자신과 타인에 대해 '정상성 판단'을 하도록 종용한다. 다시 말해, 사람들은 사회통제 체제의 공범자로서 인간행동과 정체성에 관한 기존의 규범에 따라 인간 삶에 대해 판단하고 또 그에 따라 행동한다. 푸코에 따르면, 그런 규범은 주로 법률, 의학, 심리학 등 전문 분야에 의해 구축된 것이다. 이런 식의 사회통제 체제는 사람들을 국가기관의 대표에 의한 도덕적 판단에 종속시키는 사회통제 체계를 완전히 대치하는 것이다.

관한 하나의 이론이다.

> 모든 문화는 그 문화를 구성하는, 그 문화 나름의 가장 강력한 도구 가운데 하나로 민속심리학(folk psychology)을 갖고 있다. 민속심리학은 인간이 어떤 원리로 움직이는지, 인간의 마음은 어떤 것인지, 특정한 상황에서 어떤 식으로 행동해야 하는지, 삶의 방식에는 어떤 것이 있는지, 인간은 어떤 과정을 통해 특정한 방식의 삶에 헌신하는지 등에 관한 일련의 규범적 설명이다. '민속심리학'이란 표현은 인간의 신념, 욕망, 의미 같은 지향상태를 환대한답시고 신세대 인지학자들이 조롱 삼아 지어낸 것이나 그런 개념을 지칭하기에는 더할 나위 없이 적합하다(pp. 35-36).

이러한 정의에 따르면 사람들은 삶을 헤쳐 나가는 과정에서 일상적으로 민속심리학을 동원한다. 자신의 삶을 이해하고 타인의 행동을 이해하기 위한 노력의 일환으로 민속심리학의 지향상태 개념을 활용한다. 민속심리학에서 말하는 지향상태 개념은 사람들로 하여금 인간을 '움직이게' 만드는 것이 무엇인지에 관해 다양하게 이해하게 하고 타인의 행동에 반응하기 위한 토대를 만들어 준다.

민속심리학의 지향상태 개념은 이 세상에 무슨 일이 벌어지고 있는지에 관한 일반적 이해를 구하고자 하는 경우에도 중요한 역할을 한다. 브루너(1990)는 인간이 예기치 못한 삶의 사건에 직면했을 때 지향상태가 어떤 과정을 통해 그것을 감수하고자 하는 인간의 노력을 빚어내는지, 어떤 방식을 통해 장애와 위기를 다루고자 하는 노력의 근거가 되는지, 또 어떤 식으로 일상생활에서 직면하게 되는 여러 어려움과 딜레마를 매듭 지을 수 있도록 하는지 설명한 바 있다.

브루너는 삶과 정체성에 관한 지향상태 이해방식이 전문심리학과 대중심리학 분야에서 밀려난 점과 관련하여 그 역사를 추적하면서 18세기 말에서부터 19세기 초에 이르는 시기까지 거슬러 올라간다. 그 시기 동안 민속 심리학의 정신은 내면상태 심리학의 '무의식'에 그만 슬그머니 자리를 내주고 만다.

여기서 내면상태 이해방식과 지향상태 이해방식을 구분한다 해서, 또 다시쓰기 대화에서 지향상태에 대한 이해의 발달을 우선시한다 해서 내가 내면상태에 대한 이해를 부정하는 것은 결코 아니다. 내면상태에 관한 이해에는 퍽 아름답고 또 긍정적인 결과를 미칠 것으로 예상되는 소중한 것이 많이 있다. 그러한 것은 치료적 대화의 맥락에서 존중될 수 있는 것이다.

그럼에도 내면상태에 관한 이해가 지향상태에 관한 이해만큼 풍부히 이야기를 전개시킬 가능성은 매우 낮다. 이는 바로 내면상태에 관한 이해가 다음과 같은 특징을 갖고 있기 때문이다.

- 내면상태에 관한 이해는 인간의 능동성에 대한 감각을 감소시키는 경향이 있다. 즉, 내면 이해의 관점에서 삶은 인간이 갖고 있는 의도와 가치에 근거한 행동에 의해 만들어지는 것이 아니라 자기(self)를 이루는 요소나 본질에 달린 것이다.
- 내면상태에 관한 이해는 개인을 소외시키는 경향이 있다. 인간의 표현(행위)은 개인의 삶의 이야기가 공통된 가치를 중심으로 타인의 삶의 이야기와 연결된 결과물이자 삶의 표현이 아닌 개체의 표현으로 간주된다.
- 내면상태에 관한 이해는 다양성을 저지하는 경향이 있다. 내면적 이해는 인간 삶에 대한 근대적 이상, 즉 자제, 자기 억제, 자립, 자기실현을 중시하는 '껍질에 싸인 자기(encapsulated self)'를 추앙하는 세계적 규범에서 비롯된다.

다시쓰기 대화는 그 시작과는 별개로 지향상태와 관련된 정체성 결론을 만들어 내는 방향으로 흐르게 마련이다. 라이엄 모자와의 다시쓰기 대화에서 이러한 흐름은 내 질문의 모양새로 인해 한층 더 두드러졌다. 내 질문은 라이엄의 행동과 관련하여 좀 더 집요하게 다음과 같은 지향에 관련된 이해를 구하고자 하는 쪽으로 치우쳐 있었다. "라이엄한테 무엇이 중요해서, 무엇이 그렇게 소중해서 엄마를 걱정했다고 생각하세요?" "그런 행동을 보면 라이엄이 중요하게 여기는 것이 뭐라는 생각이 드세요?" "여덟 살 때 학교에서 있었던 일을 다시 생각해 볼 때 다른 애들을 구해 주는 행동은 그 이미지가 만들어지는 데 어떤 역할을 했을까요?" "어머니, 라이엄이 바라는 것이 뭔지에 대해 제가 어떤 인상을 받았는지 혹시 짐작이 가세요?" "어머니, 만약에 라이엄이 대니얼에게 연락을 한다면 무슨 목적으로 그런 행동을 하리라고 보세요?"

다시 말하지만, 지향상태에 관한 결론을 강조하는 이러한 입장이 내면상태에 관한 결론이 잘못된 것이라거나 도움이 안 된다는 의미로 이해돼서는 안 된다. 내가 라이엄과 나눈 대화의 전반부에 나온 내면상태에 관한 결론은 긍정적이었고 그를 인정하는 것이었다. 그럼에도 다음 성과의 기초가 된 것은 지향상태에 관한 이해였다.

- 자신의 삶이 공통된 주제를 중심으로 다른 이들의 삶과 하나 된다는 느낌이 생성되었다. 이는 라이엄이 느끼는 강한 고독감에 큰 파문이 되었다.
- 자기 자신의 삶에 관한 지식이 생기는 것을 경험했다. 이는 자신의 생활이 완전히 망가진 것이란 라이엄의 느낌에 큰 파문이 되었다.
- 그동안 간과되었던 의미 있는 사건들에 대해 정서적 반응을 표현하게 되었다. 이는 라이엄 실존의 특징이었던 정서적 메마름에 큰 파문이 되었다.
- 자신의 삶과 정체성이 다른 이들에게 어떻게 보일까에 대해 상상해

볼 수 있게 되었다. 이는 자신을 보잘것없이 여기는 마음에 큰 파문이 되었다.

- 자신이 중시하는 것과 조화를 이루는, 자신이 행할 수 있을 만한 행동에 관해 상상을 발전시키게 되었다. 이는 라이엄의 절망감과 공허감에 큰 파문이 되었다.
- 그와 같은 의도나 가치를 갖게 된 과정에 대해 표현하게 되었다. 이는 라이엄의 의기소침함에 큰 파문이 되었다.

이와 별개로 우리 대화에서 이루어졌던 지향상태에 대한 이해는 라이엄에게 주체의식(personal agency)을 심어 주게 되었는데, 이는 라이엄을 덮고 있던 마비감에 큰 파문이 되었다. 지향상태에 대한 이해는 또한 과거, 현재, 미래에 걸쳐 지속되고 있는, 라이엄이 선호하는 자기 정체감을 확장하기 위한 토대를 제공했다. 이것은 자신의 삶이 엉망이고 망가졌다는 라이엄의 결론에 큰 파문을 일으키는 것이었다.

정체성 영역: 마음의 서류함

여러분에게는 어쩌면 '마음의 서류함' 하나하나가 문화적으로 타당한 정체성 범주를 의미하고 여러 개의 서류함이 모여 정체성을 이룬다는 식의 비유가 도움이 될지도 모르겠다. 서구문화에서의 정체성 영역에는 무의식적 욕구, 본능, 욕망, 욕동, 기질, 성격 특성, 심리적 자산 등과 같은 내면상태 범주를 비롯하여 목적, 열망, 추구, 희망, 꿈, 비전, 가치, 신념, 헌신 등과 같은 지향상태 범주가 모두 포함된다. 사람들이 자신과 타인의 정체성에 관해 내린 다양한 결론을 넣어 두는 곳이 바로 마음의 서류함이다. 정체성 결론은 특정한 삶의 사건에 어떤 의미가 부여되는지를 결정하고, 그와 같은 사건 및 그들 사건을 포함하는 더 큰 삶의 주제에 대한 반영 작업을 통해 더욱 발전된다. 이 모든 결론은 내면상태 범주를 포함하여 인간의 행동에 막대한 영향을 끼치면서 삶의 모양새를 만들어 낸다. 달리 표현하면, 실제로 삶의 모양새를 만드는 것은 동기나 욕구와 같은 '사물(things)'이 아니라 그 사물에 관해 사회적으로 구성된 결론이다.

다시쓰기 대화는 지배적 줄거리에 담긴 정체성 결론에 모순이 되는 여러 가지 다른 정체성을 이끌어 내기 위한 맥락을 제공한다. 이런 다른 정체성은 마음의 서류함 속에 들어가 지배적인 정체성 결론이 이제까지 차지하고 있던 공간과 인간 실존을 형상화하는 데 미쳤던 영향을 모두 몰아낸다.

이야기 심층 연구

이 시점에서 다시쓰기 대화를 두 편 더 소개하고자 한다. 그러나 앞에서와 달리 그에 대한 해설은 달지 않을 것이다. 두 이야기를 여기 소개하는 이유는 독자가 먼저 자기 나름대로 대화를 분석해 본 이후에 내 분석을 참조하는 기회를 갖도록 하기 위해서다.

비비엔 이야기

비비엔은 40대 초반의 여성으로 자기 주치의 소개로 내게 오게 되었다. 최근 들어 비비엔은 어떤 전문가에게 의뢰되어도 제대로 만난 적이 없어서 나와 만나는 일이 그녀에게는 엄청난 불안감을 유발하는 일이 아닐 수 없었다. 비비엔은 정신적 지지를 위해 남자친구인 아델과 함께 상담에 왔다. 첫 상담을 시작하면서 비비엔은 자신이 '만성 광장공포증 환자'이며 그 때문에 매우 제한적인 삶을 살아왔다고 했다. 또한 '지난 18년 동안을 식이 장애, 주로 거식증이나 구토증과 싸우며 지냈다'고 했다. 난 그동안 비비엔이 자신을 매우 제한된 삶에 내맡겨 왔다가 최근 남자친구의 격려로 '너무 오랫동안 자신의 삶을 황폐하게 만들었던' 압력에서 벗어나는 노력에 다시 착수하기로 결심했다는 사실을 알게 되었다.

세 번째 상담에 이르러 비비엔은 전에는 잘 보이지 않던 삶의 일부에 친숙하게 되었다. 무엇보다 그녀는 세상과 등진 삶이 갖고 있는 목적과 반대되는 삶의 목적, 금욕에 반대되는 취향, 그리고 거식증에 의한 욕망과는 매우 다른 욕망에 대해 이야기하기 시작했다. 이를 기초로 비비엔은 상당히 대범한 계획을 세우게 되었다. 성장한 이후에는 거의 교류가 없었던 친척(이모 두 사람, 삼촌, 사촌)에게 연락을 취해 자신과 남자친구가 준비하는 소풍에 그들을 초대하기로 한 것이었다. 비비엔이 그들을 택한 이유는 어린 시절 그들과의 관계에 대해 좋은 기억을 갖고 있었기 때문이었다.

비비엔은 세 가지 이유로 소풍을 결심했다. 첫째, 어린 시절의 소풍에 대해 따뜻한 기억을 갖고 있다. 둘째, 소풍은 개방 공간에서 일어나는 것이므로 광장공포증 때문에 제한받았던 생활양식에 정면으로 도전하는 일이 된다. 셋째, 소풍을 가겠다는 생각은 공공장소에서 식사를 한다는 계획과 맞물려 있다(비비엔은 지난 10년간 한 번도 공공장소에서 식사를 한 적이 없다). 비비엔은 이 일의 성격, 소풍, 그리고 친척의 합석이 광장공포증과 거식증으로부터 자신의 삶을 회복하고자 하는 새로운 움직임에 힘을 실어 줄 것이라는 희망을 갖고 있었다. 그럼에도 그녀는 그 계획에 대해 무척이나 두려워했고 실제로 그것을 제대로 수행할 수 있을지에 대해 전혀 확신이 없었다.

그로부터 3주 후에 이루어진 네 번째 상담에서, 나는 비비엔이 자신의 계획을 실행에 옮겼음을 알게 되었다. 휴가 간 사촌만 빼고 소풍은 예정대로 진행되었다. 비비엔은 앞으로 개방 공간을 피하지 않을 것이라 선언했고 음식을 먹는 데도 성공했다. 뿐만 아니라 소풍이 끝날 무렵에는 오늘 공공장소에서 음식을 먹은 게 10년 만에 처음 있는 일이고, 이 같은 행보에 함께해 줄 사람은 심사숙고하에 선택된 것이며, 이 행보가 앞으로의 성공에 도움이 되리라 믿는다고 모두에게 말했다. 삼촌과 이모들은 자신들이 선택받았다는 사실이 감격스럽고 거기 함께할 수 있어 기쁘게 생각한다고 말했다.

비비엔의 입장에서 이 사건은 분명 성취라고 할 수 있으나, 난 그러한 성취가 그동안 그녀의 삶 속에 있었던 모든 압력에 맞서 오래 버티지 못할 수도 있을 것이란 걱정이 들었다. 그래서 난 이 사건이 한층 더 무게를 갖게 되기를 희망하면서, 또 그녀 삶의 부수적 이야기가 더욱 발전하는 데 활용될 수 있기를 희망하면서 비비엔이 취한 행보에 대해 질문하기 시작했다.

치료자: 대단한 소풍이었네요! 비비엔, 이런 성취가 어떤 의미를 갖고 있는지 이해가 됩니다. 이런 행보에 합당한 이름이나 제목을 혹시 생각해 두신 게 있나요?

비비엔: 아니요, 그런 생각은 해 본 적 없어요. 어떤 이름이 좋을지 잘 모르겠네요.

치료자: 자기 의혹을 둘러싸고 일어났던 모든 일에 걸맞는 이름은 물론 아니겠지요? '내 삶을 잃었다'고 표현한 일들 말이에요.

비비엔: 아니요, 절대 아니지요. 이건 오히려 자기 확신이라고 해야 할 거예요.

치료자: 자기 확신! 자기 확신의 행동으로 인해 비비엔에게 어떤 일이 가능해졌는지 생각해 볼 수 있을까요?

비비엔: 무슨 말씀이세요?

치료자: 자기 확신의 행동이 삶에 어떤 영향을 주었는지 아시겠어요? 스스로에 대한 느낌이라든가, 자신의 삶에 대해 새롭게 깨달은 점이라든가, 삼촌이나 이모들과의 관계에 대해서라든가 그 어떤 것이라도요.

비비엔: 글쎄요, 하지만 하나만은 분명한 것 같아요. 삼촌이나 이모들과 가까워졌다는 거요. 확실히 그분들하고 다시 연결된 느낌이에요. 다들 정말 너무 좋으셨어요. 그것(자기 확신의 행동) 때문에 그분들과 더 가까워졌고 아델과도 더 가까워졌어요.

치료자: 자기 확신의 행동이 갖고 온 성과 중 하나는 당신을 당신에게 중요한 사람들과 다시 연결한 것입니다. 이런 발전에 대해 어떤 느낌이 드세요?

비비엔: 당연히 행복하다는 말밖에는 더 할 말이 없네요.

치료자: 당신이 왜 그걸 행복하게 생각하는지 좀 더 설명해 주시겠어요? 그게 당신에게 왜 중요한지 제가 이해하는 데 도움이 된다면 어떤 거라도 좋아요.

비비엔: 조금 이상하게 생각하실 수 있을 것 같은데, 제가 너무 오랫동안 단절된 상태에서 살았기 때문에 특히 그런 것 같아요. 근데 전 정말 사람을 좋아하는 타입인 것 같아요, 정말로요.

치료자: 사람을 좋아하는 타입이라. 사람을 좋아하는 타입한테는 어떤 것이 중요한지 한 번 말씀해 보시겠어요?

비비엔: 글쎄요, 음….

내 질문은 소풍을 계획하고 그것을 실행에 옮기는 데 있어 비비엔이 취했던 행동에 대해 의미를 쌓아 나가는 과정에 그녀를 끌어들이는 역할을 했다. 그럼에도 난 만약 이런 행보가 이야기 줄거리 속으로 제대로 편입되지 못한다면 그 위상이 빈약해질 것이라 보았다. 이를테면 그 같은 행보는 운이 좋았거나, 어찌하다 보니 혹은 특수한 상황에서 발생한 '우발적' 행보로 간주될 수도 있다는 것이다.

내담자 행보의 위상이 미약할 경우 그런 행보는 취약하고 지속적 변화의 토대가 될 가능성이 낮은 것이 되어 버린다. 그 때문에 난 비비엔을 격려하는 차원에서 그런 행보를 그녀 삶의 이야기 줄거리 속으로 갖고 들어오도록 하기 위해 몇 가지 질문을 던지기 시작했다. 내가 초반에 던진 질문들은 매우 간단명료한 행동 영역의 질문인데, 그것은 위에서 말한 자기 확신의 행동에 대한 최근 내력을 쏟아내도록 비비엔을 격려하는 역할을 했다. 그 질문들은 다음과 같다. "그와 같은 자기 확신의 행동이 있기까지 당신이 그동안 어떤 일을 해 왔는지 생각해 볼 수 있을까요?" "그런 행동을 감행하는 데 도움을 주었던 것이 무언가 생각날 수도 있을 텐데요?" "그런 행동을 하게 되기까지 어떤 일이 있었는지 생각해 보고, 그 행보에 과연 어떤 의미가 들어 있을 수 있는지 생각해 보시겠어요?"

어느새 우리는 소풍으로 이어진 사건과 상황에 관한 대화를 하고 있었다. 이 대화에는 비비엔이 친척들에게 소풍에 초대하는 전화를 걸기에 앞서 어떤 과정을 거쳐 그녀의 불안감을 가라앉혔는지에 관한 이야기가 포함되었다. 이렇듯 최근에 일어난 일련의 행동을 되짚어보는 대화는 다른 사람과 함께 식사를 하기 위해 비비엔이 통과해야 했던 위기의 상황과 그 같은 상황을 극복하기 위해 비비엔이 취했던 행동을 포함하여 소풍이란 사건 자체의 성격을 극적으로 바꾸어 놓는 데도 기여했다. 비비엔이 취했던 행동 하나하나가 시간이 흐르면서 일련의 사건으로 전개되어 감에 따라, 나는 비비엔에게 그녀의 삶에서 일어나고 있는 이러한 발전을 무엇이라 부르고 싶은지 질문했다. "이제 어떻게 해서 이런 자기 확신의 행동이 나오게 되었는지 분명히 알 것 같네요. 이런 발전에 대해 어떤 제목이 걸맞을지 생각해 보셨나요? 만일 이런 행동 하나하나가 모두 삶의 과정의 일부라면 그 과정을 무어라 부르시겠어요?" 이에 대해 비비엔은 '내 삶을 되찾는 일'이란 제목이 적절하다는 결론을 내렸다.

치료자: 비비엔, 궁금한 것이 있는데요. 내 삶을 되찾는 일에서 일어난 이런 발전을 통해서 인간 비비엔에 대해 어떤 점을 알 수가 있을

까요?

비비엔: 글쎄요, 잘 모르겠어요. 뭐라고 대답해야 할지 정말 모르겠어요.

치료자: 아델 씨에게 여쭈어 보는 건 어떨까요?

비비엔: 전 괜찮으니 물어보세요.

치료자: 아델 씨, 소풍 건에 대해 어떤 생각이신지 궁금하네요. 비비엔이 무슨 생각으로 그런 행보를 했는지에 대해 뭔가 의견이 있으실 것 같네요. 아니면 그런 생각을 밀고 나가는 과정에서 무엇이 비비엔을 지탱해 주었는지, 혹은 무엇이 중요해서 비비엔이 그런 생각을 했겠는지 등에 관해서 뭔가 생각이 있으실 것도 같은데요.

아 델: 네, 사실 그 점에 대해 꽤 여러 가지 생각을 갖고 있어요. 그렇지만 제일 먼저 드는 생각은 비비엔의 인내와 의지입니다.

치료자: 인내와 의지라고 하셨네요. 비비엔, 아델 씨의 생각을 자기 자신과 결부시킬 수 있겠어요?

비비엔: 그럴 수는 있을 것 같지만 그런 표현은 제 스타일이 아니에요.

치료자: 더 적당한 표현이 있으세요?

비비엔: 생각이 안 나요. 하지만 아델의 말과 연결되는 부분이 제게 있는 것 같아요.

치료자: 그렇군요, 인내와 의지라는 표현이 자신의 스타일은 아니지만 자신과 연결되는 부분이 있군요.

비비엔: 네.

치료자: 그렇다면 어떻게 그런 표현과 자신을 연결시킬 수 있는지 궁금하네요. 최근에 당신에게 일어났던 일 가운데 그러한 인내나 의지를 잘 보여 주는 어떤 일이 있었나요?

비비엔: 글쎄요, 생각해 볼게요. 아마도… 아니, 그건 해당이 안 되네요.

아 델: 제가 한번 이야기해 볼게요. 지지난 주말에, 토요일 오후에 둘이 무엇을 할지에 대해 이야기하고 있었어요. 우리는 토요일 오후

에는 거의 항상 단 둘이만 있는 편이에요. 우리 둘만의 시간을 가지는 거죠. 그런데 전 정원 일을 할 게 있어서 그 이야기를 하고 있었는데, 제 기억에 비비엔이 이런 비슷한 말을 했던 것 같아요. "그래, 그거 좋은 생각이야. 근데 난 자기와는 다른 사람이니까 생각이 좀 다른 걸." (비비엔을 쳐다보며) 근데 난 이제까지 당신이 한 번도 그런 말 하는 걸 들어 본 기억이 없어.

비비엔: 그래, 한 번도 그런 적 없지. 그런 적 없는 게 확실해. 내 말은 내가 이제까지 한 번도 그런 말을 해 본 적이 없다는 게 확실하다는 거야.

치료자: 이것이 바로 아델 씨가 말한 인내와 의지에 해당하는 건가요?

비비엔: 그렇게밖에는 설명할 수가 없네요.

치료자: '난 자기하고는 다른 사람이니까 생각이 좀 다른 걸' 이라는 말을 생각해 보면 자기 자신이나 아델 씨와의 관계에 대해서 또 어떤 다른 점을 알 수 있지요? 당신에게 중요한 것이 무엇인지 그 말을 통해서 알 수 있는 게 뭐가 또 있을까요?

비비엔: 글쎄요, 아마 제가 저 스스로에게 조금이라도 가치를 둔다는 걸 보여 주는 게 아닐까요? 적어도 그러기 시작했다는 걸 말이에요. 그러니까 제가 완전히 헤매고 있는 건 아니라는 걸 말이에요.

치료자: 지금 자신의 의견을 이야기하고 있는데, 그러니까…

비비엔: 그러니까 제가 제 의견을 중요하게 생각하게 되었다는, 제 의견을 조금이라도 가치 있게 생각한다는 걸 보여 주는 것 같아요.

치료자: 아델 씨는 어떻게 생각하세요?

아 델: 저도 같은 생각이에요. 비비엔이 자기 의견이나 자기 마음을 중요하게 생각하게 된 것을 보여 주는 거라고 생각해요. 또 우리 관계가 어디쯤 와 있는지를 보여 주는 것이기도 하고요.

치료자: 어떤 의미에서 그런 거지요?

아 델: 신뢰라고 해야 하나요? 저한테 그런 말을 할 정도로 비비엔이 우리 관계에 대해 신뢰를 갖고 있다는 거요.

치료자: 그럼 비비엔의 그런 행동은 두 분 사이에 신뢰가 있다는 걸 보여주는 것이기도 하다는 말이군요. 신뢰 있는 관계란 말이지요?

비비엔: 네, 맞아요.

치료자: 그러면 이제까지 신뢰라는 것은….

비비엔: 솔직히 말해서, 저에게 신뢰만큼 중요한 건 없는 것 같아요.

치료자: 아델 씨 말고, 당신이 이렇게 끈질기고 의지가 강한 사람이라는 걸 아는 사람이 또 있나요? 당신 의견이나 당신의 마음에 대해 높이 평가하는 사람이 있다면 누구지요? 아니면 당신이 신뢰를 중요하게 생각한다는 걸 알 만한 사람이 있다면 누구인가요?

비비엔: 아마 우리 언니일 거예요. (언니는 비비엔보다 네 살 위로 열여섯 살에 자살했다. 죽기 전까지 자신들이 처한 학대 상황에서 동생 비비엔을 보호하고자 노력했다.)

아 델: 맞아요, 비비엔의 언니라면 그럴 거예요. 적어도 제가 아는 바로는 그래요.

치료자: 제가 언니에 대해, 또 자매관계에 대해서 몇 가지 여쭈어 봐도 될까요? (비비엔과 아델의 두 번째 상담을 통해 난 이미 그녀의 언니에 대해 조금 알고 있는 상태였다.)

비비엔: 언니 얘기를 하는 게 이제까지는 참 힘들었고, 아직도 좀 그래요. 그래도 여기서는 괜찮을 것 같아요. 힘이 들어도 오히려 제 쪽에서 먼저 하고 싶어요.

치료자: 만일 언니가 지금 여기서 우리와 함께 대화를 하고 있다면, 그리고 만약 제가 언니에게 당신의 어릴 적 이야기를 해 달라고 한다면 언니가 어떤 이야기를 할 것 같나요? 당신이 얼마나 끈질기고 의지가 강한지, 자신의 생각을 얼마나 중요시하는지, 신뢰라는

것을 얼마나 중요시하는지 이야기해 달라고 부탁한다면 우리가 어떤 이야기를 듣게 될지 혹시 상상이 가나요?

비비엔: 언니는 정말로 저를 끔찍하게 생각했어요. 그래서 아마 해 줄 이야기가 참 많을 거예요.

치료자: 지금 이 순간에 당신의 맘속에 떠오르는 이야기가 있다면 어떤 것인가요?

비비엔: 제가 학교에서 난동을 피웠던 이야기인데요. 제 기억으로는 모든 것이 제게는 너무 버거웠던 것 같고, 그래서 무언가 하나라도 제대로 하는 것이 없었어요. 제가 열 받았던 건 다 어떤 지독한 선생 때문이었어요. 중학교 2학년 때 담임이 진짜 지독했는데, 하루는 제가 완전히 뚜껑이 열린 거예요. 완전히 정신이 나가서 제가 무슨 짓을 했는지 기억이 잘 나지도 않아요. 교실 안에 있는 걸 모조리 갈기갈기 찢고 부수어 버렸다는 것밖에는요. 그래도 교장한테 불려가서 제 언행을 반성하고 그걸 어떻게 되돌릴 것인지를 몇 시간이나 생각했어야 했던 건 기억이 나요. 하지만 잘못한 사람이 나라는 건 인정하지 않으려고 했어요. 바로 그때 갑자기 언니가 나타난 거예요. 고등학교는 한 블록이나 떨어져 있었는데 대체 언니가 그 일을 어떻게 알고 왔는지 모르겠어요. 어쨌든 언니는 교장에게 막 대들기 시작했어요. 진짜로요. 이래도 되는 거냐, 선생들 관리 좀 잘 해라, 학교 수준이 이게 뭐냐 하면서 교장에게 막 퍼부어 댔죠. 그러고는 교장을 한 대 친 거예요. 세상에… 그러면서 거의 난동사태가 벌어졌어요. 저도 물론 뛰어들었지요. 순간 주변에 사람들이 쫙 모여들었고 별의별 일이 다 일어났어요. 끝이 나지 않을 것 같았어요. 우린 그 일 때문에 후에 성가신 일을 정말 많이 겪었어요. 아빠 때문에 그런 건 말할 것도 없고요.

치료자: 언니가 정말 대단했네요.

아　델: 정말 그랬네요. 그 일에 대해서 저도 이렇게까지 자세히 들은 적은 없었어요.

비비엔: 그동안 완전히 잊고 있었는데, 좋지 않았던 상황이 그 이후로는 최악이 되어서 아마 그것에 대해 다시 생각하고 싶지 않았던 것 같아요.

치료자: 당신이 보기에 그때 언니는 당신의 어떤 점을 높이 샀던 것 같은지 혹시 짐작이 가나요?

비비엔: 짐작하고 말고 할 것도 없어요. 내가 꺾이지 않으려고 얼마나 단단히 작정을 했는지 언니가 잘 알고 있었다고 생각해요.

치료자: 당신의 마음에 대해서는 어떤 말을 할 것 같은가요?

비비엔: 만일 언니가 여기 있었다면 제가 저만의 생각을 가지고 있다는 사실이 마음에 든다고 했을 게 분명해요.

치료자: 그 일로 인해 언니가 당신에게 중요한 게 뭔지 혹은 당신이 인생에서 바라는 것이 뭔지에 대해서 어떤 점을 알게 되었다고 생각하세요?

비비엔: 제가 인생에서 뭘 바랐는지에 대해서요? 제가 뭘 중요하게 생각하는지에 대해서요? 글쎄요, 신뢰라는 게 떠오르네요. 우리 둘 사이에는 강한 신뢰가 있었어요. 그리고 무슨 일이 있어도 저는 절대 꺾이지 않을 거라는 사실도요. 이를테면 인생은 이럴 수도 있다는 환상 같은 것에 꼭 매달리고 있었던 거라고 언니는 말하겠지요.

치료자: 환상이라고요? 뭔가 다른 말이 또 있나요?

비비엔: 아, 네. '희망'이라고 하는 게 낫겠네요.

치료자: 말씀하신 희망에 대해 질문을 좀 해도 될까요?

비비엔: 물론이지요.

여기서부터 학교에서의 사고를 둘러싸고 일어난 사건들과 그것이 언니가 비비엔의 정체성에 대해 내린 결론을 어떤 식으로 확인시켜 주었는지에 대해 구체적인 대화를 나누었다. 그 대화는 마음속 깊은 곳으로부터 감동을 자아내는 회원재구성 대화의 시발점이 되었다. 회원재구성 대화는 다음 장에서 다루게 될 것이므로 여기서는 다루지 않겠다.

이날 대화가 끝날 무렵, 비비엔이란 사람이 어떤 사람인지에 대해 언니가 알고 있었던 바를 토대로 하여, 만일 비비엔이 자기 삶을 되찾기 위한 행보를 한다면 어떤 일을 할 수 있을 것인지 그녀에게 질문했다. 이와 함께 상황을. 어떻게 만들면 자신의 정체성에 대한 이 같은 지식을 놓치고 싶지 않은 비비엔의 열망에 보탬이 되겠는지 그녀와 아델에게 자문을 구했다. 이에 대해 비비엔은 언니가 비비엔 자신에 대해 알고 있었던 점과 맥을 같이하는 행동 세 가지를 언급했고, 거기서 비비엔과 아델은 어떻게 하면 비비엔이 앞으로 몇 주 동안 자기가 어떤 사람인지에 대한 그 같은 깨달음을 잊지 않을 수 있겠는지에 관해 몇 가지 방안을 제시했다. 다음 상담에서 난 그동안

[그림 2-15] 다시쓰기 대화(비비엔 이야기)

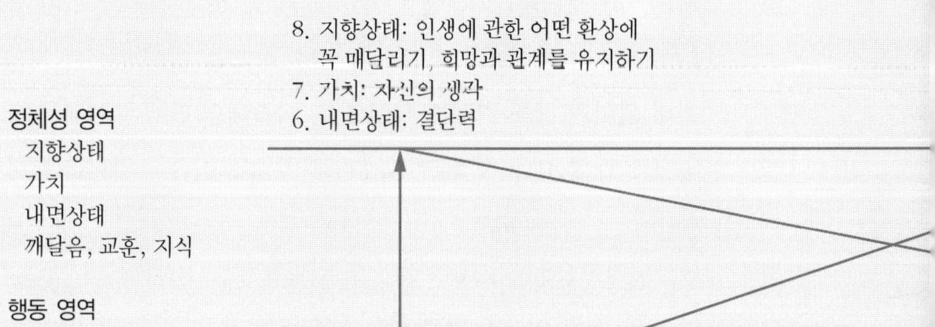

비비엔이 세 가지 단계 가운데 두 가지를 수행했다는 사실을 알게 되었다.

그로부터 18개월이라는 기간 동안 우리는 더 많은 대화를 나누었는데, 대화는 '내 삶을 되찾기'라는 주제를 가진 부수적 이야기가 행동 영역과 정체성 영역에서 더욱 발전되어 나가는 계기가 되었다. 거기에는 광장공포증의 구속과 거식증의 명령에 도전하고자 하는 비비엔 측의 주도적 행동이 많이 요구되었다. 상담 종결 후 18개월이 지나 후속 상담을 하게 되었을 때, 난 비비엔이 '바깥세상에서' 즐거움을 찾을 수 있는 자신만의 삶을 구축했다는 사실을 알게 되었다. 그리고 아직은 때때로 넓은 공간에 가면 불안한 느낌이 들고 음식이나 체중에 대해 '기를 죽이는 생각'이 드는 것 때문에 고군분투하는 것이 사실이지만 그런 문제들이 더 이상 그녀를 뒤흔드는 걱정거리는 아니라는 사실을 알게 되었다.

[그림 2-15]는 내가 비비엔과 아델하고 나눈 대화를 그림으로 옮겨 본 것이다. 위로 향하는 화살표는 정체성 영역의 질문을, 아래로 향하는 화살표는 행동 영역의 질문을 나타낸다.

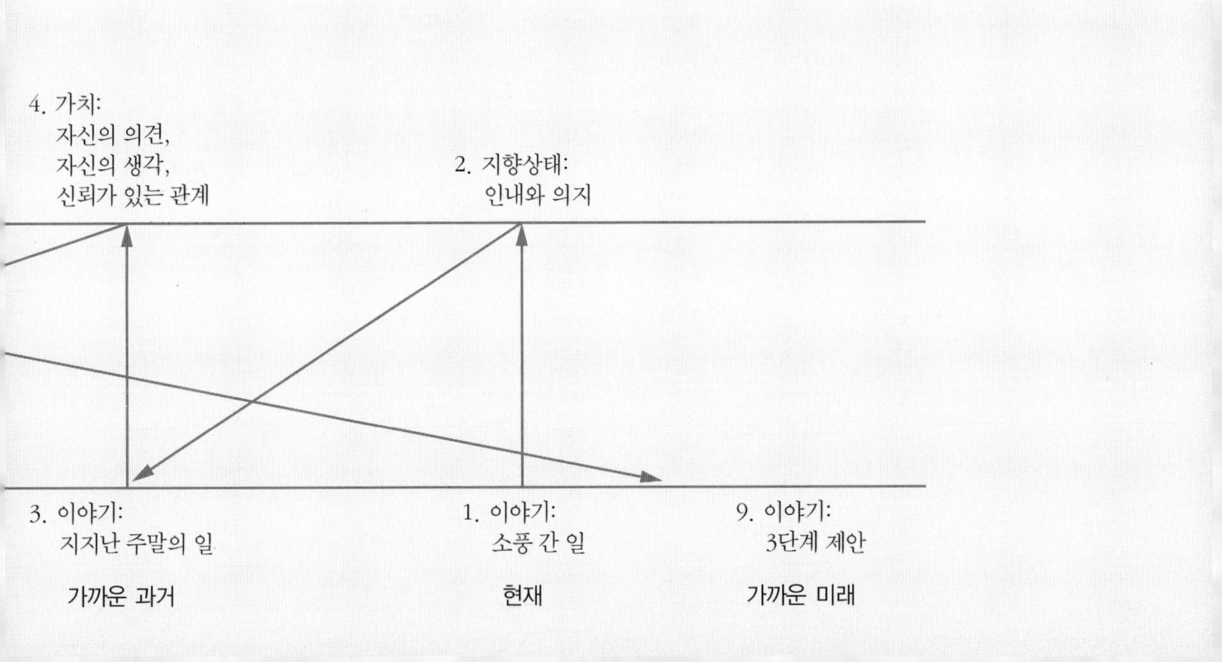

데이비드 이야기

데이비드(11세)와 그의 부모는 그들 가족의 이야기관리를 맡고 있는 사회복지기관의 의뢰로 상담에 오게 되었다. 데이비드의 계속되는 행동에 대해 부모는 더 이상 해결방법은 없다는 결론을 내리기 일보직전이었고, '내보내는 방법', 즉 데이비드를 집에서 멀리 떨어진 주거 프로그램으로 보내는 가능성에 대해 심각하게 고민하고 있었다. 우리는 첫 만남을 시작하면서 말썽 자체에 대해 그리고 그것이 식구들의 생활과 가족관계에 어떤 영향을 미쳤는지에 대해 외재화 대화를 나누었다. 이 대화에서 부모는 아들의 말썽과 관련하여 그들이 어떤 경험을 했는지 낱낱이 이야기해 주었다. 그리고 그 뒤를 이어 데이비드도 그렇게 해 주었다.

일단 외재화 대화가 잘 이루어졌을 때, 다시 말해 '말썽거리'가 데이비드의 정체성에 그렇게 찰싹 들러붙어 있지 않았을 때가 바로 데이비드의 일상 가운데서 말썽거리의 음흉한 의도와 180도 다른 것을 찾기에 더할 나위 없이 좋은 상황이다. 그런 사건을 찾고자 하는 내 질문에 아버지는 최근 식구들끼리 해변에 갔던 이야기를 해 주었다. 아버지는 거기서 옛 친구를 만났고, 두 사람은 시간 가는 줄 모르고 한동안 회상에 젖어 들었다. 이 이야기가 끝날 무렵, 아버지는 그때 어떻게 그런 상황이 가능했는지에 대해 갑자기 무언가를 깨닫게 되었다. 그런 경우에는 대개 데이비드가 말썽을 부려서 그때마다 자기가 달려가 문제를 해결하곤 했는데 이번에는 별로 그러지 않았던 것이다.

치료자: 이 얘기를 왜 꺼내신 거지요?

아버지: 글쎄요, 조프는 제가 어렸을 때 가장 친했던 친구인데 20년 만에 만난 거예요. 우리가 옛날이야기를 그렇게 재미있게 나누었던 건 바로 데이비드가 말썽을 부리지 않았기 때문이에요. 이야기

를 하고 나서 보니 그런 생각이 드네요.

치료자: 데이비드, 너 그날 일이 기억나니? 바닷가에 갔던 그날 일 말이야.

데이비드: 그럼요.

치료자: 그날 거기서 무슨 일이 있었어?

데이비드: 잘 모르겠어요.

치료자: 아버지는 어떠세요? 그날 거기서 데이비드한테 무슨 일이 있었던 것 같으세요?

아버지: 글쎄요, 혹시 어쩌다 일어날 수도 있는 일, 뭐 그런 일이 일어난 거 아닐까요? 왜 그랬는지는 몰라도 그저 그날따라 데이비드가 다른 사람하고 잘 지냈어요. 뭐 특별한 일이 있었던 것도 아니에요. 그래도 좋기는 참 좋았죠.

치료자: 어머니는 그날 일에 대해서 어떻게 생각하시나요?

어머니: 잘 모르겠어요. 전 그때 거기 없었거든요.

치료자: 데이비드, 바닷가에 갔던 날 말이야, 말썽 때문에 거기 간 거니, 아니면 딴 것 때문에 거기 간 거니?

(데이비드는 잘 모르겠다는 듯 고개를 갸우뚱한다.)

치료자: (아버지 쪽으로 돌아앉으며) 아버지 생각에는 데이비드가 거기에 말썽 때문에 간 거라고 생각하세요, 아니면 딴 것 때문에 간 거라고 생각하세요?

아버지: 딴 것 때문에 갔다고 생각할 수밖에 없겠지요.

데이비드: 어머니는 어떻게 생각하세요?

어머니: 네, 저도 그렇게 생각해요. 딴 것 때문에 갔다고요.

치료자: (앞서 외재화 대화를 통해 알게 된 것들을 가리키며) 말썽에 관해 우리가 알게 된 것으로 되돌아가 봅시다. 그러니까 말썽이 무슨 목적을 갖고 있는지에 관해 알게 된 것으로요. 친구들과의 우정을 깨뜨리기, 데이비드 자신은 물론 다른 사람 앞에서 데이비드의

이미지에 먹칠하기, 데이비드의 평판을 떨어뜨려 사람들에게 혐오감 주기, 어머니 · 아버지와 데이비드의 관계에 어려움 주기, 아버지의 사기 저하시키기 등등.

아버지: 글쎄요. 이번에는 말썽이 성공하지 못한 게 분명하고, 그게 보통 일은 아니네요. 하지만 그건 단 하루뿐이었어요. 하루 종일도 아니고 그저 한두 시간뿐이었지요.

치료자: 그 시간이 얼마 동안이었든, 만일 데이비드가 거기 간 게 말썽 때문에 간 것이 아니라면 대체 거기서 무엇을 했을까요?

아버지: 글쎄요, 제가 짐작하기에 데이비드가 얼마 동안은 말썽에 저항하고 있었던 것 같아요. 말썽에 저항을 한 게 틀림없어요.

치료자: 그렇게 생각하시는군요? 그게 저항 때문이었다고요.

아버지: 이번 경우에는 그렇다고 말하고 싶네요. 네, 그래야 말이 되거든요. 그런데 이런 일이 좀 더 생긴다면 진짜 좋겠네요.

치료자: 데이비드, 너한테도 이게 말이 되니? 너 그날 바닷가에서 말썽에 저항하고 있었던 거야?

(데이비드는 그렇다고 고개를 끄덕인다.)

치료자: 아버지가 저항이란 말을 쓰셨는데 무슨 뜻으로 그러셨는지 알겠니?

(데이비드는 모르겠다고 머리를 가로젓는다.)

치료자: 그 말이 무슨 의미인지 데이비드에게 설명 좀 해 주시겠어요?

아버지: 음, 보자, 데이비드 그건 말이다….

아버지는 데이비드에게 자신이 무슨 의미로 저항이란 말을 사용했는지에 대해 전형적인 저항 행동의 예를 들어가며 실질적으로 설명해 주었다. 그 설명이 데이비드에게 잘 전달되었다는 것은 한눈에 알 수 있었다. 그래서 난 데이비드에게 바닷가에서 그가 했던 행위를 '말썽에 저항하기'라고 하는 게 마땅한지를 물었고, 데이비드는 주저 없이 그렇다고 했다. 그리하여 우리는 데이비드의 생활에서나 부모를 비롯한 다른 사람과의 관계에서 저항이 작용하는 경우 실제적으로 혹은 잠재적으로 어떤 결과가 생기는지에 대해 이야기하게 되었다.

최근 바닷가에서 있었던 사건이 이제 새로운 의미를 갖게 됨에 따라, 난 데이비드와 그의 부모가 이런 사건들을 이야기 줄거리로 발전시키는 데 도움이 되기를 바라는 마음으로 다음과 같이 질문하기 시작했다.

치료자: 데이비드, 선생님이 궁금한 것이 있는데, 어떻게 해서 말썽에 그렇게 저항할 수 있었던 거니?

(데이비드는 고개를 갸우뚱한다.)

치료자: 이전에 있었던 일 가운데 네가 그날 말썽에 저항할 수 있도록 준비시켜 준 일이 있었는지 혹시 생각해 낼 수 있겠니? 네가 말썽에 저항할 수 있도록 대비시켜 준 것이 뭐였는지 말이야.

(데이비드는 모르겠다고 고개를 가로젓는다.)

치료자: (부모 쪽으로 돌아앉으며) 두 분께서는 데이비드의 생활 속에서 찾을 수 있는 것 중에 그날 바닷가에서 데이비드가 말썽에 저항할 수 있도록 길을 열어 준 것이 무엇이었는지 아시겠어요? 데이비드가 그렇게 하는데 토대가 되어 준 것, 그렇게 할 수 있게끔 준비시켜 준 것이 혹시 있다면 어떤 것일까요?

어머니: 생각나는 게 없네요. 우리가 데이비드 때문에 그동안 워낙 고생을 해서요. 작년 정도부터는 더 심해졌고요. 만약 선생님이 찾으시려는 게 무난히 넘어간 경우라면 그런 건 못 봤던 것 같아요.

치료자: 아버지께서는요?

아버지: 저도 아무런 생각이 나지 않네요. 아까도 말씀드렸지만, 전 그게 그저 어쩌다 일어난 일이라고 봅니다.

치료자: 어떤 일이 계기가 되어 그날 바닷가에서 데이비드가 그런 일을 하게 되었는지 두 분 모두 전혀 짚이는 데가 없다는 말씀이시네요?

어머니: 네, 모르겠어요.

아버지: 모르겠네요.

치료자: 데이비드, 사람들이 아무것도 본 적이 없다면, 너 혹시 아무도 모르게 말썽에 저항할 준비를 했던 거야? 모두를 놀라게 해 주려고?

(데이비드는 어깨를 으쓱한다.)

치료자: 혼자 몰래 준비한 게 있었는지 묻는 거야. 왜냐하면 사람들을 놀라게 하려는 거였으니까, 안 그래?

(그제야 데이비드는 씩 웃으며 고개를 끄덕인다.)

치료자: 데이비드, 방금 고개 끄덕인 거 무슨 의미니?

데이비드: 비밀이었다는 소리예요.

치료자: 그러니 아무도 그걸 눈치 채지 못했지!

아버지: 우리가 왜 그걸 몰랐을까! (어머니가 크게 웃는다.)

치료자: 좋아, 데이비드. 그 비밀에 우리도 좀 끼워 줘. 대체 어떻게 그걸 준비했던 거야? 대체 어떤 계획을 세웠던 거니?

데이비드: 그러니까요, 음, 제가… 사실은 바닷가 가기 전 주 일요일이었어요. 토요일 날 엄청 사고를 치고는 다음 날 늦게 일어났는데요….

어머니: 네, 맞아요. 집 주변에 경찰이 쫙 깔리고 난리도 아니었어요. 최악이었어요!

치료자: 당연히 그랬을 것 같네요. 데이비드, 계속해 보겠니?

데이비드: 일요일이었는데 늦게 일어났어요. 그리고 욕실로 가서 거울을 들여다봤거든요. 근데 전날 일을 생각하니까 제가 형편없어 보이더라고요. 그래서 세면대를 내려다보다가 다시 고개를 들어 거울을 보면서 나 자신에게 이렇게 말했어요. "야! 이놈아! 대체 어쩌려고 이래? 네 인생이 완전 망가지고 있잖아."

(어머니와 아버지는 영문을 모르겠다는 듯 서로를 쳐다본다.)

치료자: 그럼 그게 시작이었네!

데이비드: 네.

치료자: 보통 일이 아닌데! 네가 바닷가에서 말썽에 저항하는 데 그 일이 어떤 준비운동 역할을 했니?

데이비드: 잘 모르겠어요. 그래도 틀림없이 준비운동이 되었을 거예요.

치료자: (부모 쪽을 쳐다보며) 데이비드가 일요일 아침에 한 일과 한 주 뒤에 바닷가에서 말썽에 저항한 일 사이에 어떤 관계가 있었다고 보세요?

내 질문에 어머니와 아버지는 그 두 가지 사건 사이에 어떤 연결고리가 있을지에 대해 여러 가지 가능성을 생각해 보기 시작했다. 이어서 데이비드가 그 가운데 몇 가지 가능성에 대해 긍정적인 확답을 주었다. 바닷가에서 말썽에 저항했던 그의 행동이 일주일이라는 시간을 가로질러 서로 연결된 사건의 일부가 되는 현상은 바로 이와 같이 가능성을 생각해 보는 가운데 그리고 데이비드가 그것에 긍정하는 가운데 일어난 것이다. 바닷가에서의 행동은 더 이상 일회성 사건이 아니며 새롭게 만들어지는 이야기 줄거리로 편입되었다. 이러한 진전이 이루어지면서 바야흐로 때는 무르익어, 데이비드에게 관련 주제에 무어라 이름을 붙이면 좋겠는지 질문할 수 있게 되었다.

치료자: 자, 이제 데이비드한테 어떤 일이 일어났는지 좀 더 분명히 이해하게 되었네요. 데이비드, 바닷가에서 있었던 일을 가리킬 때 넌 저항이란 말을 쓰고 싶어 하지? 그런데 일요일 아침에 있었던 일부터 바닷가에서 말썽에 저항했던 일까지를 한꺼번에 뭐라고 부르면 좋을까? 네가 너의 인생을 위해 뭔가 하고 있었던 걸 가리키

는 좋은 말이 어디엔가 있을 것 같은데.

(데이비드는 어깨를 으쓱한다.)

치료자: 말썽하고 잘 지내 보자는 건 아니었잖아. 말썽이 가자는 대로 가려던 건 아니었어, 그렇지?

데이비드: 네.

치료자: 만약 다른 쪽으로 가려던 거였으면 그쪽을 뭐라고 하면 좋을 것 같지?

데이비드: 음, 음, 컴백을 하는 쪽이요. 저라면 그렇게 부르겠어요.

치료자: 말썽을 제치고 컴백을 한다. 그래서 그런 일을 한 거구나!

데이비드: 네.

치료자: (부모 쪽을 돌아보며) 그런 줄 아셨어요?

아버지: 전혀 몰랐습니다.

어머니: 저도 몰랐어요. 이런 소리를 들을 거라고는 상상도 못했는데.

치료자: 그러니까 갑작스러운 이야기인 거네요. 그럼 다음 질문은 대답하시기가 좀 어려울 것 같군요.

아버지: 괜찮아요, 해 보세요.

치료자: 데이비드가 컴백하기로 결단을 내렸다는 얘기를 들으면서 데이비드가 어떤 아이라는 생각이 드셨나요? 이 얘기가 두 분이 데이비드에 대해 갖고 있던 이미지에 어떤 식으로든 영향을 미쳤나요? 혹은 이 얘기를 들으면서 데이비드가 자기 인생에서 정말로 원하는 것이 뭔지 혹시 짚이는 데가 있으셨어요?

어머니: 우리 애가 그렇다는 건 알고 있었지만 이 얘기를 들으면서 아이가 결단력이 있다는 생각을 했어요. 얘는 웬만해서는 절대 꺾이지 않는 애거든요. 이번 일이 뭔가 다르다면 이번에는 자기 자신을 겨누지 않고 자기 자신을 위해서 사용했다는 거지요. 우리에게 겨누지도 않았고요.

치료자: 아버지 생각은 어떠세요?

아버지: 글쎄요, 잘 모르겠어요. 그래도 거기에 승부를 걸어 볼 겁니다. 데이비드가 뭔가를 하려고 하는 거니까요. 자기 인생에서 뭔가 이루어 보려는 것 같아요. 잘해 나갈 수 있게요, 그래서 친구도 생기고 지금하고는 다른 일도 생길 수 있게요.

치료자: 데이비드, 네 생각은 어떠니? 부모님께서는 네 결심이 너나 부모님을 저 버리는 일이 아닌 너를 위하는 일이라고 하시는데, 부모님이 제대로 보신 거니? 또 아버지 말씀이 데이비드 네가 뭔가 해 보려고 한다고 하셨는데, 그말에 대해서는 어떻게 생각해?

데이비드: 네, 바로 그거예요.

치료자: 그게 너한테는 어떤 의미가 있니? 그러니까 부모님이 너에 대해 제대로 짐작하고 계시다는 걸 보면서 어떤 생각이 드니?

(데이비드는 씩 웃는다.)

치료자: (부모 쪽을 돌아보며) 두 분은 아들에 대해 제대로 짐작하고 있다는 데 대해서 부모로서 어떤 생각이 드시나요?

어머니: 놀랍다는 생각을 했어요. 쉽게 적응이 되지 않을 것 같아요. 그래도 이건 좋은 일이지요, 정말로 좋은 일이에요. 제발 이런 일이 더 일어났으면 좋겠어요.

아버지: 저도 동감이에요.

치료자: 우리가 이제까지 데이비드 생활에 어떤 일이 있었는지를 이야기했는데, 전 데이비드에게 이런 일들이 정말로 새로운 것일까 혹은 추적해 보면 전에도 이런 사건이 있었을까 잠깐 궁금해졌어요.

아버지: 무슨 말씀이신지요?

치료자: 그러니까 데이비드가 어렸을 때 있었던 일 중에 아까 얘기했던 결심이라든가 자기 인생에서 뭔가 해 보고자 하는 바람, 그런 것을 잘 보여 주는 이야기를 해 주실 수 있을지 생각해 봤습니다.

아버지: 선생님 설명을 들으니까 데이비드가 대여섯 살 되었을 때 일이 생각나네요. 여보, 당신도 기억날 거야. 일요일 점심때쯤이었어요. 같이 점심거리를 준비하는데 데이비드가 밖에서 우릴 부르는 소리가 들리더라고요. 고래고래 소리를 지르는 거예요. 이번에는 또 무슨 말썽을 부린 거야 하는 생각이 들었지요. 그래서 밖으로 뛰쳐나갔는데, 나가 보니 무슨 일이 벌어지고 있었는지 아세요? 데이비드가 엄청 큰 두발자전거를 타고 갈지자로 골목을 누비고 있는 거예요. 정말 위험하기 짝이 없어 보였어요. 그러더니 자전거 손잡이에서 손을 떼고는 "안 잡고 탄다!" 하며 소리를 지르는 거예요. 우린 너무 놀라서 몸이 완전히 돌처럼 굳어 버렸지요.

어머니: 놀랍기도 했고요. 두발자전거 탈 줄 아는지는 몰랐거든요.

치료자: 몰래 연습한 걸까요?

어머니: 네, 아까같이 몰래 연습한 거예요. 또 뭔가 단단히 결심한 거고요.

(데이비드는 씩 웃으면서 이런 이야기가 자세히 오가는 것을 즐기고 있다.)

아버지: 지금은 말씀드리지 않겠지만 거기에 다른 이야기도 좀 있어요.

치료자: 그게 뭐지요?

아버지: (최대한 정중하려고 노력하며) 그 자전거가 어디서 난 건지는 말씀드리지 않겠어요. 데이비드 자전거가 아니었거든요. 친구 중에 그런 자전거를 갖고 있는 아이도 없었고요.

(데이비드는 약간 부끄러워하는 듯하다가 아직도 이 이야기가 자세히 나온 데 대해 즐거워하고 있다.)

치료자: 데이비드, 부모님을 깜짝 놀라게 해 드리는 게 네 계획이었니?

데이비드: 그랬던 것 같아요.

치료자: 아까 너의 결심이 너를 위한 것이 되게끔 만든다, 네가 인생에서 무언가 해낼 수 있다, 이런 얘기를 했잖아. 그런데 부모님 생각

에는 이 이야기가 정말 네가 그렇다는 걸 보여 주는 거라고 하시는데 네 생각도 그러니?

(데이비드는 씩 웃으며 고개를 끄덕인다.)

치료자: 좋아. 그러면 이 이야기에 비추어 봤을 때 네가 어떤 아이인지, 또 네가 인생에서 무엇을 원하는지, 이런 것을 좀 물어볼게. 그리고 중간 중간에 선생님이 부모님께 좀 도와달라고 부탁을 하게 될 거야.

이후의 질문은 데이비드가 어떤 아이인가에 대한 결론을 몇 가지 더 이끌어 내기 위한 대화에 불을 붙였다. 그 결론은 데이비드 인생에 꼭 붙어서 그의 인생을 귀찮게 좇아다녔던 모든 말썽거리가 빚어낸 데이비드의 정체성과는 완전히 상반되는 것이었다. 그와 같은 결론을 토대로 하여 우리 대화는 데이비드 인생의 여러 이야기 가운데 그런 결론을 확인시켜 주는 다른 이야기에 관한 질문으로 이어졌다. 데이비드도 이야기하는 작업에서 이따금 솔선수범하기 시작했다. 얼마 지나지 않아 이제까지의 진전이 가까운 미래에는 어떤 상태에 이르게 될지 추측해 보는 대화로 들어가게 되었다. 이를 위해 난 다음과 같은 식으로 데이비드와 그의 부모를 대화에 끌어들였다. "데이비드, 만약에 네가 이 컴백이란 걸 딛고 일어선다면 말이야, 만약에 상담이 끝나고 나서 컴백에서 더 앞으로 나간다면 말이야, 다음 단계에서는 어떤 일을 할 수 있을 것 같니? 만약 네가 괜찮다고 하면 부모님 생각은 어떠신지 우릴 좀 도와달라고 하고 싶은데. 하지만 실제로 그건 결국 너한테 달린 거야."

데이비드는 부모님의 도움을 받아 말썽으로부터의 컴백을 확장할 수 있는 방법에 관한 몇 가지 아이디어를 구상하게 되었다. 다른 아이디어도 있지만 그건 비밀이란 말도 했다. 이어서 말썽으로부터의 컴백을 확장하고자 하는 이런 아이디어가 실행에 옮겨지도록 좋은 환경을 만들어 주려면 부모

[그림 2-16] 다시쓰기 대화(데이비드 이야기)

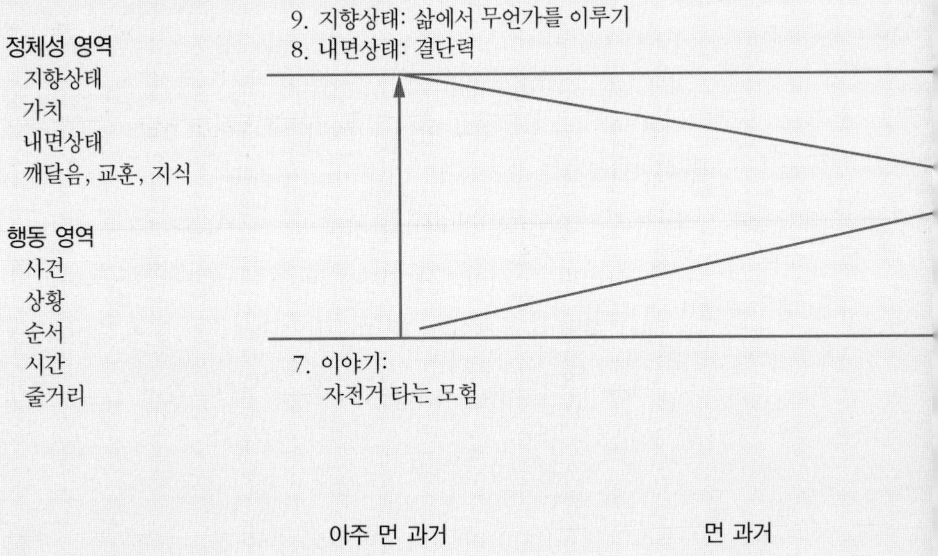

가 어떻게 할 수 있을지에 대한 생각을 물었고, 다시 그들의 답변에 대해 데이비드의 생각을 물었다. 더불어 데이비드가 그 아이디어를 실천에 옮기는 것에 대해 나 자신은 어떠한 기대도 갖고 있지 않다는 점을 분명히 밝혔다.

수차례 상담이 이루어지는 가운데, 데이비드는 그 아이디어를 확장했고 말썽으로부터의 컴백에 성공했다. 이 과정에서 부모는 데이비드를 깜짝 놀라게 하는 방향으로 입장을 전환했다. 부모는 데이비드가 이 같은 컴백을 추구하는 데 우호적인 지지적 여건을 조성하기 위해 누구도 예상치 못했던 긍정적 행보를 감행했다. 6개월 후속 상담과 18개월 후속 상담에서 난 데이비드의 몇 차례 실수를 제외하고는 데이비드와 부모가 잘해 나가고 있다는 사실을 알게 되었다.

[그림 2-16]은 내가 데이비드 가족과 나누었던 다시쓰기 대화를 그림으로 옮겨 본 것이다. 위로 향하는 화살표는 정체성 영역의 질문을, 그리고 아래로 향하는 화살표와 수평으로 움직이는 화살표는 행동 영역의 질문을 나타낸다.

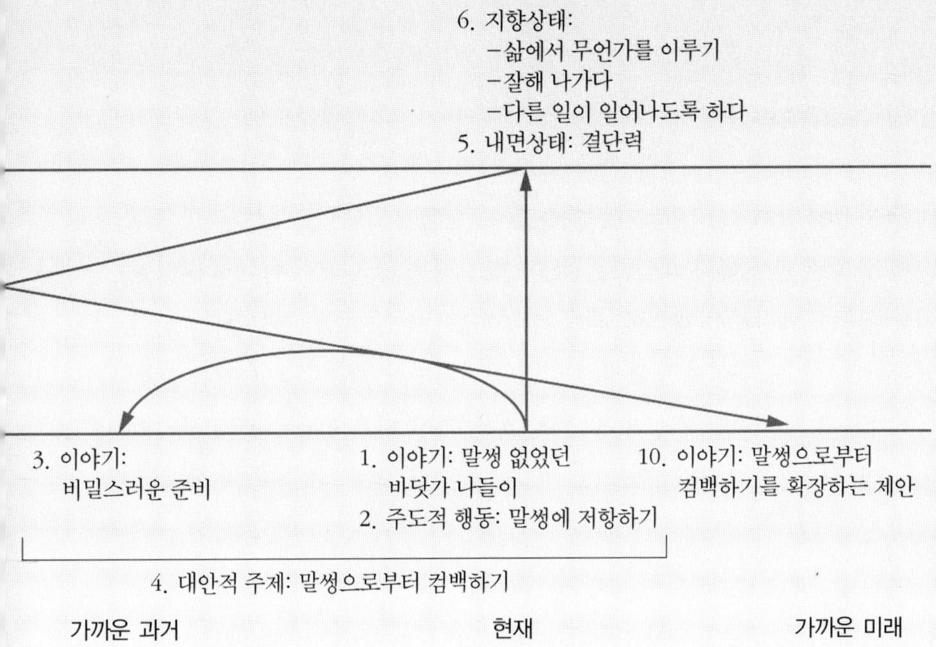

결 론

이 장은 다시쓰기 대화의 지도를 제시했다. 이 지도는 텍스트가 '행위 영역'과 '의식 영역'으로 이루어져 있다고 보는 문학이론의 유추에 토대를 두고 있다. 다시쓰기 지도는 치료자가 내담자 삶에 존재하는 부수적 이야기를 다시 발달시키고자 하는 과정에서 치료적 대화의 모양새를 잡아 주는 길잡이 역할을 한다. 내담자가 자기 문제를 자신이 소중히 하는 삶의 주제에 부합하는 방식으로 해결해 나가고자 하는 과정에 토대가 되는 것이 바로 부수적 이야기를 다시 발달시키는 작업이라 할 수 있다. 내담자가 중시하는 삶의 주제는 다시쓰기 대화의 과정을 통해 좀 더 풍부한 형태로 이야기된다.

다시쓰기 대화의 지도는 지난 수년간 내 치료 활동에서 대들보 역할을 해 왔다. 난 인생사에 관해 호기심이 부족했다거나 인생에 관해 풍부한 대화를 나누는 데 대해 열정이 식었다거나 했던 적이 단 한 번도 없었다. 이야기 만들기를 분석하는 작업은 이러한 호기심에 지속적으로 불을 붙이는 연료 역할을 해 왔고, 그 결과 나는 인간 삶에 대한 관심이나 치료 활동에 대한 열정에 있어 지금 어느 때보다도 높은 상태에 있다.

이 장을 쓰면서 내가 희망했던 바는 '상상력을 발휘하여' 이야기 방식을 치료 활동에 적용하는 방법에 관해 비교적 포괄적인 설명을 제시하는 것이었다. 이 지도를 개발하는 과정에서 내 아이디어의 상당 부분을 제롬 브루너에게서 빌려 왔다는 사실을 상기할 때, 이 장은 다음 인용을 통해 마무리하는 것이 마땅할 듯하다.

> 상상력을 발휘하여 이야기 쓰기를 하면 좋은 이야기, 짜임새 있는 드라마, 믿을 만한… 역사 이야기가 가능해진다. 이러한 작업은 인간의 혹은 인간다운 지향과 행동, 그리고 그 과정을 특징짓는 변화와 결과를 다루게 된다. 또한 이러한 작업은 그 과정에서 발생하는, 시간을 초월하는 기적을 인간 경험의 독자성에 귀속시키며 시간과 공간 속에 위치시킨다. 그래서 조이스(Joyce)는 이야기에 담긴 독자성을 가리켜 평범 속의 진실이라 했다(Bruner, 1986, p. 13).

제3장

회원재구성: 인생 회원을 재구성하는 대화

- 제시카 이야기
- 새로운 안녕
- 회원재구성 대화의 목적과 기대효과
- 토머스 이야기
- 결 론

회원재구성 대화(re-membering conversation)는 인간의 정체성이 내면에 기초하는 것이 아니라 대인관계에 기초하고 있다는 생각에서 비롯된다. 내담자의 대인관계는 내담자 인생의 회원으로 이루어져 있다. 여기서 회원이란 내담자의 과거나 현재나 미래의 삶에서 중요한 위치를 차지하면서 내담자의 정체성 구성에 영향력을 행사할 수 있는 사람이나 존재를 말한다. 내담자는 회원재구성 대화를 통해 자신의 삶에 존재하는 여러 관계를 다른 식으로 수정할 수 있는 기회를 갖게 된다. 즉, 회원에 따라 그 지위를 올리거나 내리기도 하고, 어떤 회원의 의미는 더욱 높이고, 경우에 따라 어떤 회원은 퇴출시킬 수도 있다. 또한 개인의 정체성과 관련된 생각 중의 일부 생각에 대해서는 그 권위를 인정해 주고 다른 생각은 무력화시킬 수도 있다.

회원재구성 대화는 단순히 수동적으로 하는 회상이 아니라 중요한 사람들과의 관계, 자신의 현재 모습과 미래 모습에 대해 의도적으로 다시 생각하는 회상을 말한다. 누구를 내담자의 인생 회원으로 맞아들일 것인지를 결정하는 방법에는 여러 가지가 있다. 회원재구성 대화의 상대가 설사 내담자와 직접적인 관계를 갖고 있지 않더라도 대화는 의미 있게 진행될 수 있다. 그 존재는 어떤 책의 저자일 수도 있고 영화나 만화의 주인공일 수도 있다. 또 내담자가 어린 시절 좋아했던 인형이나 애완동물과 같이 사람이 아닐 수도 있다.

제시카 이야기

40대 여성인 제시카는 아동기와 청소년기에 부모에게 당했던 학대 후유증 때문에 나를 찾아왔다. 그녀는 고립된 삶을 살아왔고, 학대로 인한 고통과 싸우는 일이 삶의 주요한 부분이었다. 어린 시절부터 학대를 경험한 그녀는 자신이 가치 없고 희망이 없는 인간이라는 매우 부정적인 생각을 가지고 살아왔다. 이렇게 지속된 부정적인 생각으로, 제시카는 몇 번이나 삶을 끝내고 싶다는 생각과 함께 거의 죽기 직전까지 가는 경험도 했다. 하지만 그녀는 그것을 극복해 냈다. 나는 위기 상황에서 그녀를 조금이나마 지탱해 준 것이 무엇이었는지 알아내려고 노력했다. 상담 결과, 미래에는 뭔가 조금은 다를지도 모른다는 가느다란 희망이 그녀에게 있다는 사실을 발견했다.

나는 이 희망에 대해 제시카와 이야기를 나누기 시작했다. 나는 여러 가지 어려움에도 불구하고 그녀가 어떻게 이 희망을 유지할 수 있었는지에 초점을 두었다. 또한 그것이 그녀의 삶과 관계가 있다는 증거를 찾으려고 노력했다. 내가 묻는 질문에 그녀는 이 희망을 지켜주고 확인시켜 주었던 이웃집 아주머니에 대해 이야기했다. 제시카는 아홉 살이 되던 해에 이사를 했는데, 이사 가기 전까지 약 2년에 걸쳐 그 아주머니는 제시카가 힘들어할 때마다 그녀를 지지해 주었다. 무엇보다 아주머니는 제시카를 편안하게 해 주었다. 배고플 때 먹을 것을 주었고, 자기가 가장 좋아하는 바느질과 뜨개질도 가르쳐 주었다. 나는 그 아주머니가 어떻게 제시카의 삶에 기여했는지를 자세하게 이야기하도록 했고, 또 그분이 그렇게 기여한 것을 보면 제시카가 어떤 사람이라는 것을 알 수 있는지에 대해 이야기했다. 다시말해, 아주머니가 제시카를 어떻게 보았을지에 대해 이야기를 나누었다.

- 아주머니가 당신을 그렇게 챙겨 준 이유가 뭐라고 생각하세요?
- 아주머니가 왜 당신의 삶에 그러한 영향을 끼친 것 같으세요?
- 아주머니는 당신의 부모가 보지 못한 어떤 것을 당신에게서 보았을까요?
- 부모님에게는 보이지 않았지만 그 아주머니에게는 보였던 것이 뭐였을까요?
- 아주머니가 당신에 대해 소중히 여겼던, 남이 모르는 부분은 어떤 것이었을까요?

이런 질문에 답하면서 제시카는 자기 자신의 가치에 대한 긍정적 이야기를 포함하여 이제까지 자기 자신에 대해 생각했던 것과는 상당히 다른 이야기를 하기 시작했다. 처음에는 이런 긍정적 이야기가 내 질문에 답하는 과정에서 우연히 나오게 되었는데, 제시카 자신도 자기 정체성에 대해 이렇게 말한 것에 대해 놀란 듯했다. 하지만 대화가 진행됨에 따라 자신의 가치에 대한 이야기는 점점 더 확고해져 갔다. 이는 그녀의 정체성을 재구성하는 첫 단계였다고 할 수 있다.

제시카의 삶에 이웃집 아주머니가 어떤 기여를 했는지 이야기를 나눈 다음, 우리는 입장을 바꿔 그 반대의 입장, 즉 그 아주머니의 삶에 제시카가 어떤 기여를 했는지에 대해 이야기하기 시작했다. 큰 상처를 가진 소녀가 이웃집 아주머니의 삶에 기여했을 수 있다는 생각 자체가 제시카에게는 놀라운 전환이었다. 그녀가 자신을 항상 아주머니가 주는 것을 받기만 하는 수동적인 존재로 생각해 왔고, 그 관계에서 자신은 단지 짐 같은 존재라고만 생각해 왔기 때문이다. 제시카가 이러한 일방적 수혜자의 입장을 확고히 갖고 있어서, 나는 질문을 통해 그녀가 아주머니 삶에 기여했다는 것을 인식할 수 있도록 거푸집짓기 대화를 시도했다. 거푸집짓기 대화는 다음과 같은 질문을 통해 이루어졌다.

- 그 아주머니가 바느질이나 뜨개질에 의미를 두었다고 했는데, 그분이 그걸 함께 하자고 초대했을 때 당신은 그에 응했나요 혹은 거절했나요?
- 아주머니가 그렇게 제안했을 때 아주머니의 취미생활에 동참했나요 혹은 거절했나요?
- 그렇게 아주머니의 취미생활에 동참한 것은 재미있는 것을 함께 나누고자 하는 아주머니의 생각을 존중해서인가요?
- 아주머니의 취미생활인 바느질과 뜨개질에 당신이 동참한 것은 아주머니에게 어떤 경험이었을까요?
- 아주머니의 의견을 존중했다는 것이 그분의 삶에는 어떤 영향을 미쳤다고 생각하세요?
- 당신이 그렇게 초대를 받아들인 결과 아주머니의 삶은 어떻게 달라졌을까요?

이러한 질문에 제시카는 아주머니 삶에 자신이 어떤 기여를 했는지에 대해 생각해 보기 시작했다. 이 과정에서 그녀는 기쁨을 느끼는 동시에 매우 격한 감정을 느끼기도 했다. 이야기 중간 중간에 눈물을 흘리기도 하고 말문이 막히기도 했다.

이웃십 아주머니의 삶에 제시카가 어떻게 기여했는지에 관한 이야기는 다음 단계 질문으로 넘어가기 위한 토대가 되었다. 다음 단계는 제시카의 행동이 이웃집 아주머니의 정체성에 어떻게 영향을 미쳤는지에 대한 것이었다. 이 질문들은 제시카가 기여한 점이 아주머니의 자기 이미지와 삶의 목적에 어떠한 영향을 주었는지, 아주머니가 소중하게 생각하는 가치와 목적을 제시카가 어떻게 인정해 주고 강화시켜 주었는지, 그리고 아주머니가 삶을 어떻게 더 풍부하게 바라보게 해 주었는지를 묻는 것이었다.

- 당신의 행동이 아주머니의 인생관에 어떤 영향을 미쳤을 거라고 생각하세요?
- 당신의 행동이 아주머니 삶의 목적에 어떤 영향을 미쳤을까요?
- 그것이 아주머니가 소중하게 생각하는 가치를 더 확신하게 되는 계기가 되었을까요?
- 만일 그랬다면 어떤 가치에 대해 더 확신하게 되었을까요?
- 그것은 아주머니가 삶에서 중요시하는 것에 어떤 영향을 미쳤을까요?
- 아주머니 입장에서 봤을 때, 당신을 알게 되고 당신과 함께함으로써 그분 삶이 어떻게 달라졌을 것 같으세요?

이러한 질문은 제시카에게 큰 감동을 불러일으켰고, 그녀는 이 대화가 이루어지는 내내 눈물을 감추지 못했다. 자신이 아주머니의 삶과 정체성에 기여했을지도 모른다는 생각은 너무나 감격스러운 것이었다. 그동안 아주머니와의 관계는 완전히 일방적인 것이었다고 생각해 왔던 그녀에게 그것이 서로 주고받는 관계였다는 사실을 깨닫게 되는 경험은 실로 엄청난 것이었다. "나는 내가 모든 사람에게 짐이 되는 사람이라고 생각해 왔어요. 일곱 살밖에 되지 않은 여자 아이가 누구에게 무언가를 주었다고 누가 감히 생각이나 했겠어요? 이런 이야기를 하면서 지금 내게 뭔가 이상한 일이 일어나고 있어요. 정확히 뭐라고 말할 수는 없지만, 처음으로 어릴 때의 나를 존중하는 마음이 생긴 것 같아요…."

몇 달 후 우리의 대화를 돌이켜 보며 제시카는 처음 그 대화가 자신의 삶의 전환점이 되었다고 했다. 우리 대화는 그동안 무시해 왔던 자신의 삶에 대해 의미를 부여할 수 있는 계기를 만들어 주었다. 자신이 살아온 삶의 많은 부분이 아주머니가 소중하게 생각했던 것을 실현하는 것이었으며, 아주머니가 그녀의 삶에 기여한 것을 기리기 위한 것이었다는 것을 이해하게 되었다. 최근 어릴 적 학대를 경험한 다른 여성을 도와주었던 것도 이를 뒷받침하는 것이었다. 이 대화를 통해 그녀는 자신의 정체성에 대해 가졌던 부정적인 생각을 긍정적인 생각으로 바꾸었다. 그때부터 제시카는 그동안 자신을 압도해 왔던 삶에 대한 회의로부터 자신을 지키는 능력이 점점 더 강해지고 있음을 느끼기 시작했다.

새로운 안녕

치료적 대화에서 내담자가 극적 전환을 경험하는 것을 종종 목격함에도 적절한 시점의 적절한 질문이 가져오는 결과는 항상 나를 놀라게 한다. 내가 제시카에게 던졌던 질문은 어떻게 형성되었을까? 그러한 질문은 상당 부분 '회원재구성 대화'라는 지도에서 비롯되었다. 이 지도의 개발은 상실과 슬픔을 경험한 사람들과의 만남에서 시작되었는데 그 배경을 여기에 잠시 소개하고자 한다.

1988년 나는 「새로운 안녕[1]: 애도상담에서 상실된 관계를 다루는 작업(Saying Hullo Again: The Incorporation of the Lost Relationship in the Resolution of Grief)」이라는 논문을 발표했다. 거기서 나는 당시 소위 '슬픔에 대한 지연된 반응' 또는 '병리적 애도'를 경험하는 사람들과의 면담을 통해 형성된 내 생각을 설명했다. 그들은 대부분 슬픔과 관련된 통상적 심리치료를 이미 오랫동안 받아 온 사람들이었다. 치료는 대부분 '작별인사'의 은유를 기반으로 사랑하는 사람이 떠난 것을 받아들이고 그 사람과 분리된 새로운 삶을 시작하는 것을 독려하는 내용이다.

상실을 경험하는 사람들과의 첫 만남에서 나는 그들이 이미 너무 많은

---

1) 역주: 원본에 'saying hullo again'이라고 표현된 이 말은 헤어질 때 하는 인사(goodbye)와 대비되는 개념으로 사용되는데, 여기서는 다시 인사를 한다는 뜻으로 새로운 안녕으로 번역한다.

것을 잃었다는 걸 느낄 수 있었다. 그들이 사랑하는 이를 잃었을 뿐 아니라 자신의 정체성마저 잃었다는 것을 알 수 있었다. 의도적으로 끌어내지 않아도 그들이 느끼는 공허감, 황폐함, 절망감과 인생의 무가치함은 대화 속에 고스란히 묻어 나왔다.

이러한 상황에서 상실에 대한 접근, 즉 작별인사라는 은유에 기반하여 애도과정을 단계적으로 밟아 나가는 접근은 상황을 더 복잡하게 만들고 이미 가지고 있는 공허감, 황폐함, 절망감 등을 악화시킬 것이 뻔했다. 오히려 상실한 관계를 잊도록 하는 것보다 끌어들이는 것이 훨씬 더 적절한 목표인 듯했다. 「새로운 안녕」의 은유를 통한 나의 치료적 탐색은 여기서 비롯된 것이다.

새로운 안녕의 은유를 토대로 떠나보낸 사랑하는 사람과의 관계를 재정립하는 데 도움이 되는 질문을 만들어 내담자와의 대화를 시도했다. 이 질문들이 공허함과 황폐함, 절망감과 인생의 무가치함과 같은 생각에 미치는 효과는 놀라웠고, 그래서 이 은유를 좀 더 탐색하기로 마음먹었다. 그 과정을 정확히 이해하게 되면 내담자가 사랑하는 사람의 죽음을 겪은 뒤 다시 제자리로 돌아올 때 내담자 자신이 그토록 갈구하는 위안을 얻는 방향으로 내담자를 도와줄 수 있을 것 같았다.

「새로운 안녕」이라는 논문을 통해 나는 슬픔을 다루는 과정에서 잃어버린 관계를 다시 끌어들이는 데 도움이 되는 질문의 종류를 설명했다. 제시카와의 상담에서 이웃집 아주머니의 눈을 통해 자신의 정체성을 발견할 수 있도록 했던 질문들이 해당된다. 예를 들어, 아주머니가 제시카의 인생에 기여한 것은 제시카의 어떤 점을 소중하고 가치 있게 생각해서 그렇게 한 것인가에 대한 질문이 있다.

또한 그 논문에서 나는 다음과 같은 생각을 자극하는 질문을 제시했다.

• 내담자 자신의 정체성에 대해 새롭게 알게 된 것이 일상생활에 어떤

직간접적인 영향을 미치는지 탐색한다.

- 내담자 주변의 관계에서 그러한 이해를 강화시켜 주거나 퍼뜨려 줄 수 있는 방법을 생각해 본다. 특히 내담자 자신의 정체성에 대해 새롭게 인식하게 된 것을 입증하기 위해 청중을 동원할 가능성에 대해서도 탐색한다.
- 그러한 것이 삶을 계속 살아가는 데 어떤 기반이 될 수 있는지에 대해 생각해 본다.

덧붙여 그 논문은 떠나보낸 사람의 삶에 내담자가 어떠한 영향을 미쳤는지, 그리고 그 영향이 떠나간 사람의 정체성에 어떤 영향을 미쳤는지에 대해 설명한다. 이 논문을 쓴 후에 나는 치료적 질문을 더욱 발전시켰다. 이는 제시카에게 했던 질문에서 잘 나타난다. 예를 들면, 아주머니와의 관계가 아주머니의 정체성에 어떻게 영향을 주고 아주머니가 가졌던 삶의 목적에 어떤 영향을 미쳤을지, 제시카와의 관계가 아주머니가 소중하게 생각하는 삶의 가치를 어떻게 강화시키고 확인시켜 주었을지, 그리고 아주머니가 삶을 더 풍요롭게 바라보는 데 어떻게 기여했을지에 대해 생각해 보는 질문이 있다.

회원재구성 대화의 목적과 기대효과

'새로운 안녕'의 은유를 더욱 심도 있게 탐색하는 과정에서, 그리고 문화인류학자 바버라 마이어호프(Barbara Myerhoff, 1982, 1986)의 저작을 읽으면서, 나는 슬픔 다루기에 초점을 둔 치료적 대화를 '회원재구성 대화'라고 부르기 시작했다. 이 책의 다른 장(4장)에서 나는 로스앤젤레스 베니스 지역에 거주하는 유태계 노인을 대상으로 마이어호프가 수행했던 연구를 간단히 설명했는데, 이 연구에서 마이어호프는 회원재구성이라는 은유를 언급하고 있다. 마이어호프(1982)가 말하는 회원재구성이 공동체 구성원의 정체성에 어떤 중요한 영향을 미쳤는지 여기서 잠깐 살펴보도록 하자.

> 이런 특별한 유형의 회상을 지칭하기 위해 회원재구성(re-membering)이라는 용어를 사용할 수 있다. 이 용어는 회원, 즉 개인의 인생에 함께 참여한 사람들, 개인의 과거 모습 또는 개인의 삶의 이야기에서 중요한 부분을 차지하는 사람들을 다시 결집시킨다는 의미를 담고 있어 주목을 끈다. 그런 의미에서 회원재구성은 의도적이면서 의미 있는 통합을 말하며, 일상적인 행동에 수반되는 수동적 감정이나 부분적 형상의 기억과는 엄밀히 구분된다(p. 111).

회원재구성에 대한 이러한 정의는 개인의 인생과 정체성이 일종의 연합 혹은 클럽과 같다는 인상을 준다. 이 클럽의 회원은 개인의 정체성을 구성하는 데 영향을 미친 사람들과 현재 자기 모습을 이루고 있는 여러 가지 정체성으로 구성되어 있다. 회원재구성 대화를 통해 개인은 인생클럽에서 자신의 역할과 위치를 수정함으로써 정체성을 재구성할 수 있는 기회를 갖는다. 마이어호프(1982)는 회원재구성에 영향을 미치는 사회적 과정에 대해 다음과 같이 설명한다.

> 개인적 혹은 집합적 삶은 회원이 적절히 재구성되었을 때 비로소 해석이 가능하다. 총체적 설명이나 '풍부한 설명(thick description)'은 바로 이런 상태에서 나올 수 있는 해석이다. 이런 설명이나 해석에는 집단 모두가 인정하고 소중히 여기는 신념이나 상징을 구체적인 역사적 사건과 연결짓는 작업이 포함된다. 세세한 내용은 궁극적 관심사의 실례일 뿐 대주제

와 동일한 것으로 간주되어 그 속에 포함된다(p. 111).

마이어호프에 따르면 회원재구성은 다차원적 성격의 개인 정체성 발달에 기여하며, 개인이 존재감을 형성하고 삶을 정돈하는 과정을 통해 일관성을 가지고자 하는 노력에 기여한다. 개인의 삶은 회원재구성을 통해 과거로 연장되는 동시에 미래로 나아가는 형상을 가지게 된다(p. 111).

회원재구성 개념은 '새로운 안녕'의 대화를 달리 바라보도록 하는 계기가 되었고, 이러한 계기를 통해 나는 회원재구성 대화가 내가 만난 내담자들의 긍정적 경험에 어떻게 작용하고 기여하는지 깨닫게 되었다. 나아가 나는 회원재구성 개념을 더욱 폭넓게 적용하여 상실을 다루는 상담뿐 아니라 상담 전반에 걸쳐 활용하기 시작했다.

회원재구성 대화는 그동안 내담자를 고립시켜 온 것에 도전하는 기회를 주기에 더욱 의미가 있다. 다시 말해, 서구문화에서 강조하는 껍질에 싸인 자기(encapsulated self), 자기 소유의 강조, 자기 억제, 자기 신뢰, 자기실현, 자발적 동기부여와 같은 정체성 개념에 도전할 수 있는 기회를 제공한다. 이러한 현대 서구사회의 사회문화적 힘은 고립되고 단일한 목소리만을 갖는 정체성을 권장하는데, 실제로 이러한 맥락에서 상담을 필요로 하는 문제가 발생한다. 회원재구성 대화는 그 힘에 대항하는 역할을 하며, 자신의 정체성을 이해하고 만들어 가는 대안적 방법을 제공한다.

이야기치료에서 회원재구성 대화는 다음과 같은 특징을 갖는다.

- '삶'은 '회원이 있는' 단체로, 그리고 '정체성'은 여러 회원 간의 '연결'로 이해할 수 있게 해 준다. 이는 한 사람의 정체성을 껍질에 싸인 존재로 이해하는 것과는 대조적이다. 회원재구성 대화는 정체성 발달과 자기 이해에 있어 타인이 미치는 영향의 중요성을 강조한다.
- 인간의 정체성이 다양한 목소리를 가질 수 있게 해 준다. 이는 정체성

이 껍질 속의 존재로 이해될 때 단 하나의 목소리만을 갖게 되는 결과와는 대조적이다. 정체성을 다양한 것으로 설명하고 표현하게 되면, 사람들은 자신의 인생과 타인의 인생이 공통적인 주제를 중심으로 서로 연결되어 있음을 깨닫게 된다. 이런 식의 정체성은 자신에 대한 생각과 자신이 하는 행동에 대해 긍정적이지만 교만하지 않은 결론을 내리게 해 준다.

- 내담자 삶의 일부를 이루고 있는 회원들의 회원권(membership)을 수정할 수 있는 가능성을 열어 준다. 이는 대부분 특정한 회원권을 더욱 승격시키고 존중하는 과정을 통해 이루어진다. 이 과정에서 정체성과 관련된 특정 목소리에 더 많은 힘을 실어 주어 다른 목소리는 약화시킬 수 있다. 또한 어떤 회원권은 취소해 버릴 수도 있다.
- 삶의 소중한 관계를 통해 만들어진 삶의 기술과 지식뿐 아니라 자신이 선호하는 정체성을 풍부하게 설명할 수 있게 해 준다.
- 내담자가 갖고 있는 회원권을 검토해 보는 이 과정에서 정체성과 지식과 기술에 대해 자세하고 구체적으로 탐색한다. 이는 내담자가 자신의 삶을 더욱 잘 이해할 수 있도록 하며, 나아가 앞으로 삶을 어떻게 살아가야 하는지에 대해 구체적 계획을 세울 수 있도록 하는 기틀이 된다.
- 중요한 사람과의 관계에서 양방향적 이해를 가능하게 해 준다. 양방향적 이해는 개인의 정체성을 수동적으로 받아들이는 입장에서 벗어나게 도와주며, 서로에게 기여한다는 것을 강조함으로써 스스로를 능동적 참여자로 인식하게 해 준다.
- 과거에 대해 수동적으로 회상하는 것이 아니라 그동안 맺었던 소중한 사람들과의 관계를 다시 생각하면서 그것을 현재의 내담자 정체성과 의도적으로 연결시키고자 한다. 여기서 소중한 사람의 범주에는 개인적 친분이 있는 사람이 아니라도 포함될 수 있다.

- 일반적으로 회원재구성 대화는 두 단계로 진행된다. 첫 번째 단계는 다음에 초점을 둔다.
  - 우선 소중한 사람이 내담자 삶에 어떻게 기여했는지를 생각해 본다.
  - 다음으로 그 소중한 사람의 눈으로 본 내담자의 정체성은 어떠한가를 생각해 본다. 그리고 그 사람과의 관계가 나는 누구이고 인생이란 무엇인가에 관한 내담자 생각을 형성하는 데 어떤 영향을 주었는지 혹은 어떤 영향을 줄 수 있는지 풍부하게 설명한다.

  두 번째 단계의 초점은 다음과 같다.
  - 내담자가 그 소중한 사람에게 어떠한 영향을 미쳤는지를 생각해 본다.
  - 내담자와의 관계가 그 사람으로 하여금 자신이 누구이고 인생이란 무엇인가에 관한 생각을 만들어 가는 데 어떤 영향을 주었는지 혹은 어떤 영향을 줄 수 있는지 풍부하게 설명한다.

[그림 3-1]은 위와 같은 단계에 따라 제시카와 나누었던 회원재구성 대화를 지도 위에 그려 본 것이다.

이제 회원재구성 대화를 보여 주는 또 하나의 이야기를 소개하겠다. 이를 통해 회원재구성 대화를 적용하기에 적합한 상황을 만들어 가는 작업에 대해 설명하고자 한다. 제시카의 경우 첫 번째 회기에서는 회원재구성 대화를 하기에 적절한 기회가 주어지지 않았다. 하지만 상황이 항상 명확한 시점을 알려 주는 것은 아니기 때문에, 이런 경우 회원재구성 대화를 시도하기에 앞서 충분한 준비가 되도록 주의를 기울여야 한다.

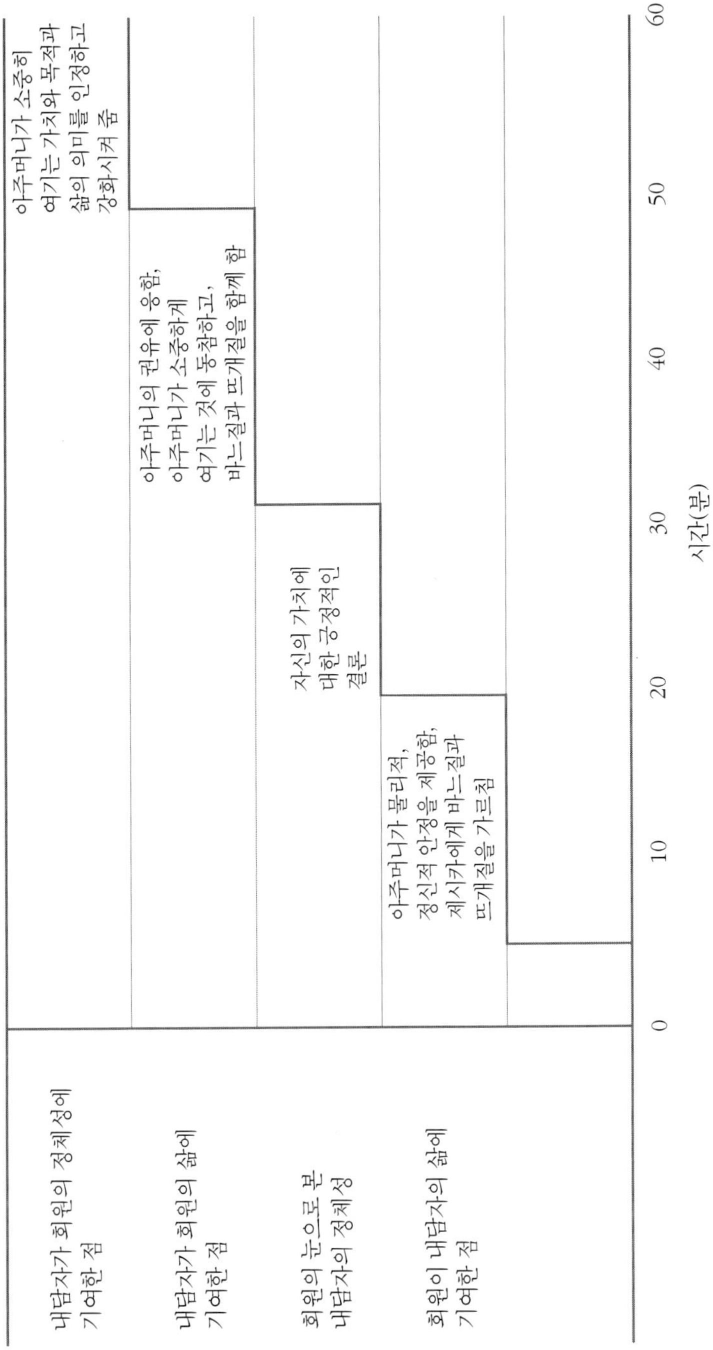

[그림 3-1] 회원재구성 대화(제시카 이야기)

토머스 이야기

토머스는 치료자 셰릴과 5개월째 상담 중이다. 처음에 그는 주거 서비스를 받기 위한 전제조건으로 셰릴을 만나는 것에 동의했다. 이는 노숙하던 토머스에게 상담을 받는 조건으로 기거할 곳을 제공하는 주거 서비스의 일부였다. 토머스는 상담에는 관심이 없었지만 상담자에게 벽에 대고 이야기하는 듯한 인상을 주는 데는 자신이 있었고 타인, 특히 상담자로 하여금 자신에 대한 관심을 잃게 할 수 있다는 생각으로 상담에 응했다. 그렇게 하면 상담은 빨리 종결될 것이고 계약조건은 잘 이행되는 것처럼 보일 것이라고 생각했다.

토머스는 첫 번째 상담에 35분이나 늦게 나타났으며, 이에 전혀 동요하지 않는 셰릴을 보고 놀랐다. 그는 '솔직히 말해 상담은 시간낭비'라고 했다. 그리고 스스로를 '가망 없는 인간'으로 소개하면서, 자신은 '정서적 황무지' 속에서 살고 있고 미래가 암담하며 그다지 오래 살 것 같지 않으니 상담자가 어떻게 하든 별 반응이 없을 거라고 말했다. 과거 상담과 그다지 다르지 않은 모습으로 상담을 시작했음에도, 토머스는 반시간 정도 지난 뒤부터 자신의 계획이 근본적으로 틀어지고 있음을 깨달았다. 셰릴의 관심을 좌절시키려는 그의 전략은 처음부터 전혀 먹히지 않았으며, 그녀가 희미하게나마 자신을 점점 파악해 가고 있음을 느꼈다. 짧은 첫 만남이 끝나갈 무렵, 토머스는 어쩔 줄 몰라하는 자신을 발견했다. 중심을 잃은 듯한 느낌이었으며 어떻게 원래 계획대로 밀고 나가야 할지 암담했다. 상담실을 떠나면서 토머스는 어디로 가야 할지 잊어버린 채 한동안 멍하니 서 있었다.

하지만 곧 이 경험을 머릿속에서 지워 버리고 자신의 삶으로 돌아갔다. 그런데 일주일 후 갑자기 그는 다시 당황하는 자신을 발견했다. 셰릴과 두 번째 상담이 있던 날, 그는 몸이 아파 못 간다는 핑계를 대려 했던 것도 잊은 채 약속시간보다 먼저 상담실에 도착했다. 그는 이제 당혹감을 느끼기 시작했다. 어떻게 자신이 여기까지 오게 되었는지 이해할 수 없었고, 자신의 정신상태가 걱정되기 시작했다. 그런데 상황은 점점 더 악화되기 시작했다. 셰릴과 좀 더 오래 이야기하고 싶어진 것이었다. 두 번째 상담이 끝나갈 무렵, 토머스는 '너무 혼란스럽고' '땅이 흔들리는' 느낌이 들고, '어지럽고' 이 경험을 어떻게 이해해야 할지 알 수가 없었다.

이번에는 이 경험을 머릿속에서 지워 버리기가 전처럼 수월하지 않았고, 자신이 셰릴과의 다음 상담을 기대하고 있다는 걸 깨달았다. 그는 계속해서 셰릴에게 상담하러 왔다. 그런데 갑자기 셰릴이 집안일 때문에 다른 지역으로 이주해야 하는 상황이 발생했다. 이 소식을 들은 토머스는 망연자실했다. 그는 이런 자신을 이해할 수가 없었고 이러다 혹시 미치는 것은 아닌지 의심스러웠다. 이제 그는 셰릴이 자신의 심정을 헤아려 주길 기대하면서 상담과 관련된 자신의 이러한 이상한 경험에 대해 셰릴에게 털어놓기로 작정했다. 그리고 두 사람은 이에 관해 이야기를 나누었다. 나에게 토머스를 의뢰하기로 계획했던 셰릴은 우선 셋이 함께 만나자고 제안했고, 토머스는 이에 동의했다.

토머스와 셰릴을 만나 내가 들었던 이야기는 여기까지다. 셰릴과의 상담에서 자신에게 무슨 일이 일어난 것인지 궁금해하는 토머스를 이해시키고자, 나는 이 두 사람을 대상으로 그간의 상담에 관한 질문을 던졌다. 토머스는 이렇게 탐색을 시작한 지 20분쯤 지났을 때 갑자기 무언가 중요한 것을 깨달은 듯 이렇게 외쳤다. "인정! 바로 그거였어요! 난생 처음으로 그게 뭔지 알 것 같아요. 바로 인정이에요. 셰릴 선생님이 나를 인정해 준 게 나를 혼란스럽게 만들었던 거예요! 이런 경험은 처음이라 어떻게 받아들여야 할지 모르겠어요. 정말 어떻게 받아들여야 할지 모르겠어요."

나는 인정받는 것에 왜 그리 끌렸다고 생각하는지 물었다. 이에 토머스는 "당연한 것 아닌가요. 인간이라면 모두 느끼는 거지요. 인간이라면 누구나 다 인정받고 싶어 하는 거 잘 아시잖아요?"라고 대답했다. 나는 잘 모르겠다고 하면서 좀 더 이해시켜 달라고 부탁했다. 토머스는 셰릴과의 상담에서 느꼈던 것은 자연스러운 것이라고 설명하면서 나를 이해시키려고 노력했다. 그런 다음 나는 셰릴을 상대로 토머스의 삶의 이야기에 대한 셰릴의 반응을 질문했고, 곧 그녀가 내담자를 인정하는 데 특별한 기술을 갖고 있다는 사실을 알게 되었다.

토머스는 셰릴의 인정에 대한 자신의 반응을 인간이라면 자연스럽고 당연한 것, 즉 본성에서 나오는 것이라고 설명했다. 현대사회에서 사람들이 인간 행동을 이런 식으로 '본성'에 귀인하는 것은 드문 일이 아니며(2장 참조), 나아가 개인이 자신의 발달 성과를 이해하는 일도 이렇듯 '자연스러운' 방식으로 이루어져야 한다고 기대한다. 물론 이런 자연주의적 이해[2]는 매우 아름다운 것이며 치료 장면에서 존중될 수 있는 것이다. 그럼에도 그것은 사회적 혹은 관계적 측면을 간과한 채 인간의 발달을 바라보게 하는 경향이 있다. 그렇기에 자연주의적 이해는 매우 피상적이며 우리 대화를 막다른 곳으로 몰고 간다.

회원재구성 대화가 가능하기 위해서는 이런 막다른 길을 피하고 삶의 주요한 발달과 관련된 사회적, 관계적 역사로의 길을 열어 놓는 것이 중요하다. 예를 들어, 내담자는 종종 과거의 충격을 극복할 수 있는 근거를 희망이라고 설명하고 그에 '자연스러운' 지위를 부여한다. 다시 말해, 상처가 되는 엄청난 일을 경험할 때 희망을 갖는 것은 인간 본성이라고 생각하는 것이다. 이는 매우 아름다운 생각이지만 이야기를 풍부하게 만드는 과정에는 기여하지 못한다. 치료의 맥락에서는 이러한 이해방식을 충분히 지지하면서 동시에 다음과 같은 질문을 던지며 자연주의적 사고방식을 피해 갈 수 있다.

2) 역주: 현상을 자연스러운 것으로, 사실로 인식하는 사고방식을 말한다.

- 그런 어려움 속에서도 어떻게 희망을 놓지 않을 수 있었지요?
- 힘들었던 시간 속에서도 어떻게 희망과의 관계를 지속시킬 수 있었나요?
- 당신을 아는 사람 중에 당신이 희망을 잃지 않았다는 이야기를 듣고 "역시 그럴 줄 알았어."라고 말할 사람이 누가 있지요?
- 당신 생각에 "그럴 줄 알았어."라고 이야기할 사람들은 당신의 어떤 면을 보고 그런 말을 할까요?
- 과거 기억 가운데 이런 희망을 입증해 줄 경험으로는 어떤 것이 있을까요?
- 어떤 경험을 통해 이런 희망을 가지고 살아야겠다는 생각을 하게 되었나요?

이런 질문은 삶의 과정에 대한 자연스러운 혹은 당연한 이해를 넘어서서 풍부한 이야기 전개를 위한 발판을 제공한다. 또한 그것은 회원재구성 대화를 시작하기 위한 기초가 되기도 한다. 셰릴의 인정에 대한 자신의 반응을 자연스러운 것으로 받아들였을 때, 나는 토머스에게 다음과 같은 질문을 했다.

- 어떻게 보면 당신은 누군가 당신을 인정했을 때 그걸 알아차렸어요.
- 당신은 누군가 당신을 인정해 줄 때 그걸 어떻게 알게 되나요? 혹시 이전에 누군가 당신을 인정해 주었는데 당신이 그걸 어떤 식으로든 알아차린 적이 있다면 그 이야기를 해 주시겠어요?
- 셰릴 선생님에게 인정받은 것이 왜 그렇게 친숙하게 느껴졌을까요? 그게 인정받는 것이라는 걸 어떻게 알 수 있었지요?
- 인정받았다는 사실이 그냥 스쳐 지나가지 않았고, 당신은 그에 반응을 했어요. 셰릴 선생님의 인정이 당신의 마음을 두드렸고 당신은 그걸

받아들였지요. 전 당신이 그게 '인정받는 것'이란 걸 어떻게 알게 되었는지 무척 궁금해요.

- 당신이 누군가에게 인정받았을 때 어찌해야 하는지를 어떻게 알게 되었지요? 당신의 경험 가운데 그와 관련해서 제게 해 줄 수 있는 이야기가 있나요?
- 인정을 받아들이고 인정이 당신 가슴을 두드리게 놔두는 걸 보니 뭔가 당신에게 받아들이는 능력이 있는 것 같은데, 과거 경험 가운데 당신이 그런 능력을 갖고 있다는 걸 잘 보여 줄 수 있는 이야기가 있다면 한두 가지 해 주시겠어요?

이와 같은 질문과 생각에 대해 토머스는 처음으로 어머니 이야기를 꺼냈다.

토머스: 우리 엄마에 대해 알고 싶으시죠? 다른 선생님들은 궁금해하더라고요. 엄마는 제가 일곱 살 때 자살하셨어요. 자세한 기억은 없어요. 기억나는 건 제가 집에 있을 때였다는 것뿐이에요. 엄마를 찾으러 집 안을 돌아다니던 기억이 나요. 엄마를 목욕탕 욕조 속에서 발견했어요. 그런데 움직이질 않더라고요. 그다음에는 가물가물해요. 그리고 기억나는 건 제가 어디론가 뛰어가는데 계속 넘어지는 거예요. 그게 엄마를 본 마지막이었어요. 그리고 누구도 엄마에 대해 저한테 이야기해 주지 않았지요. 별다른 설명도 없이 그냥 자살했다는 이야기만 해 줬는데 이해할 수가 없었어요. 손목을 그었다는 건 나중에 가서야 알게 되었어요. 엄마가 삼촌에게 저를 좀 데리고 나가 달라고 부탁했는데, 삼촌이 그날 술을 너무 많이 마시고 마당에 뻗어 있었던 바람에 제가 집에 있게 되었다는 것도 한참 후에나 알게 되었어요. 그 일이 있고 나서

전 이모랑 이모부랑 살았어요. 이모는 엄마의 사촌이었는데, 거기서 사는 건 정말 끔찍했어요. 더 이상 못버티겠다는 생각이 들어서 열네 살 때 그 집에서 도망쳤지요. 그 후로 위탁가정에서 몇 번 살았는데 그것도 잘 안 됐어요. 어쨌거나 이런 이야기는 별로 하고 싶지 않지만 상담하는 선생들은 항상 궁금해하는 것 같아서 이야기하는 거예요.

치료자: 이런 이야기가 별로 하고 싶지 않으세요?

토머스: 이런 이야기 하는 거 지겨워요. 이런 게 다 지겨워요.

치료자: 그렇군요, 그런데 뭐가 지겨우시죠?

토머스: 이런 게 결국 지금 저를 만들었다는 거요. 아시잖아요?

치료자: 글쎄요, 정확하게 모르겠는데.

토머스: 알잖아요. 제가 가진 모든 문제와 약물 문제도 다 제 분노 때문이라는 거요. 분노가 저 자신을 파괴한다는 거 아시잖아요.

치료자: 분노요?

토머스: 우리 엄마가 한 행동 때문에 화나는 거요. 저를 이렇게 버린 것에 대한, 엄마에 대한 분노 말입니다. 제 삶을 이렇게 만들어 놓은 것에 대한 분노요. 아무튼 이런 이야기는 여러 번 했고 이제 잊고 싶어요. 과거는 과거로 남겨 두고 싶어요.

치료자: 당신 인생에 대한 이런 생각이 당신 어머니를 기리는 것인가요, 아니면 욕되게 하는 것인가요?

토머스: 네?

치료자: 이런 생각이 어머니의 삶이나 어머니와 당신의 관계를 아름답게 하나요 혹은 그 반대인가요?

토머스: 네? 그런 생각은 해 본 적이… 휴우.

치료자: 천천히 하셔도 되요.

토머스: 글쎄요, 그런 생각은 해 본 적이 없는데요. 하지만 어쨌거나 우리

를 꽤 안 좋은 쪽으로 생각하게 하네요.

치료자: 그러면 그런 생각이 어머니를 기리는 생각인가요, 아니면 욕되게 하는 생각인가요?

토머스: 글쎄, 굳이 그런 쪽으로 표현하자면 욕되게 한다고 해야겠네요.

치료자: 저는 당신의 어머니를 불명예스럽게 만들거나 당신과 어머니의 관계를 욕되게 하는 대화는 하고 싶지 않아요. 그리고 어떤 이유에서든 당신이 어머니에 대해 느끼는 분노를 부추기고 싶지도 않아요.

토머스: 네.

치료자: 하지만 어머니에 대해 그리고 어린 시절에 대해 좀 더 물어보고 싶은데 괜찮겠어요? 왜냐하면 당신에게 인정받는 것에 대한 경험을 물었을 때 어머니 이야기를 하셨고, 제 생각에는 어머니와의 관계에 대해 다른 이야기들이 더 있을 거라는 생각이 들었어요.

토머스: (약간 놀라는 듯) 네.

치료자: 어머니가 돌아가시기 전 어머니와의 관계에 대해 어떤 기억이 있는지 궁금하네요.

토머스: 돌아가시기 전 기억이라고요? 선생님 질문에 답하고 싶지만 정말 잘 기억이 나질 않아요.

치료자: 그러시군요. 그럼 모호한 기억이라도?

토머스: 아니요, 죄송하지만 모호한 기억도 없어요.

우리는 좀 더 이야기를 나누었지만 인정받는 것에 대해 질문했을 때 토머스가 왜 어머니를 떠올렸는지 설명할 수 있는, 그와 어머니의 관계에 대한 어릴 적 기억을 더 되살리지는 못했다. 하지만 난 어떻게 하면 그런 과거 기억을 되살리는 데 도움이 될 만한 분위기를 만들 수 있을지에 대해 막연하나마 감을 잡기 시작했다.

토머스를 만나기 약 8개월 전 즈음, 나는 세 아이의 어머니인 줄리엣과 상담을 한 일이 있다. 줄리엣은 자살기도로 목숨을 잃을 뻔했고 입원치료를 받고 나서 내게 의뢰되었다. 한부모인 줄리엣은 토머스의 어머니가 겪었을 어려움과 비슷한 여러 가지 어려움을 경험했다. 그런 어려움으로 인해 자신의 행동이 변하기 시작하자, 줄리엣은 자신이 아이들의 앞길을 가로막고 있다는 결론을 내리고는 자신이 존재하지 않는 편이 더 낫다고 생각하게 되었다. 그녀는 매우 괴로웠다. 아이들은 자신보다 더 나은 어린 시절을 보내야 한다는 생각이 매우 강했고, 만일 자기가 없다면 자신의 언니가 아이들을 돌보게 될 것이므로 아이들에게는 그 편이 더 나을 것이라고 생각했다.

첫 번째 면접에서 나는 줄리엣의 자살기도가 아이들에 대한 사랑에서 비롯된 것이라는 것을 명확하게 알 수 있었다. 즉, 그녀에게 자살은 사랑을 표현하는 방법이었던 것이다. 엄마의 절실한 행동이 어디에서 비롯되었는지 알게 된 아이들은 엄마를 완전히 다른 방식으로 이해하게 되었고, 나는 줄리엣을 비롯해 세 자녀와 오래도록 가슴에 남을 상담을 했던 것으로 기억한다. 상담을 끝내면서 줄리엣은 이후 누군가에게 도움이 될 수 있도록 외부증인 명단에 자신의 이름을 올리겠다고 자원했다.

토머스와의 첫 번째 만남이 끝나갈 무렵, 우리는 앞으로 어떤 방향으로 진행해 나갈지에 대한 이야기를 나누었다. 나는 줄리엣이라는 사람을 알고 있으며 그녀도 토머스의 어머니처럼 스스로 목숨을 끊으려 했다고 설명했다. 만일 토머스가 도움을 받길 원한다면 줄리엣이 상담에 한두 번 정도 참여할 수 있을 것이라고도 말했다.

치료자: 물론 줄리엣이 어머니를 대신하는 입장으로 오는 건 아니에요. 누구도 당신의 어머니를 대신할 수는 없다고 생각해요. 저는 오늘 우리가 나누었던 이야기에 대해 당신과 이야기할 거고, 줄리

엣은 청중의 입장으로 참여하게 될 거예요. 그런 다음 전 당신에게 잠깐 앉아서 이야기를 들으라고 하고, 줄리엣에게 당신 이야기를 들으면서 어떤 생각을 했는지 물어볼 거예요. 저는 그녀가 당신의 이야기에서 제가 듣지 못한 것을 들을 거라고 생각해요. 어쩌면 당신도 듣지 못한 것을 들을 수도 있겠지요. 그러고 나서 저는 다시 당신에게 줄리엣의 이야기를 들으면서 무슨 생각을 했는지 물어볼 거예요. 줄리엣을 꼭 만나야 하는 건 아니지만, 한번 만나보는 것에 대해 어떻게 생각하세요?

토머스: 글쎄, 잘 모르겠어요. 생각해 본 적이 없어서요. 하지만 뭐 어때요. 더 이상 손해 볼 것도 없는데. 한번 해 보죠.

그날 오후 나는 줄리엣에게 전화를 걸어, 아침에 젊은 청년을 상담했는데 너무 어려운 삶을 살아왔고 어린 나이에 비극적으로 어머니를 잃었다는 이야기를 했다. 그리고 줄리엣에게 우리 상담에 참석해 줄 수 있냐고 물었고, 그녀는 주저없이 오겠다고 했다. 그리고 3일 후에 줄리엣이 전화를 했다. 우리의 전화 내용은 대략 다음과 같았다.

줄리엣: 토머스와의 상담에 참여한다는 이야기를 아이들에게 했거든요. 그랬더니 애들도 함께 오고 싶다고 하네요. 심지어 크레이그는 자기가 꼭 참여하는 게 좋을 것 같다고 하고요. 혹시 아이들이 함께 가도 될까요?

치료자: 전 괜찮은데, 아무래도 좀 무거운 주제가 될 텐데 아이들이 괜찮을지….

줄리엣: 우리 애들은 제 일을 겪어 봐서 이런 것에 대해 잘 알아요. 우리는 다른 사람이 어려워하는 주제를 이야기하는 데 익숙하고, 또 그렇게 하는 것이 우리에게는 아주 중요한 일이 되었어요. 게다

가 선생님이 해 주신 이야기를 전했더니 토머스에 대해 애틋한 마음이 생겨서 모두 돕고 싶다고 하네요.

치료자: 그럼 토머스와 의논해 보고 바로 연락드릴게요.

나는 토머스에게 전화를 걸어 줄리엣의 자녀들이 참여하는 것에 대해 어떻게 생각하는지 물었다. 그는 "글쎄, 이런 건 생각해 본 적이 없네요. 좀 엉뚱하다는 생각도 들고요. 그렇지만 어쩌겠어요. 이미 여기까지 왔는데요, 뭘. 손해 볼 것도 없을 것 같고… 안 그래요?"라고 답했다.

얼마 후 나는 토머스, 줄리엣, 줄리엣의 세 자녀인 크레이그(14세), 로버트(10세), 코린다(7세)를 함께 만났다. 우리는 어떤 형태로 상담이 진행될 것인지에 대해 이야기했고, 난 그 과정을 다음과 같이 설명했다. 우선 내가 토머스와 그의 삶에 대해 이야기한다. 이때 줄리엣, 크레이그, 로버트, 코린다는 청중의 입장으로 그 이야기를 듣는다. 그다음 나는 토머스가 했던 이야기 가운데 어떤 부분이 인상적이었는지에 대해 그들과 이야기를 나눈다. 이 다시말하기(retelling)에서 토머스는 청중이 된다. 그다음 나는 토머스에게 줄리엣 가족이 말한 것 가운데 어떤 부분이 인상적이었는지에 대해 물어본다. 이때 줄리엣 가족은 다시 청중의 위치로 돌아가 자신들의 다시말하기에 대한 토머스의 생각을 듣게 된다. 이러한 진행에 대해 모두가 동의를 했다.

상담 첫 부분에서 나와 토머스는 우리가 처음에 했던 이야기를 다시 나누었다. 이제는 토머스가 청중의 위치에서 내가 줄리엣과 아이들에게 무슨 이야기를 들었는지에 대해 질문하는 것을 들을 차례가 되었다. 이 대화는 모든 이에게 매우 감동적인 다시말하기가 되었다.

치료자: (가족 모두에게 질문하는 것이지만 아이들에게 부담을 주고 싶지 않아 줄리엣을 바라보며) 우선 어떤 부분이 와 닿았는지를 물어보는 것

으로 시작할게요. 토머스가 한 이야기 중에서 특별히 와 닿은 것이 있었나요? 아니면 토머스에 대해 알게 된 것 중에서 혹시 이야기하고 싶은 게 있다면 어떤 것이 있나요?

크레이그: 아저씨가 아까 삼촌이 데리고 나가기로 되어 있었다고 했는데, 그렇다면 아저씨 엄마는 아저씨가 자기 모습을 보기 원하지 않았다는 거네요.

로버트: 맞아요.

코린다: 나도 그런 것 같아.

치료자: 그게 어떤….

크레이그: 또 하나는 토머스 아저씨가 그것에 대해 별로 슬퍼하는 것 같지 않다는 거예요.

로버트: 맞아요, 아마 벌써 너무 많이 울어서 남아 있는 게 없나 봐요.

코린다: 나도 그런 것 같아.

치료자: 크레이그, 아저씨네 엄마가 자기 모습을 보이고 싶어 하지 않은 것 같다고 했지? 그걸 보니 아저씨 엄마가 어떤 분이셨단 생각이 드니? 또 그걸 보면 아저씨와 아저씨 엄마가 어떤 사이였을 것 같지?

크레이그: 그러니까 아저씨 엄마가 사실은 아저씨를 많이 생각한 것 같아요. 맞아요. 정말 아저씨를 많이 사랑했나 봐요. 로버트, 넌 어떻게 생각해?

로버트: 나도 그런 것 같아. 분명히 아저씨를 많이 아낀 것 같아.

치료자: 코린다는 어떻게 생각하니?

코린다: 우리 엄마는 절 사랑해요. 그리고 아저씨 엄마도 아저씨를 사랑해요. 정말로요. 우리는 그때 엄마 때문에 슬펐어요. 그러니까 아저씨도 분명히 슬펐을 거예요.

크레이그: 코린다 말이 맞는 것 같아.

치료자: 어머니는요?

어머니: (눈물을 흘리며) 괜찮다면 지금은 그냥 아이들 이야기만 들었으면 해요.

치료자: 그러지요. 크레이그, 그런데 너는 왜 그렇게 생각했니?

크레이그: 무슨 말씀이세요?

치료자: 토머스 아저씨 이야기를 들으면서 아저씨 엄마가 아저씨를 많이 아꼈다는 생각을 하게 되었고, 아저씨 엄마가 아저씨를 사랑한 것 같다고 코린다가 말했을 때 그 말이 맞다고 했잖아. 아저씨 이야기를 들으면서 뭔가 네 기억을 떠올리게 한 말이 있었니? 아저씨 이야기 때문에 뭔가 옛날 생각이 났니?

크레이그: 네, (눈물을 글썽이며) 그런 것 같아요.

치료자: 그 이야기 할 수 있겠니? 불편하면 안 해도 괜찮고.

크레이그: 아니요, 이야기하고 싶어요. 전 아저씨가 어떤 일을 겪었는지 좀 알 것 같아요. 물론 똑같지는 않아요. 하지만 같은 입장이 되었을 수도 있었잖아요. 우리도 엄마를 거의 잃어버릴 뻔했잖아요. 우리도 엄마가 우리를 더 이상 사랑하지 않는다고 생각했어요. 하지만 그게 아니었어요. 정말 아니었어요. 그렇죠, 엄마?

어머니: 그럼 아니지. 왜냐하면….

크레이그: 나중에 알았지만 엄마는 자기가 우리를 더 힘들게 한다고 생각했던 거예요. 모두를 망친다고 생각했대요. 우리가 엄마 없이 사는 게 더 나을 거라고 생각했다는 걸 나중에 알게 되었어요. (로버트와 코린다를 보며) 그렇지?

코린다: 응.

로버트: 응. 처음엔 정말 힘들었어요. 너무 슬펐죠. 정말로 정말로 슬펐어요. 코린다는 만날 울고, 저랑 크레이그 옆에서 떨어지질 않았어요. 나중에 엄마가 괜찮을 걸, 죽지 않을 걸 알고 나서도 계속 안

떨어지는 바람에 선생님들이 교실에서 저랑 코린다를 같이 있게 해 주셨어요. 그건 다행이었죠. 그렇지, 코린다?

코린다: (울면서) 응. 오빠가 날 돌봐 줬어.

어머니: 전 너무 어렵고 힘들게 살고 있었어요. 저한테 가장 중요한 걸 모두 망치고 있었어요. 너무 우울한 상태였고 소중한 걸 모두 무너뜨리고 있다고 생각했어요. 엄마로서 정말 자격이 없다고 생각했지요, 정말로. 크레이그가 말한 것처럼 아이들에게는 제가 없는 편이 더 나을 거라고 생각했어요. 그게 정말 말도 안 되는 생각이었다는 걸 이제는 알지만 그때는 정말 그런 상태였어요.

치료자: 그러니까 당신이 죽으려 했던 것이 사랑에서 나온 행동이란 의미인가요?

어머니: 네, 그렇게 이야기하는 게 좀 이상하게 들리시겠지만 정말 그랬어요, 정말로요.

치료자: 이제 여러분은 제가 토머스와 이야기할 동안 잠깐 앉아서 이야기를 들어주세요. 그런데 그 전에 이렇게 와서 우리를 도와주는 것에 대해 개인적으로 어떻게 생각하는지 여쭈어 봐도 될까요?

어머니: 저한테는 참 여러 가지 느낌이 들어요. 전 토머스의 어머니에 대해서는 아무것도 모르지만 왠지 저와 통한다는 느낌이 들어요. 전 그분이 겪었을 것 같은 여러 가지 어려움에 대해 생각해 봤어요. 물론 완벽한 어머니는 아니었겠지요. 저도 우리 아이들에게 완벽한 엄마는 아니었어요. 하지만 어머니로서 자식을 두고 떠나겠다는 결정을 한 것에 대해 조금은 이해할 수 있을 것 같아요. 그 어머니 마음을 생각하니 가슴이 아파요. 토머스가 뭘 잃었는지 생각하니 너무 맘이 아파요. 또 그 어머니가 뭘 잃었는지 생각하니 너무 안됐어요.

치료자: 그런 생각을 하니 지금 마음이 어떠세요?

어머니: (눈물을 흘리며) 슬퍼요. 하지만 자식에 대한 어머니의 사랑의 힘도 느껴져요. 우리 세 아이들에 대한 제 사랑의 힘이 느껴져요. 오늘 이렇게 자기들 생각을 이야기해 줘서 자랑스러운 마음이 들어요. 토머스한테 조금이라도 도움이 되었기를 바랄 뿐이에요.

치료자: 오늘 이렇게 와서 이야기한 것 어땠니?

로버트: 오기를 잘한 것 같아요.

코린다: 저도요. 오빠도 그렇지?

크레이그: 우리한테 일이 많았는데, 우리 경험을 이야기하는 게 누군가에게 도움이 된다면 정말 다행이에요. 엄마랑 우리는 슬퍼하는 사람이 너무 많다는 걸 이야기하면서 그렇게 슬프지 않아도 되는데… 했어요. 그래서 오늘 이렇게 오기를 잘했다고 생각해요. 그렇지?

로버트: 응.

코린다: 응.

치료자: 오늘 이렇게 와 이야기해 주어서 정말 고마워요. 이제 우리 이야기에서 토머스가 어떤 점을 인상 깊게 들었는지 이야기해 볼 차례예요.

세 아이들과 어머니의 다시말하기를 듣는 동안, 토머스는 내내 눈물을 흘리고 있었다. 그 눈물이 무엇을 의미하는지, 또 이야기를 들으면서 어떤 생각을 했는지 말해 달라고 했지만 토머스는 너무나 감정이 북받쳐 입을 열지 못했다. 잠깐 쉬겠냐고 묻자 고개를 끄덕였다. 어머니와 아이들은 그가 정원에 나가 담배를 피우는 동안 휴식을 취하기 위해 식당으로 향했다. 우리는 15분 뒤에 다시 만났고, 토머스는 여전히 커다란 감정의 소용돌이 한가운데 있었지만 천천히 이야기를 시작했다.

토머스: 이런 것일 줄은 정말 몰랐어요. 마음의 준비가 전혀 안 돼 있었

어요.

치료자: 어떤 준비를 말하는 건지 이야기해 주실래요?

토머스: 아이들과 줄리엣이 제가 한 이야기에 공감했다는 거요. 전 이 만남이 단순히 상담의 한 과정이겠거니 했어요. 솔직히 말하면, 이렇게 만난다고 하기에 한편으로는 좀 우습게 생각하고 있었지요. 그런데 이건 완전히 다른 경험이었어요. 완전히 다른 경험….

치료자: 아이들과 줄리엣이 당신 이야기에 공감했다는 게 어떤 면에서 그렇게 특별하게 다가왔나요?

토머스: 모두가요, 모든 게 다. 처음에 크레이그가 우리 엄마가 나를 아낀 것 같다고 한 말부터요. 그리고 로버트랑 코린다가 한 말도요. 코린다가 우리 엄마가 날 사랑했다고 말했을 때 마음속에서 뭔가 뜨거운 것이 올라왔어요. 지금도 코린다가 한 말을 떠올리지 않으려고 노력 중이에요. 그 생각을 하면 말하지 못할 것 같아서요. 그리고 줄리엣이 한 말, 그중에서도 우리 엄마가 뭘 잃었는지 생각하면 맘이 아프다고 한 말 있지요? 그 말이 제게 왜 그렇게 크게 다가왔는지 모르겠는데, 정말 너무나 강하게 다가왔어요. 휴우, 또 눈물이 나네요. (다시 울기 시작한다.)

치료자: 이런 이야기를 들으면서 뭔가 특별히 떠오르는 게 있었나요? 어떤 이미지라든가, 깨달음이라든가, 무엇이든지요. 혹시 어머니에 대한 것이나, 어머니와의 관계에 대한 것이나, 어머니에게 당신이 어떤 의미였는지에 대한 것은요?

토머스: 네, 있어요. 그런데 좀 생각을 해 봐야 할 것 같아요. 여러 가지 생각이 몰려오는데 다 뒤섞여 있어요. 특정한 걸 뽑아내는 건 어려울 것 같아요. 어쨌거나 반짝거리는 게 몇 가지 있어요.

치료자: 반짝거리는 거요?

토머스: 그렇게밖에는 표현 못하겠는데… 제 인생에 어떤 빛이 순간적으

로 반짝거린 듯한 느낌이요. 지금으로서는 더 이상 어떻게 설명하기가 어려워요.

치료자: 줄리엣과 아이들의 다시말하기가 왜 그렇게 마음에 와 닿았는지 알 것 같으세요? 그런 말이 뭘 떠올리게 했는지요?

토머스: 지금 구체적으로 떠오르는 건 없어요. 줄리엣과 아이들이 우리 엄마에 대해서 이야기한 게 사실인지는 모르겠어요. 하지만 저한테 이렇게 크게 느껴지는 걸 보니 맞는 부분도 있다는 생각이 들어요. 와, 정말 이런 경험은 처음이에요. 정말 과장하는 게 아니라….

치료자: 시간이 다 되어 가는데요, 오늘의 만남이 당신을 어디로 옮겨다 놓았나요? 지금 자신이 어디에 와 있다고 생각되세요?

토머스: 무슨 뜻이지요?

치료자: 이런 만남은 마치 여행과 같아서 처음에는 잘 느껴지지 않지만 얼마 지나서는 마치 어떤 다른 곳에 와 있는 것 같은 느낌을 주곤 하지요. 혹시 자신이 어떤 다른 지점에 와 있다고 느껴지는 게 있다면….

토머스: 아, 무슨 말씀인지 알 것 같아요. 오늘의 만남은 제 삶의 일부를 완전히 뒤집어 놓은 것 같아요. 정신이 없긴 한데, 잘은 모르겠지만 뭔가 중요한 것 같아요.

줄리엣과 아이들은 그다음 회기에 다시 참여했다. 이 상담에서 토머스는 이전에는 기억하지 못했던 어머니에 대한 희미한 기억을 떠올렸다. 그중 하나는 어머니와 쇼핑을 갔다가 집으로 돌아오는 장면이었는데, 그해가 어머니가 돌아가시던 해였던 것 같다고 했다. 이유는 기억나지 않지만 어머니가 며칠간 병원에 계셨고, 집으로 함께 돌아오는 길에 죽은 강아지를 발견했다. 토머스의 기억으로는 테리어 종이었는데 차에 치인 채 누워 있었다. 어머니는 "동네 아이들이 이걸 보면 마음이 어떻겠어."라고 하면서 강아지를 안고 공터로 갔고, 토머스는 어머니를 도와 땅을 팠다. 땅을 판 구덩이에 강아지를 묻고 흙을 덮어 주었다. 정확한 표현은 기억나지 않지만 어머니가 '강아지의 명복을 빌어 주자'는 의미의 말을 했고, 둘은 강아지 영혼에게 작별인사를 했다. 그런 다음 어머니는 토머스의 손을 잡고 다시 걸었다. 하지만 바로 집으로 가지 않았다. 대신 작은 도랑 옆에 앉아 토머스를 바라보며 울기 시작했다. 어머니는 꽤 오랜 시간이 지나도록 눈물을 흘렸고, 토머스가 몇 시냐고 하면서 왜 그러느냐고 물었지만 대답하지 못했다.

이 기억은 앞에서 설명한 두 단계 질문을 활용하는 풍부한 회원재구성 대화의 기초를 마련해 주었다. 이 질문을 시작하기에 앞서, 나는 몇 가지 일반적인 질문을 던지면서 회원재구성 대화로 연결시키기 위한 준비를 했다.

치료자: 어머니가 "그냥 두어선 안 돼. 동네 아이들이 이걸 보면 마음이 어떻겠어?"라고 했다고 그랬지요?

토머스: 네, 그런 비슷한 말이요.

치료자: 그러고 나서 당신과 어머니는 함께 테리어를 묻어 주었고요. 이런 행동을 돌이켜 보면 혹시 어머니가 아이들의 삶에서 뭔가 소중히 생각하는 게 있었다는 생각이 드시나요?

토머스: 네, 지금 생각해 보면 엄마가 동네 아이들이 이미 어려운 일을 많이 겪었다고 생각했던 것 같아요. 엄마는 그게 걱정이 되었나 봐요. 아마 아이들을 소중하게 생각했나 봐요. 그래요, 아이들은 소중하다고 생각했던 것 같아요.

치료자: 그리고 강아지의 명복을 빌어 주고 영혼에게 작별인사를 했다고요.

토머스: 네, 맞아요.

치료자: 그런 행동으로 미루어 볼 때 혹시 어머니가 삶에 대해 나름의 어떤 입장이 있었던 걸까요?

토머스: 네, 그랬던 것 같네요. 그랬겠지요. 하지만 그 행동이 무엇을 의미하는지는 정확히 모르겠어요. 아마도 모든 생명은 무언가 나름의 의미가 있다는 점을 존중해야 한다는 생각일지도…. 뭔가 가치가 있다는 생각이요. 정확하게 어떤 말로 표현해야 할지는 좀 더 생각해 봐야겠어요.

그러고 나서 나는 어머니가 그의 삶에 어떻게 기여했는지를 생각해 보도록 질문하면서 회원재구성 대화를 시작했다.

치료자: 어머니는 다른 아이들이 흔히 경험하지 못하는 장례의식에 당신을 참여시켰네요.

토머스: 맞아요, 제 기억으로는 그래요.

치료자: 그렇게 의식에 참여한 것이 어린 당신의 삶에 어떤 영향을 주었을까요?

토머스: 다시 한 번 이야기해 주시겠어요?

치료자: 당신 어머니가 그런 의식에 당신을 참여시킨 것이 이후 당신의 삶에 어떤 기여를 했다고 생각하세요?

토머스: 글쎄요, 제 마음을 좀 더 따뜻하게 해 준 것 같고, 그런 걸 감당할 수 있을 만큼 컸다고 느끼게 해 준 것 같아요. 제가 가치 있는 존재인 것 같았다고 할까요.

치료자: 그 과정에서 어머니가 계속 당신의 손을 붙잡고 있었다고 했지요.

토머스: 네, 분명히 그랬어요.

치료자: 그런 행동이 당시 소년으로서 당신의 삶에 어떤 감동을 주었을까요?

토머스: (울먹이며) 지금 생각할 수 있는 건 그 아이가 살아 있다고 느꼈을 거라는 거예요. 지금 생각할 수 있는 건 그 정도예요. 조금 시간이 지나면 다른 말로 표현할 수 있을지도 모르지요.

그다음 질문은 토머스로 하여금 어머니의 눈으로 그 자신의 존재를 바라보게끔 도와주는 것이었다.

치료자: 아이들이 일반적으로 경험하지 않는 일에 당신이 참여하게 된 것을 어떻게 설명할 수 있을까요?

토머스: 글쎄요, 뭐라고 답해야 좋을지 모르겠네요.

치료자: 그러니까 당신을 그 의식에 참여시킨 것을 보면 어머니가 당신의 어떤 점을 높이 산 것 같으세요?

토머스: 제가 믿을 만한 아이라는 것? 그랬나 봐요. 그러니까 의식에 참여시킬 수 있을 만큼 믿을 수 있는 아이라는 거요. 심지가 굳은 아이라고 생각하셨나 봐요.

치료자: 심지가 굳다고요?

토머스: 네, 뭐랄까, 이런 일로부터 보호해야겠다는 생각이 드는 아이는 아니었다는 거지요. 전혀 생각해 보지 않았던 이야기들이라 좀 더 생각해 봐야 할 것 같아요.

치료자: 그래요, 그럼 다른 질문을 좀 해도 될까요?

토머스: 그럼요.

치료자: 그때 어머니가 당신의 손을 잡았던 것을 어떻게 이해할 수 있을까요? 당신의 어떤 점을 어머니가 소중하게 생각하고 존중했다고 생각하세요?

토머스: 저랑 있어서 좋다는 느낌? 그런 것 같아요. 저랑 함께 있는 것이 좋고, 어리긴 하지만 좋은 동반자가 되어 준다는 생각. 왜냐하면

어리긴 하지만 자기를 이해해 준다고 생각하지 않았을까요?

치료자: 그러고는 도랑 옆에 함께 앉았을 때 당신을 보며 눈물을 흘리셨다고 했잖아요. 그때 어머니가 당신에게서 무엇을 보았다고 생각하세요?

토머스: (눈물을 흘리며) 모르겠어요. 제 안에 있는 어떤 성품이나 열정을 보셨을까요? (감정이 북받쳐 더 이상 이야기할 수 없어 잠시 휴식을 취하는 것이 좋을 듯했다.)

치료자: (휴식을 마치고 난 후) 지금까지 당신은 어머니가 당신을 어떻게 생각했는지, 그리고 어떤 부분을 특별하게 생각했는지 이야기했어요. 잠깐 그 부분으로 돌아가서 당신 삶에 어머니가 어떤 기여를 했는지 물어봐도 될까요? 그걸 좀 더 알게 되면 어머니가 당신의 어떤 부분을 소중히 생각했는지 기억하는 데 도움이 될 것 같아요.

토머스: 그럼요, 물어보세요.

그런 다음에는 토머스가 어머니 삶에 어떤 영향을 미쳤는지 다시 생각해 볼 수 있는 질문을 던졌다.

치료자: 당신은 아들을 의식에 참여시키고자 하는 어머니 뜻에 기꺼이 따랐고, 그 강아지를 묻어 주는 과정 하나하나에 같이 참여했지요.

토머스: 그렇게 말할 수 있어요.

치료자: 당신이 그렇게 함께해 준 것이 어머니에게는 어땠을 것 같아요?

토머스: 후우, 정말 어려운 질문이네요. 글쎄요, 안정감을 주었을 수 있지요. 그러니까 함께하는 것 같은… 그러니까 여기에 알맞은 표현이 있을 텐데….

치료자: 걱정 말고 천천히 생각하세요.

토머스: 답답하네요. 뭐라고 해야 하나. 동지의식! 맞다! 동지의식을 느꼈을 것 같아요.

치료자: 동지의식?

토머스: 네, 다른 사람은 별로 중요하게 생각하지 않지만 그 일을 함께 한다는 동지의식 같은 것을 느끼셨을 것 같아요.

치료자: 그리고 그 상황에서 어린 아들의 손을 잡고 있는 것이 어머니로서는 어떠셨을 것 같아요? 그것이 어머니에게는 어떤 느낌이었을까요?

토머스: (눈물을 흘리며) 따뜻한 마음이요.

치료자: 따뜻한 마음이요. 당신이 어머니의 삶에 따스함을 가져다주었군요.

토머스: 그런 것 같아요. 아마도 그래요.

치료자: 혹시 그것 말고도 강아지를 묻어 주고 의식을 치러 준 그 경험에서 당신이 어머니와 함께했다는 것이 어머니에게 어떻게 느껴졌을까요?

토머스: 괜찮다면 일단 지금까지 이야기한 것에 대해 좀 더 생각해 보고 싶어요.

치료자: 그럼요, 물론이죠.

마지막 질문들은 아들과의 동지의식이 어머니의 정체성과 삶에 어떠한 영향을 미쳤을지를 토머스가 좀 더 풍부하게 설명하도록 도와주려는 것이었다.

치료자: 그런 식으로 당신과 함께 강아지를 묻어 주는 의식을 치른 것은 어머니가 중시하는 것에 어떤 영향을 미쳤다고 생각하세요? 그런 행동은 어머니가 가졌던 신념이나 가치를 다시 한 번 확인하

는 것이었을까요? 아니면 어머니가 중시했던 가치와는 크게 관계가 없는 것이었을까요?

토머스: 아니에요, 아니에요. 분명히 엄마가 소중하게 생각한 것과 관계있는 행동이었을 거예요.

치료자: 뭔가를 중시했기 때문에 그런 일을 하셨을 거란 말이지요?

토머스: 네, 이제야 조금씩 엄마가 무얼 중요하게 생각했는지 깨달아 가는 것 같아요.

치료자: 그런 것 같네요.

토머스: 전혀 모르고 지나갈 뻔했지만, 엄마가 아주 중요하게 생각하고 열정을 가졌던 뭔가가 있었다는 게 느껴져요.

치료자: 당신의 대답이 그걸 보여 준 거죠. 뭐라고 할까요, 분명히 보여주었다고 해야 하나? 입증했다고 해야 하나? 아니면 증명했다고 해야 하나요?

토머스: 아마 전부 다일 거예요.

치료자: 어머니는 강아지의 영혼에게 작별인사를 하고 나서 아들의 작은 손을 잡았어요. 그 행동이 어머니라는 존재감에 어떤 영향을 미쳤을까요?

토머스: 정확하게는 모르겠어요. 확실하지는 않지만 '자랑스러운' 마음이 아니었을까 싶네요.

그 후로도 몇 번의 상담을 거쳐 우리는 이런 이야기를 나누었다. 이 과정에서 토머스는 '인정받았다'는 느낌에 대한 친숙함이 어머니와의 관계에서 비롯된 것이라는 확신을 점점 더 갖게 되었고, 어머니와 자신이 서로의 삶과 정체성에 영향을 주고받았다는 생각을 굳게 갖기 시작했다. 이러한 발견은 자기 가치에 대한 결론에 매우 긍정적인 영향을 미쳤다. 또한 불과 일곱 살이었던 자기가 어머니의 삶에 중대한 영향을 미쳤다는 사실을 깨닫

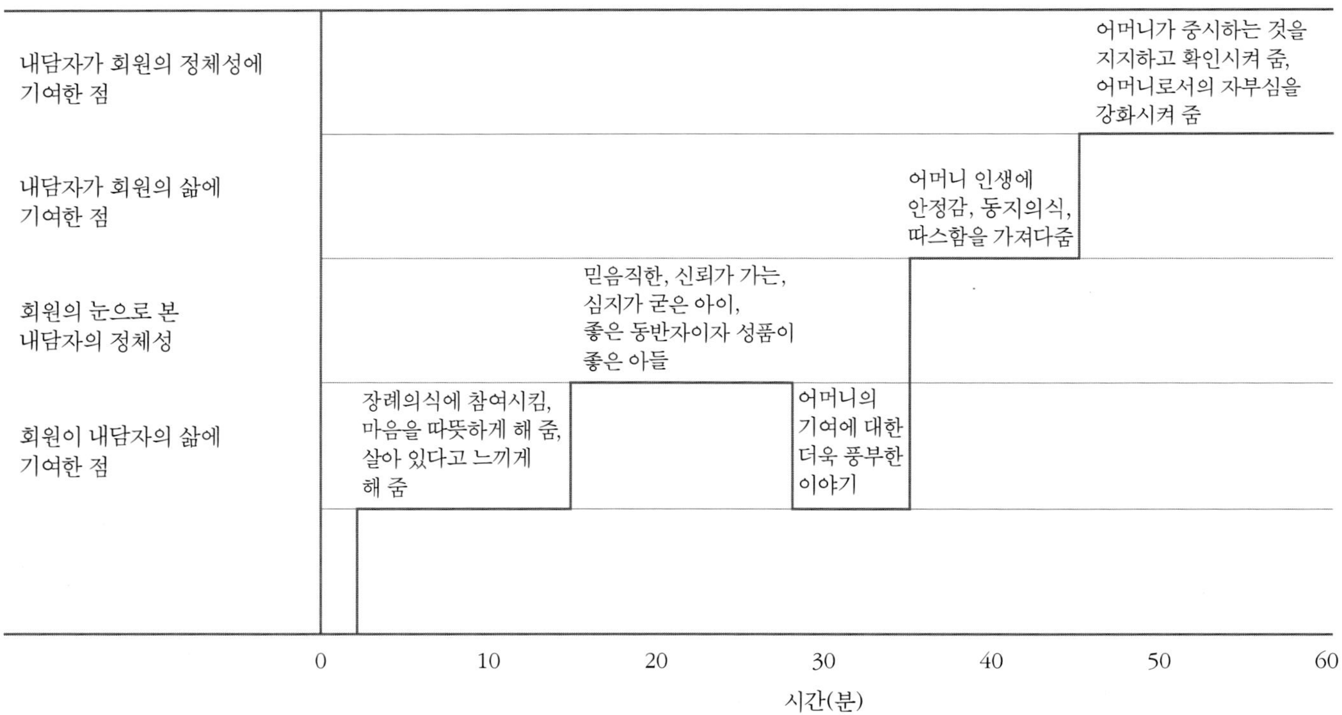

[그림 3-2] 회원재구성 대화(토머스 이야기)

게 되면서 행동 주체로서의 의식이 고취되었고, 자신을 인생 역경에 수동적으로 휘둘리는 존재로 생각했던 마음은 점점 작아져 갔다.

회원재구성 대화는 토머스로 하여금 자신과 어머니의 삶을 연결시켜 주었던 인생의 가치나 목표를 다시 발견하게 해 주었다. 이러한 발견이 원가족에 대한 회상으로 인해 풍부해짐에 따라, 토머스는 자신의 삶에서 어머니의 존재를 되살릴 수 있었고 또 그것이 계속 유지되고 있음을 느꼈다. 이러한 깨우침은 너무나 오랜 세월 동안 그의 삶을 지배해 왔던 공허감과 황폐함, 절망과 무가치함을 뒤엎는 것이었다. 이 대화를 통해 토머스는 자기 삶의 가능성을 새롭게 인식하게 되었고, 그 가능성을 향해 조금씩 발을 내딛기 시작했다. 또한 토머스는 어릴 때 어머니와 사이좋게 지냈던 이모(엄마의 육촌)를 찾게 되었다. 그는 이모와의 관계를 쌓아 가면서 기쁨을 느꼈고, 이모의 가족도 토머스를 흔쾌히 받아들여 주었다.

[그림 3-2]는 토머스와 나누었던 초기의 회원재구성 대화를 그림으로 나타낸 것이다.

결 론

이 장에서는 회원재구성 대화를 이루고 있는 몇 가지 개념에 대해 설명했다. 회원재구성 대화는 서구 문화에 만연되어 있는, 인간의 정체성을 고립적으로 이해하는 현대 서구문화 전통에 해독제 역할을 한다. 만일 인생을 회원제로 운영되는 클럽으로 간주한다면, 또 개인의 정체성을 개인에게 중요한 역할을 하는 이들의 인정으로써 만들어지는 것이라 본다면, 개인의 정체성을 다시 구성할 수 있는 가능성은 여러 가지로 열린다.

나는 여기서 제시카, 토머스, 줄리엣 및 그 가족과 나누었던 대화를 다시 이야기하면서 회원재구성 지도를 위한 치료적 질문의 형식을 포괄적으로 설명하고자 했다. 또한 이러한 회원재구성 대화에 선행되어야 할 몇 가지 과제에 대해서도 설명했다. 이렇게 철저한 준비가 있어야만 현재나 과거에 만났던 자신에게 소중한 사람들과의 관계를 대화 속으로 끌어올 수 있다.

지난 수년간 다양한 어려움을 겪고 있는 사람들과 만나는 가운데, 회원재구성이라는 은유는 내 삶에도 많은 영향을 끼쳤다. 사람들과의 이런 대화는 나로 하여금 내 삶에서 소중한 사람들과의 관계를 좀 더 풍부하게 기억해 보고, 그들이 현재 나의 삶과 일에 어떤 기여를 했는지에 대해 생각하게 해 주었다. 가족이나 친구들과의 풍부한 대화는 내 인생의 회원들에 대해 다시 생각해 보고 수정할 수 있는 가능성도 열어 주었다. 상담을 통해 정기적으로 회원재구성 은유를 접하면서, 난 내담자들이 치료자로서의 나의 성장에 중요한 일부가 되어 왔다는 점을 더욱 의식하게 되었다. 그리고 상담 활동이 내가 중시하는 것과 어떤 관계가 있는지를 더욱 분명히 인식하게 되었다. 이러한 깨달음이 나를 지탱하는 큰 힘이 되고 있음은 두말할 나위도 없다.

제 4 장

정의예식: 정체성을 재정의하는 예식

- 피오나 가족 이야기
- 청중 참여시키기: 정의예식의 개발과정
- 정의예식의 기원
- 정의예식의 치료적 활용
- 정의예식의 구조
- 외부증인의 선정
- 정의예식과 치료적 책임
- 과학기술, 익명성 및 윤리
- 결 론

정의예식: 정체성을 재정의하는 예식

이야기치료에서 정의예식(definitional ceremony)[1]은 내담자의 자기 이야기를 풍부하게 발전시키는 장이 된다. 이 예식은 내담자의 삶을 인정해 주고 격상시키는 의식으로, 삶을 평가하고 격하하는 현대의 많은 의식과는 대조를 이룬다. 현대사회의 의식은 삶을 사회적으로 구성된 규범에 맞춰 평가하는 속성을 지니며, 사람을 부적합하고 무능력하고 실패한 존재로 평가하는 경우가 많다. 정의예식은 내담자에게 신중하게 선발된 외부증인 앞에서 자신의 삶을 이야기하고 재현할 수 있는 장을 제공한다. 외부증인은 내담자의 이야기를 들은 후 특정 형식에 맞추어 다시말하기(retelling)로 응답한다.

외부증인의 응답은 현대적 개념의 칭찬(맞장구 치고 긍정적인 부분을 강조하고 축하하는 등) 또는 전문적 평가나 해석의 형태를 띠지 않는다. 의견을 피력하고 선언을 한다거나 조언 또는 교훈을 주거나 훈계를 하는 것도 아니다. 외부증인은 내담자의 이야기를 들으면서 그중 자신의 마음에 와 닿은 표현이나 그로 인해 연상된 이미지, 그로 인해 떠오른 자신의 경험, 그 표현이 자기 삶에 미친 영향은 무엇인지에 대해 자신의 생각을 나누게 된다.

외부증인은 다시말하기를 통해 내담자가 지향하는 삶의 가치를 한 번 더 보여 주는데, 이 과정은 내담자의 이야기를 인정해 주는 효과가 있는 동시에 외부증인의 삶에 깊은 여운을 남기는 과정이다. 또한 내담자는 다시말하기 과정을 통해 자신과 타인의 삶이 어떤 중요한 가치나 주제를 중심으

1) 역주: 내담자의 정체성을 재정의하고 그것을 사회적으로 인정하는 행위란 의미에서 '인정예식'이란 번역도 가능하다.

로 연결되어 있다는 느낌을 받게 된다. 이런 경험은 내담자 삶의 이야기의 부수적 줄거리를 훨씬 더 풍부하게 만들어 준다.

피오나 가족 이야기

한가롭게 다음 약속을 기다리고 있던 어느 금요일 오후, 내 비서가 어떤 아가씨의 전화를 받겠냐고 물었다. 나는 전화를 받았고, 그 내용은 다음과 같다.

앨리슨: 화이트 선생님, 안녕하세요! 저 기억하실지 모르겠어요, 앨리슨이라고… 전에 엄마, 아빠와 선생님을 뵌 적이 있는데요. 오래전 일이기는 하지만요.

치료자: 앨리슨이라고요? 성이 어떻게 되죠?

앨리슨: 존스턴이요. 앨리슨 존스턴. 선생님을 뵌 게 그러니까….

치료자: 한 10년 되었나요?

앨리슨: 네, 정확히는 12년 전이에요. 제가 열다섯 살 때였으니까요. 지금 전 스물일곱이에요.

치료자: 오빠가 몇 살 위고 운동을 좋아했지요?

앨리슨: 네, 맞아요. 기억하시네요!

치료자: 앨리슨, 이렇게 목소리를 들으니 정말 반가워요. 12년만이네요!

앨리슨: 네, 사실 얼마 전부터 연락드리고 싶었어요. 그냥 소식 전해 드리려고요. 잘 지내고 있다고 선생님께 알려 드리고 싶었거든요.

치료자: 헨리에타는 잘 있어요? (나는 상담할 때 가끔 동물인형을 활용하는데, 헨리에타는 내가 12년 전 앨리슨에게 건네주었던 인형이다. 치료용 인형은 내담자가 동일시할 수 있는 경험, 특성, 삶에 대한 태도, 문제해

결 방법 등을 갖고 있는 것으로 간주되며, 내담자가 문제와 곤경을 헤쳐 나가는 과정에서 연대감과 영감을 준다[White, 2006]).

앨리슨: 사실 그게 선생님께 전화드린 두 번째 이유예요. 헨리에타는 당시 저와 함께 우여곡절을 겪었고 어려운 시기에 항상 옆에 있어 주었죠. 저에게는 너무나 소중한데요, 최근에는 제가 헨리에타를 이렇게 계속 독차지하고 있는 것이 너무 이기적이라는 생각이 들었어요. 헨리에타를 필요로 하는 아이들이 또 있을 거라는 생각이 들어서요. 저와 비슷한 아이들 말이죠. 그 아이들에게 헨리에타가 도움이 될 것 같아요. 저에게는 정말 그랬거든요. 그래서 헨리에타를 돌려드려야 할 때가 된 것 같다는 생각을 하고 있었어요.

치료자: 큰 결단을 한 것 같네요.

앨리슨: 정말 그래요. 한동안 허전할 거라는 생각이 들기는 하지만 이게 맞는 것 같아요.

치료자: 좋아요. 그러면 전달식을 하면서 앨리슨과 헨리에타가 서로에게 해 준 일을 기념하는 걸로 하지요. 어때요?

앨리슨: 좋아요! 차 한잔하면서 하시지요!

치료자: 좋은 생각이에요.

앨리슨은 이 전달식을 근처 카페에서 하자고 제안했다. 앨리슨을 다시 만나 지난 12년간의 그녀의 인생에 대해 듣는 일은 아주 반갑고 흐뭇한 경험이었다. 또한 헨리에타를 다시 만나 지난 세월 동안 앨리슨과 헨리에타가 서로에게 어떤 역할을 했는지에 대한 이야기를 듣는 것도 매우 즐거웠다. 앨리슨은 자신의 이야기를 메모하는 데 동의해 주었고, 이야기가 끝난 후 난 내가 작성한 노트에 앨리슨의 서명을 부탁했다. 헨리에타의 경력에 새로운 항목을 추가하는 문서라고 설명했다. 앨리슨은 흔쾌히 서명하고는 서명과 함께 자신의 전화번호도 적었다. 앨리슨은 헨리에타를 만나게 될 사람의 전화라면 언제든 환영한다고 했다. 자신과 헨리에타가 어떤 관계였는지, 또 그 관계가 자신의 인생에 어떻게 기여했는지에 대해 기꺼이 나누고 싶다고 했다.

그 말을 들으면서 나는 앨리슨을 내 '외부증인(outsider witness)' 명단에 초대하는 것을 깜빡했다는 사실을 깨달았다. 이 명단에는 내가 하는 일에 함께 참여하겠노라고 자원한 사람들의 이름과 연락처가 기록되어 있다. 나는 앨리슨에게 외부증인의 역할에 대해 설명하고는 혹시 생각이 있냐고 물었다. 앨리슨은 곧바로 12년 전 자신이 받았던 상담에서도 외부증인이 두 명 참여한 적이 있었다고 했다. 그 당시 외부증인이 매우 도움이 되었고 자신도 다른 이들을 위해 기꺼이 그 역할을 맡겠다고 했다.

그로부터 약 5주 후, 나는 피오나와 그의 부모를 만났다. 열여섯 살인 피오나는 지난 15개월간 거식증에 시달려 왔으며 두 차례나 입원을 했다고 했다. 피오나는 앨리슨을 연상시켰다. 첫 회기에서 피오나에게 동물 인형 헨리에타를 소개할 기회가 생겼다. 나는 피오나에게 헨리에타의 경력을 소개했고, 앨리슨이 추가한 새로운 경력에 대해 언급했다. 또 만일 전화할 마음이 있다면 앨리슨이 헨리에타와의 관계에 대해 흔쾌히 이야기할 것이라고 말해 주었다.

이 가족과의 두 번째 회기에서 피오나는 얼마 전 앨리슨과 통화를 했는데 도움이 되었다고 말했다. 무엇보다도 앨리슨이 자신을 잘 이해해 준다고 했다. 그래서 난 우리 상담에 앨리슨이 참여하는 것에 대해 가족의 의견을 구했고, 그렇게 한다면 앨리슨이 어떤 역할을 하게 될지 설명했다. 구체적으로 먼저 내가 피오나 가족과 이야기를 하고 앨리슨은 청중의 입장이 되어 그 이야기를 듣는다(말하기). 그다음에는 앨리슨이 앞서 들은 이야기에 대해 나와 대화하는 동안, 가족이 청중의 입장이 되어 우리의 대화를 듣는다(다시말하기). 그러고는 역할을 바꾸어 다시 피오나 가족이 앨리슨의 다시말하기에 대해 나와 이야기하고, 이때 앨리슨은 다시 청중이 되는 순서로 상담이 진행된다(다시말하기에 대한 다시말하기). 난 피오나 가족에게 내 경험상 이런 상담은 개인의 긍정적 발달을 촉진시킬 수 있다고 설명했고, 만일 가족이 이런 상담에 동의한다면 앨리슨이 동석했을 때 해도 괜찮을 질문과 피했으면 하는 질문에 대해 치료자에게 미리 알려 달라고 부탁했다. 피오나는 이런 방식의 상담에 적극 동의했고 그 부모 역시 그녀를 지지했다.

앨리슨은 네 번째 회기에 초대되었다. 내가 피오나 가족과 이야기하는 동안, 앨리슨은 청중의 위치에서 이야기를 들었다. 우리는 주로 거식증의 술수가 가족의 삶과 가족관계에 어떤 영향을 미쳤는지, 그 과정에서 가족은 어떤 경험을 했는지, 거식증의 영향에 맞서 지킬 수 있었던 삶의 부분은 어떤 것이었는지, 그리고 거식증의 역할에 어떻게 대항했는지에 대해 이야기했다. 앨리슨은 이 상담에 외부증인으로 참여했는데, '외부증인'이란 말은 바버라 마이어호프(Barbara Myerhoff, 1982, 1986)가 사용한 용어에서 비롯된 것이다. 여기서 앨리슨은 상담에 참여하는 사람이 아닌 외부에서 목격하는 사람인 것이다.

적당한 시점에서 역할을 바꾸어 이제 피오나와 부모가 청중의 입장이 되었고, 나는 앞서 나누었던 이야기에 대해 앨리슨에게 질문하기 시작했다. 앨리슨의 다시말하기는 피오나와 부모에게 적지 않은 영향을 미치게 되었다. 세 번째 단계에서는 다시 역할을 바꾸어 피오나 가족과 함께 앨리슨의 다시말하기에 대한 소감을 나누었다.

다음 대화는 이 면담의 두 번째 단계, 즉 내가 피오나 가족과 나눈 이야기에 대한 앨리슨의 반응을 보여 준다. 앨리슨의 이야기는 내 질문에 대답하는 형식으로 이루어졌다.

치료자: 앨리슨, 방금 들은 이야기 중 가장 인상 깊었던 부분부터 말해 줄

래요?

앨리슨: 저는 피오나와 부모님이 정말 대단…

치료자: 앨리슨, 인상 깊었던 부분에 대한 이야기를 먼저 한 다음에 그에 대한 자신의 생각을 얘기해 주었으면 해요.

앨리슨: 아, 네. 여러 가지가 있었어요. 피오나는 완벽해야 된다는 기대감이 자신의 삶에서 너무나 큰 자리를 차지해 버렸다는 걸 점점 더 분명히 의식하게 되었다고 했죠. 그리고 그에 대해 어머니와 얘기를 나누게 되었고, 어머니뿐 아니라 다른 사람과도 그런 얘기를 하게 되었다고요. 완벽해야 한다는 생각이 감당하기 어려울 정도가 되면 소리 내어 말한다고 했어요. 누군가 '거식증 폭로하기'라는 표현을 사용한 것 같은데 바로 피오나가 그걸 하고 있는 거죠. 다른 사람을 그런 식으로 끌어들이는 건 피오나에게는 상당한 진전이라고 생각해요. 그냥 거식증에게 항복할 수도 있었어요. 그랬다면 완전히 고립되어 버렸을 텐데요. 그랬더라면 거식증이 피오나 인생을 휘젓기가 꽤 쉬웠을 거예요.

치료자: 그런 이야기가 와 닿았군요. 또 다른 것도 있었어요? 아까 '여러 가지'라고 했잖아요?

앨리슨: 네, 피오나는 그런 기대에 대해 소리 내어 얘기만 하고 마는 게 아니었어요. 뭔가 힘들어하는 것 같으면 어머니가 피오나에게 거식증이 뭐라고 하더냐고 물어본다고 했지요. 어머니는 피오나가 그 질문에 항상 대답하는 건 아니지만 어쨌든 그녀에게 생각할 기회를 열어 주는 거고, 대답을 하지 않는다 해도 거식증에게 무슨 꿍꿍이가 있는 걸까 하고 어머니의 생각을 얘기한다고 했어요. 또 하나는 어머니도 자신을 누르고 있는 여러 가지 기대에 대해 피오나와 얘기하기 시작했다고 했어요. 가끔 작은 목소리가 들린다고요. "아내 역할은 잘하고 있어?" "애들 곁에 있어 줘야

지." "아직 청소도 끝내지 못했는데." "너무 이렇게 보이지 않을까? 너무 저렇게 보이지 않을까?" 하는 목소리요. 어머니도 많이 힘들어하신다는 걸 알았어요. 피오나가 겪는 일이 자기 잘못이라는 생각도 들고 피오나를 실망시켰다고도 생각하고. 어려운 상황이었지만, 어머니는 그런 생각이 피오나와 좋은 관계를 유지하는 데 방해가 되도록 그냥 놔두진 않았어요.

치료자: 좋아요. 혹시 또 다른….

앨리슨: 하나 더 있어요. 피오나의 아버지에 대한 거요.

치료자: 그래요?

앨리슨: 아버지는 피오나와 어머니가 말하는 걸 들으면서 스스로 학습이 되는 것 같다고 했어요. 그래서 그에 관심을 갖게 되었고, 자기도 둘이 하는 얘기에 대해 마음을 열게 되었다고요.

치료자: 고마워요, 앨리슨. 마음에 와 닿았던 이야기를 잘 설명해 주었네요. 그 이야기를 들으면서 어떤 생각이 들었어요?

앨리슨: 그 이야기를 들으면서 어떤 생각이 들었냐고요?

치료자: 이야기를 들으면서 피오나 가족에 대해 어떤 생각이 들었어요? 그 이야기를 들으면서 이 가족에 대해 어떤 이미지가 떠올랐나요?

앨리슨: 제 마음속에 그려진 건 폭풍이었어요. 피오나랑 어머니가 엄청나게 큰 폭풍, 그러니까 회오리바람 속에 서 있는 것 같았어요. 아마 어제 저녁 뉴스에서 다윈 지역에 일어난 회오리바람을 봐서 그런 것 같기도 한데요. 피오나와 어머니에게 회오리바람은 이래야 된다 혹은 이러면 안 된다고 말하는 압력 같은 거죠. 이 커다란 회오리바람 때문에 두 모녀가 나무처럼 휘어지고 있는데, 바람이 너무 강해서 가지가 거의 땅에 닿을 지경이에요. 하지만 부러지지는 않아요. 서로가 있기에 바람을 잘 견디고 있고 가끔은 다시 똑바로 서기도 하고요.

치료자: 엄청난 이미지네요.

앨리슨: 네, 아버지도 거기 계세요. 그런데 좀 다른 식으로요. 그러니까… 아, 맞아요. 가족 모두가 바람을 잘 견딜 수 있는 쪽으로 가지를 휘게 하려고 그 방법을 찾고 계세요.

치료자: 아버지가 한 이야기 가운데 어떤 것이 그런 이미지를 떠올리게 했나요?

앨리슨: 피오나와 어머니의 이야기, 그러니까 거식증의 가면을 벗긴다는 이야기를 들으면서 학습이 된다고 했을 때요. 열린 마음으로 그런 이야기를 들었고 자기 뜻대로 아내와 딸을 얽어매지는 않겠다는 의지가 느껴졌어요.

치료자: 회오리바람을 견딘다는 이미지는 정말 강렬하네요. 그렇다면 그런 이미지를 생각할 때 피오나와 부모님이 무얼 소중하게 생각한다는 걸 알 수 있나요?

앨리슨: 그분들이 무엇을 소중하게 여기시냐고요?

치료자: 네, 피오나와 부모님이 가치 있게, 또 소중하게 여기는 게 무엇일까요?

앨리슨: 글쎄요, 피오나와 어머니 모두 지금 마음이 어떤지 서로 이야기하고 있어요. 자신들이 어땠으면 좋겠는지 하는 기대와 어떤 지점에 봉착해 있는지 그런 것 모두에 대해서요. 그런 의미에서 두 분은 어쩌면 희망에 대해 이야기하고 있는 게 아닌가 싶어요. 아니면 꿈이요. 이전에는 얘기할 기회가 없었던 꿈….

치료자: 어떤 종류의 꿈이요?

앨리슨: 다른 삶을 사는 꿈, 좌절 없이 사는 꿈, 맑은 공기를 마실 수 있는 공간에서 사는 꿈. 혹은 뭔가를 좀 더 누릴 수 있는 것에 대한 꿈. 그런 거요.

치료자: 희망과 꿈을 소중하게 여길 거라고 생각한다는 거죠? 혹시 어떤

말이 그런 희망과 꿈을 연상시켰는지 기억하세요?

앨리슨: 피오나가 여러 가지를 갈망하지만 거식증의 방해로 하지 못한다고 어머니가 말했을 때 그런 연상이 되었던 것 같아요. 또 어머니 역시 이제야 처음으로 자신이 갈망했던 것, 너무 오랫동안 생각하지 못했던 것에 대해 생각해 보기 시작했다고 했을 때요.

치료자: 그리고 아버지도 회오리바람을 함께 견디는 이미지를 떠올렸다고 했죠? 가족 모두가 그걸 잘 견딜 수 있는 쪽으로 휘게 하는 방법을 찾고 있다고요. 그걸 보면 아버지에게 중요한 게 뭐라는 생각이 드나요?

앨리슨: 아까 말씀드린 대로 아버지도 함께 견디고 계세요. 제 생각에 이런 새로운 변화는 함께 변해야 한다는 것을 의미하기 때문에 아버지에게도 쉽지 않을 거예요. 아버지도 뭔가 이전에 해 보지 않은 다른 것을 시도하셔야 할 것 같아요. 특히 어머니가 자신의 기대나 그간의 갈망에 대해 점점 더 분명히 인식하게 되었으니까요. 그런 것들이 아버지에게는 큰 변화라고 할 수 있겠지요.

치료자: 그런데 아버지가 그걸 견디고 있다고 했죠. 그런 걸 보면 아버지는 무엇을 중요하게 생각하시는 것 같아요?

앨리슨: 뭔가, 그러니까 아마도 스스로 편안하게 생각하는 영역을 뚫고 밖으로 나올 수 있는 것, 그렇게 나와서 명확하게 꿰뚫어 보는 것이라고 해야 할까요? 정확하게 설명하지는 못하겠는데….

치료자: 명확하게 본다는….

앨리슨: 네, 봐야 할 것을 명확하게 볼 수 있는 거요.

치료자: 이제까지 앨리슨은 피오나 가족의 이야기 가운데 인상 깊었던 것과 그런 이야기로 인해 피오나 가족에 대해 갖게 된 생각을 얘기해 주었어요. 이번에는 그런 이야기가 당신 삶에서 어떤 부분을 떠올리게 하는지 얘기해 주겠어요?

앨리슨: 그건 더 잘 얘기할 수 있어요. 제가 싸워 왔던 거식증에 대해 생각하게 했어요. 거식증은 정말 저를 구석으로 몰아댔죠. 너무 힘들었고 거의 죽을 뻔했어요. 완전히 산송장이었지요. 이제는 그걸 알아요. 한동안 거의 모든 사람이 저를 포기했고 저는 완전히 혼자였어요. 혼자라고 느낄수록 상황은 더 나빠졌지요. 하지만 항상 인식하지는 못했어도 저한테는 지속적인 생명줄이 있었어요. 그건 바로 우리 엄마였어요. 엄마와 제가 아주 다르지 않다는 걸 알게 된 게 기억나요. 다르긴 해도 서로 비슷한 어려움을 겪고 있었던 거죠. 그것에 대해 서로 많이 공감했어요.

치료자: 어떻게요?

앨리슨: 이제는 좀 더 분명히 말할 수 있을 것 같아요. 엄마랑 저는 어떤 생각을 하고 있는지, 어떤 일을 겪고 있는지 서로에게 얘기하기 시작했어요. 엄마는 거식증은 아니었지만 저랑 많이 비슷했어요. 수많은 기대 때문에 밤이고 낮이고 압박감에 시달리고 있었거든요.

치료자: 네, 이제 이해가 되네요. 질문 하나 더 해도 될까요?

앨리슨: 그럼요.

치료자: 앨리슨은 피오나 가족이 여러 가지 이야기를 하는 동안 청중이 되어 줬어요. 그리고 그들의 이야기를 다시말하기 방식으로 얘기해 줬어요. 방금 당신이 한 것처럼 사람들은 중요한 이야기를 듣고 응답하는 경험을 하게 되면 자기 자신의 삶에 대한 입장에도 뭔가 변화를 느끼게 되지요. 그런 자리에 함께 있으면 일상적인 다른 일을 할 때는 들지 않던 생각을 하게 돼요. 그래서 피오나 가족의 이야기를 들으면서 앨리슨이 어떤 생각을 하게 되었는지 궁금해요. 그러니까 삶에 대한 새로운 인식이랄까, 아니면 새로운 깨달음이랄까 그런 거요. 뭐라도 좋아요.

앨리슨: 한 가지 분명한 건 제가 어떻게 견뎌냈는지, 제가 거식증으로부터 제 인생을 어떻게 다시 찾았는지 더 분명히 이해하게 되었다는 거예요. 제가 소외되지 않도록 엄마가 도와주었다는 걸 알고는 있었어요. 물론 제가 어떤 생각을 하는지 엄마가 자꾸 물어보거나 캐내려고 하면 짜증이 날 때도 있었죠. 너무 짜증이 나서 견디기가 어려웠거든요. 그런데 엄마하고 제가 이걸 같이 해냈구나 하는 게 분명해지는 것 같아요. 그리고 엄마가 어떤 생각을 하는지 들어 보는 것이 얼마나 도움이 되었는지도요.

치료자: 더 확실히 이해하게 되었군요. 이렇게 확실히 알게 되니까 달라지는 게 있나요?

앨리슨: 엄마와의 관계에 대해서 고마움이 더 커지는 것 같아요. 마음이 따뜻해지는 것 같아요. 그리고 그 과정에서 아빠의 역할을 더 이해하게 되었고, 정말 힘드셨을 텐데 많은 변화를 참아내셨다는 생각이 들어요. 아빠는 당연히 해야 할 걸 했다고 말씀하시겠지만 가끔씩은 정말 힘드셨을 거예요. 조만간 아빠와 얘기를 해 봐야겠어요.

치료자: 얘기하면 어떻게 될까요?

앨리슨: 잘 모르겠지만 아빠와의 관계에 도움이 될 것 같아요.

치료자: 이제 피오나 가족과 자리를 바꿀 때가 거의 다 된 것 같네요. 그 전에 아까 이야기로 잠깐 돌아가서 한 가지만 더 질문할게요. 피오나 아버지의 이야기를 들으면서 어떤 부분 때문에 아빠와 대화를 해야겠다는 생각을 하게 되었나요? 그리고 피오나와 어머니의 이야기 가운데 어떤 부분이 당신에게 엄마와의 관계에 대해 더 고맙고 따뜻한 마음이 들도록 했나요?

앨리슨: 그러니까…

앨리슨은 다시말하기가 끝난 다음 청중의 입장으로 돌아갔다. 이번에는 피오나와 그 부모를 향해 앨리슨의 다시말하기에서 기억에 남는 부분은 무엇인지, 그들의 삶과 정체성에 대해 어떤 이미지를 떠올리게 되었는지, 삶에 대해 무엇을 깨닫게 되었는지, 앨리슨의 여러 이야기 가운데 왜 특정 부분에 끌렸는지, 그리고 다시말하기의 청중으로서 어떤 생각이 들었는지에 대해 질문했다. 이에 대한 그들의 답을 통해 나는 앨리슨의 다시말하기가 가족 모두에게 엄청난 경험이었음을 알게 되었다.

앨리슨이 사용한 회오리바람이라는 은유는 가족 모두에게 깊은 인상을 남겼고, 피오나의 가족이 무엇을 소중하게 생각하는지에 대한 앨리슨의 느낌 역시 깊은 인상을 주었다. 앨리슨의 생각은 이 가족으로 하여금 삶에 대한 생각을 더욱 풍부하게 발전시키고, 삶에서 가장 중요한 목적과 가치를 다시 한 번 깨닫도록 하며 이를 강화시키는 작용을 했다.

피오나는 앨리슨의 다시말하기를 들으면서 거식증의 술수를 더 명확히 인식하게 되었고 거식증을 극복한 자신의 미래를 희미하게나마 그려 볼 수 있었다고 했다. 그것은 희망이었다. 아직까지는 거식증을 옹호하는 생각과 자신을 강하게 만드는 생각을 구분하는 것이 어렵지만, 피오나는 앨리슨의 이야기를 들으면서 '안개가 어느 정도 걷히는' 느낌이 들었다고 했다.

피오나의 어머니는 그간 자신이 실패와 죄책감에 짓눌려 있었는데 다시말하기를 들으며 그런 느낌이 약간 줄어든 것 같다며 눈물을 흘렸다. 다시말하기를 통해 자신이 얼마나 많이 인정받고 이해받았는지에 대한 느낌은 말로 다 설명하기 어려울 정도이며, 그런 이야기를 듣게 되리라곤 전혀 기대하지 못했다고 했다.

피오나와 어머니 모두 앨리슨이 모녀관계에 대해 한 이야기에 자신들이 얼마나 많은 감동을 받았는지 모른다고 했다. 모녀간의 새로운 협력관계에서 좌절을 느꼈을 때, 그리고 피오나 인생을 거식증의 굴레에서 벗어나게 하는 일과 엄마를 옥죄고 있던 성역할 기대로부터 엄마를 해방시키기 위해

합심하여 돌파구를 찾기 시작했던 경험에 대해 이야기할 때, 그들은 한동안 눈물을 흘렸다.

어머니는 피오나의 경험에서 영감을 얻은 것이라고 하면서, 자신이 완벽해야 한다는 강박관념 때문에 그동안 내적으로 힘들었는데 이제 그걸 밖으로 표현할 수 있게 되었다고 했다. 그래서 이제껏 한 번도 생각해 보지 않았던 자신이 원하는 것에 대한 생각을 구체적으로 하게 되었고, 자신을 옥죄고 있던 엄마로서 혹은 여성으로서의 기대에 도전할 수 있게 되었다고 설명했다. 자신이 엄마에게 영감을 주었다는 이 엄청난 얘기를 듣고, 피오나는 한동안 말을 잇지 못했다. 나는 이런 이야기가 이제껏 피오나를 내리눌렀던 황폐함과 공허함에 좋은 해독제가 될 것이란 생각이 들었다.

아버지는 잘 견딜 수 있는 방향으로 휘는 방법을 찾는 데 힘을 보태는 것 같다는 앨리슨의 말에 충격을 받았다. 아버지는 이 모든 것이 자신에게는 너무나도 힘이 드는 일이라고 했고, 전에는 한 번도 해 본 적 없는 일을 해야 했다고 말했다. 한 예로 아내와의 관계에서 오랜 습관을 바꾸고 자신은 당연시해 왔지만 아내로서는 반박거리가 되었던 여러 가지 것을 인식해야 했다고 말했다. 그에 대해 저항감이 생겼지만 나름대로 그런 생각을 좀 누그러뜨리는 방법도 개발했다고 했다. 아울러 조금은 덜 고집스러워진 자신에 대해 나름대로 자부심을 느끼기도 한다고 했다.

그날의 상담을 정리하고 인사를 나누면서, 나는 앨리슨에게 그녀의 부모가 피오나 가족의 청중으로 앨리슨과 함께 다시말하기에 참여하면 어떻겠는지를 물었다. 이에 앨리슨은 자신의 부모가 기꺼이 동의할 거라고 했고, 피오나 가족 역시 큰 관심을 보였다. 그 후 앨리슨의 부모는 세 번째 회기에 우리와 함께 했다.

이후 내가 들은 얘기로는 이 두 번의 만남(앨리슨이 청중으로 참여한 만남과 앨리슨이 부모와 함께 청중으로 참여한 만남)이 피오나가 거식증으로부터 회복하는 데 중대한 전환점이 되었다. 앨리슨 가족의 기여는 내가 치료자로서 기여한 바에 비교할 수 없을 정도로 컸다고 생각하는데, 이는 상담시간에 외부증인이나 청중이 참여할 때 일반적으로 나타나는 현상이다. 하지만 치료자가 청중의 다시말하기를 이끌어 내는 효과적인 질문을 던지지 못한다면 이런 결과를 가져올 수 없다. 내가 앞서 했던 질문들은 수년간 여러 차례에 걸쳐 다시말하기를 시행하는 가운데 탐색하고 다듬어 온 것이다.

지금부터는 상담에 청중을 참여시키는 작업의 유래와 그 작업의 배경이 되는 이론들, 그리고 다시말하기를 이루고 있는 몇 가지 유형의 질문에 대해 설명하고자 한다. 또한 이를 성공적으로 실행하기 위해 고려해야 할 사항에 대해서도 언급하고자 한다.

청중 참여시키기: 정의예식의 개발과정

나는 친구이자 동료인 데이비드 엡스턴(David Epston)과 함께 1980년대부터 본격적으로 가족치료에 청중을 참여시키기 시작했다. 이러한 시도는 부분적으로는 우리가 만난 많은 아동이 자신이 원하는 삶을 떠올리며 자발적으로 청중을 동원하는 것을 보면서 영감을 얻은 것이다. 예컨대, 우리는 가족치료에서 아이들이 자신을 괴롭히는 문제로부터 자기 삶을 되찾아 오는 노력을 성공적으로 수행하면 그것을 기념하기 위해 상을 주곤 했다. 그럴 때마다 아이들은 그 상을 형제나 친척이나 학교 친구 등 다른 이들에게 보여 주고 스스로 자랑스러워했다. 이런 행동은 대부분 '청중'의 질문을 유발시켰고, 이를 통해 아이들은 청중에게 자신의 업적을 설명하고 가끔은 몸소 자신의 능력을 보여 주는 기회를 갖게 되었다. 청중의 질문과 반응은 더 말할 것도 없이 아동으로 하여금 자신이 원하는 삶을 다시 한 번 확인하고 유지하고 확장하는 데 커다란 영향을 미쳤다.

가족치료에 청중을 참여시킬 생각을 하게 된 또 하나의 계기는 이야기 은유(narrative metaphor)를 탐색하는 과정에서였다. 우리는 개인의 삶이 자기 이야기에 의해 형성된다는 것과 자기 이야기는 소중한 사람과의 관계 속에서 기술된다는 것을 깊이 인식하게 되었다. 그리고 삶의 문제나 어려움을 공략하는 데 있어 풍부한 이야기 발달이 얼마나 많은 가능성을 제시하는지에 대해서도 오랜 상담 경험을 통해 알게 되었다. 이러한 가능성은 전에는 생각하지 못했던 새로운 것이었다. 개인의 삶에 대한 풍부한 이야기 발달에 청중이 매우 중요한 역할을 한다는 것을 깨닫게 된 것이다.

청중을 참여시키는 데 영향을 미친 세 번째 요인은 개인의 이야기는 사회적으로 구성된 문화적 규범, 문화적 관습, 그리고 거기서 나타나는 권력관계에 의해 형성된다는 인식에서 비롯되었다. 우리는 우리가 나눈 치료적 대화가 사회적으로 구성된 규범을 반박하는 이야기를 형성하고 나아가 권력관계에 도전하는 데 도움이 된다는 것을 알게 되었다. 이때 개인이 형성한 새로운 대안적 이야기를 지지하고 확인해 주는 역할을 할 청중이 필요하다는 것을 인식하게 되었다. 무엇보다 청중의 참여는 새로운 이야기가 담고 있는 가치와 열망에 대한 연대감을 형성할 수 있게 해 준다. 특히 새롭게 형성된 대안적 이야기가 그 사람에게 일반적으로 부여되는 기대와 충돌하는 경우, 청중의 참여는 그 이야기를 유지시켜 가는 데 도움이 된다.

청중의 역할에 대한 이러한 발견은 상담에서 청중 참여는 보조적인 것이어야 한다는 내 생각을 일소시켰다. 하지만 당시 청중을 직접 상담에 참여시키는 일은 드물었다. 그보다는 내담자가 선호하는 새로운 이야기의 전개를 전폭적으로 지지해 줄 수 있는 사람이 누구인지 내담자로 하여금 떠올려 보게끔 권유하고 그들을 찾는 데 도움을 주었다. 이때 주로 글을 통한 방법에 의존했는데, 상장이나 수료증 혹은 '친애하는 누구누구에게'라는 형식의 편지 등을 활용했다.

그 후로 오랫동안 우리는 상담에 청중을 참여시키는 방법을 지속적으로 활용했다. 처음에는 가족이나 친구, 학교나 직장 동료, 이웃사람이나 가게 주인 같은 지인, 혹은 내담자가 모르는 사람들 중에서 적절한 사람들을 청중으로 선발했다. 하지만 우리는 이 일을 계속해 나가는 가운데 상담에 참여했던 사람들에게 향후 다른 이의 어려움을 해결하는 데 도움을 줄 의향이 있냐고 물었고, 그들을 청중 명단에 포함시키기 시작했다. 이 제안에 사람들은 열정적으로 응했고 기꺼이 자신의 이름과 연락처를 명단에 올려 명단에 이름 올리기를 거부한 사람은 지난 수년간 열손가락으로 꼽을 정도에 불과했다.

정의예식의 기원

문화인류학자 바바라 마이어호프(1982, 1986)의 연구는 청중의 중요성을 이해할 수 있는 토대를 제공했다. 인간의 정체성에 있어 '정의예식'의 역할에 대한 마이어호프의 연구는 상담에 청중을 동원한다는 발상에 영감을 주었고, 청중의 어떠한 반응이 풍부한 이야기 전개와 선호하는 이야기 발달에 가장 효과적인지를 연구하기 위한 초석이 되었다. 마이어호프는 1970년대 중반 로스앤젤레스의 베니스에서 인류학 연구를 수행하면서 그 지역에 거주하는 유태계 노인을 대상으로 하는 정체성 프로젝트에서 처음 정의예식을 소개했다.

이 지역의 많은 유태인은 20세기 초반에 동유럽 유태인 지역을 떠나 어린 나이에 미국으로 건너온 이들이다. 나이가 들어 은퇴한 이들은 온화한 기후를 따라 캘리포니아 남부로 왔고 집값이 상대적으로 저렴한 해안 지역 베니스로 오게 되었다. 그들의 상당수는 유태인 대학살에서 원가족을 잃었고 자녀도 없어 상대적으로 고립된 이들이었다. 그들은 고립으로 인해 자기 존재에 대한 불확실성을 경험하기에 이르렀는데, 이는 사회 일반은 물론 주변 사람들이나 스스로의 눈에도 보잘것없는 존재감에서 비롯된 것이었다.

유태계 노인은 모리 로젠이라는 헌신적인 지역사회 조직가의 도움으로 베니스에서 자신들의 공동체를 형성했다. 이 공동체를 통해 그들은 자신의 정체성을 회복하고 에너지를 되찾았다. 정체성과 에너지 회복에 도움이 된 방법에는 여러 가지가 있으나, 그중 정의예식이 특히 주도적인 역할을 했다. 정의예식(definitional ceremony)이라는 용어는 마이어호프가 처음 도입한 것으로, 이 공동체 구성원이 자기 삶의 이야기를 하고 또 하고 재현하고 다시 재현할 수 있도록 하는 만남의 장이나 모임을 설명하기 위해 사용되었다. 이러한 모임을 통해 유태계 노인은 공동체 구성원과 이 모임에 초대받은 외부 사람 앞에서 자신만의 방식으로 다시 태어나게 된 것이다.

> 문화가 조각나고 심하게 흐트러져 있는 경우 적절한 청중을 찾기란 쉽지 않다. 이런 때는 이야기할 수 있는 여건이 자연스럽게 만들어지기 어렵기 때문에 인공적으로 조성해 주어야만 한다. 난 그런 행위를 '정의예식'이라 명명했는데, 나에게 그런 행위는 거기 가야만 있는 청중 앞에서 삶에 대한 각자의 해석을 선언한다는 구체적 목적하에 사람들이 집단적으로 실시하는 자기정의 행위로 이해되기 때문이다. 집단적 자기 정의는 필요한 모든 수단을 다 동원한 상태에서 이루어져야 하며, 그 집단의 역사에 대한 진실을 구성원의 눈으로 바라볼 수 있게끔 이루어져야 한다. 사회적으로 주변인의 위치에 있는 사람, 무시와 멸시의 대상이 되는 사람, 어빙 고프먼(Erving Goffman)이 말하는 '오점으로 얼룩진 정체성(spoiled identities)'을 가진 사람은 남이 자기 모습을 볼 때 자기가 해석한 대로 봐 주기를 바라면서 그렇게 될 수 있는 기회를 꾸준히 찾는다(Myerhoff, 1982, p. 105).

이와 같은 정의예식은 이 지역 노인이 경험한 고립과 그 결과로 나타난,

자신들이 비가시적 존재라는 생각에 일종의 해독제 역할을 했다.

> 정의예식은 비가시성과 주변성의 문제를 다루는 전략이다. 이를 통해 개인은 자신의 가치, 생명력, 존재를 목격해 줄 사람들을 모아 그들 앞에서 자기 나름의 방식으로 자기 존재를 보여 주는 기회를 갖게 된다(p. 267).

정의예식에 참여하는 경험은 그들에게 자신의 정체성에 대한 '빈약한' 결론을 '풍부한' 결론으로 대체할 수 있는 정기를 불어넣어 주었다. 이 공동체 구성원들에게 삶은 정체성을 향한 여정이었다. 정체성의 여정은 자기 반영적 의식을 포함하는 특별한 과정이었다. 이 의식 속에서 구성원은 자신의 정체성과 타인의 정체성 형성이 현재에도 이루어지고 있으며, 자신이 그에 참여하고 있다는 사실을 인식하고 있었다. 아울러 자기 삶을 형성하는 데 스스로 기여하고 있다는 사실도 인식하게 되었다. 이러한 의식을 통해 "스스로를 만들어 가는 동시에 자신의 진정성(authenticity)과 온전성(integrity)을 유지할 책임" (Myerhoff, 1982, p. 100)을 갖게 되었다. 이 과정을 통해 자신이 소중하게 여기는 가치에 어울리는 삶을 스스로 조각해 나갈 수 있는 가능성은 더욱더 커지게 되었다.

마이어호프(1982)는 이러한 현상이 갖는 특별한 속성에 주목했다.

> 연구를 하다 보면 여러 가지 조건이 작용하면서 때로 특정 연령대의 구성원들에게 갑자기 자기 인식이 강해질 때가 있다. 그럴 때면 그 구성원들은 자신들 역사의 능동적 참여자가 되어 자신들에 대한 나름의 날카롭고 고집스러운 정의를 내놓고, 또 자신들의 운명, 과거, 미래에 대한 설명을 제시한다. 이 시점에서 그들은 이미 타인 연구의 대상이 아니라 자기들이 쓰는 역사 드라마 속에 등장하는 박식한 행위자가 된다. 그들은 자기 자신들을 만들어 내기도 하고 때로는 꾸며 내기도 한다. 이런 활동

은 누구에게나 자동적으로 또는 필연적으로 일어나는 것이 아니라 특별 한 상황에서 특별한 사람들에게만 제한적으로 일어나는 것이다(p. 100).

공동체 구성원의 이러한 행동은 자기 반영적 의식의 일부로, 인간의 정체성이란 것이 다음과 같은 속성을 갖고 있음을 보여 주었다.

- 정체성은 사적이고 개인적으로 만들어지는 것이 아니라 공적이고 사회적으로 형성되는 것이다.
- 정체성은 인간 본성을 무엇이라 정의하든 간에 인간 본성의 영향보다 역사적이고 문화적인 영향에 의해 형성되는 것이다.
- 개인의 정체성은 당사자가 자기 삶과 정체성에 관해 자기 나름의 주장을 갖고 또 사회적 인정을 통해 그것으로부터 진정한 자기 모습을 이끌어 내려고 노력하는 데서 비롯되는 것이다. (이러한 인식은 개인의 정체성이 내적 성찰을 통해 '자기'의 본질을 파악하고 그것을 표현하는 과정에서 발견되는 성격의 것이라는 입장과 대조된다.)

'자기 정의를 집단적으로 하는 행위' '다른 사람 앞에서' 해야 한다는 규칙, '누군가 자신의 가치, 생명력, 존재를 목격하도록 증인을 모으는 행위' '다른 곳이라면 존재하지 않을 청중에게 자기 해석을 선언하는 행위', 이 모든 것에 부여된 중요성은 정의예식에서 청중의 기여가 얼마나 핵심적인지를 잘 보여 주고 있다. 공동체 모임에서 나온 이야기가 진실로 입증된 것은 다름 아닌 그 이야기에 대한 청중의 반응 때문이었다. 그 이야기에 표현된 자기 정체성에 대한 주장[2]은 청중의 인정이 있기에 진정한 것이 될

2) 여기서 주장(claims)이란 용어는 비하적으로 사용된 것이 아니다. 오히려 그것은 인간 정체성에 관한 모든 결론이 사회적으로 구성된 정체성 주장에서 비롯되며 그러한 주장에 진실성을 부여하는 것은 그에 대한 사회적 인정(social acknowledgement)이라는 생각을 내포하는 것으로 사용

수 있다. 구성원은 자신의 이야기가 청중에게 인정받는 과정에서 비로소 자신이 주장하는 삶과 자기 자신이 일치함을 느낀다. 이와 같은 공동체 모임의 맥락에서 청중은 '타인의 드라마에 참여하고' '자기도 모르는 사이에 드라마의 줄거리를 진행시키는' 역할을 하게 된다.

> 유태계 노인은… 현실과 비현실, 실제와 상상을 구분하고 그 경계를 넘나들며 밀고 당기는 과정에서 증인은 자신도 모르게 타인의 드라마에 참여하고 있음을 깨닫게 된다…. 그들은 그 경계를 넘어 '다섯 번째 주인공'[3]이 되어 자신도 모르는 사이에 줄거리를 발전시키는 증인이 되어 버리고, 결과적으로 그들의 이야기는 온전히 자기 자신의 것이 아닌 타인의 삶과 엮인 것이 된다(Myerhoff, 1984, p. 28).

마이어호프는 정의예식에서 외부증인의 적극적 참여를 매우 중요시했다. 화자의 이야기에 표현된 정체성 주장이 진실이라는 것을 가장 강력히 인정해 준 것은 그 이야기에 대한 청중의 다시말하기였다. 청중의 다시말하기는 화자의 주장을 공적이고 사실적 차원에서 인정하면서 그 주장을 확장하고 그것에 권위를 부여하는 역할을 했다. 이를 통해 공동체 구성원은 자신이 주장하는 삶과 실제 삶이 일치하는 것을 경험했다. 결국 개인이 자기 존재의 확실성을 새롭게 경험하는 데 주된 역할을 한 것은 바로 청중의 다시말하기였다.

되었다. 이와 같은 사회적 인정의 맥락에서는 개인이 주장하는 정체성에 진실성의 지위가 주어지는데, 그러한 지위는 그 사람의 삶 그리고 그 사람의 행동에 대한 타인의 반응을 형성하는 데 지대한 영향력을 행사한다.

3) 역주: 윌리엄 데이비스(William R. Davies)의 소설 『다섯 번째 주인공(The Fifth Business)』에 등장하는 5인의 인물 중 가장 비중이 적으나 이야기 전개에 필수적인 존재를 가리킨다.

정의예식의 치료적 활용

정의예식에서의 증인 역할에 대한 마이어호프의 생각은 우리가 상담 활동을 하면서 발견한 몇 가지 점과 일치했다. 그것은 바로 이야기를 풍부히 발전시키고 정체성에 관한 결론을 풍부히 구성하며 내담자 삶에서 내담자가 바라는 결과가 지속되고 확장되도록 하는 데 청중이 매우 유용하다는 점이다. 베니스 지역 유태계 노인의 경우가 그랬듯이, 우리가 상담에 초대하는 청중도 내담자에게 다음과 같은 여러 가지 기회를 제공한다는 것을 알게 되었다.

- 내담자가 공동체 구성원과 상담에 초대받은 다른 외부 사람 앞에서 자기 나름의 방식대로 자신의 모습을 다시 드러낼 수 있도록 해 준다.
- 내담자가 자신의 이야기 속에 표현되어 있는 자신의 정체성 주장에 대해 인정받을 수 있도록 해 준다.
- 내담자가 그러한 정체성 선언이 진정한 것임을 인정받는 경험을 하도록 해 준다.
- 내담자 자신이 자기가 중시하는 가치와 어울리는 자기 삶을 만드는 과정에 개입할 수 있도록 해 준다.

분명한 것은 우리 상담에 참여했던 청중은 내담자가 주장하는 정체성을 '공적이고 사실적' 차원에서 확인시켜 주었고 '자신도 모르는 사이에 이야기 줄거리를 발전시키는' 역할을 했다는 것이다.

이와 같이 청중이 수행하는 역할의 중요성을 이해하게 되면서부터, 우리는 다시말하기를 통해 청중으로 하여금 내담자의 이야기를 듣고 내담자가 삶에서 지향하는 것이 무엇인지를 생각해 보게 하는 데 주력했다. 하지만 그 당시까지만 해도 청중은 간접적으로만 참여했다.

치료적 대화에 청중을 직접 참여시킨다는 생각은 톰 앤더슨(Tom Anderson, 1987)의 '반영팀(reflecting-team)'으로부터 영감을 받은 것이다. 초기에는 청중이 대부분 내담자가 아는 사람들이나 우리가 아는 사람으로 구성되었지만, 이후에는 전문가도 포함되었다. 그 무렵 나는 외부증인의 다시말하기 중 어떤 부분이 풍부한 이야기 발달에 가장 효과적인지 탐색하기 시작했다. 이제부터는 이 탐색과정에서 발견한 몇 가지 점을 설명하고자 하는데, 특히 정의예식을 위한 상담의 구조와 다시말하기의 일부인 인정(acknowledgement)에 초점을 두고자 한다.

정의예식의 구조

이야기치료의 과정에서 정의예식은 다음의 세 가지 단계로 구분된다.

1. 말하기(telling): 정의예식의 주인공이 자신에게 의미 있는 삶의 이야기를 나눈다.
2. 다시말하기(retelling): 외부증인으로 초대받은 사람들이 주인공의 이야기에 대해 말한다.
3. 다시말하기에 대한 다시말하기(retelling of retelling): 외부증인의 다시말하기를 듣고, 주인공이 그에 대해 다시말하기를 한다.

말하기

첫 번째 단계에서는 치료자가 내담자와 이야기를 하고, 그동안 외부증인은 청중이 되어 그 이야기를 듣는다. 이 과정에서 치료자는 내담자가 개인의 정체성과 대인관계에 대해 중요한 이야기를 나누도록 도와준다. 이때 외부증인은 내담자 이야기를 주의 깊게 들으면서 나중에 그 이야기에 대해 다시말하기를 할 수 있도록 준비한다.

피오나 가족과 앨리슨이 만났을 때, 나는 우선 피오나와 부모를 상담했다. 이 상담은 거식증이 가족의 삶과 가족관계에 어떤 작용을 하는지, 그에 대한 가족의 경험은 어떤지, 그리고 거식증을 지지하는 여러 세력에는 어떤 것이 있는지 탐색할 수 있는 장을 제공했다. 이러한 대화는 가족이 거식증을 위협했던 경험과 그 배경, 가족이 추구하는 가치 가운데 이런 경험을 가능케 한 것, 그 가치의 유래나 내력 등을 이야기할 수 있는 장을 제공했다. 이 과정에서 앨리슨은 청중의 역할을 수행했는데 내가 '말하기'라고 부르는 대화의 외부증인 역할이었다. 즉, 그녀는 직접적인 참여자가 아닌 외부에서 목격하는 사람으로 이 대화에 참여했다.

다시말하기

적당한 시점에서 치료자는 정의예식의 중심인물(내담자)과 외부증인의 위치를 바꾼다. 내담자는 이제 외부증인의 다시말하기를 듣는 청중이 된다. 다시말하기는 주로 치료자의 질문에 답하는 형식으로 진행된다. 다시말하기는 내담자 이야기의 전체 내용을 다시 말하거나 요약하는 과정이 아니다. 대신 말하기에서 나왔던 내용 중 자신의 마음에 와 닿았던 부분에 대해 다시 말하는 것이다. 이는 말하기의 일부분에 따로 의미를 부여하고 다듬어 가는, 본래 말하기의 영역을 넘어서서 의미를 부여하는 과정이다. 다시말하기를 통해 예식의 중심에 있는 이들(내담 가족)의 관계와 정체성은 더욱 풍부하게 묘사된다. 외부증인의 다시말하기는 가족 구성원의 이야기를 공통적인 주제로 연결시키는 역할을 해 주며, 그들이 소중하게 여기는 가치를 생생하게 인식시켜 준다.

피오나 가족의 이야기가 앨리슨이 응답할 수 있을 정도로 충분히 다루어졌다고 생각되었을 때, 나는 피오나 가족에게 앨리슨과 얘기할 동안 잠시 그 이야기를 들으라고 했다. 내가 앨리슨에게 던진 질문은 피오나 가족이 추구하는 가치를 명확히 재설명하는 것으로, 다시말하기를 발전시키기 위한 것이었다. 나는 앨리슨에게 피오나 가족의 이야기 중 특별히 관심이 가거나 마음에 와 닿았던 이야기가 있었는지 물었다. 그리고 그 이야기가 앨리슨에게 어떤 형상이나 이미지를 연상시켰는지, 그녀 자신의 경험과 연관되는 부분이 있는지, 그로 인해 그녀의 마음이 움직였다면 어떻게 움직였는지에 대해 질문했다. 이 과정에서 앨리슨의 다시말하기는 가족의 말하기의 부분 부분에 의미를 부여하는 동시에 여러모로 원래 이야기의 경계를 넓히는 역할을 했다. 다시말하기를 통해 피오나 가족은 각자의 정체성과 자신들의 관계에 대해 재정의하는 이야기를 풍부히 발전시킬 수 있게 되었다. 또한 다시말하기는 가족 구성원의 삶을 그들이 추구하는 구체적 가치나 바람을 중심으로 엮어 줌으로써 가족의 이야기를 풍부히 발달시키는 데 기여했다. 그다음 회기에는 앨리슨의 부모도 외부증인으로 함께 참여했는데, 그들의 이야기 역시 그러한 가치나 바람을 중심으로 피오나 가족의 이야기와 연결 지어졌다.

외부증인이 수행하는 다시말하기의 핵심은 특정한 방식에 따라 내담자의 이야기를 인정(acknowledge)하는 것이다. 인정의 과정은 네 가지 유형의 탐색 질문을 기초로 진행된다. 여기서 '탐색 질문(inquiry)'이라는 용어를 사용한 이유는 다시말하기가 형식 없이 자유롭게 진행되는 것이 아니라 치료자의 질문에 따라 진행된다는 것을 강조하기 위함이다. 구체적으로 다시말하기는 지지하거나, 축하하거나, 긍정적인 것을 지목하거나, 강점을 지목하거나, 도덕적 평가를 하거나, 문화적 규범에 비추어 평가하기 위한 행위가 아니다(긍정적인 평가든 부정적인 평가든). 또한 타인의 삶을 해석하고 가정하거나, 문제를 해결하기 위한 제안이나 충고 또는 훈계를 하거나, 타인의 삶의 사건을 자기 방식대로 재설명하거나, 문제 또는 딜레마를 해결해 주려고 하거나, 걱정을 표현하기 위한 행위가 아니다. 나아가 외부증인의 응답은 감정이입이나 동정이 아니라 외부증인이 경험한 공명(resonance)이다. 즉, 외부증인의 응답 가운데 가장 효과적인 것은 내담자의 가치 중 어떤 것이 외부증인에게 의미가 있었는지 이야기하면서 내담자의 가치를 재확인시켜 주는 식의 응답이다.

다시말하기의 목적이 아닌 것을 이같이 나열했다 해서 생애사건에 대해 일반적으로 이루어지는 반응이 모두 부적절하다는 의미는 아니다. 다시 말해, 일상적 반응의 타당성에 이의를 제기하려는 것이 아니다. 실제로 축하나 동의나 충고가 적절하고 의미 있는 경우는 많다. 하지만 정의예식 대화에서 이러한 반응은 풍부한 이야기 발달에 도움이 되지 않을 뿐더러 심지어는 인간 삶에 대한 결론이 빈약해지는 결과를 초래하기도 한다.

덧붙이자면, 위에서 나열한 반응 중 많은 것은 평가 행위를 동반하는 것이다. 한 예로 축하를 하는 것은 특정한 기준에서 무엇인가를 잘 수행했다는 메시지를 전달하며, 청중이 그런 평가를 할 수 있는 자격을 가지고 인정하는 위치에 있다는 것을 암암리에 전달한다. 치료 장면은 일상생활의 장이 아니기 때문에 거기서 나타나는 축하한다는 반응은 선심을 쓰는 듯한 느낌을 줄 수 있다. 또는 청중이 내담자의 상황이나 문제를 제대로 이해하지 못하고 가볍게 여긴다는 느낌을 줄 수 있으며, 진지하지 못하거나 심한 경우는 내담자를 우습게 여긴다는 느낌을 줄 수도 있다. 치료적 맥락에 권력관계가 작용하기 때문에 이러한 경험은 내담자가 치료자나 외부증인으로부터 소외감을 경험하는 결과를 초래할 수 있다.

치료자는 청중의 참여로 인한 결과에 대해 윤리적 책임이 있다. 이 책임을 감당하는 일은 치료자가 외부증인의 다시말하기를 잘 구조화시킬 때 비로소 가능하다. 구조화란 청중의 참여를 제한하는 것을 의미하는 것이 아니다. 내 경험에 비추어 볼 때, 구조화는 외부증인으로 하여금 일상적인 생각을 넘어서고 이전에는 생각지 못했던 것을 생각할 수 있는 조건을 만들어 준다. 간단히 말해, 다시말하기는 타인의 인생 이야기에 대한 친숙하고 당연한 반응을 의미하는 것이 아니다.

다시말하기는 뒤에 제시한 4단계 질문에 따라 구조화되며, 정의예식 주인공의 삶에 큰 공명을 일으킬 수 있는 잠재력을 갖고 있다. 주인공의 자기 이야기가 풍부해지는 것, 주인공이 자기가 지향하는 가치에 대해 친숙함을 느끼게 되는 것, 그리고 주인공의 삶과 정체성에 대한 여러 가지 부정적 결론이 불식되는 것은 모두 그러한 공명으로 인해 촉진된다. 또한 그러한 공명은 주인공이 당면한 문제나 어려움을 어떻게 헤쳐 나갈 수 있을지에 관한 지식이나 방법이 축적되는 경험을 할 수 있도록 해 준다.

다시말하기의 4단계 질문을 설명하기에 앞서, 우선 정의예식에 참여할 외부증인을 준비시키는 과정에 대해 간략히 설명하고자 한다.

외부증인을 위한 준비과정

대부분의 경우 나는 외부증인과 간단한 이야기를 나누고 나서 정의예식을 진행한다. 이때 나는 다시말하기에 대해 다음과 같이 설명한다.

- 주인공 이야기의 특정 부분을 인정해 줌으로써 주인공의 이야기가 풍부히 발전하도록 돕는다.
- 주인공 이야기를 귀 기울여 들어준 후 그중 특별히 마음에 와 닿는 부분에 대해 다시말하기를 수행한다.
- 다시말하기를 통해 그 부분을 설명하는데, 이 과정에서 자신의 이야기를 지나치게 강요하지 않는다.
- 그 부분이 왜 마음에 와 닿았는지, 그리고 그것이 나에게 어떤 영향을 미쳤는지를 설명한다.
- 의견이나 충고, 평가, 설명 등 타인의 삶에 대해 사람들이 보이는 일상적인 반응은 피한다.

그런 다음 나는 이야기를 좀 더 풍부히 발전시키는 데 도움이 되는 방향으로 이끌 필요가 있다고 생각되거나 다시말하기가 내가 의도하는 인정의 형식과 다른 방향으로 간다고 생각될 때 끼어들겠다는 의사를 표시하고 그에 동의를 구한다. 그리고 외부증인의 다시말하기 결과에 대한 전반적 책임을 감당하기 위해서 중간 중간 질문을 통해 방향을 이끌어 가는 일이 반드시 필요하다는 것을 설명한다. 거의 모든 외부증인이 이러한 구조를 환영하는데, 그것이 자신의 역할에 대한 걱정과 불안을 오히려 감소시켜 주기 때문이다. 또한 그것이 다시말하기를 스스로 모니터하면서 자신의 반응에 부담을 갖기보다는 질문에 자유롭게 답할 수 있는 환경을 만들어 주어 외부증인의 마음을 편하게 해 주기 때문이다.

그러고는 외부증인을 면담할 때 사용하게 될 4단계 질문에 대해 설명하는데, 이해하기 쉬운 말로 설명하거나 문화적 배경을 고려하는 것은 물론 연령과 발달 단계에 적합하도록 조절한다. 이때 다음과 같은 설명서를 나누어 주는 것도 도움이 된다.

인정을 위한 4단계 질문

1. 표현 질문: 우선 말하는 사람의 표현에 주목합니다. 당신이 들은 이야기 중 가장 마음에 와 닿은 것, 특별히 관심이 가거나 상상력을 유발하는 것을 이야기해 달라고 할 겁니다. 여기서는 특히 그 사람의 삶의 가치를 잘 보여 주는 표현이 구체적으로 무엇인지 듣고자 합니다. 그 표현은 단어나 문장일 수도 있고 감정이나 기분일 수도 있습니다. 특별히 마음에 와 닿은 부분을 설명할 때는 사람들이 일반적으로 주목하는 부분 말고 당신이 개인적으로 주목하게 된 부분을 말해 주세요. 그 사람의 표현에 초점을 두게 되면 당신의 답변이 좀 더 구체적이 될 것입니다.
2. 이미지 질문: 그다음에는 이미지나 형상을 떠올립니다. 이야기를 들으

면서 어떤 이미지가 떠올랐는지 설명해 달라고 할 것입니다. 그 이미지는 마음에 와 닿는 표현을 들었을 때 떠오르는 이미지를 말합니다. 이미지는 말하는 사람의 삶에 대한 은유의 형태를 띨 수도 있고, 그 사람의 정체성이나 대인관계에 대해 떠오르는 어떤 장면일 수도 있습니다. 혹은 그 사람의 삶을 보면서 느껴지는 어떤 감각일 수도 있습니다. 이에 대한 답변이 끝나면 이런 은유나 장면이 그 사람이 가진 어떤 목적, 가치, 신념, 희망, 열망, 꿈, 의지 등을 반영하는지, 그리고 그 사람이 삶에서 어떤 것을 추구하고 어떤 가치를 중시한다는 것을 보여 주는지에 대해 생각해 보라고 할 겁니다. 그런 다음 그 이미지가 그 사람의 삶과 정체성에 대해 무엇을 말해 주는지에 초점을 두고 질문할 것입니다. 하지만 어떤 명확한 결론을 강요하는 질문은 하지 않을 것입니다.

3. **공명 질문**: 세 번째로 주목할 것은 당신에게 일으킨 공명[4]입니다. 당신이 왜 특정한 표현에 끌렸는지, 당신 삶의 어떠한 부분을 떠올리고 연관 짓게 되었는지에 대해 질문할 것입니다. 그 사람이 했던 말이나 표현을 당신의 삶과 연관 지어 관심을 가지게 될 때, 저는 그 관심을 '실재적 관심'이라고 부릅니다. 이는 실체가 없는 관심과 대조되는 개념입니다. 다르게 표현하면, 당신의 관심은 학술적 차원이 아니라 명백히 개인적 차원의 관심이고, 관망하는 것이 아니라 식섭석이면서 참여하는 관심입니다. 여기서 중요한 것은 그 사람의 특정한 이야기나 표현을 들었을 때 당신 자신의 삶의 경험 가운데 어떤 것이 떠올랐

4) 이 장에서는 다음의 두 가지 현상을 설명하기 위해 공명(resonance)이란 용어를 사용한다. 첫째는 정의예식 중 다시말하기의 특징을 설명하기 위해 사용하는데, 이는 다시말하기가 화자의 삶의 가치를 일깨우는 데 강력한 역할을 한다는 인식에 기초한 것이다. 둘째는 외부증인에게 불러일으키는 공명을 가리키기 위해 사용하는데, 외부증인은 화자의 표현에 응답하는 가운데 그러한 공명을 경험하게 된다.

는지를 설명하는 것입니다. 치료자인 경우에는 상담 경험을 이야기하셔도 좋습니다.

4. 이동 질문: 마지막으로 지점 이동(transport)에 대해 생각해 봅니다. 그 삶에 대한 이야기가 당신을 어떻게 움직였는지에 대해 생각해 보라고 요청할 것입니다. 타인의 삶에 대한 강렬한 드라마 같은 이야기를 듣고 어떠한 방식으로든 마음이나 생각이 움직이거나 이동하지 않을 수는 없습니다. 여기서 '이동한다'는 말은 광범위한 의미입니다. 만일 당신이 현재 밖에서 쇼핑을 하거나 집안일을 하고 있었다면 떠올리지 않았을 생각이 무엇인지에 집중해 보세요. 그렇게 한다면 위의 경험으로 인해 당신이 어떤 생각을 하게 되었는지, 다시 말해 존재나 개인적 삶 또는 삶 일반에 대한 당신의 생각이 어떤 지점에 와 있는지에 대한 질문에 대비하실 수 있을 겁니다. 이야기를 들으면서 떠올리게 된 사람들과 나누었던 대화나 일상에서 혹은 대인관계에서 어려움에 처했을 때 어떤 선택의 여지가 있었는지 등을 떠올리셔도 좋습니다. 이 단계에서 당신의 응답은 주인공의 이야기를 목격하고 그에 응답하는 기회를 통해 당신이 어느 지점에 이르게 되었는지, 또 당신의 삶이 어떻게 달라졌는지를 인정하고 보여 주는 이야기가 될 것입니다.

이처럼 외부증인이 각 단계의 질문을 잘 이해할 수 있도록 설명한 후에는 이야기를 들으면서 우선 어떤 표현이 와 닿고 그런 표현이 어떤 이미지를 떠올리게 하는지에 주목하라고 설명한다. 그리고 세 번째 단계(공명)와 네 번째 단계(이동)는 다시말하기 과정에서 치료자가 던지는 질문을 통해 자연스럽게 이루어질 것이라고 얘기해 준다.

질문의 유형을 좀 더 자세히 설명하기 위해 앨리슨의 다시말하기 과정을 [그림 4-1]과 같이 '정의예식 지도' 위에 그려 보았다. 이 지도는 외부증인 면담의 진행과정을 보여 준다. 하지만 앨리슨의 다시말하기 과정은 직선적

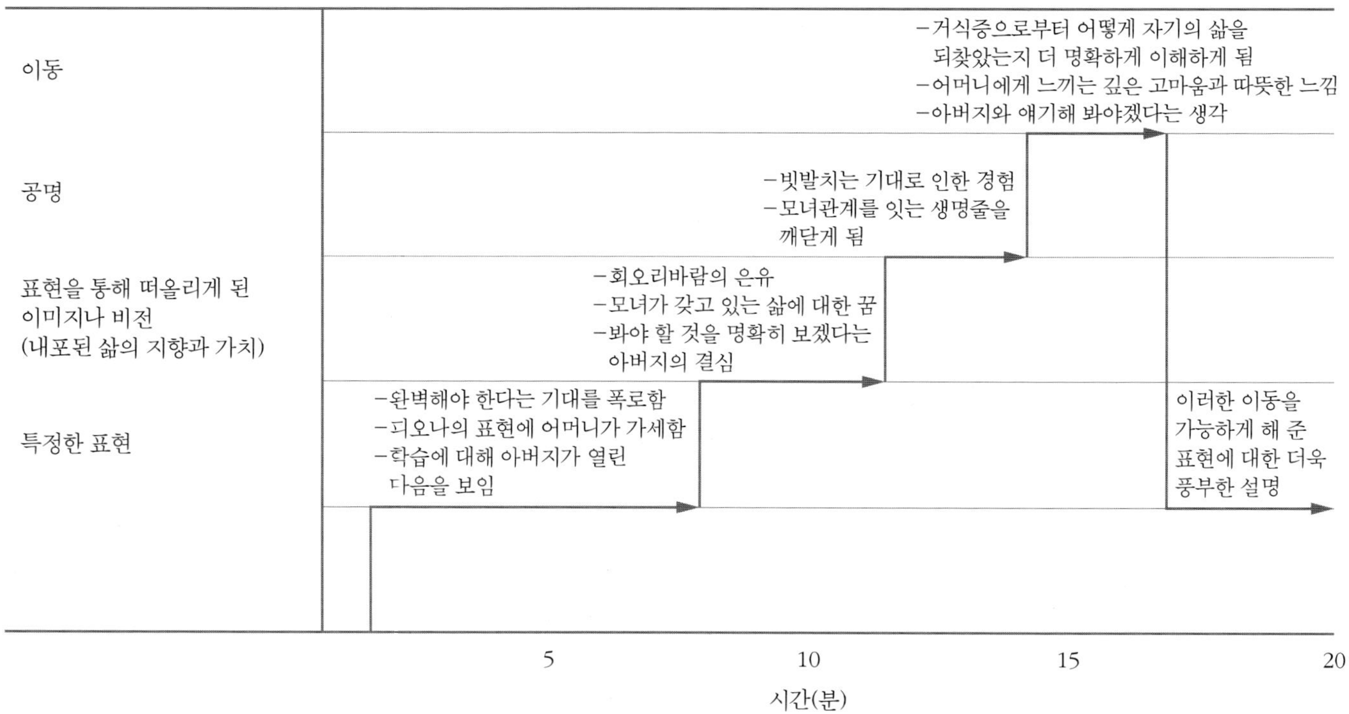

[그림 4-1] 외부증인의 다시말하기(앨리슨 이야기)

과정이라고 보기 어려운데, 내가 계속해서 피오나 가족의 표현에 중심을 두라고 했기 때문이다. 반복적으로 내담자의 표현에 초점을 두는 것은 외부증인의 모든 반응이 결국 그 표현에 기초한 것임을 확실히 하려는 것이다. 이 점은 이야기치료의 정의예식이 갖고 있는 특징 중 하나로, 외부증인의 반응에 진정성을 더해 주는 것이다.

표현, 이미지, 공명, 이동의 네 가지 범주는 청중을 참여시켰던 여러 치료과정의 경험을 기초로 만든 것이다. 내러티브 개념에 기초한 다른 종류의 질문도 만들어 보았으나, 위에서 설명한 이 네 가지가 풍부한 이야기 발달에 가장 효과적이라는 결론을 얻게 되었다. 이는 정의예식의 주인공들로부터 받은 피드백은 물론 다시말하기의 영향에 대한 나 자신의 직접적인 관찰에 기초한 것이다.

또한 가장 순조로우면서도 외부증인에게 가장 의미가 있었던 다시말하기 역시 이 4단계로 진행되었던 경우다. 내담자의 표현 중 가장 관심이 가고 마음에 와 닿는 것을 탐색하고 이미지를 떠올리는 과정은 외부증인으로 하여금 자신의 삶과 정체성에 대한 생각과 이미지를 의식하게 만든다. 삶과 정체성에 대한 이런 이미지는 종종 은유, 유추, 직유를 활용하여 풍부하게 표현되기도 한다. 그 이미지는 자신이 살아온 삶에 대한 반향을 유발한다. 음파로 인해 고막 표면에 공명이 일어나는 것과 같이, 그러한 이미지로 인해 증인 삶의 경험에 공명이 일어난다. 이제껏 간과되어 왔던 경험이 환히 밝아지면서 기억 속에 되살아난다. 따라서 증인은 자기 삶의 이야기가 어떤 면에서는 예식 주인공의 삶의 이야기와 연결되어 있다는 느낌을 갖게 된다.

이미지, 공명, 파장 및 카타르시스

이미지, 공명, 파장은 공상의 이미지와 이미지의 시학에 대해 저술한 과학철학자 가스통 바슐라르(Gaston Bachelard, 1969)가 사용한 개념이다.

나는 그의 철학이 치료에 매우 유용하다고 생각해 왔는데 외부증인 질문의 경우 특히 그렇다. 이 세 가지 개념을 염두에 두고 외부증인을 만난 경험이 질문을 개발하는 데 큰 도움이 되었다.

외부증인 상담에서 네 번째 단계인 이동이 내포하는 또 하나의 매우 유용한 개념은 바로 카타르시스(**k**atharsis)다. 일반적으로 알고 있는 카타르시스(**c**atharsis)가 갖는 방출, 정화 등의 의미와 구별하기 위해, 나는 카타르시스의 앞 철자를 k로 사용한다. 내가 이해하는 카타르시스란 인생 드라마에서 강렬한 표현을 목격했을 때 경험하는 현상, 고대 그리스의 비극을 관람했을 때 경험하는 현상과 유사한 반응을 의미한다. 따라서 고전적 의미로 정의했을 때, 카타르시스란 어떤 것을 경험함으로써 심적으로 움직였을 뿐만 아니라 생각이나 마음이 이전과 다른 상태나 지점으로 이동하는 현상을 말한다. 여기서 다른 지점으로 이동한다는 것은 다음과 같은 의미를 갖는다.

- 삶과 정체성에 대해 새로운 관점을 가지게 되는 것
- 간과해 왔던 삶의 한 부분을 다시 생각하고 돌이켜 보는 것
- 중요하게 생각해 왔던 삶의 가치와 목적을 다시 생각하는 것
- 이전에는 미처 지각하지 못했던 특정한 경험에 대해 새로운 의미를 찾는 것
- 항상 가지고 있었지만 그동안 전혀 지각하지 못했던 삶의 기술을 발견하는 것
- 이제까지 한번도 고려해 본 적이 없는 것을 시도하는 것
- 평상시 생각하는 방식이 아닌 다른 방식으로 생각하는 것

이런 의미를 갖고 있는 카타르시스를 도입하는 것은 외부증인 상담에서 정의예식의 주인공인 내담자의 이야기에 초점을 두는 우리의 원칙에 부합

한다. 왜냐하면 여기서 카타르시스는 내담자 이야기 가운데 청중의 심금을 울리고 이야기에 빨려 들도록 하여 상상력을 자극하고 호기심에 불을 붙이며 경이로움을 유발시키는 특정한 표현과 관련이 있기 때문이다.

카타르시스 개념은 외부증인이 주인공의 이야기를 듣고 어떤 과정을 통해 이동하게 되었는지 파악하기 위한 여건을 조성해 준다. 또한 그것은 그 과정을 인정하도록 촉구한다. 다시 말해, 주인공의 이야기가 어떤 과정을 통해 예측 불가능한 곳으로 우리를 인도했는지 인정하도록 촉구한다. 카타르시스는 그와 같은 강렬한 표현이 우리 삶의 모양새를 바꾸었다는 점과 그 자리에서 그 표현을 목격함으로써 다른 사람이 되었다는 점을 적절한 방법을 통해 인정할 수 있게 해 준다. 이런 인정은 거창하거나 그럴듯한 칭찬이 아닌 구체적 사실에 근거하고 있어 더 강력한 영향력을 갖는다.

카타르시스는 외부증인의 다시말하기에만 국한되는 것이 아니다. 그것은 치료자로서 우리가 상담이나 교육이나 지역사회 활동을 통해 접하는 수많은 경험으로부터 느끼는 감정이나 생각을 이해하는 방법이기도 하다.

외부증인이 카타르시스를 짚어내는 것을 어려워하는 경우가 있다. 이 경우 치료자는 외부증인이 경험한 공명이 미칠 수 있는 잠재적 영향에 대해 생각해 보도록 도와준다. 예를 들어, 어떤 증인이 자기 이모의 영향은 설명하면서도 카타르시스에 주목하는 것은 어려워한다고 가정해 보자. 이때 치료자는 이모가 증인에게 중요한 영향을 끼쳤단 사실을 이모 자신은 알고 있는지 묻고, 만일 모른다면 이모가 그 사실을 알게 되는 것이 증인에게 어떤 의미가 있을 것이며 이를 통해 증인의 삶은 어떻게 달라질 것인지를 질문한다. 다른 예로 내담자 이야기를 통해 증인이 자신이 열망하는 것을 인식하도록 할 수는 있었으나 거기서 카타르시스 요소를 발견하는 것은 어려워했다고 하자. 이 과정을 돕기 위해 치료자는 열망을 밖으로 표현한 것에 대해 다음과 같이 질문할 수 있다. 당신이 가지고 있는 열망을 이 자리에서 입 밖으로 표현한 것에 대해 어떻게 생각하세요? 이런 시도가 어떤 결과를 갖고 올까요? 이제 이렇게 말로 표현했으니 다른 사람에게 당신의 열망을 드러내는 일이 좀 더 쉬워질까요? 만일 그렇다면 무엇이 어떻게 달라질까요?

다시말하기에 대한 다시말하기

다시말하기가 끝나면 외부증인은 다시 청중의 입장으로 돌아가고, 난 내담자와 함께 외부증인의 다시말하기에 대해 이야기를 나눈다. 이렇게 해서 두 번째 다시말하기가 시작되는데, 이때 내담자는 외부증인의 다시말하기에 대해 다시말하기를 하는 것이다.

이 과정 역시 4단계 질문(표현, 이미지, 공명, 이동)을 통해 이루어진다. 단, 두 번째 단계인 이미지에 관련된 질문은 주인공의 삶과 정체성에 대한 이미지에 초점을 둔다. 다시 말해, 주인공이 외부증인의 다시말하기를 들으면서 떠올리게 된 자신의 삶에 대한 은유나 이미지에 대해 이야기하게 된다. 이때 다음과 같은 내용을 중심으로 주인공을 면담한다.

- 외부증인의 이야기 중 가장 마음에 와 닿은 표현은 무엇인가?
- 그러한 표현을 들으면서 어떤 이미지나 장면(외부증인의 삶이 아닌 자신의 삶에 대한)이 떠올랐는가? 또 그 이미지를 통해 엿볼 수 있는 자신의 삶의 지향이나 가치는 무엇인가?
- 외부증인의 표현을 들으면서 어떤 개인적 경험을 떠올리게 되었나?
- 외부증인의 표현을 들으면서 자신의 삶에 관해 어떤 생각, 느낌, 깨달음을 갖게 되었는가, 그리고 앞으로의 행보에 대해 어떤 생각을 하게 되었나?

앨리슨과 피오나 가족의 만남에서 앨리슨의 다시말하기가 끝난 후, 난 피오나와 부모를 대상으로 앨리슨이 한 이야기 중 특별히 관심이 가거나 가슴에 남았던 이야기가 무엇이었는지 물었다. 그런 다음 그 이야기를 듣는 가운데 떠오른 생각이나 이미지는 무엇이었는지 질문했다. 피오나는 거식증을 떠나 새로운 희망을 갖는 비전을 떠올렸다. 어머니는 큰 어려움 속에서도 버텨 냈던 어머니로서 자기 모습과 거식증으로부터 인생을 되찾겠다는 의지를 보이는 딸의 모습에서 받은 영감을 떠올렸다. 피오나와 어머니 두 사람은 혼신을 다해 함께하는 모습과 형평성에 어긋난 사회적 기대에 도전하고 있는 여성의 모습을 떠올렸다. 아버지는 아내나 딸과 새로운 관계를 맺는 데 따르는 도전에 기꺼이 직면할 의지가 있다는 말에서 보여주듯 공평함이란 가치를 전보다 더 깊이 새기는 모습을 떠올렸다.

그런 다음 피오나에게 앨리슨의 다시말하기를 들으며 어떤 경험이 떠올랐는지, 그리고 다시말하기의 청중으로 참여하고 다시말하기에 대해 다시말하기를 하면서 어떤 생각과 느낌을 갖게 되었는지 질문했다. 이러한 과정에서 피오나는 무엇보다 거식증의 역할과 어머니와의 협력에 대해 명확히 이해하게 되었다. 어머니는 죄책감으로부터 조금이나마 자유로워졌으며 그간 피오나와 함께 이룬 것과 앞으로의 도전에 대해 새로운 깨달음이 있었는데, 그것은 피오나도 똑같이 경험하고 있는 것이었다. 아버지는 그동안 자신이 아내와 딸을 대할 때 당연시해 왔던 것들을 어떻게 변화시킬 수 있을지에 대한 자신의 계획을 이야기했다.

다시말하기의 운영

말하기, 다시말하기, 다시말하기에 대한 다시말하기의 각 단계는 뚜렷하게 구분되며 비교적 형식에 맞추어 진행된다. 다시말하기를 할 때 외부증인은 청중을 직접 대화 속으로 끌어들이지 않아야 한다. 청중의 입장에 있는 내담자에게 직접 이야기를 하는 것이 아니라 외부증인끼리 혹은 치료자와 함께 내담자가 말한 것에 대해 이야기를 나눈다. 내담자를 대화에 직접 끌어들이는 것은 내담자로부터 청중의 자격을 빼앗는 것이다. 그렇게 되면 청중으로서 귀를 기울이는 일에 충실할 수 없고 제대로 듣지 못하게 되는 위험에 빠지게 된다. 이렇듯 구분되는 입장을 충실히 지키지 못하면 풍부한 이야기 발달에 필요한 여건이 훼손된다.

다른 입장으로의 이동을 원활하게 하기 위해 일방경이나 모니터를 사용해도 좋다. 하지만 이런 장비가 꼭 필요한 것은 아니다. 실제로 내가 정의예식을 활용하는 장소 중에 그런 장비가 구비된 곳은 별로 없고(지역사회의 다양한 공동체와 일할 때는 더욱 그렇다), 실제로 그것을 활용하는 것이 적절치도 않다. 이런 경우에는 청중의 역할을 하는 이들은 뒤로 물러나 앉아 있고, 말하기나 다시말하기에 참여하는 이들은 치료자와 동그랗게 모여 앉아 이야기를 나눈다.

앞서 정의예식의 구조를 설명하면서 나는 말하기와 다시말하기의 세 단계 과정을 강조했다. 하지만 상황과 시간과 참여자의 관심 및 에너지 정도에 맞춰 여러 차례에 걸친 여러 번의 입장 이동도 가능하다. 모든 사람이 다같이 정의예식의 경험을 나누는 네 번째 과정도 가능하다. 이에 대해서는 다른 곳에서 자세하게 다루었다(White, 1995).

카타르시스의 확장

내담자가 대화 중 카타르시스에 대해 특별히 긍정적인 반응을 보이는 경우에는 정의예식의 단계를 다음과 같이 변형시켜 활용할 수 있다. 특히 극심한 외상을 겪은 내담자의 경우처럼 주체의식(personal agency)이 매우 적은 경우에 적합하다. 주체의식이 적은 사람은 공허하고 황폐하며 마비된 듯한 느낌을 갖게 된다. 외부증인의 카타르시스, 즉 내담자의 이야기를 듣고 외부증인의 생각과 삶에 어떤 변화가 일었는지 인정하는 과정은 내담자 상태에 해독제 역할을 할 수 있다.

외부증인의 다시말하기가 내담자에게 특별히 강한 영향을 주는 것이 감지되는 경우, 치료자는 정의예식이 끝나면 외부증인과 별도로 카타르시스 경험을 좀 더 확장시킬 수 있다. 이런 '확장 작업'은 외부증인의 삶에 카타르시스가 일시적이 아닌 지속적인 영향을 미치고 있다는 점에 대해 좀 더 생각해 보기 위한 것이다. 여기서 나온 이야기를 쪽지, 편지, 녹음, 녹화 등의 형태로 만들어 주인공에게 전달할 수도 있고, 정의예식이 끝난 후 특별 이벤트를 통해 카타르시스의 중요성을 전달하는 방법도 있다. 다음 이야기를 통해 이를 좀 더 구체적으로 살펴보자.

매리앤은 극심한 외상을 반복적으로 경험한 여성으로, 오랜 세월 동안 그로 인한 후유증에 시달려 왔다. 매리앤과의 두 번째 만남에서 나는 세 명의 외부증인이 참석한 가운데 그녀와 이야기를 나누었다. 그중 두 명은 매리앤과 유사하게 외상으로 고생한 사람들이었고, 세 번째 증인인 헤이즐은 외상을 경험한 사람을 상담하는 치료자였다.

상담 전반부에 나는 매리앤의 외상 경험과 그 영향, 또 외상에 대한 그녀의 반응과 그 배경에 대해 이야기를 나누었다. 그런 다음 외부증인과 이야기를 시작했는데, 매리앤은 헤이즐의 카타르시스에 특히 많은 관심을 보이는 듯했다. 헤이즐은 다시말하기에서 자신이 상담하고 있는 외상 경험자 두 명에게 도움이 될 만한 것을 찾아냈다는 이야기를 했다. 여기 오기 전까지 그 두 사람에게 큰 도움을 주지 못하고 있다는 생각에 답답함과 좌절을 느끼고 있었고, 특히 지난 한 달 동안은 오히려 그들을 실망시키고 있다는 걱정을 했다고 말했다. 외부증인으로서 다시말하기를 하는 과정에서 헤이즐은 자신이 깨달은 바에 대해 이야기했다. 그녀는 자신의 카타르시스를 정리하면서, "매리앤의 이야기 덕분에 제 내담자와 어떻게 이야기를 풀어나갈지 그 실마리를 찾았어요."라고 덧붙혔다. 입장을 바꾸어 매리앤이 외부증인의 다시말하기에 대해 이야기할 차례가 되었을 때, 매리앤은 헤이즐의 상담에 자기가 어떤 영향을 미쳤는지에 대해 오래 이야기했다. 그녀는 다소 충격을 받은 듯, "저는 저 자신이 항상 쓸모없고 남에게 짐만 되는 사람이라고 생각했어요. 제가 다른 사람에게 도움이 될 줄 누가 알았겠어요? 정말 믿기질 않네요. 이걸 받아들이려면 시간이 좀 걸릴 것 같아요."라고 말했다.

그날 상담이 끝날 무렵 헤이즐 역시 자신의 카타르시스가 어떠한 중요성을 갖고 있는지 느끼게 되었다. 3주 지나 내 사무실에는 매리앤 앞으로 두 통의 편지가 왔는데, 거기에는 헤이즐의 쪽지가 동봉되어 있었다. 그 쪽지에는 이 편지가 헤이즐과 내담자 두 명이 공동으로 쓴 것이며 매리앤의 이야기가 자신들의 외상 극복에 실마리를 제공했다는 내용을 적은 것이라는 설명이 들어 있었다. 헤이즐은 내게 다음 상담에서 매리앤을 만나면 이 편지를 꼭 읽어 달라고 부탁했다.

편지를 받은 매리앤은 너무나 감동한 나머지 마음을 추스르기 위해 바람을 좀 쐬고 오겠다고 두 번이나 밖에 나갔다 왔다. 그녀는 또한 편지에 들어 있는 선물에 더욱 감격스러워했다. 한 편지에는 매리앤에게 고마움을 전하는 손수 만든 카드가 들어 있었고, 다른 편지에는 커피와 케이크를 구입할 수 있는 카페 상품권이 다섯 장이나 들어 있었다.

얼마 후 매리앤은 평생 이런 일은 단 한 번도 없었다며 딴 세상 일처럼 느껴진다고 고백했다. 그녀는 자신을 인정해 준 이 과정이 자신이 반박할 수 없는 형식으로 진행된 것이 오히려 더 도움이 되었으며, 단지 칭찬하기 위한 이야기로 느껴지지 않고 자신의 표현이 일으킨 공명에 대한 사실적 설명으로 생각되었다고 했다. 이 경험은 매리앤이 상처를 딛고 일어설 수 있는 새로운 발판을 제공했다. 또한 오랫동안 비밀스럽게 간직해 왔던, 자신의 아픔이 헛되지 않았기를 바라는 작은 희망이 현실로 다가온 경험이었다.

앞에서 언급했듯이, 카타르시스를 확장하는 작업은 외상을 경험한 사람에게 특히 큰 도움이 된다. 그들은 공통적으로 작은 소망을 가지고 있다. 즉, 자신이 경험한 세상이 아닌 다른 세상이 있을 것이라는 희망, 자신의 고통이 헛되지 않았기를 바라는 마음, 비슷한 경험을 한 다른 사람에게 도움이 되고자 하는 욕구, 다른 이의 아픔을 덜어 주는 것에 대한 환상, 세상의 불의에 맞서 싸우는 데 힘을 보태고자 하는 비밀스러운 열정 등을 가지고 있다. 카타르시스의 확장은 이러한 희망, 바람, 욕구, 환상, 열정과 일맥상통하며 공허함과 황폐함에 맞서 싸우는 해독제 역할을 한다.

외부증인의 선정

앞서 설명했듯이, 처음 정의예식을 도입했을 때는 주로 내담자의 가족과 친구, 학교나 직장 동료, 이웃이나 동네 사람 등을 외부증인으로 택했다. 그 밖에 내담자가 모르는 나의 지인이나 우리 기관에서 훈련 중인 외부 전문가를 선정하기도 했다.

하지만 계속 정의예식을 진행하면서 이전에 상담받았던 사람 중 외부증인의 역할에 기꺼이 동의하는 이들을 대상으로 명단을 작성하고는 거기서 외부증인을 선발하기 시작했다. 이 명단으로의 초대는 거의 예외 없이 열광적인 성원을 불러일으킨다. 나는 그들 대부분이 직접 외부증인을 경험한 사람들이기 때문에 그러한 성원을 보낸다고 생각한다. 그들은 자신의 참여가 다른 이의 삶에 심오한 영향을 미칠 수 있다는 사실을 알고 있는 것이다. 더구나 그들은 내담자 문제에 대해 책임져야 한다는 부담이 없으며 참여 또한 일시적이라는 것도 알고 있다.

다른 입장에서 이야기하기

가족 구성원이 외부증인이 되는 경우 정의예식에 참여시키기에 앞서 그들이 '다른 입장'에 설 필요가 있는데(repositioning), 특히 내담자와 갈등이 있는 경우에는 더욱 그렇다. 정의예식은 외부증인에게 습관적 반응에서 벗어난 응답을 요구하기 때문이다. 습관적 반응은 긴장된 가족관계에서 전형적으로 나타나는 현상으로 쉽사리 깨지지 않는다.

습관적 반응에서 벗어나는 효과적 방법의 하나는 평상시 자신이 갖고 있던 자기 의식으로부터 스스로를 분리시키는 것이다. 이처럼 대안적 입장에 서게 되면 외부증인으로서 효과적 반응을 하는 데 도움이 된다. 치료자는 외부증인이 대안적 입장에 설 수 있게 하기 위해 외부증인에게 이제까지 살면서 이해받고 인정받고 받아들여졌던 경험을 이야기하고 그렇게 해 주었던 사람을 떠올리라고 한다. 그러고 나서 외부증인은 자신을 인정해 줬던 사람의 입장이 되어 다시말하기에 참여한다. 여기서 중요한 것은 외부증인이 선택한 사람에 대해 정의예식의 주인공인 내담자도 동의해야 한다는 것이다. 따라서 내담자에게 좋지 않은 기억이 있거나 내담자와 사이가 좋지 않은 사람이라면 곤란하다. 만일 내담자가 모르는 사람이라면 내담자가 잘 받아들일 수 있도록 그 사람에 대해 충분히 설명해 주어야 한다.

외부증인이 다른 입장이 되기에 앞서, 치료자는 습관적 방식으로 반응하지 않을 때 나타날 수 있는 어려움에 대해 외부증인과 함께 얼마간의 논의를 한다. 또한 가족관계가 아닌 다른 형태의 관계를 통해 더 잘 이루어지는 것도 있다는 이야기를 나눈다. 그런 다음 내담자나 다른 가족 구성원의 입장에 서지는 말라고 당부한다.

외부증인이 누군가를 선택하면, 치료자는 그 사람이 어떤 방식으로 외부증인을 이해하고 인정하고 사랑하고 받아 주었는지에 대해 질문한다. 이 질문을 통해 치료자는 그 사람이 사랑하고 받아 주는 것을 어떻게 표현했는지 그때 사용한 기술을 구체적으로 말해 보라고 주문한다. 이때 그런 표현과 관련하여 인간관계의 기술에 대한 이야기가 나오고 그 이야기가 점점 더 풍부해지는데, 사전에 이 과정을 한 번 거치면 이런 방식의 대화가 후에 외부증인의 다시말하기 과정에서 훨씬 수월하게 재현될 수 있다. 또한 이러한 표현과 기술이 그 사람이 추구하는 가치나 신념을 어떻게 반영하는지에 대해 질문할 수 있다. 외부증인이 선택한 그 사람이 보여 주었던 기술이나 감정을 설명하는 과정은 여유를 갖고 진행해야 하며, 필요하다면 한 회기를 전부 할애할 수도 있다.

이 과정이 끝나면 치료자는 외부증인이 정의예식 동안 자기 역할을 잘 수행할 수 있도록 도와주겠다는 의사를 전달한다. 만일 습관적 반응으로 돌아가는 징조가 보이면 치료자가 개입하겠다고 하면서 그에 대해 동의를 구하는 것이 좋다. 더 나아가 그런 경우 정의예식을 어떤 방식으로 진행시킬지에 대해 의논할 수 있다는 점도 미리 일러 둔다. 예를 들어, 선택한 사람의 입장으로 이동하라는 간단한 제안을 하거나, 그 사람의 표현방법이나 기술을 좀 더 잘 이해할 수 있도록 입장 이동을 위한 면접을 다시 시도할 수 있다. 또는 그 입장을 유지하는 데 따르는 어려움을 탐색하기 위해 잠시 외부증인 과정을 중단하거나 입장 이동을 효과적으로 하기 위한 다른 방법을 탐색해 볼 수도 있으며, 아예 중단하고 다른 방법을 모색해 볼 수도 있다.

가족 구성원의 입장 이동이 모든 경우에 다 필요한 것은 아니지만, 내담자와 정의예식에 참여하는 성원 간에 갈등이 있는 경우에는 거의 예외 없이 필요하다고 할 수 있다. 가족 구성원의 입장 이동에 대한 더 자세한 내용은 나의 논문 「이야기치료의 이론과 실제: 부부치료를 중심으로(Narrative Practice, Couple Therapy and Conflict Dissolution)」(White, 2004)를 참고하기 바란다.

정의예식과 치료적 책임

치료자는 누가 외부증인으로 참여하는가에 관계없이 다시말하기 과정에 대해 전적인 책임이 있다. 만일 다시말하기 초기에 이 점을 확실히 해 두지 않으면 내담자 삶의 이야기에 대해 여러 가지 의도하지 않은 반응이 나오게 된다. 외부증인이 풍부한 이야기 발달에 필요한 4단계 질문에 대해 사전 지식을 가지고 있는 경우에도 이를 다시 확인하는 과정이 반드시 필요하다.

과장에 대한 대응

다시말하기를 시작하기가 무섭게 외부증인이 과장된 표현을 사용하는 것은 드문 일이 아니다. “존은 정말로 대단한 사람인 것 같아요.” “와~ 해리는 정말 특별한 사람이네요.” 이런 경우 치료자는 바로 첫 단계 질문인 어떠한 표현이 특히 마음에 와 닿았는지를 상기시키는 질문을 한다. 예를 들어, 치료자는 “존을 대단하다고 생각하신다고 했는데, 그가 했던 이야기나 경험 중 어떤 것이 특별히 마음에 와 닿으세요?” 혹은 “어떤 말이 해리에 대해 그런 생각을 하게 했는지 궁금한데요. 우선 해리가 했던 이야기 중 특별히 관심이 갔던 부분은 어떤 부분이었지요?” 등의 질문으로 유도할 수 있다.

자서전 쓰기에 대한 대응

자주 접할 수 있는 다른 유형의 반응으로는 내담자 이야기가 자신의 심금을 울렸다고 하면서 ‘자서전 쓰기’ 형태로 응답하는 경우를 들 수 있다. 내담자의 삶에 대한 관심을 구체적으로 설명해 달라고 요청하면, 외부증인은 종종 자신의 생애사건과 관련하여 소박한 이야기를 내놓는다. 이는 내담자 이야기가 불러일으킨 자기 경험을 재조명하는 이야기일 뿐만 아니라 그 경험에 대한 자신의 입장, 그 경험의 의미, 그로 인해 자신의 삶에서 어떤 것이 가능하게 되었는지 등에 대한 설명이다. 주의하지 않으면 외부증인의 다시말하기는 자칫 내담자의 경험을 대체하는 훈계나 큰 의미 없이 자기 이야기를 늘어놓는 방향으로 흘러가기 쉽다.

이런 경우 치료자는 다음과 같은 질문을 통해 내담자 이야기가 외부증인에게 어떤 공명을 일으켰는지에 대해 좀 더 풍부하게 설명하도록 권유한다. "이제까지는 그 경험에 어떻게 대응했는지, 또 그로 인해 무엇이 가능하게 되었는지 이야기해 주셨는데요, 이제 실제 그 경험에 대해 좀 더 얘기해 주셨으면 합니다. 다시 돌아가서 몇 가지 질문을 해도 될까요?" 또 다른 방법은 내담자의 표현에 다시 초점을 맞추는 것이다. "○○○의 이야기가 당신에게 많은 영향을 준 것 같네요. 아까 들었던 이야기 중 어떤 부분이 특히 인상 깊었는지 얘기해 주시겠어요?"

다음은 외부증인의 다시말하기 과정에서 자서전 쓰기의 조짐이 보였지만 내담자의 표현에 다시 초점을 맞추는 데 성공한 이야기다. 이 다시말하기 대화는 홀로 두 자녀인 에이미(7세)와 레베카(4세)를 키우는 어머니 리앤의 이야기에 응답하기 위한 것이다. 어머니 리앤의 주된 고민은 에이미의 발달이 늦다는 것, 에이미와의 관계에서 실패한 부분이 있다는 것, 자신이 엄마로서 자격이 없다고 생각하는 것이었다. 외부증인 가운데 한 명은 존이라는 치료자였는데, 그는 리앤의 이야기가 자기 가슴에 일으킨 공명을 다음과 같이 설명했다.

존 : 내 삶과 맞닿는 부분이 참 많았어요. 에이미와 비슷했던 나의 어린 시절을 떠올리게 해 주었죠. 나 역시 다른 아이들과 크게 어울리지 못했어요. 싫증을 잘 냈고 가끔씩 말썽도 피웠죠. 사실은 자주 그랬어요. 만일 그 당시 ADHD가 뭔지 알았더라면 분명히 나도 그 진단을 받았을 거예요. 그런데 우리 어머니는 참 자상하셨어요. 어머니는 세상을 향해 이렇게 말씀하셨지요. 이 아이는 내 아이에요. 다른 아이와 다른 점이 있기는 하지만 다가가는 방법

만 터득한다면 좋은 점이 참 많은 아이란 걸 알게 될 거예요. 다른 아이와 다르게 이 아이만이 가지고 있는 장점을 얘기해 볼까요? 어머니는 정말 좋으신 분이었어요. 또 이런 말도 하셨지요. 어떻게 하면 이 아이에게 다가…

치료자: 어머니의 이미지를 다시 떠올려 본 소감이 어땠어요?

존 : 감동적이었어요. 정말 아름다운 경험이었어요. (미소 짓는다.) 어머니는 그렇게 사셨지요. 어떤 원칙을 가지셨냐 하면…

치료자: 리앤의 이야기 중 어떤 부분이 그렇게 강력하게 어머니 이미지를 떠올리게 했는지 알고 싶어요. 리앤의 이야기를 들으면서 당신의 어머니와 어떤 비슷한 점을 목격했나요?

존 : 아, 그건 간단하지요. 리앤이…

자신이 경험한 공명에 대한 존의 이야기는 자서전 형태를 보였다. 에이미의 어려움이 자신의 경험과 유사하다는 것을 설명했고, 자신의 어머니가 어떻게 현명하게 그에 대처했는지, 어떤 원칙을 가지고 대처했고, 그것이 어머니의 어떤 점을 보여 주는지에 대한 설명이었다. 난 존의 이러한 반응이 고마우면서도 자서전적 요소가 염려되었다. 리앤에게는 그의 이야기가 도덕적이거나 훈계적으로 느껴질 수 있으며, 자신과 다르게 대처했던 다른 어머니의 이야기 속에서 자신을 더 낮게 평가할 수 있는 위험이 도사리고 있었다. 그래서 리앤의 이야기 중 어떠한 부분에서 어머니의 이미지를 떠올리게 되었는지를 질문했고, 그렇게 해서 이 위험을 어느 정도 비켜 갈 수 있었다. 결과적으로 리앤은 자신의 행동이 존 어머니의 행동에 부당하게 비교당하는 경험을 하지 않게 되었다. 대신 그녀는 어머니로서 자신의 정체성과 존경받은 다른 어머니의 정체성이 나란히 이야기되는 경험을 할 수 있었다. 대화의 초점을 리앤의 표현으로 다시 가져오는 과정은 그녀의 이야기를 듣고 존이 어떤 지점에 이르게 되었는지를 질문하기 위한 토대가 되었다.

치료자: 리앤의 이야기를 듣고 어머니의 이미지를 떠올린 것은 정말 아름답고 인상적인 경험이었을 것 같네요. 이런 경험을 하고 집에 돌아가시면 어떨 것 같아요?

존 : 멋진 곳에 와 있는 것 같아서 당분간 이걸 누리고 싶어요.

치료자: 현재 하시는 일에 대해 질문해도 괜찮을까요?

존 : 그럼요.

치료자: 가끔 한부모 어머니를 상담하시나요?

존 : 그럼요, 어떤 걸 질문하시는지 알 것 같아요. 그동안 상담을 하면서 듣지 못했던 뭔가를 앞으로 들을 수 있을 것 같아요.

치료자: 오늘 리앤의 이야기가 당신의 삶에 어떤 공명을 불러일으켰을지에 대해 생각해 봤어요. 오늘의 경험이 이제까지 다른 어머니들의 이야기를 듣는 가운데 잘 듣지 못했던 부분을 듣도록 하는 데 도움이 될 거란 말씀인가요?

존 : 네, 바로 그거예요.

존의 다시말하기에 대한 리앤의 다시말하기를 진행하면서 리앤이 존의 이야기에 큰 감동을 받았음을 알 수 있었다. 존에게 불러일으켰던 반향, 리앤의 이야기를 듣고 존이 자기 어머니의 이미지를 떠올렸던 것, 존이 경험한 카타르시스 모두 그녀에게 깊은 감동을 주었다. 이런 경험은 리앤이 이제껏 갖고 있었던 실패자로서의 그녀의 정체성을 반박했음이 분명했다. 리앤은 어깨가 좀 가벼워진 것 같다면서 에이미의 어려움에 대처해 나갈 수 있는 힘이 생긴 것 같다고 했다. 존의 다시말하기를 지도 위에 그려 보면 [그림 4-2]와 같다.

외부증인의 다시말하기가 자서전적 이야기로 흐르는 것을 방지하기 위해서는 상담 전 외부증인을 대상으로 다시말하기에서 의미하는 인정에 대해 설명해 준다. 즉, 항상 기억하고 있는 익숙한 경험을 말하기보다는 내담

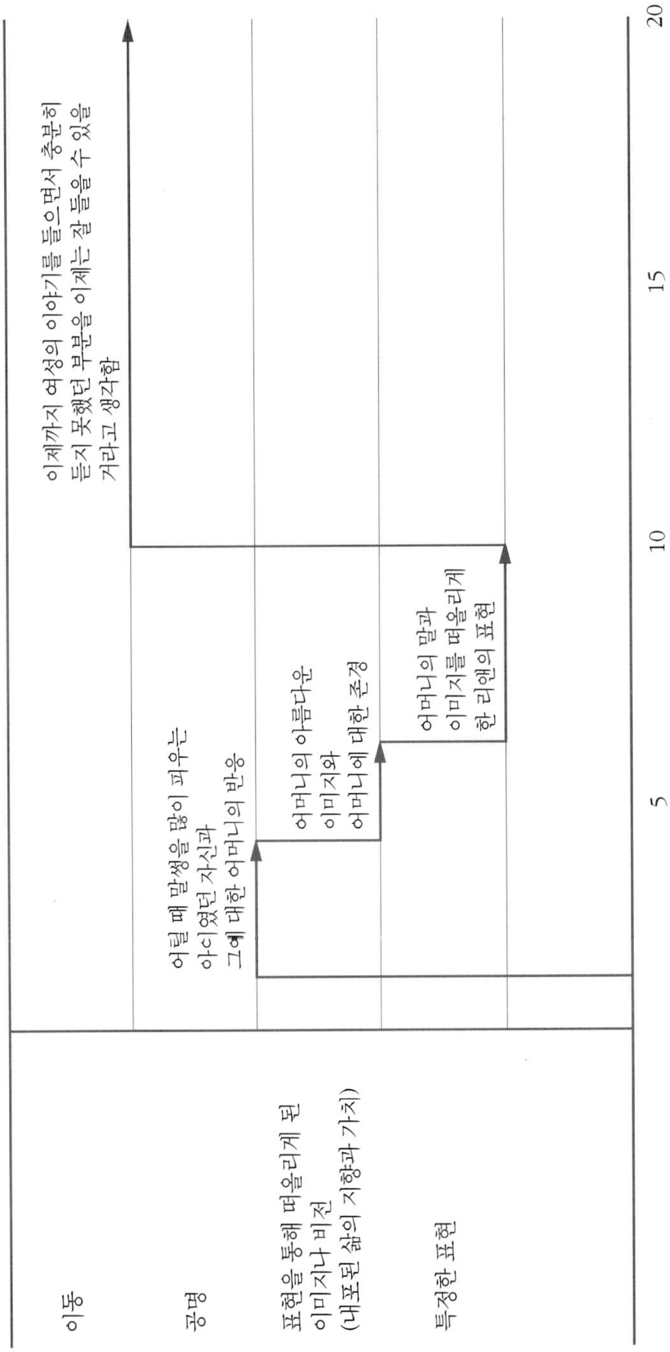

[그림 4-2] 외부증인의 다시말하기(존 이야기)

자의 이야기를 통해서 지각하게 된, 기억 속에 묻혀 있던 경험이나 형상을 떠올리라고 제안한다.

자책에 대한 대응

카타르시스에 대해 얘기할 때 종종 자책감이나 후회스러움을 표현하는 외부증인을 볼 수 있다. "존이 어려움을 극복한 이야기를 들으면서 나는 내가 처했던 어려움에 제대로 대처하지 못했다는 생각이 드네요. 나라면 도저히 할 수 없었을 텐데 존은 나보다 훨씬 잘 견뎌 냈어요." 이와 같은 방식으로 자신을 책망하는 것은 다른 이를 높이기 위해 자신의 경험을 축소시키는 것이라고 볼 수 있는데, 이는 내담자를 제대로 이해하지 못하고 있다는 인상을 주거나 공통된 주제에 대한 연결감을 훼손시키기 때문에 결코 도움이 되지 않는다. 이런 자책의 또 다른 문제점은 내담자에게 영웅적 성격의 정체성을 형성시킨다는 데 있다. 현대사회에서는 개인의 이야기를 영웅담으로 둔갑시키는 일이 비일비재하나, 그런 이야기는 영웅시되는 사람을 철저히 소외시키고 고립시킬 가능성이 있다.

고통 언급에 대한 대응

정의예식의 구조상 첫 단계는 그간 잊고 살아왔던 주체적 행위에 의미를 부여하고 긍정적인 줄거리의 자취를 찾아내는 이야기가 주된 내용이 된다. 입장을 바꾸어 내담자가 다시말하기를 듣는 청중이 되면, 일반적으로 외부증인은 이야기할 거리가 많아진다. 이 시점에서 외부증인은 긍정적인 줄거리와 관련된 내담자의 구체적인 표현이나 경험에 대해 이야기한다. 하지만 종종 내담자가 표현했던 고통과 좌절감에 초점을 두는 외부증인을 볼 수 있다. 이런 경우 치료자는 내담자의 고통이나 좌절감을 통해 엿볼 수 있었던 가치, 희망, 꿈 등을 이끌어 내는 질문을 하는 것이 중요하다. 만일 외부증인이 고통에 대한 어떤 표현에 주목했다면 그 표현에 기초해 내담자가 소중히 생각하는 것이 무엇일지 짐작해 보라고 요청한다. 절망이라는 표현에 주목하는 외부증인에게는 그것을 통해 내담자가 삶에 대해 어떤 희망이나 꿈을 갖고 있음을 알 수 있는지 질문할 수 있다. 그리고 삶의 공허함을 한탄하는 내담자의 말에 주목하는 외부증인에게는 그 표현으로 미루어 보아 내담자가 친밀관계에서 중시하는 것이 무어라 짐작되는지 생각해 보라고 할 수 있다.

이 접근은 자크 데리다(Jacques Derrida, 1973, 1976, 1978)의 이론에 근거하고 있다. 데리다는 텍스트를 해체하는 데 관심을 가졌지만 그의 발상은 치료적 대화에도 매우 유용하다. 기본적으로 데리다의 주장은 어떤 단어, 어구, 문장의 의미는 그것을 둘러싸고 있는 단어, 어구, 문장에 달려 있다는 것이다. 어떤 단어, 어구, 문장은 그것들과 원문의 나머지 단어, 어구, 문장과의 차이를 인식할 때에야 비로소 의미를 갖는다. 이 논리를 치료적 맥락에 적용시키면, 삶의 경험을 이야기하기 위해서는 그 경험을 둘러싸고 있는 대조되는 경험을 구별해 낼 수 있어야 한다는 것이다. 그 예로 절망에 대한 설명은 절망이 아닌 경험, 즉 희망의 표현이라 볼 수 있는 경험과 구별될 때 비로소 설명이 가능하다. 고통을 표현하기 위해서는 고통을 유발시키는 경험과 그렇지 않은 경험, 즉 삶에서 가치를 부여하거나 소중히 할 만한 것이 무엇인지를 보여 준다고 생각되는 경험을 구분할 수 있어야 한다. 따라서 고통이란 내담자가 소중히 여겼으나 침해당한 것이 무엇인지를 보여 주는 증거이며, 계속되는 괴로움은 그런 소중한 것을 위축시키려는 여러 가지 압박에도 불구하고 내담자가 그 압박과의 관계를 성공적으로 유지할 수 있었음을 보여 주는 증거라고 이해될 수 있다. 이와 같은 원리와 시사점에 대해서는 다른 글에서 좀 더 자세하게 다루었다(White, 2000, 2003).

외부증인이 고통스럽고 어려웠던 자신의 경험에 대해 얘기한다면, 치료자는 세 번째 단계(공명)의 질문을 통해 그 고통에 내포된 의미를 이끌어 낼 수 있다. 내담자의 이야기를 통해 그 자신이 무엇을 소중히 여긴다는 걸 지각하게 되었는지 생각해 보도록 하는 것이다. 카타르시스 단계에서는 이런 과정을 통해 외부증인이 현재 어떤 상태에 이르게 되었는지(지점 이동)를 생각해 보도록 하여 고통에 내포된 의미를 이끌어 낸다.

다음 대화는 외부증인인 로저가 자신에게 일어난 공명을 고통이란 주제를 중심으로 설명하는 예를 보여 준다. 이 다시말하기는 아버지(패트릭)와 성인이 된 아들(케빈)이 몇 년간 서로 소원하게 지내다가 상담을 계기로 관계를 회복했다는 이야기를 들은 다음 이루어진 것이다. 이는 그들 부자에게 매우 소중한 경험이 되었다. 나는 로저의 이야기에 내포된 의미를 이끌어 내는 데 초점을 두고 질문을 던졌다.

로　저: 정말 인상 깊었던 것은 아버지와 케빈의 얼굴에 나타난 기뻐하는 표정이었어요. 관계를 다시 회복하는 게 그들에게 얼마나 중요한 일인지 알 수 있었지요. 두 사람 사이에 애정이 느껴졌고요. 그걸 보니 제 아픈 경험이 떠오르네요. (눈물을 흘린다.)

치료자: 얘기해 주실 수 있겠어요?

로　저: 저는 아버지와 이런 관계를 가진 적이 단 한 번도 없었어요. 아주 엄한 분이셨거든요. 사랑을 받은 기억이 없어요. 혼낼 때를 제외하면 제 존재가 거의 없다고 느껴졌지요. 그래서 이런 경험이 없어요. 이렇게 말하는 게 너무 괴롭네요.

치료자: 이제까지 아버지같이 느껴졌던 분이 혹시 있었나요?

로　저: 아니요, 할아버지는 얼굴조차 본 적이 없고 그분에 대해 아는 것도 전혀 없어요.

치료자: 하지만 당신은 주어진 상황에 대해 그냥 체념하지 않았잖아요?

로　저: 그렇다고 할 수 있죠.

치료자: 잘 이해가 안 가는데요. 당신에게 색다른 경험을 하게 해 줄 수 있는 아버지 같은 분이 따로 있었던 건 아닌데… 주어진 상황을 체념하지 않도록 한 것은 무엇이었을까요? 보고 자란 것을 그대로 받아들이지 않게 한 것은 무엇이었을까요?

로 저: 글쎄요, 아마도 그건 아버지와 가까웠으면 좋겠다는 저의 염원이 아니었을까요?

치료자: 그럼, 뭐가 그 염원을 유지시킨 것 같으세요? 혹시 그 염원을 어떻게 계속 유지할 수 있었는지 잘 보여 줄 만한 이야기가 있을까요? 그 염원을 북돋아 주고 지지해 준 거라면 뭐라도요. 아니면 그것을 확인시켜 준 사건도 좋고요.

로 저: 북돋아 준 경험이요? 글쎄요, 생각을 좀 해 봐야겠네요…. 어머니는 제가 어릴 때 돌아가셨고 어머니의 양어머니, 그러니까 제게는 할머니가 저를 돌봐 주셨어요. 그런데 고등학교 때 문제가 좀 생겨서 학교를 그만두려고 했는데 할머니가 과외선생님을 구해 주셔서 결국 졸업을 했지요. 잠깐 이상한 느낌이네요.

치료자: 뭐가요?

로 저: 한번도 이런 생각을 해 본 적이 없어요. 그런데 케빈 아버지를 보면서 갑자기 과외선생님이 생각났어요. 그 선생님도 아일랜드 출신이었거든요. 그리고 저한테 참 잘해 줬죠. 세상에!

치료자: 그렇다면 오늘 케빈과 아버지를 보면서 처음으로 아버지와의 관계에 대한 염원을 떠올렸고, 처음으로 그것을 옛날 과외선생님과 연결시킨 거네요.

로 저: 네, 그래요.

치료자: 이렇게 연결짓게 된 걸 어떻게 생각하세요?

로 저: 항상 그랬던 건데 못 보고 있다가 이제야 발견한 것 같은 느낌이에요.

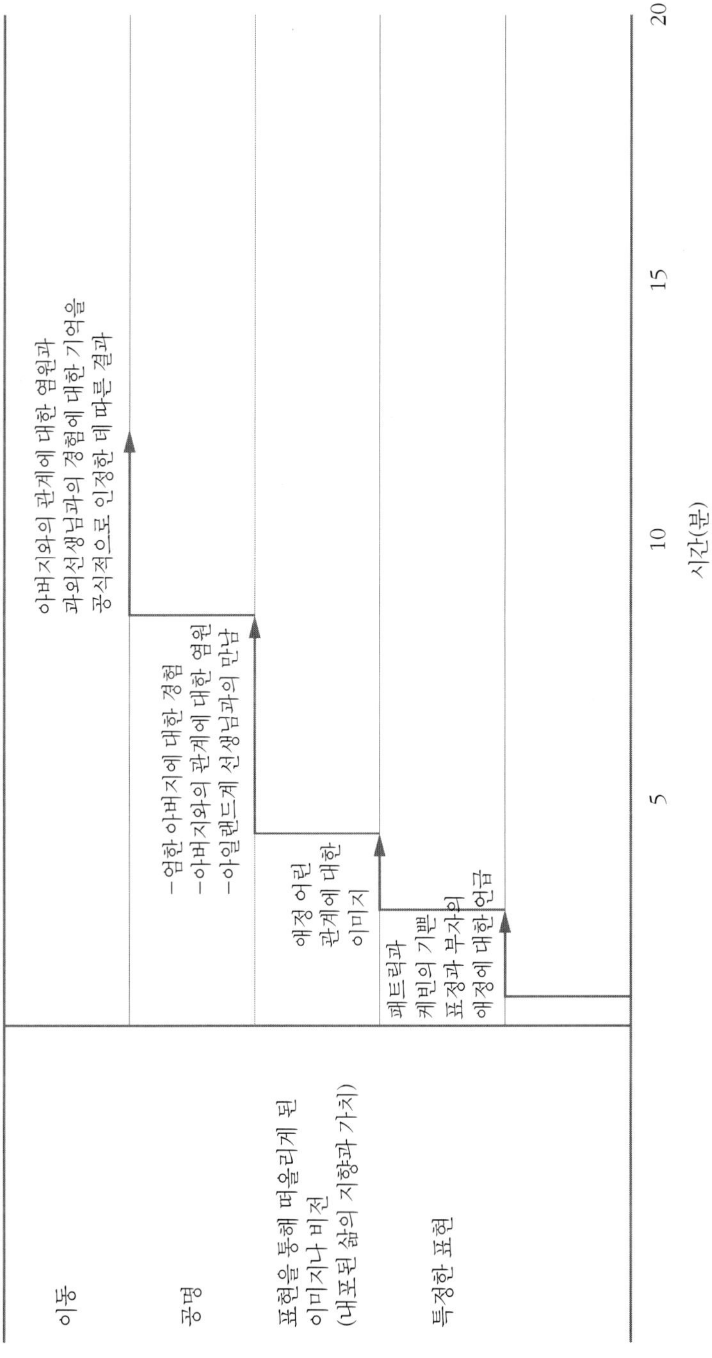

[그림 4-3] 외부증인의 다시말하기(로저 이야기)

치료자: 뭔가 달라지는 게 있을까요?

로 저: 그럼요, 당연하지요. 갖고 있는 줄도 몰랐던 걸 이제 알게 됐으니, 앞으로 더 생각해 보고 더 얘기해 봐야겠어요. 벌써 괴로운 마음이 조금 나아지는 것 같은데요!

이 상담을 통해 로저의 고통 속에 자리 잡고 있던 염원은 가시화되고 말로 표현되었다. 그의 고통은 남자 어른과의 관계에 대한 염원과 그 사람으로부터 인정받고자 하는 염원과 관련된 것이었다. 이 염원은 어린 시절 과외선생님이 보여 준 애정으로 인해 유지되어 왔다. 이러한 발견은 로저 개인의 공명과 카타르시스에 심오한 영향을 미쳤다. ([그림 4-3]은 로저의 다시말하기를 그림화화한 것이다.) 케빈 부자는 자신들의 관계 회복에 대한 이야기가 로저의 삶에 어떤 영향을 미쳤는지 목격하면서 깊은 감동을 받았고, 로저의 이야기는 그들 관계에 대한 풍부한 이야기 발달에 큰 영향을 주었다.

위와 같은 내포된 의미를 이끌어 내는 과정은 좌절감과 고통의 무게를 약화시키거나 아픔의 경험을 무시하거나 그 고통을 덜 괴로운 다른 경험으로 대체하려는 것이 아니다. 치료자는 인간 삶이 다양한 이야기로 구성되어 있다는 점을 전제하고, 인정의 전통을 재현함으로써 풍부한 이야기 발달을 도모한다는 입장을 견지해야 한다.

정의예식에서 주의할 점

때로 치료자가 외부증인의 이야기 구조화에 대한 책임을 방치하는 경우가 있다. 특히 외부증인이 내담자가 겪는 어려움이나 경험에 대해 잘 알고 있는 사람인 경우에 더욱 그렇다. 언젠가 한번은 내담자의 상황을 잘 아는 외부증인이 다시말하기를 하면서 풍부한 이야기 발달과 개인적 공명에 크게 도움이 되지 않는 이야기를 하는데도 적극적으로 개입하지 않는 나 자신을 발견하고는 놀란 적이 있었다.

이는 외부증인의 지식을 정의예식의 진행에 대한 지식과 혼동할 때 발생한다. 삶에 대한 구체적 경험이나 상황에 대한 지식과 풍부한 이야기 발달이나 공명 및 치유에 도움을 주는 방식에 대한 지식은 별개다. 치료자는 외부증인이 내담자의 상황을 잘 알고 있다는 점을 인정하면서도 다시말하기를 잘 구조화해야 할 책임이 있다.

이야기 구조화의 책임을 방치하기 쉬운 또 다른 상황은 상담 전문가가 외부증인으로 참여하는 경우다. 특히 외부증인이 정의예식에 대해 간략한 지식이 있고 다시말하기의 단계별 질문에 대해서도 알고 있는 경우에는 더욱 그렇다. 나는 몇 번 이와 유사한 상황에서 책임을 방치했다가 외부증인이 빗나간 응답을 한 것을 몇 차례 경험했다. 구체적으로 내담자의 삶과 대인관계에 대해 증인 나름대로의 결론을 내리는 경우, 이야기를 평가하고 자신의 전문 지식에 근거하여 진단을 내리는 경우, 호소 문제에 대한 개입과 치료를 제시하는 경우, 다른 심리학 모델에 토대를 둔 방법을 제시하는 경우를 들 수 있다.

이렇게 주의사항을 언급하는 것은 어느 순간 의도하지 않게 이러한 반응을 보이는 외부증인을 비판하고자 함이 아니다. 일상적으로 나타내는 이런 식의 반응을 어떤 순간에 나타내지 않는다는 것은 매우 어려운 일이다. 또한 다른 이론이나 접근을 부정하고자 주의사항을 언급하는 것은 아니다. 단지 정의예식의 맥락에서 풍부한 이야기 발달에 도움이 되는 조건을 형성하는 데 필요하다고 생각되는 점을 강조하려는 것이다.

하지만 때로는 외부증인의 다시말하기 과정에서 치료자가 적극적인 역할을 하지 않아도 되는 경우가 있다. 외부증인이 다시말하기에 대해 전문적 지식을 갖고 있는 경우, 치료자는 외부증인이 질문 형식에 맞추어 서로를 면담하거나 그중 한 증인이 다시말하기를 이끄는 과정을 지켜볼 수 있다.

나는 다시말하기에 대한 지식을 잘 갖추고 있는 외부증인을 만날 경우에는 치료자 역할이 그리 크게 요구되지 않는다는 것을 경험상 알 수 있었다.

과학기술, 익명성 및 윤리

지금까지는 정의예식을 외부증인의 직접적 참여를 통해 이루어지는 것으로 설명했지만 항상 그런 것은 아니다. 예를 들어, 최근에 널리 보급된 다자간 회의전화(conference call) 기술은 외부증인이 직접 참여하지 못하는 경우 혹은 내담자가 익명성을 요구하는 경우에 사용할 수 있는 방법이다.

외부증인이 치료자로부터 내담자 이야기를 전해 들은 후 그에 대한 다시 말하기를 녹음해서 전달할 수도 있다(물론 이 경우 참여하는 모든 이들의 동의가 있어야 한다). 다시 말해, 치료자가 '원격' 외부증인을 자청한 사람을 만나 내담자와의 치료적 대화를 들려준다. 이때 치료자는 이 대화와 함께 외부증인의 다시말하기를 녹음 또는 녹화한다. 그리고 다음 상담에서 그 내용을 이야기 주인공에게 들려주고, 주인공은 자신이 들은 다시말하기에 대해 다시말하기를 실시한다. 이 방식은 외부증인이 치료에 참석할 수 없는 경우나 익명성이 요구될 때 사용될 수 있다.

일반적으로 정의예식에 참여하는 사람에게 익명성은 큰 문제가 되지 않는다. 하지만 외부증인의 참여에 앞서 정의예식의 주인공에게 이 과정과 절차에 대해 자세히 설명해야 한다. 정의예식을 경험해 본 다른 사람의 이야기를 들어 볼 수 있는 권리가 그들에게 있다는 것도 설명한다. 또한 이 과정에서 특별히 다루지 않았으면 하는 주제가 있는지를 확인해야 하며, 내담자에 대한 정보는 정의예식 상담과정에서 알게 되는 것이 전부이고 치료자가 사전에 외부증인에게 내담자의 개인적 정보를 노출시키지 않을 것이라는 점을 확인시켜 준다. 더불어 집단상담에 일반적으로 적용되는 익명성 보장에 대한 원칙이 여기에 모두 적용될 것이라는 점도 강조한다.

그간의 경험에 비추어 보면, 상담에 외부증인을 참여시키는 것에 반대하는 내담자는 거의 없다. 게다가 한 번이라도 정의예식의 주인공이 되어 본 경험이 있는 내담자는 개별상담과 외부증인이 참여하는 상담 사이에 선택의 여지가 주어지는 경우, 예외 없이 외부증인이 참여하는 상담을 받고자 한다. 비밀보장 및 익명성의 문제와 관련해서도 사람들은 타인과 자신의 이야기를 공유하는 것에 대해 매우 적극적인 입장을 보인다.

상담 전문가 몇 사람이 정의예식이 상담 분야의 윤리강령에 어긋나는 행위가 아니냐는 우려를 표명한 적이 있었다. 관련 분야 윤리강령 몇 편을 검토한 결과, 이 장에서 설명한 방식 가운데 윤리강령에 상충되는 부분은 없었으며 오히려 윤리강령이 표명하는 기본 원칙에 충실하다는 결론을 내릴 수 있었다. 하지만 자신이 속한 분야의 윤리강령에 대해 우려하는 독자는 윤리강령을 신중히 검토한 후 상충되지 않는 방향으로 정의예식을 적용시킬 방법을 모색할 필요가 있다.

결 론

이 장에서는 정의예식의 구체적 과정에 대해 설명했다. 이 과정에 포함된 세부 과업은 정의예식의 주인공에게 커다란 공명을 일으키기에 적합한 형태의 인정 형식을 구현하는 데 도움을 준다. 이를 통해 내담자는 풍부한 이야기를 발달시키고 주체의식의 증대를 경험하며, 여러 가지 어려움이나 문제에 대처할 수 있는 기반을 마련하게 된다.

정의예식을 처음 시도하는 치료자는 다소 어색하고 불편한 느낌을 갖는다. 이 어색함은 아마도 이러한 인정 형식이 내담자의 삶의 이야기에 대한 익숙한 반응과 다소 다르다는 점에서 비롯되는 것으로 보인다. 또한 대부분의 상담자가 익숙해하는 내담자와 일대일로 만나는 형태와 다른 방식으로 상담을 구조화해야 하는 데서 오는 불편함일 수도 있다. 하지만 이런 형식으로 이야기에 응답하고 인정하는 과정에서 중요한 영향이 가시화됨에 따라, 그리고 일대일의 직접 대화를 지양해야 할 필요성이 분명해지면서 어색함과 불편함은 조금씩 사라질 것이다.

내가 치료자의 길을 걸어오면서 경험했던 여러 방법 중 잠재적으로 가장 강력한 영향력을 갖고 있는 것이 바로 정의예식이다. 나는 외부증인의 다시말하기가 치료자로서의 내 능력을 넘어서는 결과를 가져왔던 경우를 여러 차례 경험했다. 이는 다른 치료자가 정의예식 과정을 진행하는 것을 보면서도 느꼈던 경험이다. 그렇다고 해서 치료자의 중요성이 감소되는 것은 결코 아니다. 정의예식의 다시말하기는 치료자가 외부증인에게 적절한 질문을 던질 때, 그리고 이 과정의 성공적 수행에 대한 모니터링이 지속적으로 이루어질 때 비로소 내담자의 삶에 공명을 일으킬 수 있다.

제5장

독특한 결과: 독특한 결과를 조명하는 대화

- 피터 모자 이야기
- 독특한 결과
- 입장말하기(II)
- 입장말하기(II)를 대화 중간에 적용하기
- 이야기 대화의 특징: 독특한 결과에서 풍부한 이야기 전개까지
- 결 론

제 5 장

독특한 결과: 독특한 결과를 조명하는 대화

인생은 생생한 경험으로 가득 차 있지만 우리가 모든 경험에 의미를 두는 것은 아니다. 그런 다양한 경험 중 의미를 가지는 경험은 매우 선택적으로 우리 삶의 이야기 속으로 들어오는 경험이다. 그러나 일상의 수많은 경험은 눈 깜짝할 사이에 우리 의식을 지나 시간 속으로 사라져 버린다. 이런 많은 경험은 우리 삶의 지배적 이야기의 구성이나 주제와 관련이 없기 때문에 인상에 남지 않거나 별 의미를 주지 않는다. 그러나 이와 같은 중요치 않은 듯한 경험도 잠재적으로는 의미가 있는 경험이며, 적절한 상황에서는 '독특한 결과' 혹은 '예외적 사건'이 될 수 있다. 별다른 의미 없이 스쳐 지나간 경험을 확인하는 작업은 우리 삶에서 대안적 이야기를 발견하는 통로가 될 수 있다.

이야기 줄거리를 발전시키기 위한 준비과정에서 치료자의 과제는 내담자가 잊고 지냈던 경험을 찾아내도록 돕는 것이다. 이 과정에서 치료자는 흔히 내담자 경험에 의미를 부여하는 작업의 인도자 역할을 하게 된다. 이때 치료자는 흔히 자신이 주 저자 입장이 되어 자신이 부여한 의미가 가치 있는 것이라고 내담자를 설득하려 한다. 이는 위험한 행동인데 내담자에게 치료자의 생각을 강요하거나 내담자를 소외시킬 수 있기 때문이다. 또한 치료자가 대화의 중심에 서 있기 때문에 내담자와 협력하여 문제를 탐색할 수 있는 가능성을 차단할 수 있다.

독특한 결과를 조명하는 대화(conversation that highlight unique outcomes)에서는 치료자가 중심이 되지 않고 내담자가 주 저자의 특권을 갖는다. 이 대화는 내담자로 하여금 무심코 지나쳐 버린 경험의 특정 부분에 각별한 의미가 존재하고 있음을 깨닫도록 해 준다. 또한 그러한 부분의 특징이나 성격을 묘사하고 반영하도록 도와준다. 이러한 작업은 대부분의 내담자에게는 새로운 것이다. 왜냐하면 그들은 자신의 삶을 타인이 부여한 위상과 의미에 종속시킨 채 살아왔기 때문이다. 독특한 결과를 조명하는 대화는 무엇보다 내담자가 자신이 지향하는 삶에 대해 자기 목소리를 낼 수 있고, 자신이 추구하는 가치에 대해 더 강한 친근감을 갖도록 한다. 이 대화는 문제를 해결하기 위한 행동의 새로운 출발점이 된다.

피터 모자 이야기

나는 상담 의뢰인인 멜라니와 함께 14세 소년 피터와 한부모 트루디를 만났다. 멜라니는 어떤 경범 소년원의 상담자였고 피터는 그 소년원의 입소자였다. 피터는 어렸을 때부터 여러 소년원을 거쳐 거기까지 가게 되었다. 입소 사유는 대부분 기물파손이나 파괴적 행동이었으나 일부는 폭행과 절도였다. 피터는 화나는 일이 생기면 난폭한 행동을 하는 습관이 있었고, 그런 경우 막대한 손해를 끼치기도 했다.

상담자들은 그동안 피터로 하여금 자기 행동의 심각성을 인식하고 그에 대한 책임을 느끼도록 하기 위해 많은 노력을 기울였다. 그러나 별 효과가 없었다. 그러한 노력에 대한 피터의 무반응으로 인해 사람들은 피터를 반성할 줄 모르고, 자기 행동의 결과를 예측하지 못하며, 자기 행동에 대해 책임질 능력이 없는 사람이라고 단정하게 되었다. 또 피터는 추상적 사고 능력이 부족한 것으로 평가되었다.

그러나 멜라니는 최근 피터에게 흥미로운 일이 일어나고 있다는 사실을 알게 되었다. 그가 최근 소년원에서 화가 나는 사건을 경험했는데, 평소 같으면 소리 지르고 화를 내거나 물건을 부쉈을 것인데 대신 방에서 빠져나와 체육관으로 향한 것이었다. 예전 같으면 이럴 때 더 흥분하고 날뛰기 때문에 멜라니는 이번 행동을 매우 의미 있게 평가했다. 하지만 이러한 진전이 곧 사라질 수 있다는 걱정이 들었다. 그래서 피터 행동에 의미를 부여하고 이번 사건이 그의 인생에서 책임 있는 대안적 이야기로 발전할 수 있는 새로운 길이 열리길 희망하며 상담을 의뢰하였다. 또한 이번 상담으로 피터가 다른 상황에서도 유사한 반응을 할 수 있는 기틀이 마련되기를 바랐다.

이 상담에 대한 멜라니의 마지막 기대는 피터와 어머니의 관계, 즉 그동안 악화되었던 모자관계가 향상되는 것이었다. 최근 어머니는 정부로부터 임대주택을 제공받아 피터가 소년원에서 외출을 나오면 같이 지낼 수 있는 집을 갖게 되었다. 멜라니는 바로 이 시점이 모자의 연합관계를 형성할 수 있는 적절한 때라고 본 것이다.

나는 멜라니가 피터의 '빠져나온 행동'을 중요하게 생각했다는 것과 이 사건이 피터에게 대안적 이야기를 제공해 줄 기회라고 생각했다는 것에 강한 인상을 받았다. 이번 상담에 대한 멜라니의 기대에 피터와 어머니도 동의했다는 점 또한 긍정적이었다. 그래서 나는 피터와 어머니에게 최근의 그 사건에 대해 좀 더 질문해도 되겠는지 물었다. 그에 대해 어머니는 다음과 같이 대답했다.

어머니: 멜라니 선생님이 그 일에 대해 얘기하셨을 때, 전 정말 힘이 나는 소식이라고 생각했어요. 그 일은 벌써 선생님하고 얘기를 다 해서 더 이상 할 말이 없을 것 같은데요. 게다가 며칠 전에 피터가 문제를 일으켜서 그 일은 사실상 원점으로 돌아갔어요.

치료자: 최근 문제가 된 사건에 대해서는 멜라니 선생님으로부터 들었습니다. 그 일 때문에 걱정이 많으실 것 같아요. 제가 이해하기에 그런 식으로 화내는 건 흔히 있었던 일이지만 화가 나는 상황에서 자리를 뜬다는 건 거의 없었던 일이지요.

어머니: 네, 맞아요. 사실이에요. 정말 달랐어요.

치료자: 그래서 그 일에 대해 좀 더 알고 싶은 것입니다. 정말 달랐기 때문이지요. 제가 그 일에 대해 더 잘 알 수 있도록 어머니와 피터에게 좀 더 물어보고 싶습니다만.

어머니: 네, 물론이지요.

치료자: 피터야, 너는 어때? 너도 그 일이 예전과는 다른 행동이었다고 생각하니? 화나는 상황을 뒤로 하고 나가 버린 그 행동이 네 생각에도 예전과 다른 행동이었니?

피 터: 네.

치료자: 그 일에 대해 좀 더 얘기해 보는 것 괜찮겠어?

피 터: 네.

치료자: 혹시 다른 이야기를 하고 싶은 게 있니?

피 터: 아니요.

치료자: 좋아, 피터. 어머니께서 방금 그 행동을 힘이 나는 행동이라고 말씀하셨어. 그건 어머니 말씀인데, 네 생각도 비슷하니? 아니면 혹시 다른 생각을 갖고 있니? 다른 말로 표현할 수도 있고.

피 터: 아니요.

치료자: 뭐가 아니지?

피 터: 엄마가 말한 것이 괜찮다고요.

치료자: 그래, 너도 같은 생각이라는 거지? 그러니까 그 행동이 힘이 나는 일이었다는 거지?

피 터: 네, 아마도요.

치료자: 왜 힘이 나는 거지?

피 터: 몰라요, 아마 이번에는 문제를 크게 일으키지 않아서인 것 같아요.

치료자: 정말 화가 났기 때문에 뭐라도 할 수 있었을 것 같은데도 어떻게 이번에는 문제에 휘말리지 않을 수 있었지?

피 터: 그냥 빠져나온 것뿐이에요.

치료자: 그러니까 네 생각에는 그 행동이 문제를 뒤로 하고 '빠져나온' 것이었단 말이지?

피 터: 네, '그럴 필요 없다'고 판단했어요.

치료자: 이번에는 그럴 필요 없다는 판단을 해서 달랐던 거구나. 그래서 전과 다르게 행동할 수 있었어, 그러니까…

피 터: 거리를 두었다고 해야 할 것 같아요.

치료자: 거리를 두었다고?

피 터: 네, 이번에는 좀 거리를 두었어요.

치료자: 그러면 네 행동을 세 가지로 정리할 수 있겠구나. 거리를 두었고, 그럴 필요 없다고 판단했고, 문제에서 빠져나온 것으로.

피 터: 네, 그래요.

치료자: '그럴 필요 없다'는 판단에 대해 좀 더 이야기해 줄래?

피 터: 그냥 그렇게 생각한 거예요.

치료자: 그 상황에서 어떤 기분이었지?

피 터: 진짜 열 받았죠.

치료자: 진짜 열 받았는데도 거리를 두고 상황을 판단할 수 있었네.

피 터: 그렇죠, 잃지 않았던 거죠.

치료자: 뭐를?

피 터: 제 마음을 추슬렀어요. 정신을 잃지 않았다고요.

치료자: 좋아, 그러니까 네 행동은 결국 이런 거였구나. 거리를 두고, 그럴 필요 없다고 생각하고, 상황을 판단하고, 정신을 잃지 않고, 마음을 추스르고, 문제에서 빠져나오고….

피 터: 네, 그렇네요.

치료자: 이런 것들 때문에 무엇이 어떻게 달라졌니?

피 터: 무슨 말씀이세요?

치료자: 네가 만약 그런 행동을 하지 않았더라면 어떤 것을 잃어버렸을까?

피 터: 글쎄요, 특권을 지켰지요.

치료자: 무슨 특권?

피 터: 주말 외박, 금속세공 수업, 그리고 상담 면제받은 거요.

치료자: 좋아, 다른 건?

피 터: 텔레비전 보는 것과 체육시간 특권도 안 빼앗겼고요.

치료자: 거리를 두고, 그럴 필요 없다고 생각하고, 상황을 판단하고, 정신을 잃지 않고, 마음을 추스르고, 문제에서 빠져나온 것이 너에게 어떤 걸 가능하게 해 줬는지 알 것 같구나.

피 터: 네, 이번에는 아무것도 망가뜨리지 않았어요. 흥분하지도 않았고 이것저것 부수지도 않았죠.

치료자: 그렇구나. 네가 어떻게 해서 그렇게 할 수 있었는지 알고 싶은데, 말해 줄 수 있겠니? 어떻게 해서 물건을 망가뜨리는 대신 그런 특권을 유지하게 되었는지 말이야.

피 터: 아마도, 아마도… 잘 모르겠어요.

치료자: '아마도'라고 했는데, 그 말 할 때 무슨 생각을 했니?

피 터: 글쎄요, 아마 제가 가고 싶은 길을 잠깐 떠올린 것 같아요.

치료자: 그것도 아까 네가 말한 여러 가지에 속하니?

피 터: 그런 것 같아요.

치료자: 거리를 두고, 그럴 필요 없다고 생각하고, 상황을 판단하고, 정신을 잃지 않고, 마음을 추스르고, 문제에서 빠져나오고, 가고 싶은 길을 떠올리고…. 선생님 생각엔 이런 것이 모두 갑자기 생겨난 건 아닌 것 같아. 뭐가 널 이렇게 할 수 있게 만들었다고 생각해?

피 터: 예를 들면 어떤 거요?

치료자: 최근에 어떤 일이 있었기에 네 행동에 이런 진전이 있었을까? 혹시 이런 방향으로 가도록 준비시켜 준 일이 있었니? 문제를 일으

키는 상황에서 딱 빠져나올 수 있도록 네게 도움을 준 것이 있다면 무엇이라도 좋아.

피　터: 글쎄요, 뭔가 있었을지도 모르죠. 그런데 지금은 생각이 나질 않는데요.

치료자: 그러면 어머니께 좀 여쭈어 봐도 될까?

피　터: 그렇게 하세요.

치료자: 어머니, 지금 피터하고 이번 행동이 어떤 행동이었는지에 대해 이야기했어요. 그리고 그 행동으로 인해 뭐가 가능해졌는지에 대해서도 얘기했지요. 혹시 무엇 때문에 피터가 그렇게 했는지 짐작 가는 게 있으세요? 어머니가 지켜보신 바로는 피터가 그런 행동을 할 수 있도록 준비시켜 준 것이 뭐가 있었을까요?

어머니: 제가 아는 건 일이 잘못되면 정말 심각한 결과가 뒤따른다는 것뿐이에요. 그런 일이 피터에게는 자주 일어났고요. 법을 어기면 감옥에 가지요. 그리고 이미 한 번 걸린 상황에서 또다시 법을 어기면 상황은 더 나빠져요. 피터는 이미 여러 번 걸렸어요. 그건 제가 확실히 말씀드릴 수 있지요. 제 생각에 피터는 스스로를 관리할 능력이 없는 것 같아요. 자신의 행동에 대해 책임도 못 지고요.

치료자: 피터 일로 여러 가지 걱정이 많으시군요. 그리고 잘못하면 어떻게 될지에 대해서도 걱정을 많이 하시는 것 같아요.

어머니: 물론이지요.

치료자: 이런 염려가 어머니께 어떤 영향을 미치지요? 그것이 어머니가 생활하시는 데 어떤 영향을 주었나요?

어머니: 글쎄요, 분명한 건 피터가 하는 짓을 생각하면 잠이 안 온다는 거예요.

치료자: 잠을 못 주무신다고요. 그게 무슨 말씀이세요. 걱정 때문에요? 아니면…

어머니: 걱정 때문이에요. 걱정이 끊이질 않아요.

치료자: 걱정이 어떤 영향을 주지요?

어머니: 엄청 스트레스를 주지요.

치료자: 그럼 걱정이 어머니와 피터 사이에서 무엇을 어렵게 만드나요?

어머니: 우리 관계요. 서로 잘 지내는 거요.

치료자: 잘 지내는 것이 왜 중요하지요?

어머니: 피터와 잘 지냈으면 좋겠어요. 그게 제가 항상 바라는 것이에요. 그걸 놓치고 싶지 않아요. 할 수만 있다면….

치료자: 그렇군요, 어머니께 뭐가 중요한지 아는 건 제게도 매우 필요한 일이에요. 괜찮으시다면 이 얘기는 조금 있다가 다시 하지요.

어머니: 좋아요.

치료자: 피터야, 너는 문제에서 빠져나오는 행동에 대해 내가 더 잘 이해할 수 있도록 해 주었어. 그리고 그 행동이 무엇을 가능하게 해 주었는지도 이해할 수 있게 해 주었고. 조금 뒤에 무엇이 이런 일을 가능하게 했는지에 대해 좀 더 이야기를 하고 싶단다. 지금은 이런 진전이 너에게는 어떤 의미인지 알고 싶어.

피 터: 글쎄요, 저는 별로, 음…

치료자: 여기 있는 목록에 그런 진전이 어떤 것인지 적혀 있어. 거리를 두고, 그럴 필요 없다고 생각하고, 상황을 판단하고, 정신을 잃지 않고, 마음을 추스르고, 문제에서 빠져나오고, 가고 싶은 길을 떠올리는 것 등이야. 여기 다른 목록에는 그런 행동으로 인해 무엇이 가능해졌는지 적혀 있어. 예를 들면, 네 특권을 유지할 수 있었던 것, 난폭한 행동이나 폭발하는 행동을 하지 않았던 것과 같은 거. 이 목록에 있는 행동이 너한테는 어떠니? 이런 일이 너한테 생기는 것을 보니 어때?

피 터: 좋은 거 아닌가요?

치료자: 그래? 세상에는 여러 종류의 좋은 것이 있지. 이것은 어떤 종류의 좋은 거야? 누구에게 좋은 거야? 너에게 좋다는 이야기니? 아니면 어머니에게 혹은 소년원에?

피　터: 좋은 일이에요.

치료자: 누구에게 좋은 일이니?

피　터: 저한테 좋은 일이에요.

치료자: 너에게 좋다고? 그것이 어떻게 네게 좋은 일인지 조금 더 이야기해 줄 수 있겠니?

피　터: 네, 제 기분을 좋게 만들어 주거든요.

치료자: 이런 진전이 왜 너를 기분 좋게 하는지 알겠니?

피　터: 무언가 발전하는 것 같은 좋은 기분이 들어요.

치료자: 무언가 발전하는 것 같은 좋은 기분이구나. 발전하는 것이 네게는 왜 중요하지?

피　터: 제 삶에서 무언가 할 수 있을 것 같아서요. 발전을 하면 제가 삶에서 무얼 원하는지 찾을 수 있을 것이고, 그러면 그것에 대해 뭔가 할 수 있을 것 같아요.

치료자: 아주 분명하게 이야기하는구나.

피　터: 네, 그렇게 되면 무언가 이룰 수 있다는 걸 알게 될 거예요. 설령 일이 잘못된다고 해도, 제가 뭔가 이룰 수 있다는 걸 알면 잘못된 부분에 대해 뭔가 할 수 있을 거예요.

치료자: 삶에서 뭔가 발전하고 또 삶의 방향을 이야기하는 것을 중요하게 생각한 지 오래되었니?

피　터: 그런 것 같아요. 적어도 1년 이상 된 것 같아요.

치료자: 피터야, 이 점에 대해 어머니 생각은 어떠신지 여쭈어 봐도 괜찮겠니?

피　터: 그럼요, 말씀하세요.

치료자: 어머니, 제가 지금까지 이해한 바로는 이렇습니다. 최근에 피터가 보여 준 진전은 피터가 거리를 두고, 그럴 필요 없다고 생각하고, 상황을 판단하고, 정신을 잃지 않고, 마음을 추스르고, 문제에서 빠져나오고, 가고 싶은 길을 떠올리는 것이었습니다. 그리고 이런 행동은 피터가 화를 내고 폭발하는 대신 주말 외출이나 금속세공 수업, 텔레비전 시청과 체육관 가는 특권을 유지할 수 있게 해 주었지요. 피터에게 이 모든 게 어떠냐고 물으니, 무언가 발전하는 듯한 느낌을 줘서 기분이 좋다고 했어요. 또 피터가 자기 삶의 방향에 대해 고민한 지가 꽤 오래되었다는 이야기도 들었지요. 이런 이야기를 들으시면서 이 전반적인 진전을 한마디로 무엇이라 말씀하실 수 있을까요?

어머니: 자기 삶을 관리해 나가는 것이라고 할 수 있을 것 같네요. 한동안 이런 모습을 보지 못할 줄 알았어요.

치료자: 자기 삶을 관리하는 것이라고요. 피터야, 이 표현이 너하고 잘 맞는 표현 같니?

피 터: 네, 그게 바로 제가 지금 하고 있는 거예요.

치료자: 어머니 생각에는 피터가 자신의 삶을 관리하게 되면 어떤 일이 생길까요?

어머니: 자기 삶을 개선할 수 있겠지요. 그리고 소년원에 안 가게 될 것이고요.

치료자: 어떤 식으로 개선하게 될까요?

어머니: 방금 말한 것처럼 소년원에 안 가도 되겠지요.

치료자: 또 다른 것은요?

어머니: 피터가 여러 가지 문제가 많은 애지만 저는 항상 피터에게 재능이 있다고 생각했어요. 항상 호기심이 많아 물건을 다 분해하고는 이런저런 궁리 끝에 그걸 다시 조립해 놓곤 했지요. 피터가 스

스로 자기 인생을 관리하게 되면 그런 성격이 도움이 될 거예요. 뭔가를 이루어 내거나, 자기가 잘하고 지루해하지 않을 좋은 일자리를 얻는 데도 도움이 될 수 있을 테고요. 그리고 자기 세계를 갖는 데도 도움이 될 거예요. 선택의 여지도 더 많아질 거고요.

치료자: 네가 보기에는 어떠니? 네가 네 생활을 잘 관리해서 그런 것들이 가능해지면 말이야.

피 터: 그렇게 되면 정말 좋겠지요.

어머니: 이미 아까 대답을 했지만, 네가 말하는 '정말 좋겠다'는 표현이 네게 무슨 의미인지 좀 더 분명하게 설명해 줄래? 이런 진전을 통해 생활을 관리하게 된다는 것 뒤에는 무언가 좀 더 있을 거라는 생각이 들어서 묻는 거란다.

피 터: 글쎄요, 뭔가 필요한 일이 있을 때 그걸 가능하게 만들 수 있다면 기쁠 것 같고, 뭔가 원하는 것이 있을 때 그걸 가능하게 만들 수 있다는 걸 알게 되면 기쁠 것 같아요.

치료자: 그러니까 네 말은 네게 필요하고 네가 원하는 걸 네 스스로 해낸다면 기쁘겠다는 거로구나.

어머니: 이거 하나는 확실하네요. 피터가 훨씬 더 편안해지겠지요.

치료자: 피터 네 생각은?

피 터: 맞아요, 많은 부분에서 훨씬 더 편안해질 거예요.

치료자: 네 생활을 관리한다는 것이 너에게 어떤 의미인지 더 잘 이해할 수 있을 것 같아. 좀 더 편안해지고, 또 네가 필요로 하고 원하는 것을 할 수 있게 된다면 좋을 거라는 거지? 그런데 질문이 있는데, 그렇게 되면 왜 좋을까?

피 터: 글쎄요, 잘 모르겠는데요.

치료자: 어머니께 여쭈어 보아도 될까?

피 터: 네, 그러세요.

치료자: 어머니, 어머니는 피터가 왜 자신의 장래를 위한 이런 진전을 바람직한 것으로 평가한다고 생각하세요?

어머니: 자신을 위해 뭔가 계획할 수 있을 테니까요. 또 그럴 권리가 있고요.

치료자: 권리라니요?

어머니: 자신의 삶을 관리할 권리를 가졌다는 거예요. 자신만의 세계를 가질 권리가 있고요. 모든 사람이 그럴 권리를 가지고 있지만 그걸 뺏기는 경우가 참 많지요. 피터는 그런 권리를 빼앗겼어요. 그런 기회를 갖지 못했지요.

치료자: 피터, 너는 어떻게 생각하니? 어머니는 네가 너만의 인생, 너만의 세계를 가질 권리가 있기 때문에 네가 이걸 바람직한 발전으로 여긴다고 생각하셔, 그 말씀이 맞는 것 같니?

피 터: 맞아요.

치료자: 왜 맞는 말인 것 같은지 이야기해 줄래?

피 터: 왜냐하면 어렸을 땐 그렇게 할 수 있는 기회를 갖지 못했기 때문이에요.

치료자: 무슨 일이 있었는데?

피 터: 새아버지가 절 너무 힘들게 했어요.

치료자: 새아버지가 그런 권리를 빼앗았니?

피 터: 네, 완전히요.

어머니: 그 점에 대해서는 정말 가슴 아프게 생각해요. 왜냐하면 제가 그런 상황을 만든 장본인이니까요. 제가 그 남자를 우리 인생에 불러들였고 그런 일이 계속되도록 만들었지요. 제 잘못이에요. 정말 끔찍해요. 아마 이 죄책감은 평생 갈 거예요. 이 죄책감 때문에 아무것도 할 수가 없었어요.

이 시점에서 나는 우리 모두 비교적 짧은 시간 동안 상당한 거리를 여행해 왔음을 느꼈다. 피터가 화나는 상황을 뒤로 하고 빠져나온 행동이 이 대화의 시발점이 되었다. 내가 처음 피터의 그 행동에 대해 이야기했을 때, 어머니는 이미 여러 번 말했기 때문에 더 이상 할 말이 없다고 했다. 그러나 피터와 어머니 모두 나의 여러 질문에 기꺼이 대답해 주었다.

내가 유도한 이런 치료적 질문을 통해 우리는 피터의 빠져나온 행동이 사실 이야깃거리가 많은 행동이었다는 점을 알게 되었고, 우리 대화는 의미 있는 결과를 가져왔다. 우리의 대화는 다른 사람이 아닌 피터에게 중요한 의미와 상징으로 풍부해졌다. 이 대화는 자신의 미래에 영향을 미치고자 하는 피터의 열망과 그가 가치를 두는 것, 즉 자신의 삶을 주관하고 관리할 수 있는 권리와 자신의 세계에 대한 권리를 부각시켰다. 이제까지 피터는 자신의 이런 열망이나 가치를 표현한 적이 없었다.

독특한 결과

이야기치료에서는 피터의 빠져나온 행동을 '독특한 결과' 혹은 '예외'라고 한다. '독특한 결과(unique outcome)'란 어빙 고프먼(Erving Goffman, 1961)이 정의한 것인데, 그는 이 용어에 대해 다음과 같이 말한다. "어떤 사람의 경험을 그 사람 인생의 사회적 실타래 속으로 꼬아 넣는 과정에서… 독특한 결과는 독립적으로 발생함에도 불구하고 그가 속한 하위 집단 내에서 기본적이고 상식적으로 취급되는 일에 묻혀 시간이 흐르면서 점차 무시된다."(p. 127) 피터의 빠져나온 행동은 독특한 결과로서 하나의 '새로운 시도'로 분류될 수 있다. 이러한 시도는 다른 독특한 결과와 마찬가지로 삶에서 여러 차례 이루어지지만 대부분 무시당하거나 소멸되어 버린다. 사람이 살면서 하는 시도 가운데 97% 정도만 실패한다면 그럭저럭 행복한 삶을 기대할 수 있다. 바꿔 말해, 3% 정도의 시도가 성공적이라면 괜찮은 삶을 예상할 수 있다. 그러나 이런 시도 가운데 98%가 소멸되고 2%만 남는다면 상대적으로 불행한 삶이 예상된다. 이렇게 볼 때, 치료자의 역할은 내담자가 하는 1%의 시도가 소멸되지 않도록 또는 그것을 지킬 수 있도록 돕는 것이라고 할 수 있다.

독특한 결과가 될 가능성이 있는 새로운 사건이 상담의 과정을 통해 가시화되면, 나는 항상 내담자가 그 부분에 비중을 둘 수 있도록 하는 방법을 모색한다. 또 독특한 결과를 통해 자신의 삶을 어떻게 살아가고자 하는지, 어떠한 가치를 중요하게 생각하는지를 확인하고, 이를 기초로 다음 이야기를 발전시키고자 노력한다. 독특한 결과에 이름을 붙이는 과정부터 이를 통해 내담자가 어떤 삶을 살고자 하고 무엇에 가치를 두는지를 밝혀내기까지의 여정은 멀고도 길다. 치료자의 역할은 이 두 과정 사이에 다리를 놓아 주는 것이다. 피터 모자와의 만남에서 이 여정은 1장에서 설명했던 입장말하기(I) 지도의 변형인 입장말하기(II) 지도를 통해 이루어졌다.

입장말하기(II)

입장말하기(II) 지도는 입장말하기(I) 지도과 동일한 유형의 질문으로 구성되어 있다. 하지만 이번에는 문제나 어려움에 관한 외재화 대화를 이끌어 내는 것이 아니라 지배적 이야기 혹은 문제로 가득한 이야기와는 다른, 예외적 상황이나 독특한 결과에 초점을 맞추는 대안적 이야기를 만들어 내고자 하는 것이다. 이 과정에서 나오는 이야기는 2장에서 다룬 이야기 다시쓰기 대화로 들어가기 위한 토대가 된다. 예를 들어, 내담자가 자신의 인생에서 무엇을 지향하고 어디에 가치를 두는지를 이해하게 되면 행동 영역의 질문을 던짐으로써 그런 지향점과 가치를 형성하는 데 기여한 과거 경험이나 그것을 잘 보여 주는 현재 경험 등을 생각해 볼 수 있게 한다.

이야기치료 훈련과정에 참여한 치료자들의 한결같은 소감은 입장말하기(II)가 그동안 간과되었던 이야기에 의미를 부여하는 과정에서 치료자가 중심적 위치에서 한 걸음 물러설 수 있도록 해 준다는 것이다. 만약 치료자가 주된 역할을 하게 되면 내담자를 설득하는 방식을 취하기 쉽고, 이런 경우 치료자의 주된 반응은 내담자의 생각에 동의하고 긍정적 부분을 지적하거나 이야기를 재해석하는 것에 머무르기 쉽다. 입장말하기(II)는 치료자가 상담에서 탈중심적 위치를 유지하면서도 영향력 있는 입장을 취할 수 있게 해 준다. 그것은 이야기 쓰기의 주도권을 내담자에게 주려고 노력한다는 점에서 탈중심적이며, 내담자의 삶에서 독특한 결과가 될 수 있는 부분에 대해 구조화된 질문을 한다는 점에서 영향력 있는 참여라고 할 수 있다. 입장말하기(II) 지도의 구조는 다음의 네 단계로 이루어진다.

1단계: 독특한 결과 정의하기

이 단계에서 치료자는 독특한 결과로서의 의미를 지닐 가능성이 있는 행동에 대해 질문한다. 그런 행동에 대해 자세히 설명하고, 내담자의 실제 경험에 가까운 내담자 나름의 용어를 사용하여 더욱 풍부히 설명할 것을 권한다. 내가 경험에 가까운 자기 나름의 용어를 강조하는 것은 경험이 사람마다 각기 다르게 인식되며, 어떤 경험도 동일하거나 과거 경험의 재현이 아니기 때문이다.

피터 모자와의 상담에서는 화나는 상황에서 빠져나온 피터의 행동을 '문제에서 빠져나오기'로 정의한 바 있다. '거리두기' '이럴 필요 없다고 생각하기' '상황을 판단하기'와 같이 다른 연관된 행동에도 이름을 붙였다. 이 단계에서 나는 서두르지 않았고, 피터에게 그런 행동의 의미에 대해 계속 질문했다. 예를 들어, 그럴 필요 없다는 판단에 대해 더 말해 달라고 하자, 피터는 그 행동이 '상황을 판단하는 것' '정신을 잃지 않는 것' '마음을 추스르는 것' '가고 싶은 길을 떠올리는 것'이라고 했다. 그에 대해 어머니는 '자기 삶을 관리하는 것'이라고 했다.

이렇게 내담자가 한 말의 의미를 천천히 살펴보는 것은 내담자의 진술을 확장시키고 그러한 경험을 더 풍부히 하는 데 도움이 된다. 이는 끈기 있게 의미를 탐색하고 독특한 결과를 내담자 경험에 가까운 내담자 나름의 용어로 정의하는 과정에서 매우 중요한 작업이다.

독특한 결과로서 피터 모자에게 의미가 있는 빠져나오는 행동은 가까운 과거에 일어난 일이었다. 그럼에도 독특한 결과를 과거 사건으로 제한할 필요는 없는데, 과거와 마찬가지로 현재에도 분명 그러한 일이 진행되고 있기 때문이다. 다음 이야기는 그런 상황을 잘 보여 준다.

딜런 가족을 상담하면서 당시 내가 주관하던 훈련 프로그램 참여자 가운데 몇 명이 손님으로 참여했다. 딜런 가족은 이런 형태의 만남에 대해 사전에 충분한 설명을 들었고 그에 동의했다. 딜런은 모든 측면에서 곤경에 처해 있는 15세의 소년이었다. 딜런은 최근의 또 다른 위기 때문에 가족에게서 영원히 추방당하기 일보 직전이었다. 딜런은 상담에 동의하기는 했지만 시작부터 참여에 대한 열의를 전혀 보이지 않았다. 나는 이러한 형태로 상담하는 것에 대해 딜런이 충분히 알고 있었는지 다시 한 번 확인했고, 그는 그렇다고 했다. 그러나 아주 불만스러운 목소리로 "근데 이 사람들은 대체 누구에요?"라고 물었다. 이는 어떻게 보면 그냥 던진 질문이었지만 분명 의심의 기미가 포함된 것이었다.

이를 기회로 나는 딜런에게 그들에 대해 무엇을 알고 싶은지 물었다. 그는 퉁명스러운 목소리로 "이 사람들 취미요."라고 대답했다. 나는 취미에 대해 그들을 면접하기 시작했다. 그리고 면접이 끝난 후에는 딜런에게 그들의 취미 중 어떤 것에 마음이 가냐고 물었다. 그는 승마와 유머에 관한 이야기가 인상에 남았다고 했다. 나는 딜런에게 이 손님들로 하여금 자기 소개를 하도록 만든 비결이 무엇인지 물었다. 딜런은 대화에 관심을 보였지만 자신의 행동을 무어라 불러야 할지 어려워했다. 내가 가족에게 도움을 청하자, 어머니는 놀랐다고 하면서 딜런의 이런 기술을 본 지가 5년이 넘었다며 그것을 '다리 놓기'라고 불렀다. 결국 딜런도 자신의 행동을 '다리 놓기'로 정의하는 것에 동의했는데, 이는 분명 자신의 경험에 가깝고 자신에게 독특한 것이었다. 이것이 딜런의 삶에서 부수적 이야기를 파악하고 또 풍부히 발전시키는 계기가 되었다.

2단계: 독특한 결과의 영향 탐색하기

이 단계에서는 가족, 가족관계, 직장, 학교와 교육, 인간관계나 친구들, 자신과의 관계 등 인생의 여러 영역에 나타나는 독특한 결과의 영향을 탐색한다. 또한 이들 영역에 대한 '잠재적' 영향을 탐색하거나 미래의 가능성이나 인생 전반에 미치는 '잠재적' 영향을 탐색할 수도 있다. 또한 독특한 결과에 이르는 계기를 만들어 준 이전의 진전에 초점을 맞추는 질문도 하게 된다.

피터 모자와의 대화에서는 입장말하기(I)과 입장말하기(II)가 다른 대화에서처럼 명확하게 구분되지 않았다. 하지만 독특한 결과의 영향으로 주말 외출, 금속세공 수업, TV 시청, 체육이 가능했으며 화내고 때려 부수는 행동은 하지 않았다는 것을 알 수 있었다. 또한 그날 상담이 끝날 무렵에는 어떻게 하면 그 행동이 피터의 삶을 개선시키고, 소년원에 가지 않게 하며, 자기 세계를 갖게 하고, 선택의 여지를 갖도록 할 수 있겠는지에 대해 가상적으로 이야기할 수 있었다.

이와 같은 탐색은 독특한 결과를 시간의 흐름과 함께 펼쳐지는 다른 새로운 사실과 연결시키면서 그 모두가 점점 하나의 줄거리를 이루도록 하는 결과를 가져온다. 이 과정을 통해 독특한 결과의 중요성을 강조하고 단단하게 굳힘으로써, 그것이 우연히 발생한 일이라거나 예외적인 일이라거나 혹은 타인에 의해 발생한 것이라는 생각을 약화시킬 수 있다.

3단계: 독특한 결과의 영향 평가하기

이 단계에서는 독특한 결과의 영향 혹은 그 결과의 잠재적 영향을 평가할 수 있도록 돕는다. 입장말하기(I)과 마찬가지로, 이러한 평가는 다음과 같은 질문으로 시작할 수 있다. 이러한 새로운 일 혹은 진전이 당신에게 좋은 일인가요? 이런 일에 대해 어떤 느낌인가요? 이런 일에 대해 어떤 생각인가요? 이런 경험에 대해 어떤 입장인가요? 이러한 경험은 긍정적인 건가요 혹은 부정적인 건가요? 아니면 둘 다인가요, 둘 다 아닌가요, 혹은 그 중간인가요?

이러한 질문은 내담자로 하여금 잠시 멈추어 서서 자신의 삶에서 일어난 특정한 진전에 대해 생각해 보고, 확인하고, 그 경험을 말하고, 그 결과를 평가하는 기회를 준다. 많은 사람들은 이를 매우 특이한 경험으로 받아들이는데, 그러한 진전이 이제껏 살면서 잘 알고 익숙해 있던 것과는 대조적이기 때문이다. 또한 그간 이러한 진전이 대부분 타인의 평가의 대상이었기에 더욱더 특이한 경험으로 다가온다. 피터 모자와의 대화 중 다음 두 대화는 독특한 결과와 평가 질문이 어떻게 사용되었는지를 잘 보여 준다.

대화 1

치료자: 여기 있는 목록에 그런 진전이 어떤 것인지 적혀 있어. 거리를 두고, 그럴 필요 없다고 생각하고, 상황을 판단하고, 정신을 잃지 않고, 마음을 추스르고, 문제에서 빠져나오고, 가고 싶은 길을 떠올리는 것 등이야. 여기 있는 다른 목록에는 그런 행동으로 인해 무엇이 가능해졌는지 적혀 있어. 예를 들면, 네 특권을 유지할

수 있었던 것, 난폭한 행동이나 폭발하는 행동을 하지 않았던 것과 같은 거. 이 목록에 있는 행동들이 너한테는 어떠니? 이런 일이 너한테 생기는 것을 보니 어때?

피 터: 좋은 거 아닌가요?

치료자: 그래? 세상에는 여러 종류의 좋은 것이 있지. 이것은 어떤 종류의 좋은 거야? 누구에게 좋은 거야? 너에게 좋다는 이야기니? 아니면 어머니에게 혹은 소년원에?

피 터: 좋은 일이에요.

치료자: 누구에게 좋은 일이니?

피 터: 저한테 좋은 일이에요.

치료자: 너에게 좋다고? 그것이 어떻게 네게 좋은 일인지 조금 더 이야기해 줄 수 있겠니?

피 터: 네, 제 기분을 좋게 만들어 주거든요.

치료자: 이런 진전이 왜 네 기분을 좋게 하는지 알겠니?

피 터: 무언가 발전하는 것 같은 좋은 기분이 들어요.

대화 2

치료자: 네가 보기에는 어떠니? 네가 네 생활을 잘 관리해서 그런 것이 가능해지면 말이야.

피 터: 그렇게 되면 정말 좋겠지요.

어머니: 이미 아까 대답을 했지만, 네가 말하는 '정말 좋겠다'는 표현이 네게 무슨 의미인지 좀 더 분명하게 설명해 줄래? 이런 진전을 통해 네 생활을 관리하게 된다는 것 뒤에는 무언가 좀 더 있을 거라는 생각이 들어서 묻는 거란다.

피 터: 글쎄요, 뭔가 필요한 일이 있을 때 그걸 가능하게 만들 수 있다면 기쁠 것 같고, 뭔가 원하는 것이 있을 때 그걸 가능하게 만들 수

있다는 걸 알게 된다면 기쁠 것 같아요.

치료자: 그러니까 네 말은 네게 필요하고 네가 원하는 걸 너 스스로 해낸다면 기쁘겠다는 거로구나.

어머니: 이거 하나는 확실하네요. 피터가 훨씬 더 편안해지겠지요.

치료자: 피터, 네 생각은?

피 터: 맞아요, 많은 부분에서 훨씬 더 편안해질 거예요.

이런 식으로 이야기 하는 것은 새롭고 특이한 경험이기 때문에 치료자는 질문을 시작하기에 앞서 전 단계에서 나누었던 독특한 결과의 주요한 영향에 대해 간단히 요약해 줄 필요가 있다. 이러한 요약과정을 나는 '사설(editorials)'이라고 부르는데, 이는 내담자가 평가 질문에 답하기 전에 자신의 생각을 더듬어 볼 수 있는 토대가 된다. 예를 들면, 피터 모자와의 대화에서 평가 질문에 앞서 우선 그전에 나누었던 독특한 결과의 의미와 그 결과의 주된 영향에 대해 다음과 같이 요약해 주었다. "여기 있는 목록에 그런 진전이 어떤 것인지 적혀 있어. 거리를 두고, 그럴 필요 없다고 생각하고, 상황을 판단하고, 정신을 잃지 않고, 마음을 추스르고, 문제에서 빠져나오고, 가고 싶은 길을 떠올리는 것 등이야. 여기 있는 다른 목록에는 그런 행동으로 인해 무엇이 가능해졌는지 적혀 있어. 예를 들면, 네 특권을 유지할 수 있었던 것, 난폭한 행동이나 폭발하는 행동을 하지 않았던 것과 같은 거. 이 목록에 있는 행동이 너한테는 어떠니? 이런 일이 너한테 생기는 것을 보니 어때?"

이 시점에서 주의할 점은 진전에 대한 복잡한 입장을 이야기할 수 있는 기회를 내담자에게 충분히 주어야 한다는 것이다. 내담자가 그 경험을 당연히 바람직한 것으로 평가할 것이라 가정하여(사실은 그렇지 않음에도) 서둘러 탐색을 마치고 섣불리 다음 단계로 넘어가게 되기 쉽기 때문이다.

4단계: 평가의 근거 제시하기

네 번째 단계에서는 사람들이 내린 평가에 대해 '왜'라고 질문함으로써 평가에 대한 이유 또는 근거를 조명한다. 입장말하기(I)에서와 마찬가지로, 이러한 조명은 다음과 같은 질문으로 시작할 수 있다. 당신에게 그것이 왜 괜찮은가요? 이러한 진전에 대해 당신은 왜 그런 생각이 들었나요? 이 진전에 대해 당신은 왜 그런 입장인가요? 또한 내담자에게 '왜' 그런 입장인지 설명해 줄 수 있는 이야기를 해 달라고 요청하면서 이 단계를 시작할 수도 있다. 당신의 과거 경험 가운데 당신이 이런 진전에 대해 왜 그런 입장인지를 제가 이해하는 데 도움이 될 만한 이야기가 혹시 있을까요? 있다면 해 주시겠어요? 그런 진전에 대해 당신이 왜 기쁘게 생각하는지에 대해 가족(아버지, 어머니, 아들, 딸)은 어떤 이야기를 할까요? 다음의 두 대화는 이 단계에서 이루어지는 질문의 과정을 잘 보여 주고 있다.

대화 1

치료자: 이런 진전이 왜 네 기분을 좋게 하는지 알겠니?

피 터: 무언가 발전하는 것 같은 좋은 기분이 들어요.

치료자: 무언가 발전하는 것 같은 좋은 기분이구나. 발전하는 것이 네게는 왜 중요하지?

피 터: 왜냐하면 제 삶에서 무언가 할 수 있을 것 같아서요. 발전을 하면 제가 삶에서 무얼 원하는지 찾을 수 있을 것이고, 그러면 그것에 대해 무언가 할 수 있을 것 같아요.

치료자: 아주 분명하게 이야기하는구나.

피 터: 네, 그렇게 되면 무언가 이룰 수 있다는 걸 알게 될 거예요. 설령 일이 잘못된다고 해도, 제가 뭔가 이룰 수 있다는 걸 알면 잘못된 부분에 대해 뭔가 할 수 있을 거예요.

치료자: 삶에서 뭔가 발전하고 또 삶의 방향을 이야기하는 것을 중요하게 생각한 지 오래되었니?

피 터: 그런 것 같아요. 적어도 1년 이상 된 것 같아요.

대화 2

치료자: 네 생활을 관리한다는 것이 너에게 어떤 의미인지 더 잘 이해할 수 있을 것 같아. 좀 더 편안해지고, 또 네가 필요로 하고 원하는 것을 할 수 있게 된다면 좋을 거라는 거지? 질문이 있는데, 그렇게 되면 왜 좋을까?

피 터: 글쎄요, 잘 모르겠네요.

치료자: 어머니께 여쭈어 보아도 될까?

피 터: 네, 그러세요.

치료자: 어머니, 어머니는 왜 피터가 자신의 장래를 위한 이런 진전을 바람직한 것으로 평가한다고 생각하세요?

어머니: 자신을 위해 뭔가 계획할 수 있을 테니까요. 또 그럴 권리가 있고요.

치료자: 권리라니요?

어머니: 자신의 삶을 관리할 권리를 가졌다는 거예요. 자신만의 세계를 가질 권리가 있고요. 모든 사람이 그럴 권리를 가지고 있지만 그걸 뺏기는 경우가 참 많지요. 피터는 그런 권리를 빼앗겼어요. 그런 기회를 갖지 못했지요.

치료자: 피터, 너는 어떻게 생각하니? 어머니는 네가 너만의 인생, 너만의 세계를 가질 권리가 있기 때문에 네가 이걸 바람직한 발전이라고 이야기한다고 생각하셔, 그 말씀이 맞는 것 같니?

피 터: 맞아요.

치료자: 왜 맞는 말인 것 같은지 이야기해 줄래?

피　터: 왜냐하면 어렸을 땐 그렇게 할 수 있는 기회를 갖지 못했기 때문이에요.

치료자: 무슨 일이 있었는데?

피　터: 새아버지는 절 너무 힘들게 했어요.

치료자: 새아버지가 그런 권리를 빼앗았니?

피　터: 네, 완전히요.

평가 질문에서와 마찬가지로 평가의 근거에 관한 질문 역시 대개 사설로 시작한다. 사설은 내담자의 생각을 반영하기 위한 거울의 역할을 하며 질문에 대한 응답을 형성하는 데 도움이 된다. 1장에서 논의한 바와 같이, 나는 치료적 대화에서 '왜'라는 질문의 중요성을 믿는다. 예를 들면, 피터가 자신의 미래를 계획하는 데 영향을 미치게 될, 열망이란 것을 표현한 것은 '왜' 질문에 대한 대답을 통해서였다. '왜'라는 질문은 사람들로 하여금 자신의 삶에 대한 생각과 자신의 삶의 가치를 확인하고 이끌어 내도록 하는 장을 만들어 준다. 피터의 어머니가 인생을 스스로 관리할 '권리'에 가치를 부여한 것도 '왜' 질문에 대한 대답을 통해서였다. 상담이 진행되면서 피터는 이 개념을 더욱 풍부하게 발전시켰다. 사람은 자신이 지향하는 바에 따라 삶을 살아가기 마련인데, 우리는 피터가 갖고 있는 그러한 열망을 확인하고 그에 부합하는 가치에 대해 이야기함으로써 피터의 정체성에 관한 새로운 결론에 도달하게 되었다. 이렇게 만들어진 정체성은 그간 피터의 삶에서 지배적 이야기가 되어 온 매우 익숙하고도 부정적인 결론과 전적으로 대조를 이루는 것이었다.

삶의 지향에 대한 이해와 삶의 가치를 확인하는 작업은 풍성한 이야기 전개를 가능케 하는 이야기 다시쓰기 대화의 기초가 된다. 예를 들어, 이 단계에서 이루어진 대화를 토대로 내담자가 설명한 삶의 지향이나 가치를 확인시켜 줄 수 있는 과거의 경험을 생각해 내고 또 설명해 보라고 권유할 수 있다. 2장에서는 이런 종류의 질문을 '행동 영역의 질문'이라 설명한 바 있다.

나는 평가의 근거에 관한 질문에 내담자가 즉각 반응을 하리라고는 기대하지 않는다. 사실 많은 경우 내담자는 '모른다'고 답한다. 이는 삶의 지향보다 내재적 특성을 통해 인간의 정체성을 이해하는 방식이 더 중시되는 문화 속에서, 그리고 자신이 의미 있게 여기는 삶의 진전이나 새로운 일에 대해 이야기하는 것이 매우 드문 문화적 분위기 속에서 당연히 나타나는 반응이다. 이 때문에 사람들은 대개 '왜'라는 질문을 받을 때 그것을 도전적이고 과격한 것으로 받아들이기 쉽다.

이렇듯 '모른다'는 대답을 접하게 될 때, 치료자는 내담자가 응답할 수 있도록 더 많이 지지해 주어야 한다. 이는 여러 방식으로 이루어질 수 있다. 질문에 앞서 사설을 제공하는 것과 더불어 독특한 결과의 주요한 영향과 그것의 평가에 대해 내담자가 갖고 있는 생각을 좀 더 확장시키도록 권유한다. 이는 내담자가 '왜'라는 질문을 받을 때 반추할 수 있는 기반을 좀 더 굳건히 하는 데 도움이 된다.

이 질문에 좀 더 수월하게 답하도록 도와줄 수 있는 또 다른 방법은 유사한 질문에 다른 사람들이 어떻게 대답했는지를 설명해 주는 것이다. 예를 들면, 치료자가 "6주 전쯤 어떤 부부와 상담을 했는데, 그 부부 역시 계속 갈등을 겪다가 두 분과 비슷한 결과를 경험했지요. 그분들은 그걸 매우 놀라워했는데 왜 그것이 놀랍냐는 제 질문에 ~라고 대답했어요. 당신이 놀라워하는 이유도 혹시 그 부부가 말한 것과 비슷한가요, 아니면 좀 다른 생각이신가요?"라고 서두를 던져 준다. 내담자도 종종 타인의 반응에 대한 설명을 토대로 자신의 진전에 대해 갖고 있는 생각의 이유나 근거를 이해하게 된다. 또한 다른 사람의 진전과 관련된 근거를 이해함으로써 고유의 입장을 구분할 수 있게 된다.

1장에서 설명한 바와 같이, '왜' 질문에 대해 '모른다'로 응답하는 아이들을 만날 때는 추측하기 게임을 활용하면 좀 더 수월하게 이야기를 진행시킬 수 있다. 아이의 부모나 형제자매에게도 왜 아이가 그런 진전을 선호하는지 맞춰 보라는 질문을 할 수 있다. 치료자 역시 여러 추측을 할 수 있다. 그런 다음 아이에게 이런 추측 중 자신의 생각과 비슷한 게 있냐고 묻고, 만일 그렇다고 하면 어떤 말이 같냐고 묻는다. 만약 아이가 자신의 생각과 비슷한 추측이 없다고 하면 어떻게 그걸 알 수 있는지 묻는다. 이런 방법은 대부분의 경우 아이들이 자신의 생각을 말로 표현하도록 도와준다.

이제까지 설명한 입장말하기(II)의 네 단계 질문은 독특한 결과가 될 수 있는 사건에 대한 내담자의 생각을 형성시켜 줄 수 있다. 물론 그러한 진전에 대한 치료자의 생각도 만들어 준다. 위와 같은 질문을 통해 그러한 진전의 의미를 탐색하고 그것에 중요한 의미를 부여하게 된다. 이렇게 하나의 진전이 독특한 결과가 되고 거기에 의미가 더해짐에 따라 내담자는 점점 더 그 호기심을 가지게 되고, 탐색이 진행됨에 따라 놀라움은 점점 더 커진다. 이런 기회가 아니었다면 무시되거나 하찮게 생각하고 넘겼을 진전에 대한 놀라움은 내담자를 질문과정에 끌어들이고 그에 반응하도록 한다.

나는 입장말하기 질문의 진행과정을 직선적인 개념으로 설명했다. 하지만 실제로 그것이 온전히 일직선으로 진행되는 경우는 거의 없으며, 어떤 단계의 질문에 대한 대답은 다른 단계의 질문에 대한 대답의 수정이나 확대로 이어질 수 있다.

[그림 5-1]과 [그림 5-2]는 내가 피터 모자와 나눈 대화를 이 장에서 기술한 입장말하기(II) 지도상에 설명한 것이다.

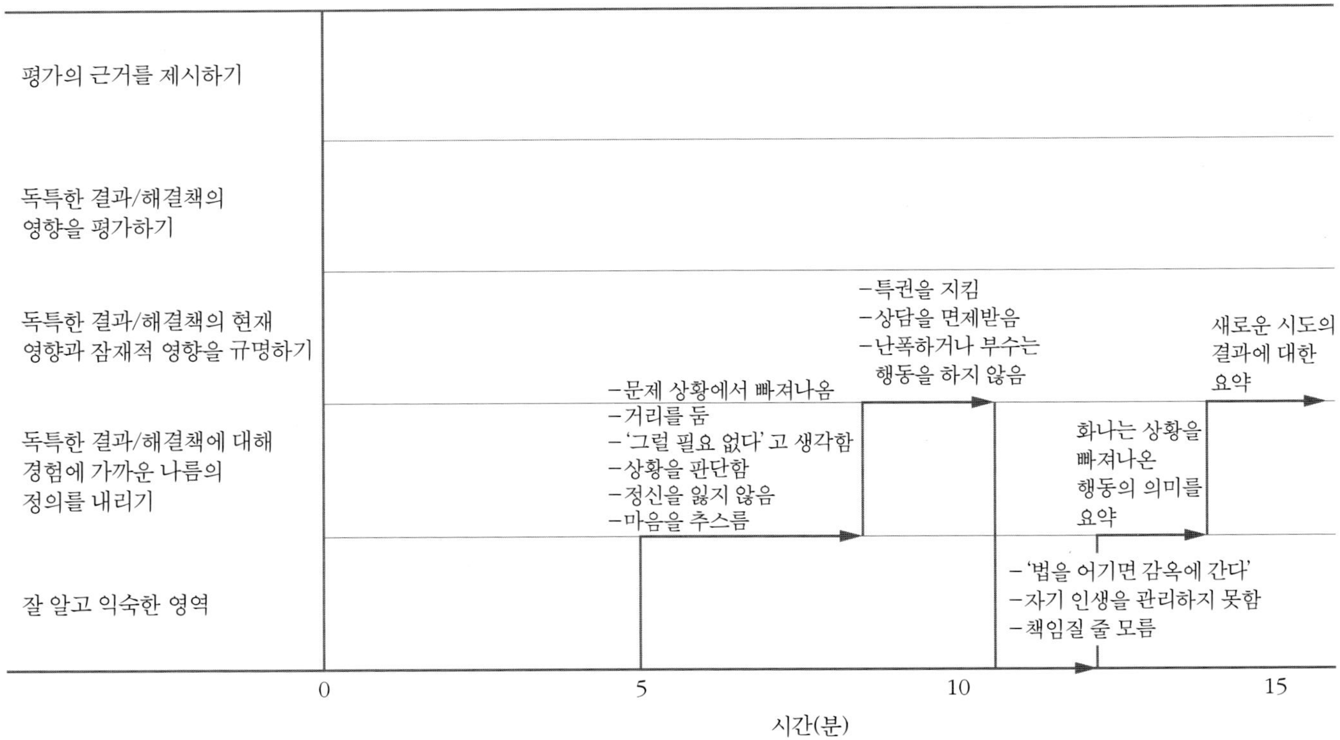

[그림 5-1] 독특한 결과를 조명하는 대화(피터 모자 이야기)

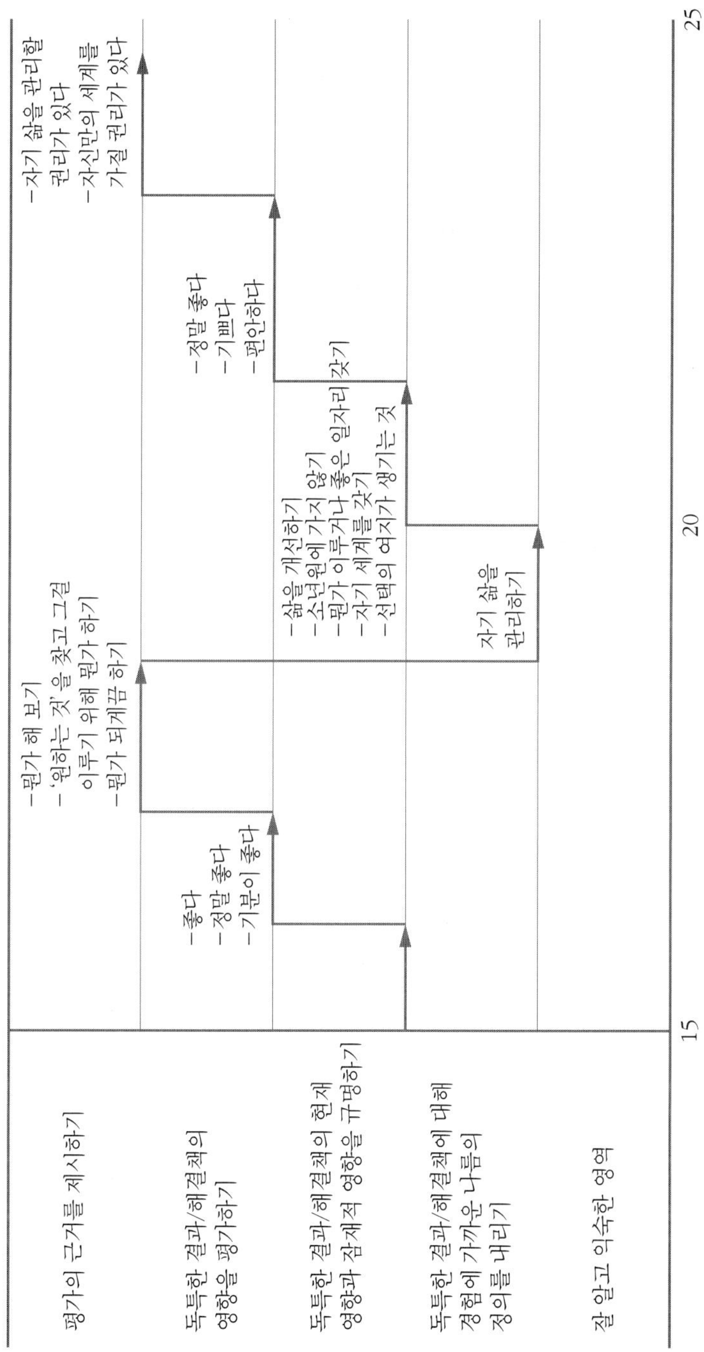

[그림 5-2] 독특한 결과를 조명하는 대화(피터 모자 이야기)

입장말하기(II)를 대화 중간에 적용하기

내담자가 치료적 대화에서 주도권을 갖고 솔선하여 이야기할 때 치료자는 입장말하기(II)를 적용함으로써 이런 행동을 독특한 결과로 굳힐 수 있다.

피터가 새아버지에게 살아갈 권리를 빼앗겼고 그 권리가 자신에게 소중한 것이라고 분명히 말했을 때, 그리고 피터 어머니가 남편의 폭력을 끌어들인 것은 자신이며 이 사실을 생각할 때마다 죄책감으로 마비되는 것 같았다고 강한 어조로 말했을 때, 나는 입장말하기(II)를 활용했다. 나는 그들의 이야기에서 독특한 결과가 될 수 있는 두 가지 진전을 발견했다. 첫째는 아들이 새아버지에게 권리를 빼앗긴 것에 대해 자신도 일부 책임이 있다는 것을 어머니가 인정한 부분이다. 둘째는 실제로 생각했던 것만큼 어머니 인생이 마비되거나 무력해지지 않았다는 점이다.

나는 이러한 점에 대해 피터와 이야기하기로 결정하고, 우선 어머니가 죄책감으로 무기력해지는 길을 거부한 것의 결과와 어머니의 거부에 대한 피터의 평가(자신의 인생에 도움이 되었다고 했다)에 대해 이야기했다. 그다음으로는 어머니가 자신이 공범이었다고 인정한 것에 대해 이야기했다. 우리 대화는 다음과 같은 네 단계로 구성되었다. 우선 피터는 어머니의 이러한 행동을 구체적으로 묘사했고('책임지는 것'과 '솔직한 것'), 그로 인한 결과를 설명했으며, 그 결과들을 평가했고, 마지막으로 어머니와 함께 그러한 평가의 근거를 제시했다(그가 소중히 생각하고 안전하다고 느끼는 것에 도움이 되었는지). 여기서의 주요한 소득은 피터가 겪었던 일에 대해 어머니가 그 책임을 인정함으로써 아들의 삶에 매우 소중한 기여를 했다는 사실을 알게 되었다는 것이다.

다음은 피터 모자와 나눈 대화의 일부로, 치료적 대화 중간에 입장말하기(II)를 적용한 예가 잘 드러난다. 그들과의 대화는 [그림 5-3]에 제시되어 있다.

어머니: 그 점에 대해 정말 가슴 아프게 생각해요. 왜냐하면 제가 그런 상황을 만든 장본인이니까요. 제가 그 남자를 우리 인생에 불러들였고 그런 일이 계속되도록 만들었지요. 제 잘못이에요. 정말 끔찍해요. 아마 이 죄책감은 평생 갈 거예요. 이 죄책감 때문에 아무것도 할 수가 없었어요.

치료자: 피터야, 어머니가 새아버지를 네 삶에 끌어들인 것에 대해 얼마나 속상해하시는지를 들으니 기분이 어떠니? 어머니가 네가 겪은 것에 대해 일부 책임감을 느끼시고 그에 대해 너무나 미안해하신다는 소리를 들으니 어떤 생각이 들지?

피 터: 좋은 것 같아요.

치료자: 왜 좋은 것 같아?

피 터: 그게 사실이니까요.

치료자: 그게 왜 중요하니?

피 터: 다 털어놓은 거니까요.

치료자: 다 털어놓았다는 게 왜 그렇게 중요하지?

피 터: 솔직한 거니까요.

치료자: '털어놓는 것'과 '솔직한 것'이 어머니가 지금 하신 행동을 잘 표현하는 말인 것 같니?

피 터: 네.

치료자: 어머니, '책임지는 것'과 '솔직한 것'이 어머니 생각에도 잘 맞는 말인 것 같으세요?

어머니: 그럼요, 진작 그랬어야 했는데… 사실 너무 늦었어요. 우리는 둘 다 무거운 짐을 지고 살아왔어요. 제 짐은 죄책감이죠.

치료자: 어머니의 솔직한 마음을 듣는 게 너에게는 어떠니?

피 터: 글쎄요.

치료자: 네 감정에 어떤 영향을 주는 것 같아? 어머니와의 관계에 영향을 미치는 것 같니? 예를 들어, 어머니에게 더 가까워지는 것 같니, 더 멀어지는 것 같니, 아니면 둘 다 아니니?

피 터: 더 가까워지는 것 같아요.

치료자: 그러면 솔직한 것은 어떤지 좀 더 얘기해 줄래?

피 터: 그동안 겪었던 일에 대해 마음이 좀 나아지는 것 같아요.

치료자: 그동안 겪었던 일에 대해 마음이 좀 나아지는 것 같고, 또 다른 건?

피 터: 마음이 좀 더 편안해지는 것 같아요.

치료자: 솔직함이 너와 어머니를 좀 더 가까워지게 했고, 그동안 겪었던 일에 대해 마음이 좀 나아지는 것 같고, 그래서 마음이 좀 편안해졌구나. 지금 이런 모든 일이 일어나고 있다는 건 어떠니?

피 터: 전보다 더 기쁜 마음이 들어요.

치료자: 그 외에는?

피 터: 그것 말고 다른 생각은 안 나는데요.

치료자: 왜 더 기쁜지 알 것 같니?

피 터: 이제는 달라졌다고 생각돼서 그런 것 같아요.

치료자: 그럼…

피 터: 다시는 그런 일이 일어나지 않을 거라는 생각이 들어서요.

치료자: 너한테 더 기쁜 마음이 드는 이유가 뭔지 어머니 생각을 여쭈어 봐도 될까?

피 터: 네, 그렇게 하세요.

치료자: 어머니?

어머니: 아마도 안전하다고 느끼기 때문일 거예요. 어떻게 느끼냐 하면… 글쎄, 뭐라고 말해야 하나. 아마 우리 사이가 연결되었다고 해야

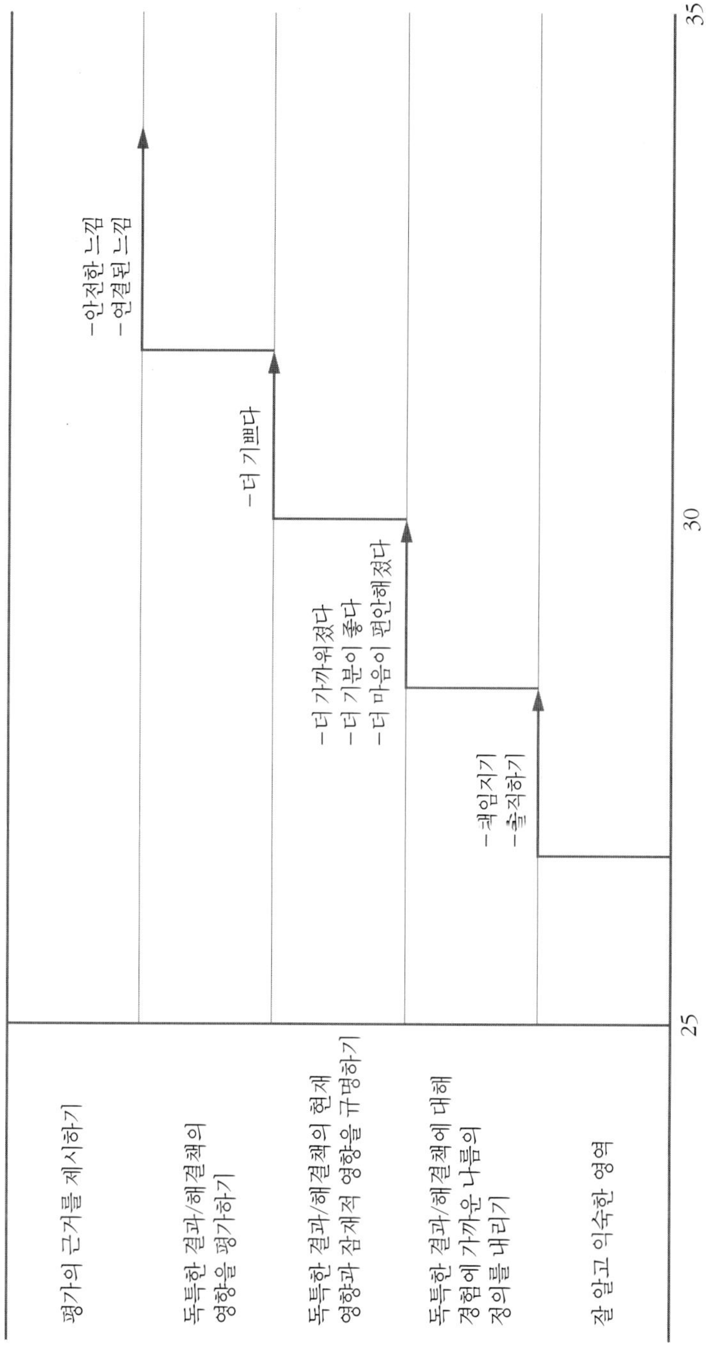

[그림 5-3] 독특한 결과를 조명하는 대화(피터 모자 이야기)

할까요. 우리는 항상 이렇게 연결되는 것을 원했던 것 같아요. 저는 정말 그랬어요. 아들과 항상 가까워지고 싶었는데 장애물이 너무 많았어요. 제가 그 남자를 우리 집에 끌고 온 것도 큰 장애물이었죠.

치료자: 피터, 어머니가 하시는 말씀이 네 생각과 비슷하니? 더 안전한 느낌이 들고 어머니와 더 연결된 느낌이 들어서 네가 기뻐하는 거라는 말씀 말이야. 또 두 사람 모두 이렇게 연결되기를 항상 원했다는 말씀 말이야.

피 터: 네, 맞아요.

이야기 대화의 특징: 독특한 결과에서 풍부한 이야기 전개까지

독특한 결과에서 시작하여 삶과 정체성이라는 새로운 영역의 목적지에 이르기까지의 여정은 실로 경이롭다. 더욱이 대화를 시작할 때 목적지가 어디가 될지 예측하는 것은 전적으로 불가능하다. 내 경험에 비추어 볼 때, 확실히 예측할 수 있는 것은 결과를 전혀 예측할 수 없다는 것뿐이다. 이 점이 바로 이야기치료가 갖는 매력의 하나다. 우리가 알 수 있는 것은 대화의 끝에 도달하면 시작 단계에서는 상상도 할 수 없었던 삶과 정체성의 새로운 지평에 우리가 서 있을 것이라는 것뿐이다. 아래의 대화는 이 두 가지 현상, 즉 치료적 대화의 여정과 목적지에 대한 예측 불가능성을 잘 보여 준다.

이 대화는 이야기치료 지도에 대한 또 다른 중요한 점을 보여 주는데, 바로 지도 간의 경계가 뚜렷하지 않다는 점이다. 이 책에서 나는 각 지도를 분명하게 묘사하기 위해 각기 구별되는 것으로 설명했다. 하지만 실제로는 서로 명확히 구별되지 않는 경우가 많다. 이야기치료의 대화는 규칙에 얽매이지 않는다. 교과서처럼 진행되는 것이 아니며 다소 제멋대로인 경향이 있다. 이런 대화에서 치료자의 참여는 내담자의 반응에 의해 결정된다. 따라서 내담자의 대답을 듣기 전에 미리 질문을 구성하는 것은 무의미하다. 치료자의 참여를 결정하는 것은 내담자의 대답에 달려 있다. 아래 대화에서 여러분은 이야기치료의 이야기 다시쓰기(re-authoring), 회원재구성(re-membering), 정의예식에 해당하는 요소를 발견할 수 있을 것이다.

대화의 중심은 자신을 죄책감에 마비된 상태로 내버려 두지 않았던 피터의 어머니 트루디의 고백으로 되돌아갔다. 나는 무엇 때문에 그녀가 그렇게 할 수 있었는지 궁금했고, 죄의식에 저항할 수 있었던 원인은 어디에 있었는지 궁금했다. 그 대답으로 그녀는 약 18개월 전 자신이 경험했던 위기에 대해 얘기했다. 이 위기는 그녀에게 많은 깨달음을 주었고, 그로 인해 그녀는 스스로 '갈림길에 직면'하였음을 깨달았다. 즉, 죄의식이 그녀의 삶을 무기력하게 만들도록 놔두거나 혹은 '다른 길을 선택'함으로써 자신을 괴롭히는 힘에 대해 '좀 더 현실적인' 관점에서 대응하는 것이었다. 그녀는 '옳은 선택'을 했고 '이제 아무것도 내 길을 막을 수 없다'는 생각을 하게 되었다고 했다.

치료자: 그러니까 이번 일이 당신에게는 갈림길이었군요. 다른 선택의 여지가 있다는 걸 알게 되었고, 올바른 선택을 하기로 결정했고요.

어머니: 네, 바로 그거예요.

치료자: 그럼, '아무것도 내 길을 막을 수 없다'는 생각은 새로운 진전인가요?

어머니: 네, 이전엔 실패했다는 생각을 가지고 있었어요. 완전히 실패했다는 생각이요. 정말 끔찍했지요. 마치 모든 것에 그림자가 드리

워진 것 같았어요.

치료자: 그런데 지난 18개월 동안 여전히 어려운 상황이었음에도 다른 생각에 의지하고 있었던 거군요.

어머니: 그렇지요, 여전히 가끔은 불안하지만 그것만은 절대 놓지 않을 거예요.

치료자: 어머니께서는 아들과 연결된 이런 느낌을 얼마나 갖고 싶어 했는지 말씀하셨는데요, 그것 말고 항상 원했던 것이 또 있었나요? 여러 가지 상황으로 좌절되긴 했지만 오랫동안 갈망하고 희망했던 소중한 것이 또 있나요?

어머니: 당연히 있었죠.

치료자: 그것에 대해 이야기해 주실 수 있어요?

어머니: 글쎄요, 말하자면 피터처럼 저도 항상 미래에는 뭔가 더 나은 것이 있기를 바랐어요. 좀 더 이해받고 최소한 어느 정도의 배려가 있는 그런 삶을 원했지요. 내가 존중받을 수 있는 좀 더 평화로운 삶을 원했어요.

치료자: 좀 더 나은 미래, 좀 더 이해와 배려가 있는 미래를 희망하고 갈망했군요. 그리고 존중받을 수 있는 평화로운 삶도요.

어머니: 네, 또 피터처럼 제 인생을 관리할 수 있는 기회를 가졌으면 했지요. 저만의 세계를 가질 수 있는 여유도요. 항상 그렇게 살고자 했는데 어찌해 볼 수가 없었어요. 너무 암담했어요.

치료자: 그런 의지를 오랫동안 간직해 왔나요?

어머니: 네, 물론이죠. 물론이에요.

치료자: 얼마나 오랫동안이요?

어머니: 제가 아주 어린아이였을 때부터요. 네, 아주 오래전부터요. 저는 항상 무언가를 갈망했어요. 오늘처럼 표현하는 방법은 몰랐지만요. 그걸 표현할 수 있는 적절한 말을 몰랐어요. 하지만 제가 원

했던 건 이거였어요. 저 나름대로 희망이 있었지요. 하지만 제가 원하는 대로 할 수 있는 기회가 없었어요. 그렇게 할 수 있는 자유도 없었고요. 그 사실이 저를 암담하게 만들었죠. 항상 머리를 벽에 들이받는 것 같은 느낌이었어요.

치료자: 크면서 가족 중에 그런 의지를 보여 준 사람이 있었나요?

어머니: 아뇨, 전혀요. 가족 간에 이해도 전혀 없었고 인내도 없었어요. 존중하는 것도 없었고요. 모두들 자기주장만 내세우고 다른 사람의 생각은 무시해 버렸죠. 항상 서로 상대방을 짓누르려고만 했지요. 정말 견디기 어려운 상황이었어요. 그 속에서 살고 싶지 않았어요. 계속 그렇게 살고 싶지 않았거든요.

치료자: 그렇다면 당신은 어떻게 해서 그런 의지를 계속 지켜 낼 수 있었지요? 아무도 지지해 주지도 않고 살기도 어려웠던 곳에서 말이에요.

어머니: 글쎄요, 몰라요. 탄력성인가… 제게 탄력성이 좀 있었나 봐요.

치료자: 탄력성이라… 뭐가 그것을 유지시켜 주었나요? 그런 의도와 소망의 중요성을 인정하거나 지지해 준 사람이 있었나요? 살면서 그런 소망을 나눌 수 있는 사람이 있었어요?

어머니: 사실 한 명 있었어요. 어렸을 때 많은 시간을 함께 보냈고 가까웠던 할머니요. 외할머니인 릴리언이요.

치료자: 할머니가 당신의 의지와 소망을 지지해 주었다는 것을 어떻게 알았지요?

어머니: 말 안 해도 아는 거 있잖아요. 할머니는 정말 저를 위해 주시고 많이 지지해 주셨지요. 제가 사려 깊은 것을 좋아하셨어요. 제가 말하는 걸 절대로 짓누르려 하지 않으셨죠. 할머니에게는 하고 싶은 얘기를 맘껏 할 수 있었어요. 저를 이해해 주시고 당신의 생각을 강요하지 않으셨어요.

치료자: 할머니와 함께했던 시기가 언제쯤이었나요?

어머니: 이건 정말 슬픈 얘기인데요. 제가 열 살쯤 되었을 때 아빠가 북쪽 광산 마을에서 사무를 보게 되는 바람에 가족이 그쪽으로 이사를 가게 되었죠. 방학 때면 할머니에게 가고 싶었지만 아빠는 허락하지 않았어요. 아빠는 할머니에 대해 안 좋은 말을 하곤 했어요. 제 생각에 아빠는 할머니한테 위협을 느꼈던 것 같아요. 아빠는 항상 할머니가 '내 가족'에 끼어든다고 했어요. 아빠는 항상 우리를 마치 자기 소유물인 듯 '내 가족'이라고 불렀어요.

치료자: 그래서 당신은 한 번도…

어머니: 제가 할머니를 못 보게 되어 정말로 슬퍼했던 기억이 나요. 할머니는 제게 카드나 편지를 보냈는데 아빠가 그러지 못하게 했어요. 아빠는 계속 할머니를 폄하하는 말을 했고, 나중에 알았는데 열어 보지도 않은 편지를 말도 없이 할머니에게 되돌려 보낸 거였어요. 할머니는 그걸 모아 두셨고, 저는 나중에 사촌한테 그 편지들을 받았어요. 저는 할머니가 포기하지 않고 계속 편지를 보내셨다는 걸 알게 되었죠. 나중에라도 그 편지와 카드를 받은 건 너무 행복했지만 할머니가 너무 그리워서 마음이 아팠어요.

치료자: 할머니로부터 많은 이해와 지지를 받았다고 했지요?

어머니: 그리고 사랑도 많이 받고요.

치료자: 혹시 왜 할머니가 당신을 이해하고 사랑하고 지지하셨는지 아세요? 당신의 어떤 부분을 할머니가 좋아하셨을까요?

어머니: 어린 손녀딸을 있는 그대로 사랑하셨던 것 같아요. 제 삶에 대해서 큰 계획을 가지고 계셨던 것은 아니었어요. 단지 제가 고집부리지 않는 점, 그리고 같이 있으면 긴장할 일 없이 항상 편안하다는 점을 좋아하셨어요.

치료자: 할머니가 지금 여기 계신다고 가정하고, 만약 제가 할머니에게

당신의 어떤 점을 좋아하시냐고 여쭈어 본다면 할머니가 어떻게 대답하실 것 같아요?

어머니: 글쎄요, 아마 할머니는 제가 섬세한 사람이라고 하실 거예요. 사려 깊은 사람이요. 할머니는 제가 자기 고집만 부리는 그런 사람이 아니란 것을 알고 계셨어요. 제가 순하고 부드러운 사람이라는 걸 좋아하셨거든요. 우리는 서로 편안하게 함께 있을 수 있었지요.

치료자: 할머니를 그렇게 대하는 손녀딸을 가졌다는 것이 할머니에게는 어땠을 것 같으세요?

어머니: 할머니에게 어땠을 것 같으냐고요? 무슨 의미죠?

치료자: 두 사람 사이에 무언가 특별한 것이 있었던 것 같아요. 그것이 당신에게 큰 의미였다는 걸 알 수 있을 것 같아요. 할머니가 당신의 어떤 부분을 좋아하셨는지도 이야기해 주었는데요, 제 생각에는 당신 역시 할머니의 삶에 영향을 미쳤을 것 같아요. 어떻게 생각하세요?

어머니: 글쎄요, 제가 할머니를 이해한다고 생각하셨을 것 같아요. 내가 느낀 것을 할머니도 느낀 것이죠.

치료자: 그것이 할머니에게 어떠한 영향을 미쳤을 거라고 생각하세요?

어머니: 제 방문을 기다리셨다는 걸 알아요. 할머니 댁에 갈 때면 할머니가 창밖을 내다보며 절 기다리시는 것을 보았죠. 그런 걸 보면 제가 할머니를 행복하게 해 드린 면이 있다고 생각해요.

치료자: 피터에게 우리의 대화를 들은 소감이 어떤지 물어보고 싶은데, 괜찮으세요?

어머니: 물론이죠.

치료자: 어머니와 할머니 관계에 대한 이야기를 듣는 것이 어땠어?

피 터: 좋았어요.

치료자: 좋다는 것에는 여러 종류가 있는데 어떤 종류야?

피 터: 좀 더 이해할 수 있어서 좋았어요.

치료자: 뭐에 대해서 이해할 수 있었어?

피 터: 어머니와 할머니가 겪었던 일에 대해서요.

치료자: 어머니와 할머니가 무엇을 겪었는데?

피 터: 둘만의 세계가 필요했지만 그걸 갖지 못했고, 뭔가 좀 더 나은 걸 원하신 거요.

치료자: 그게 네가 말했던 문제에서 빠져나오기, 인생을 관리할 수 있는 권리, 너만의 세계에 대한 권리를 갖는 것들과 혹시 연관이 있는 것 같니?

피 터: 네, 어느 면에서는 같다고 볼 수 있지요. 우리는 좀 비슷한 점이 있네요.

치료자: 좀 비슷하다는 게 무슨 의미지?

피 터: 글쎄요, 우리 셋 다 어려움이 있었지만 계속 견디어 나갔지요.

치료자: 그런 비슷한 점이 있다는 게 어떤 느낌을 주니?

피 터: 이 얘기는 몰랐어요. 할머니에 대해서는 전혀 몰랐어요.

치료자: 그랬구나.

피 터: 네, 저는 엄마한테 그런 할머니가 계셨다는 걸 전혀 몰랐어요.

치료자: 어머니, 만약 할머니가 지금 여기 계시다면, 그래서 피터와 제가 얘기한 문제에서 빠져나오는 이야기를 들으신다면, 그리고 당신과 할머니가 소중히 여기는 것을 당신이 어떻게 지키고 유지해 왔는지에 대해 들으신다면, 할머니는 어떤 부분을 가장 인상 깊게 생각하실 것 같나요?

어머니: 글쎄요, 할머니도 어렵게 자라신 걸로 알고 있어요. 할머니도 자신의 목소리를 낼 수 있는 곳이 없었지요. 하지만 포기하지 않고 그 모든 걸 극복할 수 있는 방법을 모색하셨어요. 당신이 소중히

여기는 것이 좌절되는 어려운 상황에서도 길을 찾으셨어요. 할머니는 분명 피터가 당신과 똑같이 하고 있다는 사실에 놀라워하실 거예요.

치료자: 피터가 할머니와 똑같이 하고 있다는 사실에 놀라워하실 거라고요? 피터야, 할머니에 대한 이야기가 네가 이야기한 삶에 대한 권리를 갖는 것과 너만의 세계에 대한 권리를 갖는 것과 비슷한 이야기니?

피 터: 네, 좀 비슷한 것 같아요.

치료자: 어머니, 만약 할머니가 여기 계시다면 할머니는 문제에서 빠져나온 피터의 행동에 깊은 인상을 받으실 거라고 했죠? 그 부분이 할머니가 피터에 대해 생각하는 점에 어떤 영향을 미칠 것이라고 보세요? 피터라는 사람에 대한 할머니 생각에 어떤 영향을 미칠까요?

어머니: 제 생각에는 피터를 더 나은 선택을 할 수 있는 아이라고 보실 것 같아요. 자신의 길을 찾기 시작하고, 그 길이 비록 경사지고 어려워도 자신이 중시하는 걸 향해 가고 있는 아이로요. 자신이 있던 곳으로 되돌아가지 않을 그런 아이 말이에요.

치료자: 피터가 문제에서 빠져나온 일에 대해 할머니가 왜 그렇게 끌려하실 거라고 생각하세요?

어머니: 할머니 역시 자신의 삶을 자유롭게 살기 위해 노력했기 때문이지요. 할머니는 당신 인생을 관리할 수 있는 기회도 힘도 없었어요. 하지만 포기하지 않고 계속 노력했어요. 자신만의 세계를 가지려고 노력했고요. 결국 할머니에 대한 기억과 할머니가 했던 노력이 중요한 것이죠.

치료자: 오늘 우리가 피터와 당신 삶의 진전에 대해 이야기하고 있는데, 할머니가 여기에 청중으로 참석했다고 가정해 보세요. 지금 할

머니의 생각, 감정 또는 이해나 깨달음이 어디쯤 와 있을 것 같으세요?

어머니: 글쎄요, 결국 할머니가 지켜 왔던 게 전달되었고, 그게 할머니 인생을 좌지우지하려는 온갖 압력을 극복할 수 있게 했다는 걸 알게 되셨겠지요. 할머니가 소중하게 생각하셨던 게 증손자에게 전달되었다는 걸 아신다는 건 큰 의미가 있을 것 같아요.

치료자: 그러니까 할머니가 견디어 내야 했던 그 모든 어려움이…

어머니: 그럴 만한 가치가 있었다는 거죠. 그래요. 그런 소망을 계속 유지하기 위해, 그리고 삶에서 지향했던 것들을 지키기 위해 할머니가 했던 작은 일은 정말 보람 있는 일이었어요. 만약 할머니가 여기 계셨더라면 정말 안심하셨을 것 같아요.

치료자: 그러니까 그 모든 어려움에도…

어머니: 그렇게 강요당하고 떠밀리는 가운데서도 할머니는 힘을 가지고 있던 어떤 사람보다도 많은 걸 이루셨어요. 정말 피터를 자랑스러워하실 거예요.

치료자: 정말 피터를 자랑스러워하실 거라고요?

어머니: 네, 그리고 생각난 것이 또 있는데 할머니도 죄책감으로 힘들어하셨거든요. 오늘 여기 계셨다면 어깨도 많이 가벼워지셨을 거예요. 정말 그랬을 거예요.

치료자: 피터야, 이런 얘기를 듣는 게 너한테는 어떠니? 관심이 가니?

피 터: 물론이죠.

치료자: 어떤 부분이 그렇지?

피 터: 할머니가 얼마나 힘드셨는지, 그래도 무너지지 않으셨다는 거, 그리고 할머니가 저를 자랑스러워하실 거라는 거요.

치료자: 할머니가 너를 자랑스러워하실 거라는 게 너에게는 어떤 의미가 있니?

피 터: 많은 의미가 있어요.

치료자: 조금만 얘기해 줄래?

피 터: 할머니가 저와 함께 있는 것을 행복해하실 거라는 걸 알았으니까요. 그리고 우리는 어떤 면에서는 비슷하니까요. 저도 역시 힘들었던 때가 있었어요. 그동안 저만의 세계가 필요했지만 그것도 없었고요. 하지만 견디어 내며 살아가고 있고 약간의 진척도 있었죠. 아직 갈 길이 멀지만 제가 원하는 곳으로 가고 있는 것 같아요.

이 대화에서 볼 수 있듯이, 이런 대화를 통해 여행할 수 있는 거리는 상당하다. 우리 대화는 화나는 상황에서 피터가 빠져나온 행동에서 시작되었으나 끝날 무렵에는 출발 지점으로부터 이미 멀리 떨어진 곳에 와 있었다. 이 면접이 끝날 무렵, 피터의 그러한 행동은 포기하지 않고 노력했다는 것과 자기 삶을 관리할 권리라는 두 가지 주제를 상징하는 것이 되었다. 그 주제는 피터 어머니나 할머니의 삶과도 연결되는 것이었다. 주변 사람의 인생 이야기를 공유하고 서로 연결 짓는 작업은 이야기를 풍부하게 발전시켜 준다. 삶의 지향이나 가치는 발굴되고 구체화되는 과정을 통해 풍부한 이야기로 발전하며, 나아가 인간 삶과 정체성에 관한 보편적 주제로 자리 잡게 된다. 이 과정은 그런 주제와 맥을 같이하는 다양한 선택의 여지를 가시화하고 실제 선택을 가능케 함으로써 내담자의 미래 삶을 위한 든든한 기반이 된다.

위의 대화는 또한 독특한 결과에 관한 대화의 예측 불가능한 성격을 잘 보여 준다. 나는 대화를 시작할 때 피터가 이런 주제를 중심으로 자기 인생을 어머니와 증조할머니의 인생과 연결하게 되리라고 전혀 생각지 못했다. 피터가 했던 행동을 보며 증조할머니가 '그동안 고생하고 애쓴 보람이 있었고' '이제는 안심'이고 '피터가 정말 자랑스럽다'고 생각하실 거란 말을 듣게 될 줄은 상상도 못했으며, 피터가 이런 과정을 통해 자신의 행동을 인정받게 될 줄도 몰랐다. 그토록 소중한 집안 전통에 피터가 어떤 기여를 했다는 사실을 인정한 것은 무엇과도 견줄 수 없는 깊은 의미를 지니는 것이었다.

마지막으로 위 대화는 이야기치료의 지도 간 경계가 모호함을 잘 보여 준다. 앞서 언급했듯이, 이 대화 속에는 이야기 다시쓰기, 회원재구성, 정의예식의 요소들이 포함되어 있다. 예를 들어, 회원재구성 대화에서는 할머니가 어머니 트루디의 삶에 미친 영향과 할머니가 어머니에 대해 소중하게 여겼던 부분을 풍부하게 설명하였다. 대화가 진행되면서 어머니와 피터의 행동이 할머니의 삶에 기여한 것과 이 두 사람을 보며 할머니가 당신의 존재에 대해 깨닫게 될 점에 대해 이야기했다. 무엇보다도 어머니와 피터로 인해 할머니는 자신이 추구해 온 자유와 자신만의 세계를 가지고자 했던 노력을 인정받았다는 사실이 명백히 드러났다. 이 부분은 회원재구성 대화인 동시에 할머니를 외부증인으로 초대한 정의예식의 형식으로 진행된 것이다.

이후에 피터는 광분해 날뛰는 행동을 다시는 하지 않았고, 소년원에서 조기 퇴소하게 되었다. 그동안 계속되었던 피터와 어머니의 대립관계는 훨씬 완화되었다. 어머니는 외상을 경험한 여성의 모임에 참석하기로 했다. 피터는 청소년 모임에 참여했으며, 몇 개월 후 그곳에서 리더 역할을 했다. 여기서 피터 가족의 후일담을 언급하는 이유는 절대 나와의 상담이 대단히 효과적이었다는 주장을 하기 위함이 아니다. 피터는 경험 많은 치료자 멜라니와 계속 상담을 했고, 그 외에도 그를 지지해 주고 격려해 준 사람이 많이 있었다. 하지만 내가 피터하고 어머니 트루디와 나누었던 이런 이야기치료적 대화는 일회성 상담임에도 그러한 파급효과를 가져오는 데 매우 의미 있는 역할을 했다고 본다.

결 론

이 장의 집필 의도는 독특한 결과의 개념이나 독특한 결과에 고도의 의미를 부여하는 기법을 설명하는 것과는 거리가 멀다. 이에 관한 자세한 논의는 이미 다른 자료에서도 많이 이루어진 바 있기 때문이다. 대신 이 장에서는 입장말하기(II) 지도에 따라 치료적 대화를 전개시키는 방법에 대해 개괄적으로 설명하고자 했다. 이 지도는 내담자의 삶의 경험 가운데 독특한 결과가 될 만한 이야기를 찾아내고 그 경험을 풍부한 이야기 발전의 창구로 활용하는 과정을 이끄는 지침이 된다.

때로 독특한 결과에 대한 강조는 인간 정체성을 독자적이고 독립적인 개념으로 이해하도록 하고, 인간 삶의 사회적 · 관계적 속성을 무색케 하는 영웅적 경험담을 만들어 낸다는 우려를 낳기도 했다. 하지만 독특한 결과에 관한 질문이 만들어 내는 효과를 보면 그런 우려가 기우라는 것을 알 수 있다. 내 경험에 비추어 볼 때, 독특한 결과에 관한 대화는 오히려 사람들이 각자 자신의 정체감을 발전시키는 과정에 있어 서로의 목소리를 인정해 주면서 상호관계를 재정의할 수 있도록 해 준다. 관계를 재정의하는 작업은 관계 속에서의 정체감(relational sense of identity)을 형성하는 기초가 된다. 여러분은 이런 점을 피터 모자와의 대화를 통해 분명히 보았을 것으로 생각한다.

이 장에서 설명한 지도는 다른 지도와 마찬가지로 나의 실천과 구상을 통해 만들어진 것에 불과하다. 따라서 내담자 삶에서 새로운 가능성을 발견하고자 하는 치료적 대화에 반드시 필요한 것은 아니다. 하지만 여러분이 이 지도를 선택한다면 내가 경험한 기쁨을 여러분도 함께 느꼈으면 하는 바람이다.

제6장

거푸집짓기: 현재와 미래 사이에 거푸집을 짓는 대화

- 페트라 이야기
- 주체의식과 책임 있는 행동
- 주체의식, 책임 있는 행동 및 개념 발달
- 근접발달영역과 치료
- 치료자의 책임
- 거푸집짓기 관점에서 본 외재화
- 결 론

사람들은 삶을 지속하는 것이 힘들 때 치료자를 찾게 된다. 그때 사람들은 걱정과 근심을 해소하기 위해 자신이 잘 알고 있고 또 자신에게 익숙한 방법을 이미 사용해 본 상태에서 오게 된다. 다시 말해, 자신의 삶과 인간관계에 대한 익숙한 결론과 맥을 같이하는, 통상적 인생살이 지식과 맥을 같이하는 행위를 이미 다 해 본 상태에서 오게 된다. 인간 삶에 있어 익히 알고 있는 것과 지금은 모르지만 장차 알게 될 가능성이 있는 것 사이에 존재하는 간격은 '근접발달영역(zone of proximal development)'이라고 볼 수 있다.

이 영역은 협력적 대화를 통해 탐색될 수 있는 영역이며, 그러기 위해서는 거푸집짓기(scaffolding) 과정이 반드시 필요하다. 그런데 이때 필요한 거푸집짓기는 사람들이 이 영역을 차근차근 걸어갈 수 있도록 지원하는 식의 거푸집짓기여야 한다. 치료적 맥락에서 볼 때, 치료자는 근접발달영역에 대한 거푸집짓기에 지대한 역할을 수행하게 되며 그 과정에 다른 사람들을 참여시켜야 한다. 거푸집짓기는 자신이 잘 알고 자신에게 익숙한 것으로부터 점점 멀어져, 비록 지금은 모르지만 앞으로 알게 되고 하게 될 가능성이 있는 것을 향해 움직일 수 있도록 한다.

사람들은 잘 알고 익숙한 것과 앞으로 가능한 것 사이에 존재하는 공간을 누비는 행위를 통해 주체로서의 자신에 대한 의식을 새롭게 발견하는 경험을 하게 된다. 즉, 그들은 자기 삶을 통제하고 조절할 수 있다는 느낌, 자기 삶의 여정을 자기가 지향하는 바에 따라 정할 수 있다는 느낌, 또 그런 일을 자기 나름의 삶의 지식과 기술로 해낼 수 있다는 느낌을 새롭게 발견하게 된다.

페트라 이야기

젊은 여성 페트라는 자기 삶이 '엉망'이라는 이유로 내게 자문을 구하게 되었다. 먼저 페트라가 자신이 처한 다양한 딜레마, 걱정, 자신이 '씨름하고 있는' 문제에 대해 이야기했고, 뒤이어 내가 그러한 경험에 대해 질문하기 시작했다.

치료자: 그래서 그런 문제들 때문에 어떠신가요?

페트라: 한마디로 비참해요. 너무 비참한 느낌이 들어서 선생님께 온 거예요. 보시다시피 인생이 너무 엉망이에요, 정말로요. 너무나 오랫동안 이렇게 살았어요.

치료자: 얼마나 됐는데요?

페트라: 거의 평생 그랬던 것 같아요. 적어도 느낌상으로는 그래요.

치료자: 계속 그랬다고요?

페트라: 네, 가끔씩 정리가 좀 되는 것 같다가도 결국 그건 착각에 그치고 말아요.

치료자: 그럼 여러 가지로 노력을 해 보신 거네요?

페트라: 네, 가끔씩 저도 저 자신이 이것저것 시도해 보는 사람이라는 생각이 들고, 새로운 아이디어를 찾아냈다는 생각이 들기도 해요. 그런데 그런 게 모두 그냥 물거품이 되는 거예요.

치료자: 무슨 말씀이세요?

페트라: 어떤 때는 뭔가 새로운 시도를 하고 있다는 생각이 들 때가 있어요. 그런데 아무런 성과가 없으면 전 이게 전에 했던 것하고 실제로 전혀 다를 바가 없다는 생각을 하게 돼요. 다람쥐 쳇바퀴 도는 듯한 느낌을 갖게 되는 거예요.

치료자: 다람쥐 쳇바퀴 도는 느낌이라고요?

페트라: 네, 그래서 결국엔 일을 복잡하게 만들어 버리고 말아요. 선생님은 제가 그러는 과정에서 뭔가 배웠을 거라고 생각하시지요? 더 현명해질 거라고 생각하시지요? 하지만 계속 같은 덫에 걸리고 있어요. 너무 좌절이 돼요.

치료자: 그래서 지금은…

페트라: 완전히 망한 느낌이에요.

치료자: 혹시 당신이 어떤 상황인지 다른 사람들에게 이야기한 적이 있어요?

페트라: 좀 있었어요. 그렇지만 사람들은 대부분 알고 싶어 하지 않는 것 같아요.

치료자: 그러니까 당신 자신이 어떤 상황에 처해 있는지 다른 사람에게 이야기했던 적이 있었다는 거지요?

페트라: 그랬던 적이 좀 있었지만 말해 봤자예요. 어차피 그건 제 문제잖아요. 그리고 제 인생이 엉망인 게 그저 창피할 따름이죠.

치료자: 이 문제에서 헤어날 방법은 독립적으로 찾아야 한다는 말씀인가요?

페트라: 네, 그래요. 그건 제 문제니까요. 그리고 그 정도 간단한 것도 스스로 못한다면 누가 그걸 해 주겠어요? 여기서 절 꺼내 줄 사람은 다른 사람이 아닌 바로 저 자신이에요. 그렇게 하지 못한다면 무책임한 거지요. 이건 아주 단순한 일이에요.

치료자: 이렇게 단순한 것도 할 수 없다면 무책임한 거라고요?

페트라: 네, 항상 저 스스로에게 그런 말을 해요. 그렇게 하면 동기가 생길지도 모른다는 생각을 계속하면서요.

치료자: 그렇지만 그게 소용이 없다고 했지요?

페트라: 네, 제가 똑같은 소리만 하고 있네요, 그렇지요? 미래를 생각해

도 별 희망이 없어요. 그저 제자리걸음만 하고 있고, 앞으로도 별다를 게 없다는 생각이 들어요.

치료자: 뭔가 달라지길 바라면서 미래를 생각한단 말이지요?

페트라: 네, 그러고 싶어요. 그런데 그렇게 하는 게 왜 이리 힘이 들지요?

주체의식과 책임 있는 행동

사람들이 오랜 걱정과 근심으로 치료자에게 자문을 구할 때는 대개 그런 걱정과 근심을 덜고자 하는 자신들의 노력이 모두 수포로 돌아갔다는 사실에 대해 엄청난 좌절을 표현하게 마련이다. 사람에 따라서는 문제를 해소하고자 행한 노력이 오히려 문제를 더 복잡하게 만들었다는 생각을 하기도 하는데, 이런 경우에는 좌절이 훨씬 더 심하다. 대개는 자신들이 앞을 내다보지 못하고 어리석어서 해결방법이 부적절했다거나 문제가 복잡해질 수 있다는 생각을 미처 하지 못했다며 자책에 빠지기 마련이다.

이런 상황에서 사람들은 자신의 행위를 무능하고 부적절한 것으로 간주하며 자책한다. 그리고 치료자의 도움을 구하는 행위는 종종 그와 같은 무능과 부적절을 반증하는 것으로 생각되기도 한다. 이는 보통 사람이라면 다 할 수 있으리라 기대되는 것, 즉 어떤 문제가 자신의 삶에 직접 영향을 미치면 그것을 독자적으로 해결할 수 있어야 하고, 또 자기 삶에 우선순위를 정하면 그에 따라 자기 삶을 만들어 가야 한다는 것을 자신은 할 수 없음을 다시 한 번 확인시켜 주는 셈이 되기 때문이다.

페트라의 경우는 이런 식의 결론이 마치 단단한 껍질과 같아서 아무런 희망도 없이 그 속에서 그냥 허우적거리고 있었다. 그녀는 앞으로도 매우 불만스러운 삶이 계속 반복될 뿐 지금과 달라질 건 아무것도 없을 것이라 굳게 믿고 있었다. 그럼에도 그녀는 자신의 삶에 대해 무언가 어떻게 해 보는 일이 '아주 단순한 일' 이란 식의 이야기를 계속하고 있었다.

그런 표현을 듣게 되면 '그럼 그게 과연 단순한 일인가' 란 질문을 하게 된다. 단순하지 못해서 미래를 그런 식으로 바라보고 생각한단 말인가? 살면서 닥치게 되는 여러 가지 어려움을 자율적이고 독자적으로 성공리에 풀어 나간다는 것이 그렇게 간단한 문제인가? 자신이 정한 우선순위에 따라 자신의 삶을 살아 나간다는 것 또한 그렇게 간단할 수 있는가?

이런 식의 질문에 대해 전문가들은 흔히 다음과 같이 대답하곤 한다. "그럼요, 정상적인 발달과정을 거친 사람은 누구나 자신의 상황에 대한 통찰력을 갖게 되고, 자신의 삶의 문제를 해결하기 위해 자율적이고 독자적으로 행동할 수 있고, 자신이 추구하는 가치에 따라 자신의 삶을 영위할 수 있습니다." 그럼 왜 많은 사람이 그런 능력을 획득하지 못하는가에 대한 질문에는 다음과 같이 대답하곤 한다. "그런 능력을 획득하지 못하는 것은 그들의 역기능 때문입니다. 자기 자신과 자신의 삶에 대해 생각하고 반추하는 능력이 없는 것, 자신의 행위에 대한 결과를 지각하는 능력이 없는 것, 자신의 문제를 해결하기 위해 타인에게 의존하는 것, 자신의 삶을 스스로 만들어 나가지 못하는 것 등을 보면 그들이 역기능적이란 걸 알 수 있습니다. 그러한 역기능은 바로 정신병리에서 비롯되는 것입니다."

그러나 실제로는 그것이 그리 단순하지만은 않은 것 같다. 역기능이나 정신병리에 관한 위와 같은 발상은 인간 행위는 실생활이라는 맥락에서 일어나며 거기서 일어나는 인간 행위에는 복잡한 특성이 존재한다는 사실을 교묘히 은폐해 버리기 때문이다. 많은 사람이 자신의 주체성과 책임 있는 행동을 표현하는 데 많은 제한을 느끼는데, 이는 자신이 속한 문화의 '전통적 권력관계' 에 따라야 한다고 생각하기 때문이다. '전통적 권력관계' 에는 사회계층, 인종, 성별, 성적 지향, 문화, 민족 등 많은 유형의 권력관계가 포함된다.

그와 같은 권력관계는 자신이 추구하는 가치에 따라 삶을 만들어 나가고자 노력하는 과정에서, 또 자신이 무능하고 부족한 존재라는 결론을 내리게 되는 과정에서 사람들을 좌절에 빠뜨리는 주된 요인이다. 이런 상황에서 사람들은 자신들의 부정적 경험과 자기 정체성에 대한 부정적 결론의 배경에 그와 같은 권력관계가 존재한다는 사실을 충분히 인식하는 기회를 갖고, 또 그런 권력관계를 이슈화하는 데 있어서 지지받는 기회를 갖는 것이 매우 중요하다. 행동 주체로서의 의식(personal agency)이나 책임 있는 행동(responsible action)과 같이 잘 알려진 용어의 정의에 의문을 던져 보는 기회를 갖는 것이 중요하다. 그 이유는 바로 전통적 권력관계의 맥락에서 소위 주체의식이나 책임 있는 행동의 증거라 여겨지는 행동은 특권을 갖고 있을 때 가능한 행동이기 때문이다.

전통적 권력과 달리 '근대적 권력'[1]이 어떤 원리로 움직이는지 이해하는 것 역시 인간의 부적절감, 무능감, 실패감을 이해하는 데 중요하다. 근대적 권력체계 속에서 사회통제는 인간 삶과 정체성에 대한 규범이 구축되는 과정에서, 또 사람들이 자신들의 행위와 사고를 그 같은 규범에 맞추도록 종용당하는 가운데 수립된다. 그러한 이유로 근대적 권력은 '정상성 판단(normalizing judgement)' 체계로 간주된다. '자율적이고 독립적인 행위', 나아가 '참된' '본래 모습의' 인간이 의미하는 바는 모두 그러한 구성된 규범에 기초하고 있으며, 그 규범을 재생산하지 못하는 사람은 자신은 물론 다른 사람의 눈에도 '실패자'로 분류된다.

현대 서구문화의 많은 규범은 성공적 인간상의 여러 버전 가운데서도 '껍질에 싸인 자기(encapsulated self)'로 대변되는 인간상을 절대시한다. 이 개념은 자제, 자기 억제, 자족, 동기, 자기실현으로 설명될 수 있는 일종의 자율성과 독립성을 강조한다. 이와 같은 성공적 인간상의 규범을 재생

1) 근대적 권력의 기원에 대한 설명과 사회통제 기제로서의 근대적 권력체계의 작동에 대한 분석은 푸코(Foucault, 1973, 1980)를 참고하라.

산하려는 노력에도 불구하고, 대부분의 사람은 일상에서 자기 자신을 타인에게 드러냄에 있어 자신이 그렇게 '온전한' 존재는 아니라는 사실을 은밀히 인식하는 경험을 하게 된다. 이러한 차이는 대개 자신의 무능이나 부적절에 관한 결론에 도달하도록 하는 토대가 된다. 이때 중요한 것은 자신의 실패를 이 같은 정상성 판단의 맥락에서 바라보고 또 근대적 권력의 이 같은 작용을 타파하기 위한 지지세력을 찾아내는 것이다.

주체의식, 책임 있는 행동, 개념 발달

나는 이제까지 세 가지 관점에서 행위 주체로서의 의식과 책임 있는 행동에 대해 논의했다. 첫째는 '정상 발달'의 성과물 혹은 인간 본성에 내재된 핵심 자기(core self)로서의 주체의식과 책임 있는 행동이다. 둘째는 전통적 권력관계의 맥락에서 특권으로서의 주체성과 책임 있는 행동이다. 셋째는 근대적 권력의 구성개념으로서의 주체의식과 책임 있는 행동이다. 지금 여기서 주체의식과 책임 있는 행동에 관한 이 세 가지 관점을 길게 논의하는 것은 내 의도를 벗어나는 것이며 이에 관해서는 이미 다른 곳에서 논의한 바 있다. 따라서 여기서는 위에서 말한 주체의식과 책임 있는 행동의 대안적 관점에 대해 설명하고자 한다. 대안적 관점에서 볼 때 주체의식을 경험하는 것과 책임 있는 행동을 할 수 있는 역량은 특수한 유형의 사회적 공조(social collaboration)에 근거하고 있다. 여기서 사회적 공조란 사람들이 자신의 삶이나 정체성과 관련하여 익히 알고 있는 것과 지금은 모르지만 앞으로 알 수 있는 것 사이에 존재하는 공간을 뒤집을 수 있도록 지원하는 것을 말한다. 이 관점은 내가 치료적 맥락에서 개인적으로 연구하면서 가장 처음 깨닫게 되었고 또 가장 많은 영향을 받은 관점이다. 이 대안적 관점을 좀 더 구체적으로 설명하기 위해 페트라와의 대화로 잠깐 되돌아가 보자. 우선 페트라가 자신이 잘 아는 것이자 자신에게 익숙한 것에 빠져 허우적거리는 듯했으며 자신의 곤경을 해결하기 위해 자신이 익히 알고 있는 것을 뻔히 되풀이하고 있었다는 비교적 단순한 관찰에서부터 시작해 보자. 그 때문에 페트라는 삶이 정체되어 있었을 뿐만 아니라 자신의 노력이 상황을 더 복잡하게 만든다고 느꼈다. 그녀는 개인적으로 주체의식이나 책임 있는 행동을 거의 경험해 보지 못한 것이 확실했다.

이러한 관찰을 토대로 나는 페트라가 자신의 곤경을 제대로 다루기 위해, 그리고 자신의 삶에 발전이 있다는 느낌을 갖도록 하기 위해 무엇이 필요한지에 대해 상호 연관된 다양한 결론을 내리게 된다. 즉, 페트라가 해야 할 일은 다음과 같다.

- 자기 삶이나 정체성과 관련하여 익숙한 것으로부터 떨어져 나오기
- 자기 삶이나 정체성과 관련하여 지금은 모르지만 알게 될 가능성이 있는 것을 향해, 그리고 지금은 하고 있지 않지만 하게 될 가능성이 있는 것을 향해 주도적으로 움직이기
- 익히 알고 있는 것과 알 수 있고 할 수 있는 것 사이에 존재하는 공간을 성공적으로 가로지르기
- 이 공간을 가로지르기 위해 그녀가 어떤 행보를 취하든 그것을 지탱해 줄 만한 지지를 찾아내기
- 이 공간을 차근차근 가로지르기 위해 이 공간에 거푸집을 지을 지원책을 확보하기
- 궤도 수정을 위해 자신이 여행한 공간을 되돌아보기
- 이 공간을 가로지르면서 자기 삶에서 무엇이 중요한지, 자기가 무엇에 가치를 두는지 그녀 스스로 파악하기
- 자기 삶에서 무엇이 중요한지에 대해 알게 된 점 및 자기가 무엇에 가치를 두는지 알게 된 점과 조화를 이루는 삶을 만들어 나가기 위해 앞

으로 자신이 어떤 행보를 취할 수 있을지 그려 보기

만약 잘 알고 익숙한 것과 알게 될 가능성이 있는 것 사이에 존재하는 공간에 거푸집을 지을 때 자기에게 도움을 주고 지지해 줄 만한 사회적 공조를 페트라 자신이 찾게 된다면, 그녀는 자기 곤경을 다루고 자기 삶을 만들어 나가는 데 있어 자발적으로 효과적 행보를 내딛는 입장에 서게 될 것이다. 이 같은 성과는 페트라로서는 너무도 막연히 생각되었던 주체의식과 책임 있는 행동을 그녀 자신이 실제로 느낄 수 있는 계기를 만들어 줄 것이다.

거리두기(distancing), 공간(space), 거푸집짓기(scaffolding), 사회적 공조(social collaboration), 주체의식(personal agency), 책임 있는 행동(responsible action) 같은 용어는 러시아의 심리학자 레프 비고츠키(Lev Vygotsky, 1986)의 연구를 연상시킨다. 비고츠키는 발달이론가로서 초기 아동기 학습에 특히 관심을 갖고 있었다. 내가 이야기치료를 개발하는 과정에서 처음부터 비고츠키 이론의 영향을 받은 것은 아니었지만, 최근 들어서는 그의 이론을 많이 참조하고 있다. 그 이유는 다름 아닌 나 자신의 실천적 탐색이 학습과 발달에 대한 비고츠키의 결론을 확인시켜 주고 있다는 사실을 깨달았기 때문이다. 나는 그의 이론이 치료적 변화의 과정을 새롭게 이해하는 데 도움을 주고, 이야기치료적 대화의 핵심을 잘 부각시키며, 이야기치료의 다양한 활동방식을 강화해 준다는 사실도 알게 되었다. 또한 그의 이론이 내가 앞으로 이야기치료를 발전시켜 나가는 데 많은 기여를 할 것이란 점을 알게 되었기 때문이다. 이제부터는 비고츠키의 이론 가운데 중요한 몇 가지를 간단히 소개하려고 한다.

근접발달영역

비고츠키의 주된 관심사는 초기 아동기 발달을 탐색하는 데 있었다. 이러한 탐색을 통해 그는 아동 발달이 대부분 학습에 기초한다는 결론에 이르게 되었다. 이러한 그의 주장은 발달이 학습에 선행하는 것이고, 따라서 학습은 유전적 · 신경학적 작용의 결과라고 바라보던 당시의 주류 발달이론에 도전장을 던진 것이라 볼 수 있다.

비고츠키는 또한 학습이 아동의 독립적인 노력으로 성취되는 것이 아니라 사회적 공조 속에서 이루어지는 것임을 강조했다. 그의 관찰에 따르면 성인 양육자나 발달적으로 앞선 또래는 아동이 잘 알고 익숙한 것, 통상적으로 기대되는 수준의 성취에서 나아가 더 많은 것을 알고 성취하도록 하는 데 일정한 역할을 수행한다. 그는 이런 현상을 어떤 영역을 가로지르는 행보라고 보면서 그 영역을 가리켜 '근접발달영역'이라 칭했다. 이 영역은 아동이 알 수 있고 독립적으로 성취할 수 있는 것과 알게 될 가능성이 있고 타인과의 공조 속에서 성취하게 될 수 있는 것 사이에 존재하는 거리다.

이 영역을 가로지르는 과업은 아동으로 하여금 자신 경험의 즉시성(immediacy)으로부터 거리를 두도록 한다는 점에서 의미가 있는 작업이다. 비고츠키에 따르면 이 과업은 통제 가능한 수준의 여러 작은 단계로 나누어 수행하지 않는 한 아동이 성취하기에 어려운 과업이다. 근접발달영역에 '거푸집짓기'를 하는 데 기여하는 사람들은 다름 아닌 아동의 양육자와 아동 자신보다 성숙한 또래다. 거푸집을 짓는 작업은 아동으로 하여금 그 같은 학습 과업을 달성하는 데 있어 자신의 마음을 '당기고 늘이도록' 하고 자신의 상상을 '펼치도록' 자극하는데, 이는 탈진이나 실패감을 불러올 수 있는 불가능한 혹은 비현실적 도약을 요하는 방식이 아니다.

비고츠키의 제안에 따르면, 이와 같이 아동으로 하여금 잘 알고 익숙한 것 그리고 자기 경험의 즉시성으로부터 점진적이고 점증적으로 거리를 두도록 하면, 아동은 이런 작업이 없다면 서로 분화되지 않은 채 존재할 삶의 사건이나 사물 사이에 유대와 관계를 수립하는 '연결고리'를 발전시키게 된다. 비고츠키는 이 과정을 가리켜 '복합적 사고'의 발달이라 불렀고, 이 사고가 어떻게 해서 삶과 정체성에 관한 '개념(concept)'을 발달시키는 토대가 되는지를 설명했다. 삶에 관한 개념은 단어들이 구체적 경험으로부터 떨어져 나와 추상화되는 의미 발달과정의 결과로서 나타나는 것이다. 예를 들어, 어린 에이미의 인생에서 '친구'는 옆집에 사는 메리를 의미하고, 메리가 이런 정의를 바꿀 수 있는 방법은 거의 없다. 시간이 지나 '친구'라는 단어의 의미 발달이 진행되면 우정이란 추상적 개념이 등장하게 될 것이고, 에이미는 자신의 이익을 추구하는 우정과 거리가 먼 메리의 행동에 직면했을 때 그것을 알아챌 것이고 그에 따라 반응할 것이다.

이것이 바로 인간에 있어 자신의 삶을 조절하는 토대가 되는 개념 발달이다. 여기서 조절이란 자신이 의도하는 바대로 자신의 행동에 영향을 미치고자 하는 것, 자기 삶의 경로를 만드는 과정에 관여하는 것, 그리고 문제를 해결하는 것을 말한다. 이렇게 볼 때, 책임 있고 자율적이라 간주되는 행동은 사회적 공조에 기반을 두고 있다 하겠다. 이와 같은 자기 조절의 발달은 비고츠키가 말하는 '자기 숙달(self-mastery)'에 해당한다고 할 수 있다. 비고츠키가 사용한 자기 숙달이란 용어는 그런 의미에서 내가 사용하는 '주체의식'이라는 용어와 유사한 측면이 있다.

다음은 근접발달영역과 학습에 관한 비고츠키 이론의 주요 내용을 요약 정리한 것이다. 비고츠키는 학습의 근원을 밝히고자 한 자신의 연구를 통해 다음과 같은 결론에 이르게 되었다.

- 학습은 개별적 노력에 의해 또는 미리 짜인 생물유전학적 과정이 발현되면서 이루어지는 것이 아니라 사회적 공조의 성과물이다. 노련한 양육자와 발달적으로 앞선 또래는 사회적 공조관계 속에서 아동의 능력

으로 가능한, 그러나 아동의 입장에서 볼 때 상당한 노력을 들여야 하는 과업을 아동에게 제시하게 된다.

- 이 같은 학습 과업을 통해 아동은 자기 경험의 즉시성으로부터 거리를 두는 기회를 갖게 된다. 이것이 바로 타인과의 공조관계를 통해 아동이 자신이 알 수 있고 할 수 있는 것으로 이동하는 원리다.
- 이러한 이동은 '근접발달영역'이라는 학습 영역을 가로지르는 행동이다. 이 영역은 아동이 혼자 독립적으로 알 수 있고 성취할 수 있는 것과 타인과의 공조관계 속에서 알게 되고 성취할 가능성이 있는 것 사이에 형성된다. 비고츠키(1986, p. 86)에 따르면 근접발달영역은 "독립적 문제해결 수준인 실제적 발달 수준과 성인의 지도나 발달적으로 앞선 동료와의 공조관계 속에서의 문제해결 수준인 잠재적 발달 수준 사이에 존재하는 거리"다.
- 근접발달영역을 가로지르는 과정에서 아동은 처음에는 사물과 사건을 모아서 쌓기만 하다가, 즉 다양한 사물과 사건을 모아 몇 개 범주로 구분하고 정리하는 단계에 머무르다가 점점 사건과 사물 사이에 연결고리를 만들거나 그것들을 상호 유대나 관계가 존재하는 복합체로 이해하는 단계로 이행하게 된다.
- 연결고리나 복합체 개념을 발전시키는 과정에는 사건과 사물을 유사성에 따라 분류하는 초보적 수준의 분류 단계에서부터 하나의 속성(예를 들어, 둥근 물건만 혹은 납작한 물건만)을 기초로 하여 분류하는 단계에 이르기까지 몇 가지 단계가 존재한다.
- 이와 같은 복합적 사고의 발달은 '개념' 발달의 기초가 된다. 여기서 비고츠키(1986, p. 135)를 인용하자면, 개념의 발달은 "단순 분류 이상을 전제로 한다. 개념을 형성하는 과정에는 추상화하고, 요소들을 뽑아내고, 추상화된 요소들을 그 요소들이 유래한 구체적 경험 전체와 별개로 바라보는 작업이 필요하다."

- 개념 발달은 아동이 자기 행동을 형성하고 자기 인생의 구조를 세우는 과정에 스스로 개입할 수 있다는 주장의 근거가 된다. 비고츠키에 따르면 아동은 이제 과업수행에 필요하다면 자신의 의지에 따라 그와 같은 개념을 조작하여 작업할 수 있고, 이런 식의 조작을 일종의 과정으로 이해하면서 의식적으로 작업을 할 수 있다. 이러한 발달이 바로 그가 말하는 지적 기능에 있어서 '자기 숙달'로 연결되는 발달이다. 즉, 이와 같은 개념 발달이 '의도적 주의집중, 논리적 기억, 추상화 작업, 비교 및 구별 능력'의 토대가 된다는 것이 비고츠키의 생각이다. 이 장에서 난 이와 같은 개념적 사고의 발달이 '주체의식'의 토대로 간주될 수 있다고 보았다. 아동이 자기 인생을 스스로 살아내기 시작하는 것은 바로 개념적 사고를 발달시키는 과정을 통해서다.
- 언어와 단어 의미의 진화는 이와 같은 개념 발달의 과정에서 결정적 역할을 하고, 단어 의미의 발달은 개념 형성(concept formation)으로 가는 통로가 된다. 여기서 다시 비고츠키(1986, p. 107)의 표현을 빌리면, "아동이 새로운 단어를 배웠을 때 그 단어는 이제 막 발달하기 시작한 것이라 볼 수 있다. 그 단어는 아동의 지능이 발달함에 따라 점점 더 상위 개념으로 대치되는데, 궁극적으로 정확한 개념이 형성되는 단계에 이른다…. 정확한 개념은 단어가 없이는 불가능하고, 개념에 기초한 사고는 언어에 기초한 사고를 넘어서는 존재하지 않는다. 단어를 기능적 도구로서 특정한 방식으로 사용하는 행위가 개념 형성과정의 핵심이 되는 것은 바로 그러한 이유 때문이다.

근접발달영역과 치료

비고츠키의 연구는 비록 초기 아동기 발달에 초점을 두고 있었으나, 나는 학습과 발달에 관한 그의 결론이 모든 단계와 모든 연령에 다 적용된다는 사실을 발견하게 되었다. 또한 효과적 치료에 관한 이해와 개발의 깊이를 더하는 데도 적용된다는 사실을 깨닫게 되었다.

이 장의 초반부에서 논의한 바와 같이 '근접발달영역'을 가로지르는 작업은 대화 파트너십이 아니고는, 다시 말해 그 과정을 통제 가능한 몇 개의 하위 단계로 나누어 진행하도록 도와주는 거푸집짓기가 없이는 불가능하다. 치료적 맥락에서 치료자(그리고 치료자가 치료 도우미로 모집한 사람들)는 근접발달영역에 거푸집을 짓는 데 중요한 역할을 한다. 알고 있고 익숙한 것으로부터 조금씩, 더 많이 거리를 두는 작업은 삶과의 분열을 의미하지는 않는다. 거리를 두는 행위는 오히려 사람들이 자신의 발달과정에 영향을 미치고 그러한 과정을 통해 자기 삶을 좀 더 온전히 살아내는 데 있어 의미 있는 역할을 수행하기 위한 밑거름이 된다.

이상과 같은 비고츠키의 영향에 힘입어, 나는 5단계 질문으로 이루어진 '거푸집짓기 대화(scaffolding conversations)'의 지도를 개발하게 되었다.[2] 이 지도는 일종의 지침으로서, 근접학습영역을 점진적이고 점증적으로 이동하는 과정에서 이를 촉진하는 치료적 대화를 발전시키는 데 활용할 수 있다. 각 단계에는 거리두기와 관련하여 다음과 같은 과업이 존재하며, 단

2) '거푸집짓기 대화' 지도는 이론과 실제의 교차 속에서 개발된 것이다. 이 지도에 나타난 거리두기 과업의 단계는 비고츠키의 생각에 기초한 것이나 사실 임의적으로 형성된 것이다. 난 이미 이 지도를 여러 번 개발했는데, 이전 버전 가운데 일부는 더 많은 단계를 포함하고 있다. 예를 들어, '최하위단계'의 과업은 내담자로 하여금 자신이 잘 아는 것이나 익숙한 것과 모순되는 특정한 사건을 자기 삶에서 찾아내도록 하는 것이다.

계별 질문은 그러한 과업의 달성을 촉진하기 위해 개발된 것이다.

- 하위단계: 하위단계의 거리두기 과업은 잘 알고 익숙한 것으로부터 그리고 사건과 환경에 대한 자기 경험의 즉시성으로부터 조금 거리를 두도록 하는 것이다. 이 단계의 질문들은 흔히 일어나지 않거나 별 관심을 두지 않았던 사건에 의미를 부여하도록 내담자를 촉구하게 된다.
- 중간단계: 중간단계의 거리두기 과업은 잘 알고 익숙한 것으로부터 그리고 사건과 환경에 대한 자기 경험의 즉시성으로부터 중간 수준의 거리를 두도록 하는 것이다. 이러한 과업은 구체적 사건을 연관시킴으로써 그 사건 간에 유대와 관계가 수립되도록 하는 연결고리의 발달을 촉구하게 된다. 또한 이러한 과업은 사건의 비교와 범주화 그리고 유사점과 차이점 비교를 통한 구별 짓기를 촉진하게 된다.
- 중간상위단계: 중간상위단계의 거리두기 과업은 잘 알고 익숙한 것으로부터 그리고 사건과 환경에 대한 자기 경험의 즉시성으로부터 중간 수준보다는 조금 더 많이 거리를 두도록 하는 것이다. 이 과업은 그와 같은 연결고리에 대해 반영하고 평가하고 무언가를 깨닫거나 배우도록 내담자를 촉구하게 된다.
- 상위단계: 상위단계의 거리두기 과업은 잘 알고 익숙한 것으로부터 그리고 사건과 환경에 대한 자기 경험의 즉시성으로부터 거리를 많이 두도록 하는 것이다. 이런 과업은 이전 단계에서 깨달은 점이나 배운 점을 추상화하는 과정을 통해 인간의 삶과 정체성에 대한 개념을 형성하도록 내담자를 촉구한다.
- 최상위단계: 최상위단계의 거리두기 과업은 잘 알고 익숙한 것으로부터 그리고 사건과 환경에 대한 자기 경험의 즉시성으로부터 멀리 떨어져 나오도록 하는 것이다. 이 과업은 삶과 정체성에 관해 새롭게 발달된 개념을 바탕으로 이들 개념들과 조화를 이루는 삶에 대해 모종의

제안을 구상하도록, 제안된 행위의 성과에 대해 예측해 보도록, 나아가 그러한 행위를 계획하고 실행에 옮기도록 내담자를 촉구한다.

이와 같은 다섯 단계의 질문은 잘 알고 익숙한 것과 장차 알 수 있고 할 수 있는 것 사이에 존재하는 영역에 거푸집을 짓는 데 중요한 역할을 한다. 예를 들어, 사람들이 피터에 대해 익히 알고 있는 점은 그가 자기 삶을 반추하는 능력이 전반적으로 부족하고, 자기 행위의 결과를 예측할 능력이 없으며, 책임질 줄 모른다는 것이었다. 또한 그가 구체적으로 사고하기에 추상적 용어로 사고하는 능력이 부족하다는 것이었다. 대화의 초반부는 입장말하기(II) 지도(276쪽 참조)에 기초해 이루어졌는데, 거기서는 피터에 대해 이렇듯 익히 알려진 점으로부터 거리를 두는 동시에 피터의 삶이나 정체성에 대해 어떤 다른 점이 주위에 알려지면 좋겠는지, 그리고 그가 달리 무엇을 할 수 있겠는지에 관해 피터와 어머니 트루디에게 이야기할 수 있는 기회가 주어졌다.

'가까운 경험(experience-near)을 찾아내고 독특한 결과를 나름대로 정의하는' 질문은 자기 삶에 일어난 낯선 사건이나 무심코 지나쳤던 사건을 자세히 묘사하도록 촉구하는 '하위단계 거리두기 과업'을 던져 준다. '독특한 결과의 영향이나 효과를 그려 보는' 질문은 '중간단계 거리두기 과업', 즉 구체적 사건을 상호 연관시킴으로써 그 사건들 간에 유대와 관계가 수립되도록 하는 연결고리를 발달시키는 과업을 던져 준다. '독특한 결과가 가져온 효과를 평가하는' 질문은 그와 같은 연결고리에 대해 반영하고 평가하고 무언가를 깨닫거나 배우도록 촉구하는 '중간상위단계 거리두기 과업'을 던져 준다. 그리고 '평가의 이유나 근거를 찾는' 질문은 자신의 구체적이고 특정한 상황으로부터 깨닫거나 배운 점을 추상화함으로써 인간 삶과 정체성에 대해 개념을 형성하도록 촉구하는 '상위단계 거리두기 과업'을 던져 준다.

[그림 6-1]과 [그림 6-2]는 피터하고 트루디와 나누었던 대화(5장 참조)를 위에서 설명한 거푸집짓기의 지도에 맞추어 도표화한 것이다. 우리 대화는 피터의 삶과 정체성에 관해 주위에 익히 알려진 점과 피터가 알 수 있고 할 수 있는 것 사이에 존재하는 이 영역에 거푸집을 짓는 과정에서 이루어진 것이다. 이 과정에서 피터는 구체적 행위와 그에 따른 결과 또는 잠재적 결과의 관계에 대해 생각할 수 있었고, 자기 삶에 대해 몇 가지 매우 책임 있는 반영을 토로할 수 있었으며, 자신의 구체적 상황에서 나온 깨달음과 배움 가운데 일부를 추상화함으로써 삶과 정체성에 관한 개념을 형성할 수 있었다. 이런 행보는 그의 삶과 정체성에 관해 익히 알려진 점, 즉 자기 삶을 반추하는 능력이 전반적으로 부족하고, 자기 행위의 결과를 예측할 능력이 없으며, 책임질 줄 모른다는 점과 강한 대조를 이룬다.

그러나 이러한 진전은 개인이 혼자서 이룰 수 있는 것이 아니다. 그것은 피터, 트루디, 멜라니, 그리고 나 사이에 수립된 사회적 공조의 결과다. 이와 같은 지지적 참여는 일련의 학습 과업을 다루는 데 도움이 되는 여건을 조성한다. 이와 같이 자기 행위의 결과를 예견하고, 자기 삶의 특정 사건에 대해 반영하고, 삶에서의 배움과 깨달음을 추상화하는 과정을 통해 삶과 정체성에 관한 개념을 발달시키는 역량을 성취하는 작업은 사회적 공조에 달려 있다. 동시에 그와 같은 성취는 언어에 의해 결정된다.

언어는 개념 발달을 이해하는 데 필수적이다. 예를 들어, 피터는 자유라는 단어를 알고는 있었으나 그것을 개념적 형태로 발달시키지는 못한 상태였다. 피터와 트루디가 날 만난 이후 자유라는 '단어 의미'는 발달을 거듭했고, 그 과정에서 그것은 구체적이고 특정한 상황으로부터 추상화되어 나중에는 그의 삶을 이끄는 개념 가운데 하나가 되었다. 이런 식의 개념 형성이 바로 비고츠키가 지적 기능에서의 '자기 숙달'이라고 불렀던 것에 해당하는데, 개념 형성은 주체의식과 책임 있는 행동의 토대이기도 하다.

이렇게 볼 때, 주체의식은 단순히 인간 본성의 산물이라거나 인간 본성

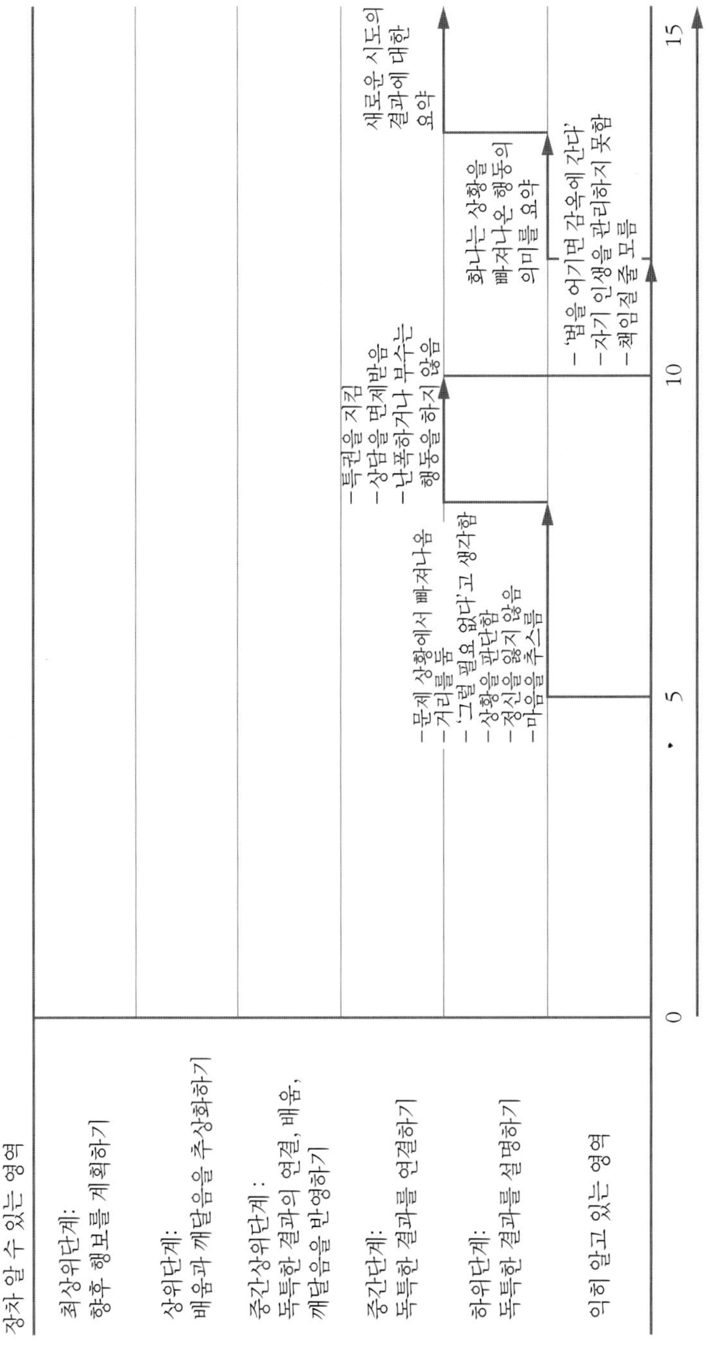

[그림 6-1] 거푸집짓기 대화(피터 모자 이야기)

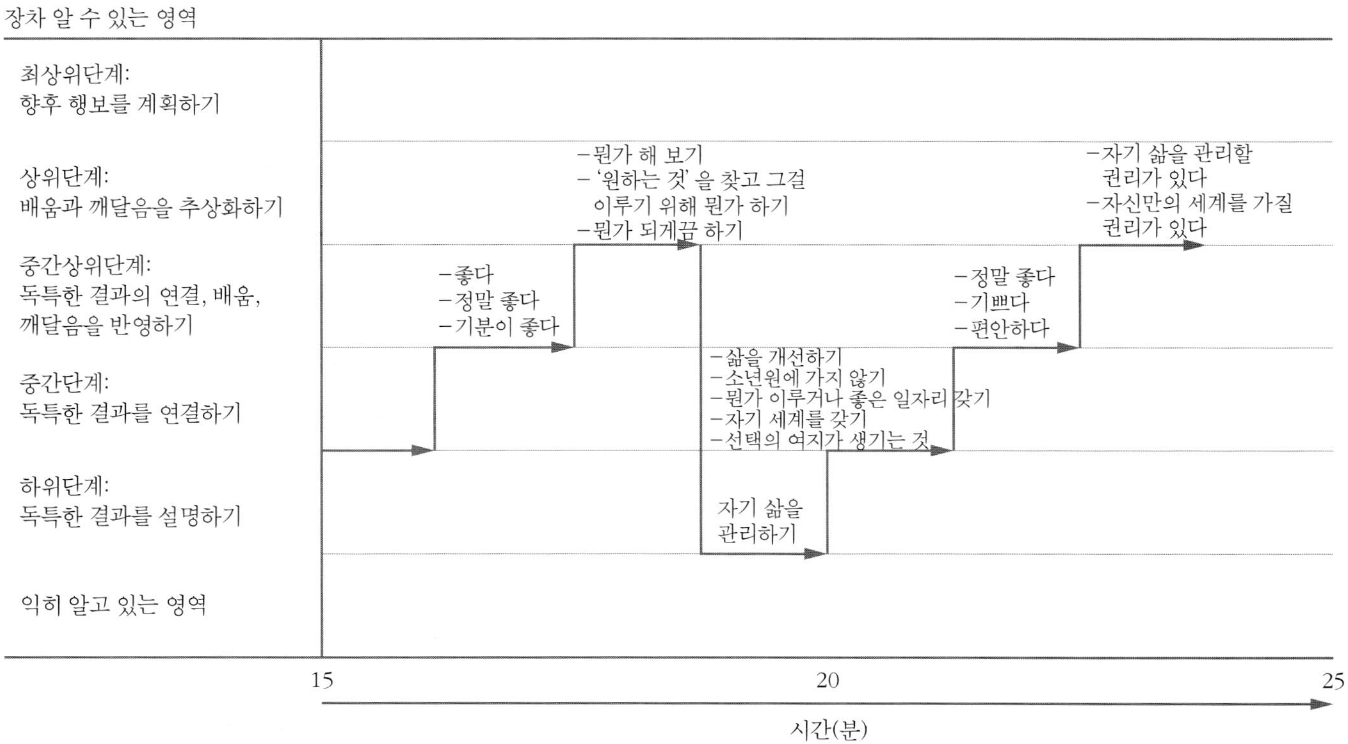

[그림 6-2] 거부집짓기 대화(피터 모자 이야기)

에 대한 억압으로부터의 해방에 따른 성과 혹은 발달의 필연적 산물이 아니다. 주체의식과 책임 있는 행동은 단어 의미가 발달하는 가운데 수립되는 사회적 공조라는 필수적 과정을 통해 산출되는 것이다.

치료자의 책임

이상의 내 주장을 간단히 정리하자면, 비고츠키의 학습과 발달에 관한 이론은 치료적 변화를 전반적으로 이해하고 이야기치료적 대화의 핵심을 명확히 하며 이야기치료를 지속적으로 발전시키는 데 커다란 잠재력을 갖고 있다는 것이다. 또한 비고츠키가 제안한 대로 개념 발달은 사회적 · 관계적 성격을 띠고 있으며, '자기 숙달'과 '자기 조절'의 토대가 된다는 것이다. 이런 생각은 우리에게 자문을 구하는 사람들의 주체의식 발달에 우리가 치료자로서 모종의 여건을 제공할 특별한 책임이 있음을 인정하고 그러한 책임을 귀중히 여기도록 해 준다.

그러한 책임을 귀중히 여기는 노력 가운데 하나가 바로 치료자로서 우리의 과제는 근접영역 발달을 지원하는 것임을 인식하는 것이다. 이러한 시각에서 볼 때 치료자의 질문에 내담자가 모르겠다는 반응을 하는 경우, 예를 들어 "답을 모르겠어요." 혹은 "어떻게 대답해야 될지 모르겠네요."라고 하는 경우, 우리는 치료적 대화에 거푸집을 더 많이 지어야 할 책임이 우리에게 있다는 사실에 관심을 기울일 수밖에 없다. 이러한 책임을 깨닫는 과정에서 우리는 수직선상에서 질문을 한 단계 아래로 낮추고 그 단계 작업을 심화시킴으로써 내담자가 다음 단계 질문에 응답할 수 있도록 준비시켜야 할 것이다. 아니면 수평선상의 동일한 단계에서 탐색 기회를 제공하기 위해 타인에게 치료자 질문에 대한 적절한 응답을 한번 생각해 보게 한다든가, 유사한 어려움을 겪고 있는 다른 사람이 그런 질문에 어떻게 대답했는지 설명해 주고 그에 대해 내담자의 반영을 들어 보는 방법을 사용할 수 있을 것이다.

또한 우리는 내담자에 대해 '그저 동기가 없는 거다' '책임의식이 눈곱만큼도 없다' '저항한다' '자기 행위가 어떤 결과를 초래할지 분간할 능력이 없다' '단순하다' '사고할 능력이 없다'는 식의 결론에 성급히 빠져드는 실수를 범하지 않아야 할 책임이 있다. 이런 결론은 우리에게 오히려 자명종 같은 역할을 할 수 있다. 그것은 내담자가 자신에게 익숙한 것에 얼마나 깊이 빠져 있는지, 또 근접 영역 발달에 필수적인 거푸집짓기에서 사회적 공조를 얼마나 충분히 경험하지 못하고 있는지를 잘 보여 주는 것이다. 따라서 우리는 우리가 거푸집짓기 기술을 충분히 발휘하지 못했음을, 혹은 특정 이슈나 특정 내담자와 관련하여 우리 기술이 한계에 이르렀음을 우리 스스로에게 일깨워야 한다. 만일 우리 기술이 한계에 다다랐음을 깨닫는다면, 우리는 그것을 확장할 수 있는 방법을 탐색하기 위해 잠시 쉬어 가야 할 것이다.

거푸집짓기 관점에서 본 외재화

이 장의 후반부에서는 외재화 대화의 예를 하나 제시하고, 외재화 대화가 어떻게 전개되는지를 거푸집짓기의 지도로 설명해 보고자 한다. 나에게 거푸집짓기 지도는 외재화 대화의 과정을 더 깊이 이해하고 이 두 가지 대화를 더욱 발전시키는 지침이 되었다.

이제부터 잭의 이야기를 소개하고자 한다. 잭(13세)은 사회복지사의 의뢰로 부모와 함께 날 만나러 왔다. 잭과 그의 가족은 사회복지기관 두 곳과 매우 긴밀한 관계를 유지하고 있었는데, 이 사회복지사는 그중 한 곳에 소속된 사람이었다. 잭은 부모와 형제를 비롯하여 학교, 다른 학생, 경찰을 비롯한 모든 이들과 마찰을 빚고 있었다. 잭 주변에는 그의 행동으로 인해 위기 상황이 끊일 날이 없었고, 당시 그의 부모는 적당한 위탁가정을 구하거나 시설에 입소시키는 것만이 유일한 해결책이라 믿고 있었다.

그 같은 위기 상황 가운데 많은 경우가 대개 어머니나 형제에게 폭력을 행사하는 과정에서 빚어진 것이었는데, 최근에는 아버지에게도 협박을 하기 시작했다. 잭은 자기 행동에 대한 통찰력이 결여되어 있고, 자기 행위에 따르는 책임을 감당할 능력이 없으며, 언어 표현이 서투르고, 자기 문제를 해결하려는 동기가 없는 청소년으로 유명했다.

우리가 처음 만나 상담을 시작했을 때, 잭은 우리 대화에 전혀 관심을 보이지 않았다. 그러는 동안 잭의 어머니와 아버지는 자신들이 걱정하는 것, 가장 최근에 있었던 위기 상황, 그리고 잭을 계속 데리고 살아야 하는가에 대한 현재의 고민을 내게 털어놓았다. 어머니는 자기가 엄마로서 실패한 사람이란 생각을 얼마나 많이 하는지 이야기했고, 동생들이 나중에 컸을 때 이 시기에 대해 좋은 기억을 하나도 떠올릴 수 없을 거라며 걱정했다. 또 잭 때문에 신체적으로나 정서적으로 얼마나 많은 상처를 받았는지 이야기했다. 아버지는 강한 좌절을 표현했고, 잭의 부정적 행동을 다스리고자 한 자신의 노력이 다 부질없는 것이었다고 말했다. 아버지는 자신이 부자관계를 긍정적으로 만들어 보고자 노력했으나 잭이 의도적으로 그것을 모두 거부했다고 굳게 믿고 있었다.

잭은 구체적 사항에 대해 몇 가지 사실관계를 밝히기는 했으나, 그간의 경과에 대한 부모의 설명에 전혀 아랑곳하지 않았다. 그래서 난 그와 같은 폭력 행위가 잭의 삶에 어떤 영향을 주고 있는지에 관해 그와 대화를 시도하기로 결심했다. 이를 위해 난 그런 행위가 어떤 것인지를 질문하기 시작했다. 몇 차례의 탐색 끝에, 잭은 폭력을 '공격성(aggro)'[3)]이라고 정의했다.

3) 'aggro'는 aggression의 약어로 호주 문화에서 대중적으로 사용되는 말이다.

입장말하기 지도로 설명하자면, 폭력에 대한 이와 같은 정의는 문제에 대해 '경험에 가까운 내담자 나름의 정의를 도출하는 과정'을 통해 나오게 된다. 거푸집짓기 지도로 설명하자면, 이 정의는 '하위단계의 거리두기 과업'에 해당한다.

그로부터 20분 정도의 시간이 흐르는 동안, 잭은 내 도움을 받아 '공격성'이 무엇보다 교육의 기회를 빼앗고, 가족으로부터 자신을 소외시키고, 활력을 없애며, 다양한 방식으로 자기 삶을 지배하고, 길 잃고 헤매는 느낌을 마음속 깊이 남기는 것으로 규정할 수 있었다. 입장말하기 지도로 설명하자면, '문제가 삶의 여러 영역에 어떤 영향을 끼쳤는지 그려 보는' 대화에 잭을 끌어들임으로써 '공격성'과 그러한 결과를 연관 지을 수 있었다. 거푸집짓기 지도로 설명하자면, '중간단계의 거리두기 과업'을 수행함으로써 결과적으로 문제와 그 영향 사이에 연결고리가 생기게 되었다. 내 개인적 생각으로는 폭력 행위를 여러 가지 삶의 사건들과 연관시키고 그것들로 하나의 연결고리를 만들어 내는 작업은 그 자체가 잭에게는 상당히 의미 있는 성과다.

그러고 나서 나는 그런 결과에 대해 반영하고 평가해 보라고 잭을 독려했다. 거푸집짓기 지도로 설명하자면, 이 요청은 일련의 '중간상위단계의 거리두기 과업'을 제시하는 것이었다. 그다음에는 '그런 평가에 대해 근거를 제시하라'는 요청을 했다. 거푸집짓기 지도로 보자면, 이 요청은 일련의 '상위단계 거리두기 과업'을 제시하는 것이었다. 난 이와 같은 거푸집짓기가 잭이 자기 인생과 관련하여 무엇을 지향할 것인지 고민하고 찾아내는 과정에서 그를 지지해 주길 바랐다. 나아가 잭 자신이 지향하는 바가 자기 인생과 정체성에 관한 개념으로 한층 더 발전되었으면 하고 바랐다. 잭과 그의 부모에 대한 다음의 면접 내용은 내가 거푸집짓기에 얼마나 적극적이었는지, 또 어느 정도로 부모의 참여를 독려했는지를 잘 보여 준다. 이 대화의 내용은 중간상위단계와 상위단계의 거리두기 과업에 대한 거푸집짓기를 보여 주고 있다. 이 내용을 거푸집짓기 지도 위에 그려 본 것이 [그림 6-3]이다.

치료자: 선생님이 지금까지 들어 보니까 공격성이 너와 가족 사이를 갈라놓는 것 같은데, 맞니?

잭 : 네.

치료자: '갈라놓는다'는 말은 엄마가 하신 말인데, 너도 그 말이 맞는 것 같니 혹은 더 좋은 말이 있니?

잭 : 예를 들어서 어떤 거요?

치료자: 너와 가족을 '갈라놓는다', 널 '분열시킨다' 같은 것. 아니면 '관계를 망쳐놓는다', 아니면…

잭 : '분열시킨다'가 더 좋아요.

치료자: 왜 '분열시킨다'는 말이 더 좋니?

잭 : 저랑 다른 사람 사이를 완전히 망쳐놓았거든요.

치료자: 공격성이 너랑 다른 사람들 사이를 완전히 망쳐놓고 너도 분열시키고?

잭 : 네.

치료자: 그래서 넌 어떤데?

잭 : 뭐가요?

치료자: 가족하고 갈라져도 괜찮은 거야? 넌 그게 괜찮니? 부모님하고 갈라지고 형제하고 갈라져도 마음이 편해?

잭 : 그렇게 좋지는 않아요.

치료자: 그렇게 좋지는 않다 이 말이지? 그럼 그런 상태로 있는 게 혹시 신경 쓰이니?

잭 : 네, 신경이 쓰이지요.

치료자: 어째서 그런 거지? 왜 가족하고 갈라지고 싶지 않은 거지?

(잭은 어깨를 으쓱한다.)

치료자: 선생님 생각엔 아무래도 네가 뭔가 그럴 만한 이유를 갖고 있는 것 같은데. 선생님은 도저히 모르겠구나.

잭 : 제 친구 중에 집에서 쫓겨난 애가 있어요.

치료자: 그 친구는 그게 문제라고 생각하니?

잭 : 몰라요. 그래도 제가 그 애처럼 되는 건 싫어요.

치료자: 그게 왜 싫은 거지?

잭 : 하도 사고를 많이 치고 다녀서 언젠가 한 번 크게 당할 게 분명하거든요. 전 그러기 싫어요.

치료자: 아, 그렇구나. 그 친구처럼 되는 게 싫다는 건 이제 선생님이 잘 알겠어. 그런데 왜 가족하고 갈라지고 싶지 않은 건지는 아직도 잘 모르겠네. 가족하고 갈라지면 네가 뭐 잃어버리게 되는 게 있니? 뭔가 너한테 중요한 걸 저버리게 되는 거야? 네 인생에서 뭔가 네가 원하는 것이 없어지게 되니?

(잭은 어깨를 으쓱한다.)

치료자: 부모님은 이런 점에 대해 어떤 생각이신지 한번 여쭈어 봐도 될까?

잭 : 네, 괜찮아요.

치료자: 부모님께서는 어떻게 생각하세요? 잭이 왜 가족하고 갈라지는 걸 싫어하는지 말이에요.

어머니: 가족이 아니면 어딜 가겠어요. 자기 모습 있는 그대로 맘 편히 있을 수 있는 데가 또 어디 있겠어요.

치료자: 어머니는 평소 개인적으로 그런 걸 중요하게 생각하시나요?

어머니: 그럼요, 제 생각엔 누군가 절 필요로 하고 원한다는 느낌만큼 중요한 건 없는 것 같아요. 다른 이유도 있지만 바로 그런 이유 때문에… 잭이 사는 걸 보면 너무 슬퍼져요.

치료자: 아버지는 어떤 생각이세요?

아버지: 아내하고 같은 생각입니다. 잭은 우리가 아니면 어디에서도 소속감을 찾기 어려울 겁니다. 그렇게 되면 상당히 비참해지겠지요.

치료자: 그러니까 소속감이 없으면 상당히 비참해진다는 말씀이지요?

아버지: 전 소속감을 가지지 못해 꽤 힘들었던 때가 더러 있었는데, 살면서 보니까 그런 느낌이 들 때가 가장 힘든 것 같아요. 어떤 식이든 적어도 어딘가에 소속감을 갖고 싶은 건 누구나 마찬가지일 겁니다.

치료자: 잭, 부모님이 말씀하신 것에 대해 어떻게 생각하니?

잭 : 아빠가 소속감에 대해 말씀하셨는데, 그 말이 맞아요.

치료자: 넌 왜 '소속감'이라는 말이 너한테 잘 와 닿는 것 같니?

잭 : 그냥 잘 와 닿으니까요. 뭔가에 연결되어 있는 느낌이에요.

치료자: 소속감이란 말이 잘 와 닿는 이유는…

잭 : 전 좀 제대로 살고 싶거든요.

치료자: 넌 소속감을 갖는 게 중요하다고 하는데, 그 이유는 바로 뭔가에 연결되는 것이 중요하고 또 그렇게 연결되면 제대로 살 수 있기 때문이란 말이지?

잭 : 네.

치료자: 근데 제대로 산다는 게 무슨 말이니?

잭 : 뭔가 바람직한 것들이 있는 거요.

잭은 자신이 가치를 두는 것이 바로 '소속감'임을 확인시켜 주었다. 이는 자신에게 어느 정도 익숙했던 단어와 관련하여 의미 발달이 한 걸음 진전되었음을 알리는 신호탄이 되었다. 소속감이란 단어는 이후 우리 대화에서 다시 화두로 선택되고 반영의 대상이 되었다. 후에 치료자는 '공격성'이 초래한 결과를 검토하기 위해 다시 잭을 대화에 초대했고, 그 회기 후반부를 거치면서 이 단어의 의미가 한층 더 발달하게 되었다. 그때 잭의 반응은

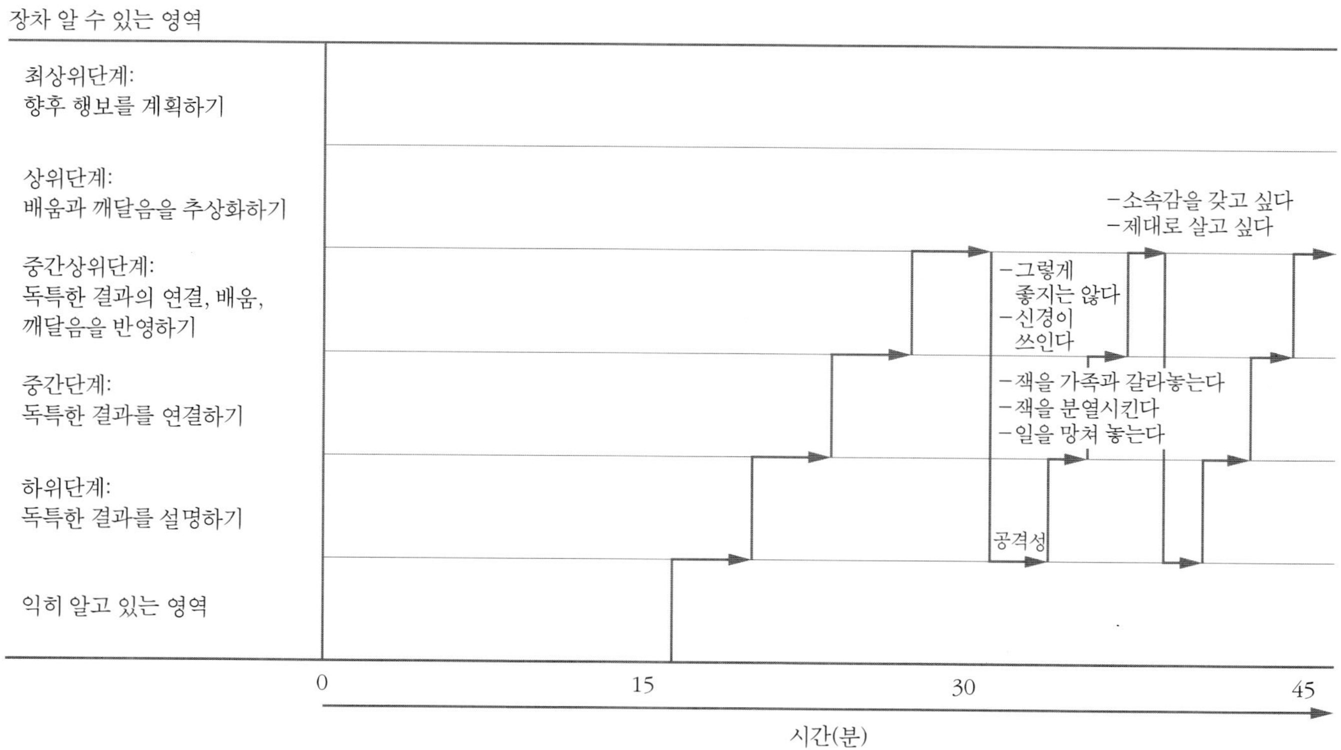

[그림 6-3] 거푸집짓기 대화(잭 이야기)

공격성이 '소속감을 부숴 버린다'는 것이었다. 여기서 소속감이란 단어는 구체적이고 특정한 삶의 상황에서 분리되어 분명하게 추상화되고 개념으로서의 지위를 성취하기 위한 과정에 있었다.

이 면접에서 잭은 자기가 인생에서 지향하는 바, 자기가 중시하는 것이 무엇인지에 대해 몇 가지 이야기를 해 주었다. 그 후로 8회에 걸친 면접에서 일부 회기는 전체 가족이 참석한 가운데, 나머지는 외부증인이 참여한 가운데 이루어졌다. 잭이 지향하는 바와 추구하는 가치를 정의하는 데 사용된 단어들은 의미 발달과정을 통해 잭의 인생과 정체성에 관한 개념으로 더욱 발전하게 되었다. 그런 개념은 삶의 소신이라는 형태를 띠고 있었다. 그런 소신은 잭이 최근 자신에게 일어난 사건을 재해석하고 앞으로 어떤 일을 할 수 있을지 고민하는 데 있어, 달리 표현하면 그런 개념과 일치하고 자신의 폭력이나 다른 문제에 관한 주위의 우려를 해소하는 데 도움이 되는 일을 궁리하는 데 있어 모종의 근거가 된다. 전체 치료과정을 통해 잭은 자기 삶이나 대인관계에 관련된 사안에 대해 좀 더 분명히 의견을 밝히기 시작했고, 자기 행위가 초래할 결과에 대해 예측하는 능력을 발달시켰고, 자기 삶을 만드는 과정에 뛰어드는 데 대해 상당한 열정을 갖게 되었으며, 실제로 그것을 행동에 옮길 수 있는 역량을 발달시키게 되었다. 무엇보다 잭은 폭력 행위를 중단하고 배상하는 데 신경을 쓰게 되었다. 18개월 후속 면접에서 난 잭이 두어 번 자그만 실수를 저지른 것 이외에는 그와 같은 발전이 치료가 종료된 이후에도 죽 이어졌다는 사실을 알게 되었다.

치료적 대화에서 이루어진 거푸집짓기는 잭과 그 부모가 근접발달영역을 가로질러 가는 과정에서 그 과정을 지지하는 데 도움이 되는 일련의 '학습 과업'을 제시해 주었다. 이 영역은 바로 잭의 삶과 정체성에 관해 그들이 익히 알고 있는 것(잭은 자기 행동에 대한 통찰력이 부족하고, 자기 행위에 대해 책임질 줄 모르며, 언어 표현이 서투르고, 자기 문제를 해결하려는 동기가 없다)과 그의 삶과 정체성에 관해 그들이 알게 될 가능성이 있고 잭이 하게 될 가능성이 있는 것 사이에 존재하는 영역이다.

결 론

이 장은 인간의 주체의식과 책임 있는 행동의 본질을 탐구하는 데 초점을 두었다. 이러한 맥락에서 난 비고츠키의 학습과 발달에 관한 이론 가운데 일부를 간략히 설명했다. 비록 비고츠키의 연구 대상은 초기 아동기였으나, 그가 의미한 '학습의 근접발달영역'이란 개념과 그 영역에 조심스럽게 거푸집을 짓는 행위의 중요성은 내담자의 나이나 발달 단계에 관계없이 치료적 대화에 모두 적용된다.

여기서는 그의 이론이 갖고 있는 치료적 시사점 가운데 몇 가지를 논의했으며, '거푸집짓기 지도'를 제시했고, 다시 이 지도를 입장말하기(I)과 입장말하기(II)에 적용해 보았다. 거푸집짓기 지도는 이 책에서 다룬 이야기치료의 다른 지도에도 적용이 가능하나 따로 그리지는 않았다.

이 장을 시작할 때 난 주체의식과 책임 있는 행동이 무엇인지에 대해 질문을 던졌고, 학습과 발달에 관한 비고츠키 이론을 토대로 그런 생각에 대한 나 나름대로의 탐색을 죽 진행했다. 그 과정에서 내가 정리한 것은 주체의식을 경험하는 것과 책임 있는 행동을 수행하는 역량은 특별한 형태의 사회적 공조를 토대로 이루어지는 것이고, 이런 공조는 근접발달영역에 거푸집을 짓는 과정을 지원한다는 것이다. 해결책이 전무해 보이는 다양한 문제로 내게 자문을 구하는 사람들과 치료적 대화를 나누면서 무언가 반드시 가능성이 있을 것이라는 낙관적 태도를 한결같이 유지할 수 있는 까닭은 모두 주체의식과 책임 있는 행동의 발달에 대한 이런 식의 이해 덕분이다.

결 어

이 책을 쓰는 과정은 그 자체가 하나의 여행이었다. 이 여행을 시작하기에 앞서 난 지난 20년간의 나의 치료적 탐색의 많은 부분을 이 한 권에 담아내리라 마음먹었다. 이 책이 그러한 탐색이 갖고 있는 특별한 점을 성공리에 담아내고 그러한 것을 지면 위에 생생히 살려낼 수 있도록 쓰이기를 희망했다. 그리고 그러한 탐색이 어떤 정신을 토대로 하여 수행되었는지 잘 설명하고 독자가 자신의 치료적 일상에 즉각적으로 활용할 수 있도록 이 일이 이루어졌으면 했다. 뿐만 아니라 치료적 자문을 제공하는 과정에서 내가 만났던 많은 아동, 여성, 남성을 독자에게 소개하고 내가 그들과 나누었던 풍부한 대화에 관해 설명해 주고 싶었다.

책을 쓴다는 것은 시작부터 저자를 주저하게 만드는 엄청난 노력이 필요한 작업이다. 희망과 열정은 많았으나 마음속에 대략적 일정만을 그려 놓은 채, 난 백지 한 장으로 이 여행을 시작했다. 그러나 내 머릿속은 곧 지면

위에 깔끔히 옮겨지지 않는 생각으로 가득 차 버렸고, 난 그것을 글로 다 옮길 수 없는 상황에까지 몰리게 되었다. 나는 내가 말하고자 하는 것을 제대로 표현하기 위해 여러 가지 길을 탐색했는데, 곧바로 포기한 것도 있었고 원하는 목적지까지 꿰뚫은 것도 있었다. 막다른 골목에 서서 갈 길을 찾기 위해 스스로를 고문하는 나 자신을 발견할 때도 있었다. 어떤 때는 쭉 뻗은 길 위에서 목표를 향해 돌진하는 기쁨과 흥분에 찬 나 자신을 발견하기도 했다. 또 집필의 목표가 너무 광범위하다는 결론을 눈앞에 두고 비틀거리며 다시 앞으로 나간 적도 있었고, 당초 일정 가운데 일부를 빼고 여행을 단축시킬까를 심각하게 고민했던 적도 있었다. 그러나 난 행로를 바꾸지 않았고, 이제 놀랍게도 이 책의 마지막 장을 불과 몇 쪽 남기고 있다.

이 책의 결론에 이른 데 대한 느낌은 마치 산악지대를 따라 장거리 자전거 경주를 마치고 결승점에 다다랐을 때 들곤 했던 느낌과 흡사하다. 자전거로 달려왔던 지형의 윤곽선 하나하나가 마음속에 아로새겨진다. 경사진 오르막길과 변덕스러운 기상 조건 등 난코스를 통과했다는 사실에 안도감을 느끼면서도, 신나는 내리막길과 평지를 따라 결승점까지 죽 늘어선 친구들의 모습이 자아내는 흥분감을 곱씹어 본다. 그러고 나서 결승점을 통과하는 순간은 등수에 관계없이 언제나 특별한 기쁨의 순간이 된다.

이 책의 결승점을 통과하기 전에 몇 가지 언급하고 싶은 것이 있다. 우선 자신의 말과 자기 이야기를 통해 이 책의 집필에 기여하기로 결심한 이들이 있었음을 밝히고 싶다. 그들의 기여가 없었다면 이 글은 치료적 실천에 관한 이런저런 생각을 적어 놓은 기록일 뿐 책으로 태어나지 못했을 것이다. 그들에게 깊은 감사의 마음을 전하고 싶다. 다음으로는 지난 수년간 내게 자문을 구한 모든 사람에게 감사하고 싶다. 이 책에 설명된 치료적 실천은 모두 우리의 공동 연구에서 발전된 것이기 때문이다. 치료적 자문을 제공하는 과정에서 난 어떤 대화가 효과가 있고 또 효과가 없는지에 관해 항상 내담자의 피드백을 구하고, 마지막에는 삶의 문제나 어려움을 해결하기 위한 우리 노력에 무엇이 도움이 되었고 또 되지 않았는지를 함께 검토한다. 이 같은 피드백과 검토는 내 실천의 모양새를 빚는 수단이자 이 책의 아이디어와 지도를 발전시키는 초석이 되었다. 이 책을 마무리하는 지금 이 모든 사람의 기여에 심심한 감사를 표하며, 이러한 마음은 내 일과 내 삶 속에 영원히 자리할 것이란 점을 밝히고 싶다.

추천도서

■ 이야기치료에 관한 마이클 화이트의 책

White, M. (1995). *Re-authoring lives: Interviews and essays.* Adelaide, Australia: Dulwich Centre Publications.

White, M. (1997). *Narratives of therapist's lives.* Adelaide, Australia: Dulwich Centre Publications.

White, M. (2000). *Reflections on narrative practice.* Adelaide, Australia: Dulwich Centre Publications.

White, M. (2004). *Narrative practice and exotic lives: Resurrecting diversity in everyday life.* Adelaide, Australia: Dulwich Centre Publications.

White, M., & Epston, D. (1990). *Narrative means to therapeutic ends.* New York: W. W. Norton.

White, M., & Epston, D. (1992). *Experience, contradiction, narrative, and imagination: Selected papers of David Epston and Michael White, 1989-1991.* Adelaide, Australia: Dulwich Centre Publications.

White, M., & Morgan, A. (2006). *Narrative therapy with children and their families.* Adelaide, Australia: Dulwich Centre Publications.

이야기치료에 관한 더 많은 정보, 논문, 출판물은 덜리치센터의 웹사이트 www.dulwichcentre.com.au와 www.narrativetherapylibrary.com을 참고하라.

■ 이야기치료에 관한 다른 저자의 책

이야기치료에 관한 내용을 다룬 읽을거리는 매우 많으며, 다음의 목록은 그중 일부다.

Denborough, D. (Ed.). (2006). *Trauma: Narrative responses to traumatic experience.* Adelaide, Australia: Dulwich Centre Publications.

Freedom, J., & Combs, G. (1996). *Narrative therapy: The social construction of preferred identities.* New York: W. W. Norton.

Freedom, J., & Combs, G. (2002). *Narrative therapy with couples... and a whole lot more!* Adelaide, Australia: Dulwich Centre Publications.

Freedom, J., Epston, D., & Lobovits, D. (1997). *Playful approaches to serious problems: Narrative therapy with children and their families.* New York: W. W. Norton.

Monk, G., Winslade, J., Crocket, K., & Epston, D. (Eds.). (1997). *Narrative therapy in practice: The archaeology of hope.* San Francisco: Jossey Bass.

Morgan, A. (2000). *What is narrative therapy? An easy-to-read introduction.* Adelaide, Australia: Dulwich Centre Publications.

Payne, M. (2000). *Narrative therapy: An introduction for counselors.* London: Sage.

Russell, S., & Carey, M. (2004). *Narrative therapy: Responding to your questions.* Adelaide, Australia: Dulwich Centre Publications.

Smith, C., & Nylund, D. (Eds.). (1997). *Narrative therapies with children and adolescents.* New York: Guilford.

Zimmerman, J., & Dickerson, V. (1996). *If problems talked: Narrative therapy in action.* New York: Guilford.

참고문헌

Andersen, T. (1987). The reflecting team: Dialogue and meta-dialogue in clinical work. *Family Process, 26*, 415-428.

Bachelard, G. (1969). *The poetics of space.* Boston: Beacon.

Bruner, J. (1986). *Actual minds, possible worlds.* Cambridge, MA: Harvard University Press.

Bruner, J. (1990). *Acts of Meaning.* Cambridge, MA: Harvard University Press.

Derrida, J. (1973). *Speech and phenomena, and other essays on Husserl's theory of signs.* Evanston, IL: Northwestern University Press.

Derrida, J. (1976). *Of grammatology.* Baltimore: Johns Hopkins University Press.

Derrida, J. (1978). *Writing and difference.* London: Routledge and Kegan Paul.

Foucault, M. (1965). *Madness and civilization: A history of insanity in the age of reason.* New York: Random House.

Foucault, M. (1973). *The birth of the clinic: An archaeology of medical perception.* London: Tavistock.

Foucault, M. (1980). *Power/knowledge: Selected interviews and other writings.* New York: Pantheon.

Goffman, E. (1961). *Asylums: Essays in the social situation of mental patients and other inmates.* New York: Harper.

Griemas, A., & Courtes, J. (1976, Spring). The cognitive dimension of narrative discourse. *New Literacy History, 7*, 433-447.

Iser, W. (1978). *The act of reading.* Baltimore: Johns Hopkins University Press.

Kermode, F. (1980, Fall). Secrets and narrative sequence. *Critical Inquiry,* 7(1), 83-101.

Myerhoff, B. (1982). Life history among the elderly: Performance, visibility, and remembering. In J. Ruby (Ed.), *A crack in the mirror: Reflective perspective in anthropology* (pp. 99-117). Philadelphia: University of Pennsylvania Press.

Myerhoff, B. (1986). Life not death in Venice: Its second life. In V. Turner & E. Bruner (Eds.), *The anthropology of experience* (pp. 261-286). Chicago: University of Illinois Press.

Todorov, T. (1977). *The poetics of prose.* Ithaca, NY: Cornell University Press.

Vygotsky, L. (1986). *Thought and language.* Cambridge, MA: MIT Press.

White, M. (1984). Pseudo-encopresis: From avalanche to victory, from vicious to virtuous cycles. *Family Systems Medicine, 2*(2), 150-160.

White, M. (1988, Spring). Saying hullo again: The incorporation of the lost relationship in the resolution of grief. *Dulwich Centre Newsletter,* 7-11.

White, M. (1995). Reflecting teamwork as definitional ceremony. In M. White (Ed.), *Re-authoring lives: Interviews and essays* (pp. 172-198). Adelaide, Australia: Dulwich Centre Publications.

White, M. (2000). Re-engaging with history: The absent but implicit. In M. White (Ed.), *Reflections on narrative practice: Essays and interviews* (pp. 35-58). Adelaide, Australia: Dulwich Centre Publications.

White, M. (2003). Narrative practice and community assignments. *The International Journal of Narrative Therapy and Community Work,* (2), 17-55.

White, M. (2004). Narrative practice, couple therapy and conflict dissolution. In M. White (Ed.), *Narrative practice and exotic lives: Resurrecting diversity in everyday life* (pp. 1-41). Adelaide, Australia: Dulwich Centre Publications.

White, M. (2006). Narrative practice with families and children: Externalising conversations revisited. In M. White & A. Morgan (Eds.), *Narrative therapy with children and their families* (pp. 1-56). Adelaide, Australia: Dulwich Centre Publications.

찾아보기

인명

내용

저자 소개

❖ 마이클 화이트(1948~2008)

남호주 애들레이드에서 태어나 1979년 남호주대학교에서 사회복지실천을 전공한 후 애들레이드 아동병원에서 정신보건사회복지사로 일했다. 1983년 덜리치센터를 설립하면서 본격적으로 가족치료 및 훈련 활동을 시작했으며, 문학, 철학, 인류학에 대한 깊은 조예를 바탕으로 하여 후기구조주의 인문학 이론들을 임상적으로 해석 · 적용하는 데 심혈을 기울였다. 아동상담 및 호주 원주민과의 지역사회 운동을 비롯하여 정신분열병, 거식증, 폭력, 외상에 관한 상담으로 널리 알려져 있으며, 대표 저서로 *Narrative Means to Therapeutic Ends* (1989/1990), *Narrative Practice and Exotic Lives: Resurrecting Diversity in Everyday Life* (2004), *Maps of Narrative Practice* (2007) 외 다수가 있다.

역자 소개

❖ 이선혜

중앙대학교 사회복지학과 교수

❖ 정슬기

중앙대학교 사회복지학과 교수

❖ 허남순

한림대학교 사회복지학과 교수

이야기치료의 지도

Maps of Narrative Practice

2009년 6월 1일 1판 1쇄 발행
2025년 3월 25일 1판 11쇄 발행

지은이 • Michael White
옮긴이 • 이선혜 · 정슬기 · 허남순
펴낸이 • 김 진 환
펴낸곳 • (주) 학지사
04031 서울특별시 마포구 양화로 15길 20 마인드월드빌딩 5층
대표전화 • 02) 330-5114 팩스 • 02) 324-2345
등록번호 • 제313-2006-000265호
홈페이지 • http://www.hakjisa.co.kr
인스타그램 • https://www.instagram.com/hakjisabook

ISBN 978-89-6330-459-5 93180

정가 17,000원

역자와의 협약으로 인지는 생략합니다.
파본은 구입처에서 교환하여 드립니다.